星云大师◎著

凤凰出版传媒集团
江苏文艺出版社
JIANGSU LITERATURE AND ART
PUBLISHING HOUSE

500

包容的智慧II
修好這顆心

合掌人生

目录

一　人生路

有人说：人生如梦幻，梦醒一场空；也有人说，人生如浮萍，漂泊不定，聚散无常。其实，人生好比一条“路”，人生的前途要有路，才能有所发展；如果前途没有路，应该就表示人生已经走到尽头了。

人生的路，要靠自己走出来，自己走不出自己的路，总是没有把人生活得淋漓尽致，因此每个人都要重视自己的“生涯规划”。

我曾经把自己的一生规划为八个时期，以每十年为一时期，第一个十年是“成长时期”，第二个十年是“阅读时期”，第三个十年是“参学时期”，之后依次是“弘法时期”、“历史时期”、“哲学时期”、“伦理时期”、“佛学时期”。

我能到人间来，得感谢父母生养了我的身体，他们帮助我在世间成长；但是自己前世的福德因缘，让我今生能够依照自己的理想，朝着自己既定的目标发展，更是值得庆幸。

我从小就不是一个苦恼的小孩，由于家里贫穷，出了母胎连母奶都不足饱腹，但是我天性容易满足。对于童年往事，现在已经不复记忆，只是偶尔听母亲叙说，我经常把家里仅有的一点食物拿出来，分享给其他小孩子吃；其实家贫，也没有多少东西可以分享给别人，母亲的话只不过说明，我从小就有喜舍的性格罢了。

我还依稀记得，三四岁的时候就和外祖母学会念《般若心经》，也和七八岁的姐姐比赛吃素，这一切大概都是受外婆的影响。童年的我，经常跟着外婆进出“道场”。其实当时我并不懂得什么宗、什么教、什么神，只记得大多数的道场里，都悬挂了“十殿阎罗”的图：一殿阎君秦广王萧，二殿阎君楚江王曹，三殿阎君宋帝王廉，四殿阎君五官王黄……当时在小小的心灵上，就刻印了“人不能做坏事”的观念，做了坏事，上刀山，下油锅，那是多么痛苦、可怕的罪业呀！

我虽然没有进过正式的学堂读过什么书，但在童年时，就会背诵寺庙墙上所贴的《三世因果经》：“有食有穿为何因？前世茶饭施穷人；无食无穿为何因？前世不舍半分文。高楼大厦为何因？前世造庵起凉亭；福禄俱足为何因？前世施米寺庵前。相貌端严为何因？前世花果供佛前；相貌丑陋为何因？前世恶心嫉妒人。聪明智慧为何因？前世诵经念佛人……”

我最感激的是，父母生养我，不但给我一个健康的身体，最重要的是，给我一个影响一生一世的性格。所谓“性格”，我生性勤劳，从小就喜欢帮助做家务，举凡扫地、洗碗、擦桌子，我都会主动去做。再者，就是我有一颗“仁慈”的心。

我从小就喜爱小动物，一群蚂蚁被围困在路边的水塘中，我会替它们搭桥，让它们通过。幼小的昆虫，我也细心把它养大再放生。我喜欢养小鸡、小鸭，尤其喜爱养鸽子。记得有一次，为了一只鸽子飞失了没有回来，我最初急得饭都吃不下，最后竟至投河自尽。所幸我深谙水性，自己又浮了上来。但是这一切，都被大人责怪，认为简直是小孩子胡闹。

我对家中所养的小狗，每天只准喂食一餐，甚为不满，总想：人可以吃三餐，为什么狗只能吃一餐呢？家人说：只有给它吃晚餐，它才肯看家守夜。我无法认同这种说法，经常在吃饭的时候，偷偷把碗盛满了饭菜，再将狗引到僻远的地方让它吃，我宁可自己少吃，也要替狗加餐。

一只残缺的小鸡，破壳而出还不到十天，有一次被雨水淋湿了羽毛，我怕小鸡受寒，就把它摆在炉灶的入口，想借炉火帮它把羽毛烤干。哪知小鸡见了人，受到惊吓就往炉子里钻去。我一见大惊，赶快伸手把它从炉火里抢救出来。但是它的羽毛已被烧光，一只脚也烧掉了，甚至嘴巴因此缺了下喙。

被烧成这个样子，照说小鸡应该是必死无疑，但我想出种种方法照顾它。起初喂食很麻烦，因为小鸡只剩上喙，不能啄食，所以三餐我都用杯子盛满米谷喂它。如此养了一年多，小鸡不但没有夭折，反而大到可以下蛋，尽管所下的蛋小如鸽蛋，但总是活了下来。这件事让我感觉自己好像成就了一件大事业一样，现在回想起来，这也是对生命的爱护。

另外关于勤劳，记得是八九岁的时候，因为家里贫穷，看到父母为家庭日用艰难而辛苦，于是就有心想要帮忙。但是一个年幼的儿童，能有什么办法呢？想到狗在路上屙屎，我每天早晨天蒙蒙亮就起床，然后到路上捡“狗屎”，把它堆积在一起，几天后也能卖给人家当肥料，而能赚得几个铜板。

或者我常也在下午时分，出门捡拾路上的牛粪，然后学习大人的做法，把稻草剪碎，将牛粪及稻草用水和在一起，贴在墙上晒干后，一块牛粪几角钱卖给人当木炭烧，如此也能赚钱。

“七七卢沟桥事变”后，抗日战争开始，我的家乡扬州江都被战火摧毁，烧得只剩下一片瓦砾，到处都有铁钉，以及各种器皿损坏后的破铜烂铁。我把这些捡起来卖，虽然不值钱，但当时小小年纪，也觉得为数可观。甚至在桃李银杏出产季节，乡人吃过桃子、李子、杏子，里面的核到处乱丢，我也满街满巷地捡拾，累积起来也可以卖点小钱。

过去自己一直觉得很难为情，不敢把这些事告诉别人；现在环保意识抬头，我觉得自己童年所做的，不但减轻家庭经济负担，也是对环保的实践，同时也增强自己的信念。不论什么人，只要对公益有所帮助，我觉得都非常有意义。

十岁以前的童年，我把它称之为“成长时期”；十岁以后，我就步入了读书学习的时期了。我在出家前的一两年中，断断续续也读过几年“私塾”。所谓“断断续续”，原因是我们每天读书要缴四个铜板，有钱的时候就带着四个铜板去读书，如果没有钱，当天就主动为自己放假。私塾的老师也习惯如此，学生来了，就教他一段四书，不来也不会责怪。

断断续续当中，也不知道自己能认得几个字，直到十二岁那年，我在师父志开上人的座下剃度出家。最初在南京栖霞佛学院读书，全班约有学生五十人，他们的年龄都比我大许多，大部分在二十岁以上，只有我还在幼童之龄。同学当中，不要说青年，连少年都没有，我只有自惭形秽地混杂在那些大人学生之中。他们都曾经听讲过《成唯识论》《因明学》《般若心经》等，而我对这些经论，都如鸭子听雷，老师的语言，对我而言，只有声音，完全不知道讲的是何义。

所幸在私塾里认得几个字，这时总算能够派上用场，我经常到栖霞佛学院的图书馆，借几本文学书籍来阅读。我记得自己所看的第一本小说，就是《精忠岳传》。对于岳飞的“精忠报国”，以及他的兄弟们“英勇果敢”的表现，都让我产生非常强烈的尊敬与向往。

后来又接触《七侠五义》《小五义》《封神榜》《儒林外史》《水浒传》《三国演义》等，经常看得入迷，甚至真是看到废寝忘食。之后又阅读不少西洋文学，先后看过英国《莎士比亚全集》、印度泰戈尔的诗集、俄国托尔斯泰的小说《战争与和平》，以及法国大仲马的《基督山恩仇记》、小仲马的《茶花女》，美国海明威的《老人与海》，还有德国歌德的《少年维特之烦恼》《浮士德》，等等。

这时候感觉到知识无涯，慧海无边，每天虽然在丛林里过着专制、无理要求的生活，受着无情的打骂教育，但是我乐在阅读之中，其他一切也就不去计较了。

在那个时候，我爱看小说，终于慢慢被老师发现了，成为黑名单上的学生。老师认为，一个不用功阅读经论，只是沉迷于小说的学生，是一个没有出息的人罢了！但是不管别人怎么样嘲笑、歧视，我对东西方的小说、文学作品、历史传记，还是读得津津有味，乐此不疲。因为经论看不懂，只有阅读这些世间著作，能够增添我的知识见闻。

那个时候，因为阅读，我也渐渐展现了自己的学习成绩，例如《水浒传》里的一百零八将，他们叫什么名字，什么绰号，用什么武器，穿什么衣服，我都能如数家珍一一道来。甚至我还列出三四十人，觉得他们不够资格当一百零八将中的好汉。

对于《三国演义》，我则崇拜不已，尤其当中对于人物武功的铺陈，很有层次，例如“吕布战三英”，可以看出吕布的武功胜过关云长、张翼德；而关公“过五关，斩六将”，可见关云长的武功又是远远胜过一般的英雄武将。

对于《三国演义》中，把关云长、张翼德、赵子龙、黄忠、马超，列为“五虎将”，我认为最为公正。当中尤以赵子龙那种不计较、不比较、不闹情绪，只是一心辅佐刘备，令我最为钦佩。

我在栖霞佛学院读书的六七年当中，可以说都是被人歧视、打压。例如，有一次语文课中，老师出了一道作文题目，叫做“以菩提无法直显般若论”。在那种年龄，对于什么叫做“菩提”，什么叫做“般若”，我都搞不清楚，又如何议论？如何能畅所欲言呢？结果老师给我的批语是：“两只黄鹂鸣翠柳，一行白鹭上青天。”我当时一看，还扬扬得意，以为老师写了诗句赞美我，后来经过别人说明，才知道老师是在嘲笑我。所谓“两只黄鹂鸣翠柳”，它在叫什么你知道吗？“一行白鹭上青天”，你又了解了什么呢？所以总说老师的意思，就是说我的文章“不知所云”！

又有一次，作文题目是“故乡”。这种浅显易懂的题目，又是跟自己切身有关，加上我读过一些文学小说，懂得怎么样形容故乡，所以就写道：“我的故乡有弯弯曲曲的小河，河流上有小桥，两岸翠绿的杨柳低垂。每当黄昏落日余晖下，农舍的屋顶炊烟袅袅升起……”老师又给我批语：“如人数他宝，自无半毫分。”这一看就很明白，老师认为这篇文章是我抄袭而来，不是自己所作。

写得好，是抄袭而来；写得不好，是不知所云。幸好我的性格善于转化，没有轻易被摧残、打倒，所以后来我一直主张，对青年学子要用爱的教育，要鼓励他上进。所谓“良言一句三冬暖”，老师的一句话，一点鼓励，是用金钱买不到的，可是对一位青年学子而言，在他的成长过程中，是多么需要师长大人的鼓励啊！

不过，在我人生的学习之路上，也遇到过很多好的老师。十八岁我升学上焦山佛学院，有来自北京大学中文系的薛剑园教授，为我们上文学课程，还有思想开放的圣璞法师，指导我们的国学。另外还有芝峰法师、大醒法师、圆湛法师、戒如学长、普莲学长，尤其在家的教授为数更多，只是有些名字已经不复记忆了。

这么多年轻优秀的师长，为我们教授数学、外文、生物学等，我一时只觉心开意解，世间学问向我蜂拥而来。我忽然思想大开，进步神速，所以就不断向江苏省镇江的各大报副刊投稿。其中有小诗，有散文，有语体文，不但皆被录取，后来他们竟然还要请我当副刊编辑。这对一个没有进过正式学堂的青年而言，真是莫大的鼓励。这是我人生中最感快乐，也是最短暂的一段学习过程了。

二十岁那年冬天，我离开了焦山佛学院，就此结束了我十年的学习生涯，接着就迈入了我人生另一个十年的参学时期了。

离开焦山佛学院以后，我回到宜兴白塔山大觉寺，在白塔国民小学服务不到两年，之后就到南京华藏寺，参加同学们发起的佛教革新运动。可惜因为时局动荡，国共战争开始，已经不容许自己有所作为了。因此在得到家师志开上人允许下，只带着简单的换洗衣服，其他东西一概舍弃，赠送给同学智勇等亲友，我率领了七十余名的青年同道，以参加僧侣救护队的名义，就这样渡海来到台湾。

初到台湾，人地生疏，用“走投无路”来形容，一点也不为过。所幸获得吴伯雄先生的尊翁吴鸿麟老先生为我保证，办理户口，才得以留台。当然，更要感谢的是，妙果老和尚收容我挂单，才能免于流离失所之苦。在当时，即使穷途潦倒，我仍然坚守自己对佛教的信念，保全一件僧衣，先后曾经拜访过慈航法师，听过道源法师讲说《大乘起信论》，也曾和大醒法师长谈，并且帮他担任“台湾佛教讲习会”的教务主任，乃至和东初法师讲说佛教的未来，同时帮他主编《人生杂志》。

我也曾经亲近过章嘉活佛，尤其印顺长老初到台湾时，驻锡在我教书的“台湾佛教讲习会”，因此得以朝夕亲近请教。我对于长老治学的严谨，思想理路之通达，无限钦佩。

记得那个时候，承慈航法师送我一套《太虚大师全书》六十册，以及印顺法师的著作。另外，我也拥有《印光大师文钞》《虚云老和尚法汇》、圆瑛法师的著作，还有一套《胡适文存》，等等。我坐拥书城，面聆这些大德的教益，回想这十年中，真是其乐无比。

我除了参学、教学以外，偶尔也在报章杂志写些护教的文章。一篇文艺短篇小说《茶花再开的时候》，承中兴大学教授秦江潮先生特地从台北亲临圆光寺给我指教；一封写给京剧名旦顾正秋女士的信，抗议她在永乐戏院演出有损佛教形象的戏剧，引起轩然大波。尤其在《觉生月刊》上写给朱斐先生的一封信，导致他把《觉生月刊》停刊，另创《菩提树杂志》。另外，一篇短文批评《中华美术》所刊出的佛像，把头脚切断，是对佛教不敬，招来东初长老对我的不满。甚至佛教同道间的指责，也从四面八方纷至沓来。

我感叹自己只是在佛教里生事，对佛教没有真正的贡献。所幸章嘉活佛护卫我当选“中国佛教协会”的常务理事。但我上无片瓦下无立锥，同时也不想连累容我挂单的新竹青草湖灵隐寺，所以就设法到了山后交通不甚方便的宜兰，一方面韬光养晦，一方面在那里实践我对佛教新教团的设立，就类似太虚大师的“菩萨学处”。从此我告别了十年的参学期，开始迈入另一个以文学弘法的十年了。

我在宜兰，最初成立念佛会、歌咏队、学生会、文艺写作班；我有“教育部”登记在案的光华文理补习班，我创办幼儿园，也成立幼教师资训练班。我把宜兰市四十八个村，用佛教的义理，组成光明班、菩提班、清净班、慈悲班……四十八个班，每班选出一个班长，有系统、有组织地弘扬佛法。

虽然一下子办了这么多活动，但我并不会太忙碌，因为歌咏队有杨勇溥老师帮我教授，太极拳班，有武功高超，即使二三十人联合起来都不是对手的熊养和老先生帮我指导。另外还有宜兰中学、兰阳女中的多位老师帮忙领导各种社团。

我在忙碌之余还能抽空撰写文章，我的《玉琳国师》《释迦牟尼佛传》《十大弟子传》《佛教童话集》《佛教故事大全》，就是在宜兰十年的初期完成的。《释迦牟尼佛传》和《十大弟子传》，我都是用文学的笔调撰写，尤其《释迦牟尼佛传》，曾由“监察委员”游娟女士编成连续剧，在台视八点档期播出；也曾拍成电影，在金国戏院上映。《玉琳国师》更加发挥威力，曾被空军广播电台列为小说选播，也拍成电影，尤其勾峰先生二度编成电视剧《再世情缘》，在电视台连续播出一个多月。

我在这个时候，鼓励慈庄、慈惠、慈容等人，在台北三重开设“佛教文化服务处”，除为佛教界做一些文化服务以外，也出版通俗化、大众化的佛教著作，如佛教的小说选集，如唱片的发行等。我自己也在全省各地巡回讲演之余，努力撰写文艺作品，尤其作了许多佛教歌曲，如《弘法者之歌》《西方》《快皈投佛陀座下》《菩提树》《钟声》《佛化婚礼祝歌》等。通过雷音寺歌咏队队员的演唱，甚至编成舞台剧，在台湾各地表演，一时造成轰动。但这也引起传统佛教人士对我的不满，认为我荒腔走板，怎么佛教还唱起歌来，真是大逆不道，这不是要灭亡佛教吗？

但是佛教并没有因为唱歌而给唱完了，反而在几十年后，佛光山文教基金会慈惠法师主办的“人间音缘”，每年都把几十个国家和地区的青年集合在台北唱歌弘法，可见佛教提倡歌唱，不但没有伤害佛教，反而接引了一批批优秀的青年进入佛教，对于带动佛教的年轻化、知识化，发挥很大的作用。

我在宜兰弘法十多年后，一九六四年时年三十八岁，先在高雄创办寿山佛学院，接着购买了大树乡麻竹园五十多公顷的土地，就此开创佛光山，想为佛教创造历史，开创佛教的另一个新局面。

佛光山在一九六七年五月十六日开山建设，初意是想设立佛教学院，为佛教培养弘法人才。后来基于发展中的需要，除了安僧办道以外，并且创办各种佛教事业，诸如养老育幼的慈善事业，以及幼儿园、初级中学、高级中学的设立等。

初建佛光山时，我知道自己应该要进入为佛教创造历史的阶段，于是为佛光山订定四大宗旨：一、以教育培养人才；二、以文化弘扬佛法；三、以慈善福利社会；四、以共修净化人心。

我同时也为随从的弟子们，制定佛光人的“工作信条”，我希望他们能在工作生活中，确实奉行“给人信心、给人希望、给人欢喜、给人方便”的原则。我把童年的性格和信念，逐渐加以实现，我把青少年时期酝酿在心中的理想，慢慢落实，所谓“国际化、人间化、生活化、艺文化”的人间佛教，就这样确立了。

从四十到五十岁的十年之间，因为是佛光山开山初期，点点滴滴，只要是善举，我从不排拒。例如，在自己衣食无着的情况下，筹办大专佛学夏令营；在开山建寺万般辛苦的情况下，设立普门高中，甚至后来相继创办西来大学、南华大学、佛光大学，真的都是“以无为有”，正如《般若心经》

所谓的“空中生妙有”。

尤其为了“以教育培养人才”，我创办佛教学院，聘请杨国枢、韦政通、陈鼓应、王淮、唐亦男老师等人，到佛学院教授《老子》《庄子》，启发同学的哲学思想。乃至牟宗三、唐君毅，甚至韩国的金知见，日本的中村元、平川彰、水野弘元教授等人，都曾邀请他们讲学。

另外，为了带动佛教文化，我经常“以文会友”。当时的文学家，如郭嗣汾、公孙嬿、朱桥、何凡、林海音、高阳、司马中原等人，都跟我成为很好的文友，甚至刘枋女士还曾在佛光山长住过一段时间。

我对一些学术人才，一向都是非常尊重，所以在一九七七年佛光山成立“大藏经编修委员会”，陆续把藏经加以标点、分段、注解，重新编印成《佛光大藏经》，同时还邀请大陆学者王志远、赖永海、方立天、楼宇烈、王尧、杨曾文、王雷泉、陈兵、方广锠、程恭让等人，将藏经翻译成白话文，出版《中国佛教经典宝藏》。

我主办各种学术会议，出版《佛光学报》，后来又发行《普门学报》等。尽管我一生都很努力在为佛教推展文教事业，但是在佛光山开山期中，佛教界的某些领导人放话，扬言要打倒佛光山丛林学院，不准我兴办教育。其实，天主教、基督教在台湾创办了东海、辅仁、东吴等多所大学，佛教界也没有人要打倒它们，为什么我为佛教所办的一所小小佛学院，就要打倒呢？

尤其当时我要召开“世界汉藏佛教会议”，因为我获选为“中华汉藏文化协会”理事长，召开这样的会议有义不容辞的正当性。但是佛教人士杯葛我，要大家不要参加，不要跟我合作。我经常带着一种悲悯的心情，想到可怜的佛教，就只剩这么一点生机在苟延残喘，难道我们不能爱惜它、维护它吗？

此外，佛光山开山数年之后，由于各种因缘推动，我分别在高雄、彰化、台北设立分院。虽然来自教界与政治的阻力不少，但我顺应时势的需要，不但没有被打压、阻碍，反而以创造历史的精神，后来陆续到美国创建西来寺、中美寺，到澳洲创建中天寺、南天寺，到欧洲创建巴黎道场、德国禅净中心，到非洲创建南华寺，到马来西亚创建东禅寺等。我为海内外二百多所寺院道场订定“传统与现代融和”、“僧众与信众共有”、“修持与慧解并重”、“佛教与艺文合一”，作为佛光教团推展人间佛教的方向，我想这也是佛教发展的时代趋势，所以后来又成立国际佛光会，在五大洲成立一百多个协会、分会，真是“佛光普照三千界，法水常流五大洲”了。

时光荏苒，人已半百，在五十岁左右，除了在世界各地兴建道场，创办佛教事业以外，这时我想到佛教不能只重外相，应该要有一些实质的内涵。虽然多年来我一直做的都是“人间佛教”的事情，到了五十几岁的时候，才想到“哲学的人生”，因此我对人间佛教开始做了一些规划，我要确立自己的模式来宣扬人间佛教。

首先为了让人间佛教有特殊的内涵，我不能不考虑哲学思想上的建立，所以历年来国际佛光会召开世界会员大会，每次我都发表一篇主题演说，例如，《欢喜与融和》《同体与共生》《尊重与包容》《平等与和平》《圆满与自在》《自然与生命》《公是与公非》《人间与生活》《发心与发展》《自觉与行佛》《化世与益人》等，这些都是我在这十年期间所酝酿的思想。甚至对当代的问题，如战争与和平、宗教之间、族群问题、生态环保、安乐死、优生保健法、生命教育、生死学等，我都给予重新诠释。

为了诠释这些问题，我在世界各地举办讲座，或是召开座谈会，现在都已经结集出书。尤其我在《怎样做个佛光人》里，提倡佛光人要“先入世后出世、先度生后度死、先生活后生死、先缩小后扩大”；佛光人要“有宗教情操、有因果观念、有惭耻美德、有容人雅量”；佛光人“不私收徒弟、不私蓄金钱、不私建道场、不私交信者、不私自化缘、不私自请托、不私置产业、不私造饮食”；佛光人“以佛法为重、以世法为轻，以道情为重、以俗情为轻，以实践为重、以空谈为轻，以是非为重、以利害为轻”；佛光人“不以经忏为职业、不以游方为逍遥、不以自了为修行、不以无求为清高”；佛光人要“光荣归于佛陀、利益归于常住、成就归于大众、功德归于檀那”。

我也替佛光山设立“参禅规约”，并且为建设人间佛教规划蓝图。在佛光山，我以“全面照顾一个人的生老病死，让人的一生都能在佛光山完成”为发展蓝图；对社会，从个人的新生，到家庭佛化、社区佛化，乃至以服务社会为工作的意义，都加以叙述、阐扬。

在此期间，我为了替人间佛教做一些古今映照、传统与现代融和的工作，因此把根本佛教的“戒定慧”三学提出来，作为人间佛教的思想依据。在戒学方面，我主张戒律是佛教的根本，是佛法的生命，是诸佛化世的本源，所谓“戒住则僧住，僧住则法住”，戒律的重要，由此可见。但是戒律要合乎时代性，要合情、合理，要尊重人情、人性。当初佛陀也倡导“小小戒可舍”，现在的宪法都能顺应时代而改革，戒律也应该因时制宜，随着时代发展而融通应变，但是在应世化俗之余，不可过分方便而流于庸俗化，因为戒律必定是维护僧团最重要的法宝。

在定学方面，我认为不管在家、出家，佛光人都要有修身治心的法门。过去在台湾少有禅堂的设立，但现在佛光山在国内外的分别院，每家都设有禅堂和念佛堂。这也说明，佛光山虽然主张“八宗兼弘”，但重在“禅净双修”，多年来对此一直非常努力地在提倡、推动。

在慧学方面，佛教是不同于一般宗教的，就是有慧学般若，讲究对宇宙人生真理的探讨。遗憾的是，佛教徒大都重视信仰，不太重视阅藏读经，所以佛光山在世界各地成立读书会，目前大概有两千个读书会，至少有数百万人在读书。不过，若想提升佛教的慧学，大概还要看将来大家的深入程度了。

人间佛教的思想理念，主要是倡导生活的佛教，以促进人际间的和谐，带来社会的公平，达到世界的相互尊重包容，让所有人都能幸福安乐地生活为目标。所以，人间佛教希望大家讲道德、守信用、明因果、持五戒；唯有发扬人间的美德，散发人性的光辉，才能共创人间的净土。

对于人间佛教的弘扬，我除了著有《人间佛教系列》的各类书籍以外，在《人间佛教的戒定慧》里，更把人间佛教的思想、理念，一一表露。

人间佛教就是“佛说的、人要的、净化的、善美的；凡是有助于幸福人生之增进的教法，都是人间佛教”。人间佛教要有人间的性格、人间的伦理、人间的秩序；人间佛教要从“人”做起，甚至要从“自己”做起，凡事不要求别人。为了不把报恩的责任推给阿弥陀佛，我在佛光山成立“功德主会”，把信徒定位为“佛教的老板”，并且订定各种功德主的福利办法，一方面替佛教报恩,同时也让信徒在有生之年都能享受佛教给他们的福利,让他们都能“往生”佛光净土。

尤其到了六十岁左右,我忽然想到自己已届花甲之年,跟随我的徒众弟子,出家弟子就有千余人之多,我在退位时曾宣布,我在佛光山的行政工作可以退位,但是我跟徒众的师徒关系没有退位。因此想到多少可敬、可爱的父母,他们把子弟交到佛光山跟随我出家,其中多数都是经过父母培养,受过大专高等教育,至少也是高级中学毕业后,再经过佛光山丛林学院的教育,也算是大学学士了。

虽然我年幼离开故乡、亲人,但在我心底,所有天下年长的男女,都可以做我的父母。为了对所有徒众的父母表示尊敬,举办了“佛光亲属会”,让所有徒众的父母、家人,每年都到佛光山团聚两天,不但父母、子女可以畅叙亲情,也让我有机会跟他们报告子弟出家后的前途希望。所以这时的思想,又转入到应该为人间的“伦理关系”有所建立的阶段。

我有一千多名出家入道的弟子,我那么多的“佛门亲家”,虽然一年只聚会一次,但是大家都为儿女能得到一个好的安身立命的道场,感到欢喜、荣耀。有的上台讲演,表达他的欢喜,有的述说当初送子学道的心情。佛光山这许多青年子弟,也不辜负父母的希望,有的在各大学教书;有的从事文化事业,编辑报纸杂志;有的从事养老育幼的慈善事业;有的在世界各地名校,继续各种研究……佛光山二百多个寺院道场的行政、社教、法务,都是由这一群人担当,所有的父母亲家,也经常在世界各地来去旅行,到处为家。甚至佛光山还优待徒众父母,将来可以随子弟住进佛光山养老机构安养,或者百年之后,归葬佛光山万寿园陵墓。尤其佛光山任何一个子弟的父母,也是全佛光人子弟的父母;从一两个子弟之家,到几千人的世界大家庭,其融和安乐,真是难以言说。

《梵网经》说,一切长者男子是我父,一切长者女子是我母,一切年轻男女是我的兄弟姐妹。诚哉斯言。当初我撰写《释迦牟尼佛传》时,写到佛陀为逝世的父亲担棺,为报答母亲之恩而亲上忉利天为母说法,甚至为迦旃延的弟子均头沙弥,铺设床位,让他在自己的房中暂住。佛陀对尊师重道、孝养慈亲,以及爱护后学,树立了典范,谁说佛门不重视伦理呢?

佛光山提倡人间佛教，意味着佛教的出家人不是遗世独立，所以我倡导寺院道场为“四众共有”，我倡导各种不同种族要“同体共生”，我鼓励佛光山的儿女，在父母年老生日时，回俗家省亲祝寿。

世界的秩序，就是要靠伦理道德来维护，就如儒家的《礼运大同篇》说：“不独亲其亲，不独子其子”，更重要的，要让“老有所终，壮有所用，幼有所长，矜寡孤独废疾者，皆有所养”。所以佛光山除了推动文化、教育之弘法利生的事业以外，对于人一生的完成，养老育幼、生老病死的事情，更是特别给予关注。

人的一生，其实只有两个重大的问题，一是“生”，一是“死”。死的时候固然要死得无牵无挂，死得自在安然；生的时候，更要活得无忧无虑，活得平安快乐。现在世界最大的问题，就是“战争”不断、“恐怖分子”猖獗，扰得人心惶惶。世界要和平，不但要发挥人性的慈悲、无私，还要讲究缘起性空、六度四摄、因果报应等，这些佛教的教义都是促进世界和平的无形力量。

我认为世界和平的促进，宗教应该身先表率，彼此要互相尊重包容，要把“有容乃大”的胸襟，从宗教之间推展开来，进而影响社会各个团体，这是宗教界的责任，也是对现代社会的贡献。

我一生倡导“融和”，除了力促佛教界的融和之外，尤其致力于“宗教融和”。为了结合宗教力量来共同促进世界和平，多年来我经常在世界各地与各宗教进行互访、对谈、交流。久远的不谈，就拿近几年来说，例如：

一九九七年我应邀前往梵蒂冈与天主教教宗若望·保禄二世会面，共同祈求世界和平，此事被誉为“世纪性的宗教对谈”。

一九九八年，我应邀到新加坡、马来西亚弘法，同时与信奉伊斯兰教的马来西亚总理马哈蒂尔会面，为中国佛教与马来西亚回教史，留下新的一页。

二〇〇一年，我在澳洲与卧龙岗市长 George Harrison，及英国国教卧龙岗地区的主教 Bishop Pipen，针对宗教与文化交流，彼此交换看法。同年在加拿大多伦多大学，针对“宗教如何面对全球化”问题，我也应邀与天主教的瑞恩神甫，及基督教的第芳婷教授等人，共同主持“宗教对话”。

二〇〇三年，我在巴西圣保罗的 SE 大教堂，与天主教枢机主教 Dom Claudio，针对宗教对本世纪应该提供什么样的贡献，进行“宗教对话”。

此外，美国西来寺于一九八八年落成后，二十多年来一直与相距五分钟路程的摩门教会保持友好关系。西来寺每年举办世界和平祈愿法会，邀请各宗教领袖以各自独特的宗教仪式，共同为世界祈求和平。

最近我甚至还为北港妈祖宫撰写《妈祖纪念歌》，我认为宗教之间应该要建立“同体共生”的关系，要“同中存异、异中求同”，彼此包容、彼此尊重，就如人体的五官，要相互共生，才能共存。对于宗教之间的往来，我主张：教主不同，彼此要尊重，不可混淆；教义各有所宗，应该各自发挥；教徒之间则可以彼此沟通往来。

由于我经常与各宗教之间保持密切的互动，因此彼此也都建立了友好的关系，例如，我与天主教教皇若望·保禄二世、台湾枢机主教单国玺、罗光总主教、丁松筠神甫等，都成为朋友。甚至天主教所办的智利圣多玛斯大学、台湾辅仁大学、澳洲格里菲斯大学，先后颁赠给我荣誉博士学位等。

其实说来惭愧，由于自己从小基本教育没有打好基础，虽然在佛门里有禅、净、律各宗的参学，称得上资历完整，但是我的人生道路走来也有一些起伏，崎岖不平，变化莫测，很多难以掌握的事情，也只有随顺因缘所转了。

现在回想起来，在我出家一甲子以上的时间，虽然也有一些为教为众的理念，但由于自己没有“学有专精”，对佛教纵有些许的贡献，也不值得自我夸耀。尤其过去为了弘扬人间佛教，所写的都是一些通俗性的文章，虽然已如预期，发挥了接引社会人士普遍认识佛教的功能，可是阶段性的任务已经完成，直到七十岁古稀之龄后，我发现自己的佛学可以再作进一步的深入，因此在二〇〇一年发行《普门学报》，一方面提供学者有发表学术论文的园地，希望进一步提升佛教义理研究，为人间佛教建立思想体系，同时我也亲自为学报撰写论文。

近十年来，我在《普门学报》发表的学术论文包括：《中国佛教发展的阶段性刍议》《从四圣谛到四弘誓愿——论大小乘佛教融和的开展》《论佛教民主自由平等的真义——诠释三皈》《五戒及生权的内容》《六波罗蜜自他两利之评析》《人间佛教的蓝图》《比丘尼僧团的发展》《佛教兴学的往事与未来》《佛教与花的因缘》《佛教与自然生态》《佛教丛林语言规范》《山林寺院与都市寺院》《人间佛教的戒定慧》等。

直到这时，我才真正对佛教的学术问题有所留意。不过在此之前数十年，因为出身在临济宗门下，对禅门的思想、语录，我一直喜爱撰文，对净土的念佛，更因一生参加过的佛七不下数百次，也有心得。

另外，过去青少年时期，在佛教学院所受的课程，大都是唯识学的经论，现在也不禁在心头慢慢明亮起来。虽然我的心中还是喜欢般若空性、缘起中道，不过佛教的八万四千法门，总是为各种众生所喜爱，所以我对于佛学的基本信念，并不喜欢分宗立派，分别你我，造成宗派之间的相互对立。

我尤其不希望学者们用研究佛教的角度，互相排斥、批判，这是自相残害，对佛教并无益处。我主张佛教的“圣言量”，你要信就信，不信也就罢了，但不可以用此经论，打倒彼学说，用彼学说，打倒此经论，这样只会分裂佛教，造成佛教的分歧，丝毫无助于佛心证道。

因此，我认为佛学是一大总相法门，佛教虽然“方便有多门”，但是“归元无二路”，就等于人生的道路，也是一直向前。佛道虽然遥远，只要我们树立生命的指针，假以时日，必定都能同证佛道，圆满菩提，这才是人生道路的终究归处。

二　生死边缘

我出生在国民军北阀的一九二七年，当时军阀孙传芳担任八省联军总司令，反抗国民政府。有一天，他的部队在我家门口枪决一名民众。就在这个时候，我呱呱坠地，来到了人间。

我出生时，根据母亲说，我的脸半边是红色，半边是白色，她认为自己生了一个妖怪，几乎不敢抚养我。后来经过一段时日，我才逐渐恢复得和一般正常婴儿一样。

我从小家庭贫穷，母亲多病，父亲是一位朴实的普通平民，介乎农、工、商之间。父母生养了四个儿女，我上有一兄一姐，下有一个弟弟。犹记得八岁那年，正当岁末冬残，年关将近的时候，家人都出外张罗年货，准备要过新年了，家中只留下十三岁的哥哥和我。这一天，大哥李国华兴匆匆地从外面回来，告诉我河水都结冰了，他刚刚才从上面走了一趟回来。我一听，好奇心驱使，就说我也要出去走一走。

当我走出家门后，大哥就把门关上，并且上了门闩，大概是想让我在外面多玩一些时候吧！我一个人来到冰河上，兴高采烈地走着，忽然见到远远的地方好像有一个鸭蛋，心中不禁暗暗窃喜：鸭子在冰上生蛋，没有人发现，我可以去拿。

于是我一步步地走向“鸭蛋”。岂知这时突然“轰隆”一声，整片冰应声碎裂，我就这样掉进了冰窟里。原来所谓的“鸭蛋”，其实是冰将破裂时的冰印，因为状似蛋形，所以让我误以为是鸭蛋。

生长在寒带地区的人都知道，一个人一旦不慎掉进冰窟里，即使旁边有人，也很难救援，因为上有厚冰覆盖，必须把冰块打破，才能下水救人。通常经过一番周折以后，人在里面早已冻死，何况在我掉入冰窟时，四周并无一人。

我在冰窟里究竟挣扎多久，已经不复记忆！只记得我回到家门口敲门时，全身衣服上都是碎冰。大哥开门一看，整个人都吓呆了。事后家人怎么样也想不到，在这样的遭遇下，我竟然还能捡回一条小命。如今回想起来，自己也觉得不可思议，难以明白其中的原因。

其实我这一生，类似这样走过“生死边缘”的经验，不止十次、八次以上。由于我自幼经常跟随外婆进出佛堂，四五岁时就懂得茹素，也会背诵《般若心经》，因此一生对佛教的信心，反而在这样一次又一次的危险遭遇中，更加长养，更加坚定不移。

经过了第一次的死里逃生，两年后，也就是一九三七年七月七日，“卢沟桥事变”揭开了中日战争的序幕。记得那年农历十二月十三日，是一个大雪飘飘的日子，日军攻进南京城，当时十岁的我，身上扛了一条被单，跟着一帮民众开始了逃亡的生活。我们一路向北方走，半途看到一百公里外的南京，火光冲天，真是烧红了半边天。后来才知道，原来那就是日军正式展开大屠杀的时刻。

记忆中，我们先在兴化县一个车棚里住宿，后来又在村子里一间神庙安身。不多日，整个江苏就全部沦陷了。逃难中，年老的外婆九死一生，不但从日军刺刀下逃过一劫，也曾经泡在江水中，所幸靠着一件冬日的棉衣而不致淹死，再度逃到兴化与我们会合。

大概就是在这一年的年底，日军全部占领了江苏，外婆挂念家产，要回故居一看。不知死活轻重的我，也吵着要跟外婆一起回家。外婆一向疼我，于是我们祖孙二人又花了两天的时间，步行到江都。这时候江都的小镇已完全被战火摧毁，几成一片瓦砾废墟。外婆的家比较有规模，倒塌的瓦砾中，余烟还在袅袅上升，我家的四间草屋，也都成为一堆灰烬。

正当我和外婆在家居左右凭吊时，外婆看着烧毁的房子，舍不得一生心血就这样付之一炬，因此在瓦砾堆里翻弄，大概是在找一些未烧完的破铜烂铁。就在这个时候，不幸被日军看到，马上就将外婆带走了。我一路哭喊着在后面跟随。不知走了多远，日军用刺刀拦住我，不准我前进，因此我和外婆就此分开，之后也不知外婆被带往何方。

后来，听说年过六十的外婆被日军带到营房里当伙夫。因为当时人民不是逃光，就是杀光，日军每日三餐需要很多人手工作，外婆因此得以幸免于难。我和外婆分开之后，独自留在小镇上，举目所见，尸骨遍野，有的尸体漂在河流之中，头下脚上；也有的陈尸路边，只剩下手脚，内脏已被饥饿的野狗饱餐充饥。这些啃食人肉的野狗，一只只看起来都是一脸凶相，甚至当我回到家中，我家的狗看到我，两只眼睛也是露出红色的光，凶恶的眼神令人恐惧。不过由于过去我对它们一直爱护有加，因此它们看到我，还是表现得十分亲热。

人的求生潜能是无限的。当时我只是一个十岁的幼童，与外婆分散之后，四顾茫茫，不知道回头路途如何走法，前进也没有方向。这时候，偶尔远远看到日军，我就急忙朝死人堆里一躲，装着我也是死尸之一。因为时值岁末，天寒地冻，大地已成为一个大冰柜，所以尸体虽多，却未曾腐烂，除了血迹斑斑以外，整个人体僵硬完好。我躺在死人堆中，几次听着日军的军靴踢踏踢踏走过，侥幸未被发现，让我从“生死边缘”中，第一次深刻体悟到生命的无常与恐怖。

后来，外婆从日军的伙夫房里偷偷逃了出来，竟然又找到了我，我们祖孙得以再见。外婆于是又带着我，一路躲躲藏藏，我们又逃到兴化，和家中的其他人相聚。就这样我在兴化居住两个多月，从此再也不敢吵着要回家了。

在日军攻占南京的时候，日军司令官松井石根下令，实施所谓“三光”政策，也就是烧光、抢光、杀光，所以从南京到江都，一路上所见到的景象，用当时的话说，就是“杀人放火，奸淫掳掠”。大概就是在那个时候，我在杭州工作的父亲，想是在逃难回家的途中，不幸死于战乱，从此我再也没有见过父亲的面。直到十八岁那年，我在焦山佛学院读书，有一堂作文课，我写下了《一封无法投递的信》，表示我对父亲的哀悼，用以追忆。

回顾历史，当年日军攻占南京，造成“南京大屠杀”的血腥惨剧，日本士兵泯灭人性，固然令人发指，其实中国的军队派系之多，彼此倾轧，互不团结，尤其守军将领唐生智是一个庸碌无能之辈，完全没有大将应变的智慧与能力。当日军兵临城下时，他第一个弃城逃走；在此之前，他把南京通往长江以北的一切船只，完全封锁，所以在日军进城以后，军民过江不易，致使数十万军民惨死在石头城下，或扬子江边，伤亡之惨重，令人不敢回想。

一年多以后，也就是一九三九年正月，我和母亲从江都出发，沿途寻找失去音讯的父亲。其时京沪路上一片萧条，人烟稀少，到处都有日军站岗，我们一般平民百姓，只要在肩膀上挂着一个“红太阳”的臂章，日军大都放行。

我在寻父的途中，路经栖霞山寺，虽然当时年幼无知，也感觉到前途茫茫。不过大概也是我的福德因缘吧，由于战争，反而成就我在栖霞山剃发出家。回忆从抗战开始到我出家，一年多的岁月里，游击队和日军不断在家乡的小镇上，进行拉锯战。白天日军扫荡，夜间游击队反攻。那个时候，儿童并不知道枪炮子弹的凶残，经常在战争过后，争相跑到刚才作战的区域，以数死尸为乐，看谁数得最多，谁就是赢家。后来出家为僧，回想起那一段在“生死边缘”游走的日子,真不知道当时是如何打发过去的。

只是，日子虽然走过来了，但苦难并没有完全过去。就在出家后的第六年，也就是十七岁那年，我忽然染上疟疾。记得那时正值秋天，一般叫做“秋老虎”。根据老一辈的说法，在秋天染上疟疾，存活的机会很少。我自己也抱着等死的心情，其实应该说死活都没有想，因为觉得在十七年的岁月中，人生并没有什么享受与快乐，所以不觉得活着很好，也不觉得死亡有什么可怕。在那个年代里，尤其是在深山古寺的大丛林里，如果一个人死了，也没有人知道，甚至连死亡证明都不必开立，只要送到山上的火葬场火化。大众要到早晚课时，发现灵前多了一个牌位，程序多了一个灵前回向，才知道又有一个人死了。

染患疟疾最明显的病兆，就是全身忽冷忽热。当我在病榻上寒热交加的时候，恩师志开上人不知从哪里听到消息，得知我已卧病半个月，特地派了方丈室的道人送来半碗咸菜。大概因为无盐无油，最适合病患食用，所以后来我竟然不药而愈。回想当时接到半碗咸菜，我真是感激涕零。因为自从出家以来，从未受过别人的关爱，因此虽然只是半碗咸菜，但我内心油然生起一分感动，觉得我的师父真好。同时就在这个时候，我在心中默默发愿：将来我一定要弘法利生，以报师恩。

翌年，我升学到镇江焦山佛学院，那是全国佛教界最高学府，一般学生很难考进。在焦山佛学院三年的时间里，记忆最深刻的是，二十岁那年，我全身皮肤生脓，长出一颗颗的“脓疮”。因为步行艰难，有一天同学们都去过堂用午斋，我一个人坐在庭院的石凳上照顾学院。忽然一对年轻的夫妇看到我，好奇地走过来问我：“你今年几岁了？”经他这一问，我忽然想起当天正好是我的生日，所以就回答他：“我今天刚好二十岁。”问者可能没有听出我话中的意义，他把我的话当成“我今年二十岁”。

在我全身长满脓疮的时候，我曾经想过：为什么会罹患这样的恶疾呢？记得当时全身的皮肤溃烂流脓，只要穿上一件衣服，就整个粘贴在皮肤上。每回要把衣服脱下来换洗，就像脱了一层皮一样，血肉模糊，到现在回想起来，都觉得很惊人。

当时我阅读佛教史，知道唐朝的悟达国师曾在腿上患了“人面疮”，也就是伤口像人面一样，甚至还有嘴巴，必须喂以饮食，才能抑止疼痛。后来遇到一位圣僧，告诉他这是业障所致，不是肉体之病。悟达国师经圣僧指点，以水洗涤，消除罪业。后来为了启示后人，悟达国师因此作了《慈悲三昧水忏》，流传至今。

在那个青涩的年岁里，我想起了悟达国师的故事，只有虔诚皈依观世音菩萨，礼拜忏悔。当时也没有人谈到这种病可以医治，但记不清是如何获得同学给我一粒“消治脓”的药，吃下去后隔天立刻消肿，不数日也就完全康复了。

后来根据别人的说法，这是因为在抗战期间，死人的尸体浸泡在河水之中，生人饮用之后，瘴毒积在体内，经过一段时间，瘴疠之气发作，所以产生的怪病。别人姑妄言之，我也姑妄听之，因为能够不死，重新燃起再生的希望，也不禁万分庆幸，感谢佛恩，因此更加坚定相信“佛力不可思议”。

一九四八年，我时年二十一岁，应聘在出家的祖庭大觉寺边上一间国民小学担任校长。说来惭愧，我一生不但从未进过小学，连看一眼的机会都没有。承蒙宜兴教育局委任我当校长，大概因为乡村人才难找，他们听说我从南京回来，以为我必然见过世面，学有专长。其实我毫无经验，不过为了振兴佛教，在我的生涯规划里，早就希望为佛教开办一间农场，兴设一所国民义务学校。这是我期望已久的工作，如今有了这个机会，我自然全力以赴。同时我也相信“做中学”，自觉能力应该可以胜任。

可惜，当时国共战争又起，经常在学校里上课，听到“砰”一声枪响，知道附近又枪杀了人。不管白天或深夜，经常听到狗吠，都让人胆战心惊。

那个时候，国民党的部队毫无军纪，我不知道是哪个营队，只要他们从寺里经过，所有牙刷、毛巾、肥皂，立刻不翼而飞，其他能顺手带走的东西，也都被那些穷苦的军人搜刮一空。

终于有一天，记得是一九四八年二月，半夜里被人叫醒，睁开双眼一看，几十个武装军士用长枪短枪对着我，喝令道：“不要动！”我当时并不害怕，只是不知道这究竟是什么军队。正当我还在纳闷时，不由分说地已被五花大绑，强带着跟他们在黑夜里穿过田野，越过荒原。大约一小时后，我被带到一所空屋，里面早已捆绑了数十人。我一到达，其中一个看起来像是长官的样子，大吼一声：“把他吊起来！”所谓吊起来，就是用绳子扣着两手的大拇指，悬空垂挂在那里。

我当时一听，心想这下可能要受苦了。但是随即看到他身旁的一位同伴在他耳边耳语两句，他马上说不要吊我，只把我捆绑在一旁。于是我就待在这间空屋子里，看到今天枪毙两个人，明天原本健康的人，好端端地被带出去，不多久就皮开肉绽地被用门板抬了回来。

这时候我想到佛教说的：“眼看他人死，我心急如火；不是伤他人，看看轮到我。”就这样到了第十一天，忽然叫到我的名字。我被用绳索捆绑着带出空屋，也不知道将会被带往何处。只见一路上，五步一哨，十步一岗，大家如临大敌一般。我心想，这必定是要把我绑赴刑场，应该是要被枪决了。

一个人面临死亡的那一刻，心里的感受如何？一般人很少有这种经历。当时我并不畏惧，只是感到万分遗憾，心想：我才二十二岁，到这个世间上来，什么事情都还没做，就这样又悄悄地离开了人间。师父上人一定不知道，此刻我就要被枪决了，母亲也不知道，她的这个儿子只能活到二十二岁！人生真像水泡一样，“啵”一声，水泡破灭了，世间一切又归于平静。

这样想着想着，已被带到另一间屋子里，只见里面放着各种刑具，包括老虎凳、铁钳子、铁链、三角带、狼牙棒、木棍等。我以为免不了要受刑，如此即使没有在刑场上被枪毙，也是活罪难逃，最后也会跟其他难友一样，皮开肉绽地被用门板抬回去。

但是不知道什么原因，结果完全出乎意料之外，那位主管竟然当场释放了我。我记得当天由师兄带我回寺，途中所经的道路虽然屈曲，但还算平坦，可是我的双脚却不听使唤，一路上就像跳舞一样地回到寺中。我并不是因为害怕而颤抖，只是经过十多天的关闭，两只脚已经不善于步行了。

我在宜兴的那段岁月，被关了十多天的土牢，竟连对方是什么党、什么部队都没有搞清楚。这时我思忖着，虽然又从“死亡边缘”逃过一劫，但是当地的治安如此恶化，实在不宜再逗留下去，因此告别师兄，回到南京。

在南京，初任华藏寺监院，再任住持。但因时局实在动荡，尤其徐蚌会战，国民党失败，南京已经陷入一片纷乱。在京沪的路途上，逃亡的难民之多，大家争先恐后地抢搭交通工具，有的抱着火车头，有的人盘踞在火车上，一脚在车内，一脚在车外。路边的死尸随处可见。我目睹此情此景，心生不忍，因此发愿集合同道，希望组织“僧侣救护队”，救伤恤亡。

然而，“僧侣救护队”岂是民间之力所能组成？只有寄望公家机关能够成全。那时我指望“僧侣救护队”能做一个短期的训练，唯一可去的，就是台湾。所以在二十三岁那年的夏天，我领导了七十余名僧青年和一群男女青年，抵达了事前茫无所知的台湾。只是从此我又寄身在“白色恐怖”的年代里，行走在“生死边缘”的险路上。

我在一九四九年夏天来到台湾，但是没有入台证，幸经前“内政部长”吴伯雄先生的尊翁，时任“警民协会”会长的吴鸿麟老先生出面为我作保，我才得以获准留台。但是当时台湾省政府听信广播，说大陆派遣五百位僧侣到台湾从事间谍工作，因此我和来自大陆的一群僧青年，不分青红皂白被分别关在台北、桃园等地。

其中，慈航法师被关在台北，我和律航法师等一行十余人，被关进桃园的一所仓库里。有一天，忽然传来命令，将我们绑起来拉去游街。走了一个多小时的路程，来到一所警察局，里面一人见状，大骂一声："谁叫你们把这些和尚带来的，赶快带回去！"于是我们又被带回仓库，就此在里面住了二十三天。

最后幸经孙立人将军的夫人孙张清扬女士、曾任"台湾省主席"吴国祯先生的父亲吴经熊老先生，以及"立法委员"董正之先生、"监察委员"丁俊生先生等人营救，才把我们从鬼门关前拉了回来。

在那个"白色恐怖"的年代里，人民只要一经逮捕，很少能活着出去的。即使侥幸获释，也已遭刑求而伤筋断骨，体无完肤了。我们虽然没有死于冤屈，也没有受到刑罚，但从此难获台湾各地寺院的信赖，他们不能接受来自大陆的僧青年。不少人到处挂单遭拒，在生存艰难的情况下，许多有为的僧青年就这样流失了，殊为可惜。

其实也难怪，因为当时距离一九四七年发生的"二二八"事件为时不久，我们在台湾很自然地就遭人排斥、误解。事实上，"二二八"的悲剧，是民族的不幸，当时台湾人民死伤很多，但是大陆人士伤亡也不在少数。今日评论"二二八"事件，完全忽视大陆人民死难的事实，坦白说也并不公平。

在那一段居无定所、颠沛流离的岁月里，我非常感谢慈航法师喊出"抢救僧宝"的口号，以及妙果老和尚对我的厚爱，特别留我在圆光寺安单。我也感恩图报，尽力为寺中的大众服务。只是我在台湾，还是一直生活在"白色恐怖"的不安之中。例如，我被邀请到台中编《觉群周报》，这是太虚大师在抗日战争胜利后，于上海发行的一份刊物。我从中坜到台中，只编了一期，听说警察要逮捕我，吓得我再也不敢到台中去了。

之后，台湾的"警备总部"经常有人密告我，有时说我偷听大陆广播，有时说我晚间换装出外和人聚会。其实我一生从来没有使用过收音机，哪里会收听广播？我平时除了讲经说法、弘法布教以外，也不习惯于在世俗的场合里聚会。甚至佛光山开山以后，也有人检举我藏有两百支长枪。事实上佛光山至今两百支棍棒都没有，哪里有两百支长枪呢？

曾经有一次，我在宜兰欢迎章嘉活佛到访，致辞时我说："欢迎我们的领袖章嘉活佛。"治安人员竟然说我要造反，要拥护章嘉活佛当领袖。根据台湾南区"警备总部"常持琇司令说，我遭人检举的密函，在他那里少说有一二尺高，可见我被人诬陷的罪名之多。所幸都能一一化解，也可以说我走在"生死边缘"上，都能化险为夷，平安归来。

虽然我自身的安危难保，但我记得当时有一位陈秀平先生，服务于电力公司，被冤屈为"匪谍"，我为了保证他的清白，不惜以自己的生命作保。后来陈秀平先生帮我在台北创建智光中学，并且担任校长。另有一位李小姐，也被诬指为"匪谍"，三天两头被叫去问话，有时一问就是一整夜，有时半天，甚至一连几天地疲劳审讯，并且还限制她的居住自由，最后也在我的全力营救下，终于获得昭雪。

我初到台湾那几年，记忆最深刻的，就是挂单在圆光寺时，每天早晨四点半起床，然后拉着手拉车到中坜镇上，六时抵达市场，唤醒卖菜的小贩，为寺中八十人备办生活所需的油盐米菜等，来回总得五六小时。

为了争取时间，我也学会骑脚踏车，有时购买的东西不多，我就骑脚踏车就近到"大仑"的小街上购买。我骑脚踏车的技术并不纯熟，有一天，跟往常一样，我骑着脚踏车准备上街。当车行在羊肠小道上，忽然看到远远的前方，有两位幼童迎面走来，我一急，大喊一声："让开！"由于喊的声音力道太大，人车倏地腾空弹了起来，然后掉进大约有三层楼高的深沟里。

由于我掉下去的时候，头先着地，而且结结实实地撞上一块大石头，所以顿时头晕目眩，眼冒金星，我只觉得天旋地转，日月无光，心想：这下子我必死无疑！

不知经过多久，我坐了起来，看看左右，心想："咦！人死后的世界，怎么也和人间差不多！你看，黄土地上，石子累累；沟渠岸边，草木萋萋。"再定睛望去，不远的地方，已经摔得支离破碎的脚踏车，轮胎、零件散落一地。这时我才慢慢回过神来，发现原来我并没死，还活在人间。

我摸摸全身，竟然一点伤痕也没有，连头上撞击的地方，也是毫发无伤，甚至没有疼痛的感觉。因为没有摔死，我不禁兴奋地一跃而起，不过还是舍不得我的脚踏车，于是把散落一地的碎片，一块块捡起来，再拿出车后的绳索加以捆绑。我想把它当成废铁出售，至少也能卖个三两块钱，因此就一路背回寺中。在当天的日记上，我写下这样一段话："平时都是人骑脚踏车，今天我被脚踏车所骑；人骑车，车骑人，偶尔转换一下立场，倒也公平。"

这一次从"死亡边缘"回来，就如童年掉入冰窟一样，侥幸自己又捡回一命，所以我在圆光寺居住一年有余，每天为常住拉车购物，扫除四周落叶，供应六百桶井水。劳动之余，偶尔抽空写些短文，投稿给台北的报章杂志，一经获得刊登，不但有些稿费，更是我生命中一份莫大的鼓励。

在这个时期里，我的思想上忽然生起一个妄念，认为自己罹患了肺病，每天朝思暮想，"我患了肺痨"的念头一直在脑海里萦绕，身心饱受煎熬。原因是曾经听过一位老师说，一个人如果过度辛苦劳累，营养不足时，很容易罹患肺痨。

或许是自己的疑心吧，所谓"疑心生暗鬼"，疑心也能成病。我在圆光寺的这段时光里，一面为常住劳动服务，一面忧虑着自己的肺痨。有时候我也想，自己身强体壮，应该不会有肺痨才对！但是肺痨的阴影，仍然盘旋在心中，始终挥之不去。

直到一九五〇年的冬天，正是番茄盛产季节，有人说，吃番茄可以治肺病。我一听，太好了！那时候自己虽是一介贫僧，但买番茄的能力还有，所以一口气买了一抽屉的番茄，有时间就吃。一段时间后，我心想：吃了那么多的番茄，肺病应该好了吧！

实际上，我并没有染患肺病，而是生了"疑心病"。不过我吃了番茄，心理健康了，身体也跟着健康起来。所以我感觉，世上有许多人"庸人自扰"，自己疑虑得鬼影幢幢，自然活得不安然。所谓"解铃还须系铃人"，人要自我调整思想，自我改正观念，才有得救的希望。

我对佛教的传播，一向热心于文化、教育。一九五二年，为了编辑《人生杂志》，我曾在台北善导寺纳骨堂骨灰龛下的橱子里，挂单数月之久。期间遭逢花莲大地震，那时寺中重重叠叠直摆放到屋顶的骨灰坛，几乎全被震下,我担心压到我身上,还跟那些灵骨开玩笑说:“拜托,不能压伤我!”

地震过后，花莲市区死伤惨重，我虽然无力无钱，但是仍用《人生杂志》的名义，四处奔波，为花莲灾区里那些活在“生死边缘”的灾民，聊尽绵薄之力。

佛教讲“世事无常”，世间众生有谁能不在“生死边缘”上受着威胁呢？记得那是一九五五年，我率领宜兰二十几位青年信徒，为中华佛教文化馆影印《大藏经》，展开为期四十四天的环岛宣传布教活动。一路从台北，经花莲、台东而到屏东。就在台东到屏东的碎石公路上，我怕最宝贵的一台录音机受不了石子路的颠簸而受损，就把这个重二十公斤以上的东西放在腿上，抱在怀中。

当经过五六小时的路程，车抵屏东后，在一间寺院挂单、礼佛时，我感到双腿疼痛，曲伸困难。原以为是一路上受到录音机压迫的结果，心想一段时间以后疼痛应该就会过去。哪知回到宜兰,在一个小讲堂的阁楼上,一躺就是一月余，疼痛不已，寸步难行，不得已，只有延医治疗。医生诊断的结果，说我得了急性关节炎，双腿必须立刻截肢，否则会蔓延，不但影响健康，甚至危及生命。

一旁的信徒听了，无不惊惶失色。但是我却不自觉地生起一个欢喜的念头，觉得双腿锯断也很好，从此我就可以不必到处辛苦地奔波劳动，行脚弘法,而能安住一处,好好地著书立说,可能对我未来的生命,更有意义。

不过，锯断双腿，总是兹事体大，我也没有全然听信医生的建议。就这样经过一段时日后，疼痛慢慢消除，只是长坐、跪拜时，双膝稍感不便。医生嘱咐我要注意保暖，所以直到现在，即使再怎么炎热的夏天，我都穿着卫生裤，以免吹到电风扇或冷气时，让关节炎复发。

数年后，疼痛完全消除，至今数十年来，除了血管硬化、筋脉老化以外，丝毫没有对我造成任何不便或影响。不过因为自己这一生，经常在生死危难的边缘走过，因此对生命的存活更加珍惜，更加热爱。但也懂得要勘破它，要能逆来顺受，不要计较，不要执著，所谓“山重水复疑无路”，只要你懂得转个身，自然“柳暗花明又一村”。

经过“关节炎”的事件以后,应该是五十岁那一年,也就是一九七七年,我第一次在荣民总医院做身体检查。当时因为创建佛光山的关系，小有名气，承蒙荣民总医院各科主任医师对我特别厚待。经过两天检查后，一位主任级医师为我做检查结果说明。看他似乎很为难，几次欲言又止，吞吞吐吐，很难启口的样子，我立刻告诉他："检查结果如何，直说无妨！"

医生反问我："你曾经跌过跤吗？"当时五十岁的我，自信身体健壮如牛，怎么会跌跤呢？因此很肯定地回答说："没有。"

医师又问："出家人怕死吗？"这就不是一个很容易回答的问题了。因为如果我说"不怕死"，感觉太过矫情，蝼蚁尚且贪生，人怎么会不怕死呢？如果我回答"怕死"，只怕医生要笑我是个没有修行的出家人。我只有回答他："死亡不是太可怕，倒是疼痛很可怕，因为疼痛有极限，超过能忍受的极限，疼痛的反应会喊叫，会呻吟，那时可就英雄变狗熊了。"

听了我的这番话，医生这才直接告诉我："你的背上有一个黑点，经过切片检查，还不知道结果如何，不过请你明天再来复检一次。"我说："不行，明天我要到宜兰，为一位圆寂的老比丘尼达德法师举火荼毗。"他说："后天也没有关系。"我说："也不行，后天我要到高雄，有个会议要开。"

医生苦笑着对我说："你的健康、生死，也不能不重视呀！"我只有谢谢医生，说："我会再来。"

从荣民总医院回到台北普门寺，徒弟们关心，问我检查结果如何。我幽默地告诉大家："我今天去切片。"他们并不懂得什么叫"切片"，我说："就是从身上割下一块肉，切成一片片。"大家一听，急忙再问："切的是哪一块肉？"其实这是一句玩笑的话，所谓"切片"检查者，就是从身上采取一些组织，抹在玻璃片上，以显微镜观察，以此判断身体的健康状况，哪里是把肉切成一片片？只是由此可以得见，当时一般人对医学名词的无知，对医疗常识的见解是如何肤浅了。

经过两个月后，我早已忘记了这件事。但是有一天北上到普门寺，徒众告诉我，荣民总医院来了几次电话，一直催我复检。我这时突然想到，医生曾经问我是否跌过跤。我惊觉到，几个月前台风过境，吹倒了佛光山大雄宝殿前的一棵大树，我爬到栏杆上，想把树干扶正，一个不慎，整个人往后仰跌在磨石子的走廊上。我想这大概就是背后出现淤血、黑点的原因。

于是我马上赶到荣民总医院，把这个发现告诉医生。医生也如释重负般“哦”了一声，说：“原来如此！”同时不禁为我欢喜。

这段过程看起来微不足道，但实际上在人生的旅途上，我好像又从“生死边缘”再次安然历劫归来一样。直到一九九五年，国际佛光会理监事会议在菲律宾马尼拉召开，那天晚上，我忽然感到心脏一阵阵地刺痛，整夜难以入眠。当时以为是晚餐吃多了奶酪，引起消化不良所造成，不过回台后，我还是随即到荣民总医院看诊。结果经心脏科专家江志桓医师做“心导管”检查后，他说我罹患了心肌梗死，需要开刀。

承蒙时任副院长，并曾担任两位“蒋总统”御医的姜必宁医师为我成立了一个心脏手术的小组，要我选择一个主刀的医师，进行“冠状动脉绕道”手术。我选择了相当年轻，曾在南非开普敦接受心脏开刀训练的张燕医师为我主刀。当时我并不认识张燕医师，但是我知道，在那个心脏手术还不普遍的时候，必须找一位经验丰富，年纪又轻的医师，比较能接受挑战。

后来，张燕医师升任台中“荣民总医院”心脏科主任，我们成为互动良好的朋友。他曾随我到过加拿大的落基山脉，也到过意大利、法国等地的名都，至今已有十二年历史。回想当年他在开刀房为我进行八小时的手术，事后他很自豪地对我的弟子说：“你们关心你们的师父，但是只有我看过你们师父的心是什么样子！”

《观世音菩萨普门品》中说：“众生应以何身得度者，观世音菩萨即现何身而为说法。”我以疾病的因缘，也能交到朋友，真是幸何如之！之后，他们邀请我担任“台湾心脏协会”的理事，我欣然应命，至今一直以参加此会为荣。

最近，我又再次于“生死边缘”走了一回。那是二〇〇六年，为了日内瓦佛光山会议中心落成，我前往欧洲，在瑞士一个小山区住宿时，忽然中风。所幸只是造成轻微的手臂动弹不得，但我仍带着衰残老迈的身躯，主持巴黎道场的破土典礼，以及日内瓦会议中心落成开幕。在会中，我请海峡两岸的大使欢聚一堂，握手言欢，自觉得意。

我这一生，不但自己在“生死边缘”来回无数次，也曾为别人的生死做过一些服务。例如，曾经照顾过一位第三期肺痨的同道，直到痊愈；也曾为往生的老僧担负棺木，送至火葬场火化。一九六七年越战后期，不少难民纷纷逃亡，我曾献金购船，帮助难民逃离战火。后来这些旅居在世界各地的越棉寮难民，都成为我很好的朋友。

在香港，也有不少被关了多年的船民，我曾多次前往为他们说法。乃至香港赤柱监狱，一些被判终身监禁的死刑犯，我曾与他们做过“生死边缘”的谈话。也曾在台湾的土城监狱，聆听一些垂死囚犯的心声。我觉得一个人纵使犯法判刑，也要用爱去教育他们，例如苏姓等三位青年，多次被判死刑，也多次从死亡边缘又被救了回来。我曾在土城监狱和他们面对面讲说生死，讲说因果，讲说冤屈，讲说缘起缘灭。

其实，人生本来就一直在“因缘果报”里流转，也在“死亡边缘”接受考验。有信心的人，无论生死危亡，一切尽付笑谈之中。实在说，生也未曾生，死也未曾死，生死就等于人晚上睡觉，白天起床，就是这么简单。因此，生，未尝可喜，死，也未尝可悲；生了要死，死了要生，生死就如时钟一样，轮转不息。死亡，并没有边际；人生，就在生死存亡之间，如此而已。

三　关键时刻

人生走过数十寒暑，到了垂暮之年，回头一想，在几十年的岁月里，功过成败，总有一些“关键时刻”。别人所看到的，只是一些外相上的是非，必须经过自我的客观检讨，才能找到真正的关键所在。

我出生在江苏扬州，故乡江都是一个经济落后，教育不兴，民风淳朴的乡村小镇。我的成长背景，既没有显赫的门第庇荫，也没有风光的亲戚助威，加上从小没有上过正式学堂，更无师友同学扶持。

所幸十二岁那年，也就是一九三九年正月，我突然遇到机缘，便在宜兴大觉寺出家，接着在南京栖霞佛学院接受教育，从此得以在大冶洪炉的丛林寺院里学习、成长，这是我人生的第一个关键时刻。

说起我的出家因缘，记得一九三七年七月七日，中日“卢沟桥事变”爆发后，日军一路长驱直下，经过上海会战，很快就在同年年底攻陷南京，并且进行惨绝人寰的“南京大屠杀”。当时我的父亲外出经商，在这场劫难中到底生死存亡如何，至今依然不得而知，只是当时父亲没有了音讯，于是我便跟随母亲外出寻父。

我与母亲走遍京沪一带，始终没有找到父亲的下落。就在失望之余，途经栖霞山，看到一支军队正在出操训练。我一时好奇，停下来观看。突然，身边站着的一位寺院的知客师，不经意地问我：“小朋友，你要出家吗？”

由于我从小受到外婆的影响，早有信佛、拜佛的习惯，尤其看到出家人的威仪庄严，总是心生羡慕，所以潜在意识里听到“出家”两个字，也来不及思索就回答说：“要啊！”

大约经过一小时，当我还在兴致勃勃、专心一意地看着军队操练之际，有一个人走过来对我说："当家师父找你！"

在当时那样一个"人生地疏"的情况下，忽然说有人找我，这真是个奇迹。不过我与母亲还是随着那个人走到一座寺院前。我请母亲在寺旁一位老太太洗衣服的地方暂等，我便一个人跟着那个人走进了栖霞山寺里。

进入山门后，转了两个弯，来到一幢小楼上。只见屋内清净庄严，在我幼小的心灵里，感觉就像进入皇宫一样。这时候一位眉清目秀，大约三十岁的法师，对着我点头微笑，然后叫我在他面前的一张椅子上坐下来。他一连问我："叫什么名字？""从哪里来？""今年几岁？"

我一时不知道是紧张，还是害羞，好像听不懂他的话。于是他递给我一张纸，叫我把名字写在上面。我吓了一跳，几乎连自己的名字都不会写。他又问我："你哪里人？"我写上"江苏"，他说应该写"江都"才对。其实说来惭愧，当时我连"江苏"、"江都"都分不清楚。

这时，师父又说："听说你要出家，我是这里的当家师，你就跟我出家好吗？"我看他慈悲善良，当即说"好"。

答应之后，他说出家要取得父母的同意才行。我说："我母亲就在外面。"他要我前去请问母亲，如果获得首肯，就把母亲请来和他见面。

我找到母亲，跟她说我要在这里出家了！母亲即刻回答："不可以！"她说："我回去之后怎么向亲人交代，怎么跟邻居说明！"

我一听，眼泪随即流了下来，我说："我已经承诺人家，没有办法反悔了！"

伟大的母亲听我这么一说，立刻说："没有关系，我去替你回绝当家师！"

我说："你前去同意可以，拒绝不行！因为我也已经决定要出家了！"

于是，我把母亲带到师父面前。依稀记得，当时师父好像跟母亲说，将来他会怎么样栽培我，我的未来会如何成长、如何有前途……说得母亲也动了心，于是同意让我出家。第二天，也就是一九三九年二月初一日，我就这样剃度出家了。

出家后才知道师父的法号叫"志开上人"，他是栖霞山寺掌有实权的监院。照讲，栖霞山是十方丛林，不可以私自收徒纳众，为人剃度。但是家师告诉我，在栖霞山寺为我剃度，只是一时的权宜之计，实际上我出家的常住，祖庭是在宜兴白塔山的大觉寺。

当时我完全搞不清楚状况，只记得出家当天，来了很多大和尚，都是人高马大，身相庄严。其中有一位慈眉善目的老和尚，一直保持着笑容，他代替师父为我提取法名“悟彻”，外号叫“今觉”。

出家后，第一个让师父感到困扰的问题，就是全栖霞山寺有数百名僧侣，但没有一个是十几岁小孩。虽然寺里有一所栖霞律学院，但都是二十岁以上受过戒的比丘。另外还有一间禅堂，更清一色都是青壮年的老参。

在这样的环境里，到底要把我安置在哪里呢？这一点困难当然难不倒精明能干的师父，他让我把母亲送走之后，即刻安排我住进客堂边的一间小净室里，并且找了一位书记大实法师，叫我跟随他念“禅门课诵”，学习“五堂功课”。

母亲和我离别的时候，是什么样的心情？我想，虽然我从小跟随外婆长大，和母亲相处的时间不多，但尽管如此，母子分离，还是难免会伤心、难过。只是我知道，我的前途未来，就在此“出家”一举，我也只有义无反顾了。

母亲走后的第一天下午，我在小净室里，听到外面传来高亢的吼叫声，夹杂着棍棒击打的声音，很是讶异，就偷偷地从门缝里往外观看。只见之前问我要不要出家的那位知客弥光法师，正拿着一根门闩，死命地打着一位跪在地上、负责照顾大雄宝殿的香灯师，甚至还用脚踢他。因为打的力道很大，门闩都给打断了，碎裂的木屑四处飞舞，散落一地。

那位可怜的中年出家人，一再跪地求饶。原来他在大雄宝殿里私自化缘，接受信徒的五块钱供养，因此受到严厉惩戒。当时我并未心生胆怯，只感到这也是对我的当头一棒，我知道做一个出家人，不应好名好利，不能私自化缘，所以后来佛光山的建设，点滴归公，从来没有人敢私自化缘。

到了第二天，我想师父也感觉到，一个十来岁的小孩子，整天把他关在一间小屋子里，总不是办法。因此很快地就把我送到栖霞律学院，和那些比我年长许多的学长同住、同学，于是我就这样开始了将近十年苦难的从林教育生活。

首先我在栖霞律学院就读，六年后升学到焦山佛学院。两年后，也就是我二十岁那年的冬天，我离开焦山回到祖庭大觉寺。在大觉寺期间，我做过短期的小学校长、寺庙监院、杂志主编，后来还到南京担任华藏寺住持。直到二十三岁那年，我率领了僧侣救护队来到台湾，这是我人生的第二个转折点。

当时我刚接任南京华藏寺住持不久，同学智勇法师自告奋勇，要组织六百人的僧侣救护队。因为当时各地战俘、伤兵众多，死难的军民亟需救助。初时我并未动心想要参与，但在筹备两个月后，他们忽然打退堂鼓，不再组织僧侣救护队前往台湾了。

我一生最不喜欢人“退票”，因此就说：“你们不去，我去！”智勇法师欣然同意。我即刻请人从南京新街口，走了八九小时的路程到栖霞山寺，禀告当时已升任住持方丈的志开上人，说我有意到台湾。师父即刻赞成，并且叫来人带回十二块银元，以壮成行之志。

这时由智勇、惟春等同学所倡导的僧侣救护队，已经剩下不到六十人，早已不成队。所以我临时又再募集了大约一百人，但是真正上船的，只有五十多人。抵达台湾后，人数实在太少，既不成团，也不成队，同时也没有团体愿意收留我们。经过几天的投石问路，因缘实在不具，因此僧侣救护队也就只好解散，大家各奔东西了。

正当这个时候，由陈辞修（陈诚）先生主政的台湾，政治情况恶化，当局严格查管不明人员的流动，因此我也遭到警察逮捕，被关在桃园的一所仓库里。感谢孙立人将军的夫人孙张清扬女士，以及“立委”、“监委”们的大力营救，我才能九死一生，逃过劫难，并在台湾居住下来。

期间，香港的师友虽然也济助旅费，要我前往香港，可惜带钱到台湾的人没有找到我，因为当时我被政府拘留。等我获释出来之后，他已经回到香港，彼此缘悭一面，让我的“香港之旅”不得成行。

除此之外，当时也有一些不认识的信徒，辗转来信，要我前往瑞士，甚至马来西亚的佛教会，也希望有布教师前往弘法。但我都因为旅费无着，同时也自感语言不足，所以不敢贸然前往，于是我就这样安分守己地在台湾住了下来。

最初我住在中坜圆光寺，后来挂单在新竹青草湖灵隐寺，分别主编《人生杂志》，以及为台湾佛教讲习会教书，余暇时间就撰写《玉琳国师》《无声息的歌唱》等。但实际上这时候我的弘法重点，已经慢慢转移到宜兰了，在宜兰展开我的理想，到各个乡村弘法布教。

我于一九五三年春天到了宜兰，这又是我人生的另一个关键时刻。我在宜兰念佛会成立青年团体，成立文艺社、歌咏队、补习班、读书会，广泛摄受、度化青年学佛，我用连环图纸戏、幻灯片等道具辅佐传教。一些儿童、青年、妇女、有神道信仰的初机学佛者，听到我们弘法的宣传喇叭声："咱们的佛教来了！"他们都深受感动，纷纷到我指定的地点聚集，助长了佛法的弘扬，也提升了我传教的信心。

在我所度化的对象当中，大部分都是军人、青年、妇女、学生。我除了到学校布教、监狱弘法外，同时举办乡村同乐会、佛诞游行，等等。我还开办施诊所，展开乡村的冬令救济。尤其每遇台风来袭，我率先赶至灾区，给予受灾民众关怀、帮助。我在宜兰来来去去至今数十年，虽然没有做到"万家生佛"，承蒙大家都称我一声"宜兰法师"，这也是我人生中影响深远的一件事。

当时我在宜兰、台北弘法十余年，感觉在台北受到的压力很大，因为这里的会议特别多，每次开会，人家要我参加，如果我不出席，他们会说我不跟他们合作。此外，经常有人请客，一人请客，相继地就有多人回请，常常一连十天、半个月没有回寺吃饭。如果婉拒，他们就说"你看不起我"。尤其那时来自海外的宾客很多，经常要到飞机场迎宾送客，如果不应招而至，他们又说"你不帮忙"。

为了跟大家合作，为了看得起大家，更为了应该要帮大家的忙，我经常到处应酬，不知道自己住在哪里。所以感觉长此以往，终非久远之计。同时，因为我和高雄也早已有了相契的缘分，我曾经多次前往高雄讲经弘法，都是千人以上的信众听讲；每次来去，聚在火车站迎送的队伍，都在几百人以上。

当时高雄的信徒，像和宜兰的信徒展开拉锯战似的，经常想出种种方法，要我南下高雄。终于，我禁不起信徒的热诚，承诺南下协助高雄佛教堂的筹建，以及帮助寿山寺的建设工程。就这样，我又走上了高雄弘法的不归路，就此落脚在高雄，成为我人生的第四个关键时刻。

我先在高雄筹建佛教堂，眼看着即将竣工，就把它交给了月基法师住持。我在寿山公园建设寿山寺，这时屏东东山寺要办东山佛学院，住持圆融尼师请我前往任教。我已经答应，但后来她向我道歉，说她所请的院长不同意我前去担任教师。

我听闻之后，一点也不介意，我知道培养人才非常重要，当时自己也已经有了寿山寺这个小寺院。所以我认为应该自己来办佛学院，这是当仁不让的事。

那时候我蜗居在只有八十坪的寿山寺，虽有五层楼高，但是两班学生有六十人，已经把各个楼层挤满，其中有一班学生还得在纳骨堂里上课。学生们不但不忌讳，甚至还对着骨灰罐的相片，和亡者建立起友谊。其中有一个公路局的车掌阿秋小姐，因车祸意外身亡，她的父母几乎每天都带水果来灵骨前祭拜，学生们也帮忙关心灵骨，同时分食祭拜后的水果。生亡同乐，也是一趣。

寿山佛学院虽小，但每年都要招生。一九六六年第三届招生时，寿山寺的有限空间，实在无法再容纳新生，因此商之于慈庄、慈惠、慈容，把坐落于高雄火车站前的佛教文化服务处出售，得款五百五十万元，买下高雄县麻竹园山坡地二十余公顷，着手筹建校舍，把寿山佛学院迁移至此，改名为“东方佛教学院”。之后陆续建设，成为今日的佛光山，这就是影响我一生的第五个关键时刻了。

其实，最初我并没有很大的志愿想建大丛林来安僧度众，再说我也没有雄厚的经济力量。之所以创建佛光山，一是因为寿山寺实在没有办法安置学生；二是当时由越南来华投资兴学的褚柏思夫妇，因为经济陷入困境，亟待救援。于是我毫不考虑，不管他们所拥有的这片麻竹园土地，是否对我有用。当时只是纯粹为了助人一臂之力，因此毅然买下佛光山现址。现在回想起来，那已经是一九六六年的事了。翌年，也就是一九六七年五月十六日，佛光山举行奠基典礼，建寺的工程于焉展开。

当时正是佛教弘扬最低迷的时期，因为“总统”夫人宋美龄女士信奉基督教，她非常排斥人民信仰佛教，所以一般公教人员就业填写个人资料表时，都不敢承认自己是佛教徒。面对这种非常时期，我心想“一不做，二不休”，索性打起招牌，就把寺院定名为“佛光山”，当然是希望“佛光普照”之意。

当我买下佛光山麻竹园的土地之后，特别租了一部游览车，号召信徒上山参观。但是车子开到山下后，必须徒步走过一条杂草丛生的小径才能上山。满车的信徒,大家都不肯下车,甚至还说 :“这种地方,鬼都不会来！”

信徒情绪性的语言，我听了并不感到失望，只有请大家在车上等待。我一个人上山，花了两小时，绕了一圈回来，心想 : 没有关系，鬼不来，只要人来、佛来就好了。

不过，等到真正着手开山之后，才出乎意外地发现，这块土地简直无法使用。说来实在叫人难以想象，现在的不二门前，当时是两座小山、三条深沟，我请来推土机，把两座小山的土，推到三条深沟里，才勉强填出一方的平地。

最初填平的这片土地，虽然不是很大，只有十余公顷，但是因为经年累月遭受雨水冲刷，土壤流失严重，有的山沟真是深不见底。我从山下高屏溪，总计大约买了上万辆卡车的沙石，才填出现在佛光山的这块建地。

之后我又陆续收购旁边的山坡地，最初一甲土地出价一万元，到后来竟然每坪要价十万元。当时因为经费拮据，记得建设第一栋房子时，我想应该要建一间斋堂，以供大众过堂吃饭之用，但是限于经费不足，我交代工人，只建八尺高就好，以节省经费。

当八尺高的墙砌好，窗户也有了，正要建屋顶时，一位叫吴大海的先生忽然捐献新台币十万元。我立刻把八尺高的斋堂增高为十二尺，但是窗户已经做好了,怎么办呢？当时我就说 :“那有什么关系,就在窗户的上面，再加设一层窗子，不就可以了。”所以现在佛光山的旧斋堂，一层楼的房子有两层窗户，这在建筑学上，也算是奇事一桩。

为了感谢吴大海先生的捐献，我把东山所建的水塔，取名为“大海之水”。佛光山开山初期,将近二十年内,都靠这个水塔蓄水,供应数百人饮用,不但解决山上大众的用水问题，也让草木生光。另外，在佛光山建设之初，统一的吴修齐先生、南丰的潘孝锐先生、虹牌油漆的张添永夫妇，对山上的资助最大。

佛光山的第一栋房子，也就是“东方佛教学院”，院舍落成时，上山参加典礼的人数超过五万人；大悲殿落成当天，“内政部”部长徐庆钟先生亲自上山主持，参与的信众、游客，超过十万人以上。

佛光山自一九六七年开山以来，便获得海内外信徒的大力支持，我虽然未曾出外化缘，但是感谢十方信徒，以及护法龙天的护持，在诸佛菩萨的加被之下，开山四十年的佛光山，也真是做到了“佛光普照三千界，法水长流五大洲”。

佛光山开山后，我担任主管十八年，当硬件建设和弘法事业稍具规模时，我宣布退位，经过“佛光山宗务委员会”共同推选，产生第二代第四任住持心平法师接掌佛光山。

我的退位，主要是希望对“世代交替”的传承问题，做个示范。那年我五十九岁，正当身强体壮的时候，忽然宣布退位，外界人士一时不明所以。其实我在佛门里，自从懂事以来，曾经决心不担任住持，也不想做一个行政事务僧，我自认为应该以弘扬如来家业为职志，所以对文化、教育，我乐此不疲，尤其对弘扬佛法，到处讲经，一直表示我的“乐说”。

我在宜兰数十年，虽然雷音寺只是一间小庙，我将之重建两次，但都没有担任住持。我创建高雄寿山寺，也是请来善定、慧定两位法师当家。我总想尽量地远离寺院行政，但后来为了发展佛教事业，我知道还是需要有一个据点，因此不得已才开山，却从此陷身在建寺工程中。

创建佛光山期间，虽然我仍然在佛教学院上课，到各地弘法，但是工程的规划、监管，以及经费的筹措等，我都亲自负责。当一切都有了相当的成果，可以做一个交代时，我想到，为什么不培养后代弟子来继承呢？于是，在一九八五年，我毅然宣布退位。

记得当时对外发布消息以后，意外地接到“总统府”给我的电话，说不可以叫“退位”，要我改为“传位”，因为有影射蒋经国也要退位的意思，所以后来改为“传法”。

由于当时电视台的采访，报章杂志的刊登，甚至《中国时报》的社论，都评论、报道了此一“退位传法”事件，一时大家都说我为佛教和台湾的企业界，做了一个很好的示范。

其实，我觉得各界的领导人，不一定要做到“至死方休”，生前就应该选定接班人，让事业有计划地发展，才能永续经营。那个时候，台湾企业界的第一代创办人，也都在位二三十年了，因为我的“退位传法”，证明“后继有人”确实重要，因此引起大家对这个问题的思考、重视。想到我以一介僧侣，能够引导社会的进步，也是足堪告慰。

我在佛光山开山建寺十八年中，感到最苦的事，莫过于社会给我的各种讥评、毁谤。例如，说我是“政治和尚”，说佛光山“商业化”等。其实说到政治，我是最不具有政治性格的人，我一生没有进出过政府机关，没有接受过公家的补助，甚至开山之初，美国的一位善士，主动发心想要捐献五千万元，我都予以婉拒。因为如果我接受他的巨额捐款，将来他说寺院都是他兴建的，我会对万千信者感到抱愧。

因此对“政治和尚”这个称号，刚开始我很放不下，直到后来电影导演刘维斌先生跟我说：“‘政治和尚’也没有什么不好，有人想要受此封号，还不可得呢？”甚至也有人说：“所谓‘政治和尚’，就表示你在社会上有力量，何况佛光山经常有官员上山访问，又怎么能说你与政治无关呢？”

想想他们的话也不无道理，再说佛教也讲“不依国主，佛法难立”，所以从此我就稍感释怀，不再引以为意了。

除了“政治和尚”的揶揄以外，再者就是有人批评说佛光山太过“商业化”。其实，我生性“非佛不做”，我没有经营世俗的商业。佛光山的朝山会馆，提供参拜者用餐，信者用过斋后添油香，这是很正常的事，谈不上是商业买卖。乃至小摊位出售念珠，顺便流通一些佛书，广为传播佛法，这也是为了弘法的长久之计，不得不有的佛教事业，否则佛书都是免费赠送，哪有那么大的后援资助呢？

另外，社会舆论带给我最大的困扰，就是说我星云某人“很有钱”。有人说我有共产党的资助，有人说我挖到地下黄金。总之，他们认为我很有钱。

其实恰恰相反，我现年八十三岁，一生都在“日日难过日日过”当中度过。我没有钱，也不经管钱。即使有钱，也是寺院常住的，是十方信施捐助的，因此我把它分毫都用来推广佛法，发展佛教事业。我自觉自己也是一个信徒，应该也要学习捐献、喜舍，因此我把自己写作所得的稿费、版税，以及上电视讲演，乃至到公司、工厂开示的车马费，都捐作佛光山建寺、传教、兴学之用。

一般人一生顶多只办一所大学，我除创办四所大学之外，还与政府合办八所社区大学，同时在全世界有数十所中华学校、佛教专科学院，以及美术馆、图书馆，另外还成立“人间卫视”、《人间福报》等。平时经常有人问我：佛光山是怎么建起来的？我都说：佛光山是“从无而有”、“从空而来”。因为我不要钱，我也没有钱，所以大家才肯帮助我，护持我建寺弘法，兴办佛教事业；如果我有钱，谁会“锦上添花”，愿意拿钱来护持一个有钱的出家人呢？

我在“退位传法”时，负债一亿余元，交给继任者帮我偿还，这使我长久以来一直耿耿于怀，觉得对不起继任的心平和尚。我想，在我十八年的住持任内，乃至一生弘法中所经历的艰辛过程，只有佛菩萨知道，只有因果知道，再有就是自己知道了！

当我从佛光山住持退位之后，真有“无官一身轻”的感觉。我先在北海道场住了一段时期，过了一个冬天之后，就飞往美国洛杉矶闭关。其时正值西来寺初创，在关房里，我筹思着各种因缘，想到未来可以在澳洲建“南天寺”，可以到非洲建“南华寺”，可以到马来西亚建“东禅寺”，但也没有忘记自己的故乡，只是由于政治上的台海风云，两岸僵持不下，只有等待以后的因缘了。

不过，我继一九九一年在台湾成立“中华佛光协会”后，翌年在美国成立“国际佛光会世界总会”。我邀请时任“内政部”部长吴伯雄、日本佛教大学校长水谷幸正、香港慈善家严宽祜、澳洲企业家游象卿等人担任副会长。

成立大会选在曾举办电影奥斯卡金像奖颁奖典礼的洛杉矶音乐厅举行，当天约有五千人与会，美国总统里根亲自电函祝贺，台湾“社工会”

主任钟荣吉先生特别赴美出席大会，甚至远在加勒比海的多米尼克总统先诺勒爵士，不但亲往美国参加大会，并且担任“佛光之友会”的荣誉会长。

之后相继多年，“国际佛光会”分别在多伦多、巴黎、伦敦、悉尼、东京等地，召开一年一度的“世界大会”，每次都有五千余人参加，这是华人在海外难得仅有的盛大集会。

在此之前，一九八八年西来寺落成之际，不但传授“三坛大戒”，同时召开“世界佛教徒友谊会”。从此之后，我也一再应邀在美国各大学讲演佛法，包括柏克莱、耶鲁、加州、康乃尔、哈佛、夏威夷等大学。此外，加拿大、澳洲、巴西、智利和欧洲一些国家的大学，我也经常应邀前去弘法。

在此同时，“国际佛光会”在世界各大名都也纷纷成立协会、分会，目前全世界有一百七十余个协会，数千个分会。甚至佛光山也在这些地方设立道场，总数在二百所以上。所谓“人间化”、“国际化”的佛教，此时已经蔚为风气。

为了到世界各地成立佛光会，我到过莫斯科和圣彼得堡，也去了西班牙的巴塞罗纳，以及北欧的冰岛、挪威、瑞典，东欧的南斯拉夫、波兰等地。我立志发愿要把佛法传播到全世界，这种“国际化”佛教的推动，应该是继我推动“人间佛教”之后，又把佛教推向另一个新的里程碑，同时也应该是我人生中另一个具有重大意义的关键时刻了。所以当初我从佛光山退位后，虽然两袖清风，口袋里除了装些卫生纸，再有的就是一双芒鞋、一身袈裟，我靠着徒众为我购买飞机票，开始云游世界，到处讲经说法，开始了推动国际佛教的生涯。

经过一段时期的发展，正当佛教走上“国际化”，真正把佛光普照到五大洲的时候，我又想到，现在世界佛教需要“本土化”，于是推动“本土化”的佛教，又成为我人生的另一个关键时刻。

其实，从我七十年以上的出家路走来，除了前面提及的几个重大因缘转折，成为我人生的“关键时刻”以外，也有很多小事情，都对我的人生关系重大。例如，早在四十多年前，我在宜兰监狱弘法布教，当时狱方就有意要请我当正式的教诲师，并说要替我向上级呈报。但是我认为当一名教诲师，是为社会服务，是要做众生的义工，如果把它当成职业，就失去了意义，所以当时并没有应允。

另外，台北“中央广播电台”也曾有意请我专职为他们撰写广播稿，然而我宁可免费为佛教的杂志撰文，也不愿意一篇一百元地为了稿费而卖文维生。甚至台北《自由青年》杂志社的秦江潮社长，因为读了我撰写的一篇《茶花再开的时候》，特地亲到中坜，邀请我到台北担任编辑，我也断然婉谢，我想：“和尚都做不好，怎么可以去做其他事情呢？”

我立志要把和尚做好，要做一个真正“弘法利生”的出家人，因此早在五十年前，天龙寺要请我担任住持，由于当时慈航法师告诉我，希望我先去住上半年，之后才正式晋山当住持。我当即回绝，因为我不想当个小媳妇。

乃至初到台湾时，至少有三十所大小寺院，先后都想请我前去负责领导。但是在佛光山开山之前，我立志不担任住持。建设佛光山以后，我规定除非有特殊情况，否则不能随便接受别人的寺院。由于我“不贪心”，因此佛光山至今在世界的二百余所寺院道场，从来没有产权纠纷的问题发生，自然也就不会横生枝节而造成无谓的困扰。

另外，长期以来在台湾地区乃至海外，也有不少单位、团体，先后邀请我前往从事文教工作，只是我一心就想为“中国佛教会”工作，偏偏没有这个机会。不过虽然“事与愿违”，但是人生有很多的关键时刻，我认为重要的是“非义不取”、“非礼不受”、“非正不要”。

人的一生，思想上的、利益上的、人情上的、时空上的，都有很多的关键时刻，有时因缘指导我们，但是性格也会影响我们。有的关键时刻，因缘稍有错失，对未来就是弥补不了的遗憾。

人生的关键时刻，不只是事业的转换，也不只是遭遇的因缘，我想内在的起心动念，对人生、社会，都有重大影响。我一生除了上述几个重要的关键时刻以外，我的思想、观念、精神、习惯等内在的因素，也都影响了我的人生，成为关键时刻，例如：

第一，正确的观念：我一生的信念，都是秉持“以众为我、以团体为依归、以别人的需要为需要”。例如，我从来没有一个人独自到某一个地方去，也从未一个人居住在哪个房子里。几十年的岁月，我都活在“大众”中。

我一生中，不管走到哪里，都是一群人跟着我，他们都是我的徒弟，但也都是我的兄弟姐妹，甚至信徒，我都把他们当成是老板、上司、领导，他们都是我的师友，我的助缘，我的眼耳鼻舌身。平时除了到寺庙，或者到各个学术团体讲演之外，我不会走访世俗人家，也不会到百货公司、市场、商店去采购物品。佛光山的土地、房产、财物，都不在我的名下，甚至银行里也没有存款，所有信徒的馈赠，我都分享给大众。

我坚持“以无为有”、“以众为我”，因为这样的观念，让我深深体会到“众”的力量、“无”的无限、无量，但是这种观念的养成，需要有很好的性格。

回忆二十岁那年，虽然学生生涯“一穷二白”，但出家十年，总有一些衣单、文具。当我离开焦山的时候，连一个手提袋都没带走，只有留下一句话，我告诉同寮的同学：“你们喜欢的话，就分别拿去吧！”

我二十三岁时又聚积了一些衣物，当我决意到台湾时，也只是交代说：“所有在家人能用的被单、枕头，交给我正外出谋生的弟弟。出家人能用的衣单、物品，就交给同学智勇法师。”

我经过了这两次“喜舍”的实践以后，自知我有“能舍”的性格。所以后来一直本着香严智闲禅师的“处处无踪迹，声色外威仪”，我自觉“能有能无”、“能多能少”、“能大能小”、“能舍能得”。人有无限的“潜能”，为什么我不能做一个无所不能的人呢？

第二，忍辱的精神：出家学道，最待养成的，就是“忍辱”的精神。一个人忍饥忍饿、忍贫忍穷、忍苦忍难，都还容易。忍气忍辱、忍受冤枉、委屈，那就不是一件容易的事了。

我出家之初，在丛林里参访、学习，接受一连串无情的打骂教育，我在“委屈受气”之余仍能“忍辱负重”，最主要的就是我“心无怨恨”，我自觉自己很有力量。及至出道弘法，受到同门的排挤、长老的歧视，也经历了一些让我感到很挫折的因缘，尤其是在佛教会所受到的难堪。

记得有一次，我出席一场“密勒日巴学人会议”，会中我提出一些建议，有位长老当众要大家不可以参考我的意见。虽然他伤害我，给我难堪，但是事后我自觉“忍辱”的功夫，让自己增加了无比的力量，我肯定自我的修行，也深深佩服佛陀所说：苦行、持戒，其功德不如忍辱。

回首自己这一生当中，虽然经常遭受别人的讥讽、毁谤、批评、打击，但是多次的忍辱，对我的修行，何止增长数十年甚至百年。

第三，认错的勇气：我觉得世人有一种“不肯认错”的习惯，凡事总喜欢说理。例如，开会迟到，认错就好了，但他偏要说“天雨”、“塞车”等，总要用一些理由搪塞，不肯认错。讲话得罪别人，或者行事妨碍了他人，应该道歉就没事了，但他偏是不肯认错，总说“我是无心的”、“这是不得已的”，总之一句话，就是说自己没有错。

其实，人非圣贤，孰能无过！想到过去的贤能君主“下诏罪己”，专制时代的帝王，都能有这种雅量，何况我们凡夫在世间做人，哪能处处圆满，处处被人肯定。有时候不经意对人语言上的冒犯、行为上的不够礼敬，认错道歉就能大事化小事，小事化无事。

在佛光山，经常有徒众向我报告说：外界有人批评我们这里不对，那里不好，为此感到气愤，深不以为然。我总是及时开导他：我们有犯这些错吗？有，就不要怪人家批评我们，只要自己修正就好；如果没有，不去介意也就没事了。所谓“有则改之，无则加勉”，我一生坚持，认错就是美德。

第四，勤奋的习惯：我想，自己今生若真有些许小小的成就，最大的关键，应该就是我自幼便有勤奋的习惯。

在我一生的行事当中，从来没有为自己放过假，而且例假日比平时更忙。尤其新春过年，我不是在大寮里煮饭炒面，供应信徒用餐，就是在头山门前指挥交通。

佛光山开山期中，每天除了上课教学以外，经常混在工人当中，肩挑沙石，搬运水泥。乃至自从《人间福报》创刊起，我就每天为专栏撰写文章，不但从来没有脱过稿，也没有让徒众催过一次稿。虽然不能创金氏纪录，但是在一般的文人作家当中，十年三千六百五十个日子，能够十年如一日地写作不断，我想应该也是创下了一个纪录。

甚至早在三十多年前，我就应邀游走在“台视”、“中视”、“华视”三家电视台。虽然每天各家只有五分钟的节目，但是累积下来，也是多少的时间、多少的岁月！

我一生参加、主持过佛七、禅七，不下百次以上，那也是需要多少时间、多少心力的付出。所以我说“人生三百岁”，我一直努力，要让一天能当五天用，一个人能做五个人的事。假如我有六十年服务于佛教、社会，五乘六十等于三百，所以自觉“人生三百岁”，于愿足矣！

人生，有许多关键的时刻，也有许多关键的想法；细数一生的岁月，点点滴滴，其实“一念三千”，哪一分、哪一秒，不是足以影响我们一生的“关键时刻”呢？

四　外婆

在记忆的摇篮里，摇啊摇，摇回我童稚无忧的时光。外婆是我人生中第一个尊敬的人，她如同万能的天神，口袋里变化出糖果饼干；她温柔的话语，如同温暖烛光下那尊观音菩萨，抚慰我幼小的心灵，陪伴我走过兵荒马乱，亲人离散，而能使我身心安然，无有恐惧。

我一生最怀念的是外婆。现在只要眼睛闭起来，外婆礼佛的身影，脸上慈祥的笑容，都非常清晰。太虚大师也是由他的外婆带大的，他在《五十岁生日感言》的文章中提及“我母之母德罕俦”，对外婆的感念，我颇有同感。

人都有偶像的观念，而外婆是我一生最敬重的人，也是我的偶像。她没有读过书，甚至没有名字。她贤良、勤奋、温顺、敦厚、慈祥、助人、和蔼可亲，从不说人的闲话是非……这许多美德，影响了我的一生。外婆是集合中国女性美德的缩影，更是我记忆中最温馨的回忆，最美丽的一道彩虹，是我人生旅途上一颗最闪亮的明星。

撰写此文时，中国、欧美等地，都传出雪患的灾情。雪，对我是不陌生的。弘扬佛法云游一甲子，世界各地的雪景，我都有幸观赏过。但生命中有一场雪景，是再美的风景都比不上的。这场绝美的雪色，发生在七十多年前的扬州，外婆还在我身边的日子。即使昔日物资如此简约，环境如此鄙陋，但外婆给予我的一切却是丰盛无比的。

冬天雪花飘飘，外婆到菜园里锄菜。

勤奋的外婆，天还未亮，安静地下床，怕吵醒沉睡的我。一个人到菜园采收，再挑到街市上卖。感觉光线透进窗口后，外婆笑呵呵地带回热热的烧饼油条。

“快趁热吃！”屋外的雪花在飘，我口里的烧饼油条胜过山珍海味。坐在板凳上的小人儿，像个王子快意地享受外婆给他的疼爱。

夜晚一灯如豆，外婆轻轻地唱经文，向她心目中崇敬的神明跪拜祈祷着。外婆吟唱经文比河流更悦耳。她虔诚的身影，散发的光彩，就像肃穆的神明，就像慈悲的观音。

严冬酷寒，细心的外婆会用暖炉烘暖被单后，再唤我钻进去睡觉。

数十年后，我住过五大洲舒适的旅馆，看过全世界最棒的雪景，但我多么希望再回到童年的小屋子里，那里有外婆，有屋外的雪花纷飞，屋里的外婆，用她的爱，为我挡住所有的风雪。

记忆里听外婆说过，她姓王，嫁给外公时十八岁，以后就以“刘王氏”为名。她笃信佛教，一生茹素，直到现在，连我都搞不清楚她信的佛教是什么宗派，也不是净土，也不是禅宗，现在想起来，应该属于民间的善门社团。她也拜过师父，但师父不是出家人。

记忆里，外婆每个月都会多次去参加各庵堂的信徒集会，叫做“上供”（注：在一个厅堂里举行，供碗堆叠起来像一座山一样的叫一供），有一堂一供、一堂三供，或是一堂五供，几堂几供，任人随喜发心。主要的斋主跪在供桌前，其他的人，就站在两边。外婆带我去参加过，念什么也记不得了，印象中的善书诗偈，念着“叫你修来你不修，变个老牛拉轭头”、“善似青松恶似花，看看眼前不如他，有朝一日遭霜打，只见青松不见花”、“前生穿你一双鞋，今生驮你十里来”等，庵堂里回荡着善诗的吟诵，像海潮似的声音，听起来很悦耳。

我最初信仰的启蒙，外婆是最重要的因缘。

当时很少看到出家人，但是外婆很尊重出家人。她常常告诉我：“三宝最好，三宝最重要，三宝功德无边，做人要尊敬三宝。”我当时根本不懂三宝，只知有观音老母。

外婆去参加上供，我偶尔会跟随她去参加，也因为这样，在四五岁就学会了《般若心经》，也懂得要吃素，我的性格和外婆是比较接近的。有时候，没有跟随外婆出门，她从外面回来会带一包的饼食回来，我就在门口等,所以我知道台湾话“等路”是什么意思。能够在庵堂分得到一点供果，也算是有一点地位的，就等于是现在说的“功德主”。给我的印象是，她带东西回来，没有让我感觉到她盛气凌人，她是高高在上的施主，她很伟大，而是感觉她很慈祥，很体贴安详地拿东西给我们吃。让人吃得很有尊严，很温馨，不是一种赏赐。她的劝善不是买卖性的，是没有条件的。她不会说：“你吃了要用功，吃了会开智慧，吃了会很有功德，吃了会消灾，吃了会健康……”她带回供果，很欢喜地分给我们。日后，我才稍稍懂得，外婆为我示范布施要做到“自他欢喜”的身教。

七八岁我与外婆长住的时候，她已经五十多岁了。她二十岁时生我的母亲，我的母亲二十五岁时生我，我为什么会去跟外婆住？因为我很喜欢外婆。

从小我学到外婆的勤奋、正派、勇敢、不计较。在家里，虽然不是排行长男，但是家里的人都顾忌我，对我的发言，我的意见，都会尊重。现在回想起来，是由于我的正派，我的懂事，我不顽皮，才让家人接受。我母亲喜欢打打小牌，赢了钱，是春风满面，输了钱就不是了。她身体不好，所以我从小就会煮饭、煮菜给家人吃，没去计较谁要去煮。对于家务，我自认我是认真用心地学习。像煮早餐，早上起来，一把米放到锅里煮，煮得快烂了，就要把一把面糊放进锅里头，也有几粒米，叫“糁儿粥”。配一点萝卜干等咸的东西，就是一顿简单的早餐了。假如“糁儿粥”馊了、坏了，我也会处理，就到田里割一些韭菜回来，洗一洗，在锅里炒一炒，混到粥里，就能把异味消除掉。

到了中午，没的东西吃，就继续吃“糁儿粥”。如果妈妈上街，会买一些菜、饭回来。虽然我不到十岁，煮饭给家人吃是难不倒我的。这种乐意为人服务的个性，也是遗传自我外婆。不过大部分时间都是外婆买来煮给我们吃，因为，外婆疼爱我们，小孩吃饱了，外婆要离开时，我就跟着回到她的家了。

外婆住的地方离我妈妈家很近，很早就一个人独居，但她没有独居老人的悲观落寞。每天精神奕奕，天未亮就到菜园劳动，帮街坊邻舍排忧解难，到善堂去共修……屋里屋外，始终是窗明几净。我常常感觉外婆的家，像童话故事里仙人的住处，四周飘着五色的云彩。

一九三一年左右，我的大舅母被大水淹死了。后来大舅又讨了一个后舅母，很凶，不久就分家出去了。外婆和二舅住，二舅不常在家，他是个牛贩子，现在的话叫牛的经纪人，就是牛在买卖的时候，专门帮人家评鉴这牛值多少钱。在那个时代，牛是一家的财产。人家要买牛，就找他看一下。他为人敦厚，是一个老实人。我比较喜欢他。

三舅活到近九十岁，实在了不起。他先是国民党，后来是和平军，再后来又在日本兵里工作，之后又在游击队，跳来跳去。我记得他最高做过"乡队长"，很神气，但我不喜欢和他亲近。

外婆与二舅的感情好一点，二舅也比较孝顺外婆，基本上当时外婆等于没有儿女了。因为外婆这三个儿子，各自成家立业，也各有各的路要走。因此，外婆离开他们早早就独居。不过她本来就是一个独立的人。也许，由于我外公的早逝，让外婆看透人间的无常，内心坚强起来。外公是做裁缝的，在我五六岁时，外公就去世了。当时不懂，还在玩闹，不知道什么叫做死亡，只觉得他怎么老是在睡觉。记忆中，外婆面对外公的死亡，并没太激烈的惊慌，只记得她轻声地哭唱着，像幽幽的祭文："你为什么狠心抛下我，叫我一个人怎么办？"哀而不伤，但让人感受到夫妻之间情深义重的想念。我会和外婆住，是祖孙两人习性相近，她也是得其所哉。

不识字的外婆，是个有见识的人，坚持让我受教育，送我去念书。

记得，第一天到私塾去念书，念了一个字："人"。这个"人"字，对我一生影响很大。我把"做人"列为最重要的课题。试想，一个人行得不像个人，说的话也不像个人，再严重一点，礼义羞愧之心都没有，所谓"人面兽心"，人到了已经不像个人，那多没有价值呀！第二天，再学"手、足、刀、尺、山、水、田、狗、牛、羊……"这些念诵的单字，都是生活上具体可见的实物，先生从我们看过的东西教起，这样的教育方式很有成效。

外婆送我去念书，一天要给四个铜板。十个铜板一角钱，也就是每天交四分钱。外婆每天给我四分钱交给老师，四分钱让我吃早餐，两分钱一个烧饼，得吃两个才能饱，天还没有亮就去念书了。

那时候念的书是“三字经”、“百家姓”、“千字文”等，都要背诵。由于战乱，时常要更换上课的场所，老师也是有一课没一课地教。由于学习无法连贯，加上也没有大人可以帮助温习课业，课文就不容易会背，经常记不起来。记得有一次，明天要背书了，内文老师也没有教，教了也记不得，吓得晚上睡不着。我就慢慢体会睡觉前回忆所念的书，嘴不动，苦思，醒来起床之前回想一下昨天晚上所想的，就记得了，这是我发明的“睡眠记忆法”，百试不爽。

那时候，战乱贫穷是社会的普遍写照。有钱就拿四个铜板去念书，没有钱就去不了。老师也谅解，他不会问你昨天为什么不来。他知道你家里没有钱。外婆给我几次去读书的钱，因为后来战乱、打仗、迁徙……难以有完整的学习环境。但不论迁徙到哪里，她都会想办法找到私塾供给我读书。那时候，我不大懂，有书读、没书读无所谓，因为我喜欢做家务，扫地、洗碗、抹窗子、整理厨房……

外婆独立自主，从没在她的口里听到她怨儿女的不孝，叹时局命运的不好，不论环境人事如何的险恶艰难，外婆总是安忍如一座山，平静如一泓泉。外婆的“忍功”，潜移默化地影响了我的性格，让我在青年时期，只身渡海来台，只为一腔弘法的热血，不畏茫茫的未来，这种“忍得住”的性格，我想，是外婆影响了我。

外婆从不疾言厉色，好像也很少睡觉。她对任何人都是轻言细语。每当夜晚我睡觉了，她还在做晚课。有时候我还没有睡着，她端坐在床上打坐运功，肚子就“哗啦哗啦”翻江倒海地响着，有时候我还会被这声音吵醒。我就问她：“外婆，您肚子的声音为什么这么响？”她说：“这是功夫啊！”

一九四八年，我离开大陆前回到家乡去看她，问她：“外婆，功夫还在吗？”外婆说：“当然，功夫怎么能丢了？”那时候她应该已经六十几岁了。那时候，我自以为懂得一些佛法了，刚好有日本的飞机从空中飞过，我说：“外婆，飞机引擎声更响，那生死能了吗？对烦恼能解脱吗？对道德能增加吗？”外婆听完，脸色都变了。那时候的我，扬扬得意，自以为是受过新式教育的人，念佛学院，并且在外面参学，我所知道的大和尚们的肚子都不会叫，他们都是讲究要道德、要慈悲、要有智慧。

数年后，我才惊觉，我的无知、我的残忍。外婆的功夫是她几十年的努力所成。我摧毁她心目中信仰的“成绩单”，我的得意换来她的失意，我对外婆很抱歉，我这样做是很不该的。

信仰是超越言语的文字。老太太虔诚礼敬，坚信举头三尺有神明，有善恶报应的观念，能行善助人。我想这样的心，比一个知识分子自私自利，只想图利自己的心高尚、神圣多了。外婆到底是一个有信仰善根的人，虽然不识字，但《金刚经》《普门品》《阿弥陀经》都会背诵。很多的偈语，她也都会唱，也唱得很好听。

外婆对我们的教育，是一种鼓励的教育。她也不会指使我们要怎么做事，但是在我们的工作中，例如，我扫地的时候，她就会说：“有志没志，就看烧火扫地。”让人听了很欢喜，觉得要扫得更好、更干净。一般人认为打扫的“鄙事”，外婆视为是一种“品人”的方法，能不能成就，要从小地方着手。近年大企业在用人时，也都是从小细节观察一个人有没有用。像有个公司在招聘新人时，以在门口的鞋子有没有摆放整齐，作为录用的标准。他们的观点是：“连双鞋子脱下来都摆不正的人，如何放心交给他重要的任务？”

外婆经常带糖果回来。有时候我会拿一颗糖给别的小孩。她见了也很高兴，会满面笑容地说：“能分一点给别人吃，你很好啊！懂得结善缘！”外婆鼓励我把拥有的分享给别人的教育，我觉得现代的父母如果也能教小孩，把玩具、糖果，甚至把故事书、零用钱也分给贫穷的孩子，培养小孩“给”的性格，那么，我们的社会就会是个温暖互助的人间净土。

有时候，卖小鸡的来了。她鼓励我：“你买一只！黑的、白的、花的，给你选。”帮我出钱，让我自己养。我养了几次小鸡、小鸭，细心地照顾它们。她看出我对小动物的爱心，告诉我：“你要爱护它，不要给它饿肚子哦，要给它有地方住，给它睡觉。”她教我要爱惜生命。外婆的“生命教育”是成功的，让我看到一只缺嘴的小鸡，会替它心疼流泪。如果我们的生命教育培养出的小孩心地柔软，懂得爱惜小动物，那么自然对人不会去侵犯，不会去伤害别人。

记得，邻家有个小女孩患有小儿麻痹症，常被一些顽皮的孩童欺负、嘲笑，甚至用石子砸。外婆叮咛我："你不可以欺负她，不可以看不起她哦！残缺也是一种美丽。"是呀，外在的残缺还可以补救，心灵的残缺，像贪、嗔、痴，忘恩负义，对人的苦难没有慈悲心，这样的心灵残障比肢体的缺陷更让人痛心。

卢沟桥事变后，南京发生大屠杀，波及故乡扬州。日本军人四处放火杀人。外婆家很大，必定成为战火下摧残的目标。她招集家族成员说："不要同归于尽。"意思是说："你们都往后方逃难吧，让我留下来，我来看家。"她已经计划要牺牲了。外婆一介弱女子却有巾帼不输须眉的英雄气概。当时，我感觉外婆像大厅堂的神明，这样的伟大、崇高。

日本人轰炸家乡，把房子都烧了，四处有很多的破铜烂铁。外婆从废墟里把它捡回来，重新再使用。她叫我们爱惜，要节俭。外婆说："破铜烂铁也能成钢！"她教我不要只看到表相上的"无用"，要能看到"无用的大用"。外婆的"慧眼"，看出破铜也具有钢铁的质地，让我在日后课徒或弘法度众的历程中，不轻易舍弃一人。

一九三七年十二月十三日，年冬岁残，我扛了一条被单，在大雪飘飘中随着人潮往后方逃难，第一站到兴化。第一天就住在一个善人的寺庙里，没有出家人，满清幽的。里头挤满了逃难的人，没的地方住，就给我们住在水车棚里。我们几十个人，就在那里安身，棚里的空间很大，容纳我们绰绰有余。逃难的人如惊弓之鸟，有栖身处，大家都万分感念这份萍水相逢的恩情。至于厕所、洗澡的问题怎么解决我已不复记忆了。

当时，我们随身都带一个锅，随地把两块砖头一放，随便抓点草啊什么东西来煮，填饱肚皮不为难也。冷天，大伙拾柴烤火取暖，还算能度日。遥望一百公里以外的南京城，火光冲天，布满整个天空。

就像杜甫的诗句"烽火连三月，家书抵万金"。这场战火不知要延烧到何时？留在家乡的外婆可否平安？虽有母亲在身边，但我小小的心灵，还是时时记挂着外婆的安危，只是不敢开口询问，怕母亲担心。

不知过了几天，外婆找到我们，来到水车棚。

劫后余生的外婆，告诉我们她一路惊险的情况，她怎么逃出日本兵的枪炮刺刀。她说，日本人一到，他们就烧我们的房子，在门外围满了稻草，眼看就要把她烧死。那个日本人正要擦火柴时，刚好另一边有个日本兵大声地叫唤他，他赶紧放下火柴，跑上前去。外婆就趁这“千钧一发”之际，逃开这场火劫。

两天后，外婆不放心家里被烧得怎么样，想回家看看。那时候我十岁，我跟外婆说，我跟她去。外婆最初不答应，但禁不起我的央求。我和外婆一起回到家。都过了大半个月后了，家里的屋子还在烧着，为什么呢？因为有黄豆、米谷在闷烧。

后来日本人又来把外婆抓去，我在后面追赶，日本人就踢我、打我。她近六十岁的老人，日本人抓她去煮饭。我二度和外婆失散，认不得路，回不到逃难的栖身处，自此过着流浪乱走的日子。

当年我才十岁，和外婆走散了，心里很想念外婆，但很奇怪没有害怕。因为，只要回想和外婆住在一起的清晨夜晚，外婆买回的烧饼油条，外婆在如豆的灯下，安详地诵着经文的声音，这些画面和音声具有强大的力量，让我感觉外婆还陪在我的身边。

这一路上，我看见了很多的死人，人间无数悲惨的情况。你问我当时吃什么，我现在也不记得了。可能沿路有善心人，给我一点米粥吧。乱世的悲歌，不是现在太平岁月的我们可以想象的。那时候，我看到一条狗，在吃死人，把整个死人的内脏掏出来，啃着咬着。死人肚里的肠子都没有了，只剩下两只手、两条腿、一个头。江面上，露出一具尸体，头朝下，两只脚朝上。我心里想，怎么会这样？再看下去，看到一堆一堆的尸体，也不腐烂。因为是冬天，都冰冻了。

过了几天，外婆找到了我。外婆说，她给日本人丢到河里去，好在外面穿着棉袄，沉不下去。流着流着，外婆抓到一条船的铁丝，就在叫三民桥的地方，看到一个帮日本人翻译华语的同乡，她急忙地向他挥手，那个人看到浮沉在大运河的外婆，赶快向日本人示意，说外婆是他认识的长辈。日本人就帮忙把我外婆拉了上来。

抗战时期，外婆为了爱护家族，誓守家园，差点葬身火窟。外婆逃出家乡找到我们藏身的水车棚，后来，又被抛到大运河。外婆逃过“火劫水难”两大灾祸，似乎冥冥之中有神明的保佑。而我想，这是外婆平时助人为善，才可能有奇迹的发生。

这些点点滴滴的往事，多年后，我才发觉，外婆在诉说时，平静无奇，好像在说别人家发生的故事。一个不识字的妇女，却具有无比的勇敢和智慧。为了家庭，为了亲情，走过暗暗的长路。如果不是她的信仰给她依靠，如果不是她对家庭的责任，她怎能当下决断，要疏散家族，要我们不要“同归于尽”。现在忆想起来，对外婆除了有深重的敬佩，还有一份感恩不舍的心情。

当时，日本人在我们家乡见人就杀，后来由地方上的士绅组成的“维持会”，出来跟他们交涉、协调，要他们不要再杀人，答应供给日本人所需，这样才停止无辜的杀戮。

战火稍微平息后，眼见住房都烧掉了。母亲卖了一块田，建了一排大约六间的草屋。家里没几个人，外婆就跟我们一起住。

我应该是在那个时候，学会了“不怕”。不怕鬼，怕人；不怕死人，怕活人。我在死人堆里都能够跟他们睡觉。我的勇敢、沉稳，除了时代的洗礼，战争的磨炼之外，应该还要再加上外婆的“身教”。

经历这种艰苦的生活再加上外婆的影响，让我很勤奋。最初是捡铁钉来卖，还能卖一点钱。后来就捡桃核、杏核，可以卖给药房做药。也捡洋片（香烟盒里的铁片，可以把香烟撑持住），洋片上都画了一些历史故事。现在“金玉满堂”教材卡片的构想（为弘法布教的图文教材，有十二套，一千二百张卡。有法语、古德语录、菜根谭、祈愿文等），也是有一点来自这洋片的构想。

那时候儿童的游戏，就是把桃核、杏核拿来玩，还有像丢手帕、老鹰抓小鸡，官兵抓强盗……小孩总会贪玩，有时候迟归了，心也会慌，会怕被大人责怪。外婆总是站在门口等我，昏暗的天色下，我的外婆像黑夜里的灯塔，指引着我。

“洗手，吃饭去！”

外婆没一句呵斥，从未有疾言厉色，只问我吃饱没有，关心我的衣服穿得够暖否。

外婆擅长做腌酱菜，因此家里经年累月都不用去外面买菜。那时候，生活贫瘠到甚至看到油就想喝一口，现在富裕的生活，没有油水是怎样的日子，大家是想象不到的。没有油水，吃什么都会刮到胃，涩涩的不好吃。

我早晨捡狗屎，傍晚去拾牛粪，狗屎做肥料，牛粪做燃料，卖给人家。那时候能赚钱，我心里也很高兴。赚的钱，外婆要我交给母亲，因为母亲要供应全家生活所需。我赚了钱，外婆要我给母亲，外婆教我要报答父母恩，要我懂得母亲的辛苦。

以前我不敢将这件事告诉人，觉得拾牛粪捡狗屎，是一些卑贱的事。现在敢说了，因为，以现代人的角度来看这也是一种环保行为，更是教导小孩如何懂得“人间生活不易”，能为家庭分担负担、能自立工作，才是有尊严的人生。

外婆为人公平公正，人家有什么事，都来请她评个理。她有这种能量，人家跟她讲什么，她讲一下，大家都能欢欢喜喜地回去。尤其令我印象深刻的是，我的大舅母很不孝顺，常常对我外婆大声说话、忤逆、无理，邻居看不下去，和她说：“你的大媳妇非常不孝哦！”外婆很温和地回答说：“不会啊！她对我很好呀，有时候我去她家里吃饭，她会请我上座，还帮我夹菜。”此时，我的大舅母正在门外，听到了外婆的话深受感动，后来脾气改了很多。因此，我在佛光山大悲殿外刻《普门品》的壁画：“或值怨贼绕，各执刀加害；念彼观音力，不能损一毛。”若人持刀枪来了，慈悲对他，刀枪就没有了，说的就是我外婆的故事。

我的外婆是大脚，穿青布衣，一个何其平凡渺小的老太婆，她虽渺小如宇宙的微粒浮尘，但在我的心里，却有如巨星的光辉。

外婆陪我走过战火，我们祖孙两人相依为命，四处流浪逃难。看见那些尸体，就想起一句话：“当初永定河边骨，犹是深闺梦里人。”路边的死人，都被野狗吃了，很可怕。外婆怕我心灵受伤害，就告诉我“面对死亡，不要惊慌”。

外婆的一生，她从信仰里得到安住身心，从慈悲里面找到自己存在的价值。

外婆常常赞美我“从小一看，到老一半”，“李家的这一棵树，就看你这颗李子红了”。意思是，看一个人小的时候怎样，就知道长大以后是什么样子了，也是鼓励我要上进的意思。

我十二岁出家后，二十二岁时曾和外婆见过一面，这之后就没有再见过外婆。一九八一年，我和弟弟国民在美国见面。他说，外婆在我离开大陆不久后就往生了。料想不到，二十二岁那年一会，竟是和外婆天人永隔。

记得最后一次看到外婆，她坐在一棵树下，手里一面做着针线——那么年老了，还是闲不住。一面跟我讲：“我的身后事，靠你那几个舅舅是没有指望了，希望我把后事都交代给你。”我那时候年轻，不懂什么叫后事，不过心里想，外婆交代的事我一定照做。想不到，海峡两岸一相隔就是数十载，十年生死两茫茫，不思量，自难忘。但是，就算隔了多久的岁月，外婆安详的面目，慈悲的言行，都清楚地浮现在我的眼前。

据大陆的家人说，外婆是在一九四九年后的三四年间往生的。

我当时将五千美元，托国民弟返乡时为外婆建塔纪念。一九八九年回乡探亲，国民弟未遵守我的托付为外婆建塔，只盖了个纪念堂。纪念堂中间有他刚逝世的妻子秀华的遗像。我为外婆感到委屈，外婆疼爱我们的情义，帮助多病的妈妈照顾我们的三餐，难道这个恩惠，我们可以不回报吗？记得有首诗写着：“记得当初我养儿，我儿今又养孙儿，我儿饿我由他饿，莫教孙儿饿我儿。”这是天下父母心，难道后代儿孙，连起码反哺亲恩的心都没有了吗？

因为想念至极，有次做梦终于梦到了她老人家。

我对着来来往往的路人，焦急地询问：“有看到我的外婆吗？”我到了一间宽大而破旧的屋中，在一个壁橱里见到了外婆。她面黄肌瘦，好像不愿再看这世事沧桑，双目紧闭，面无表情。我向前握住外婆的手，外婆微微地张开眼，像是很意外的样子，她从橱柜里一步一步走出来，沉默地对着我，只是摇头叹息。我想，外婆心中一定有很多话要说，只是旁边站了人。那是慧龙、道悟、杨慈满等，我支开他们。外婆说：“人间有不同的人，树上结不同的果子……”再没说什么，就快步在云雾里飘散了。我立即大叫：“外婆！外婆！”

醒来，我才知是一场梦，这也是外婆唯一一次入梦来。

二〇〇七年，寒山寺赠送“和平钟”时，我写了一首诗：“两岸尘缘如梦幻，骨肉至亲不往还；苏州古刹寒山寺，和平钟声到台湾。”

写这一段，不禁想到与外婆杨柳树下一别竟成永诀，不禁泪眼潸潸。

至于外婆葬在哪里，只有以一句“踏破茫海无觅处，不知何处葬外婆”来形容了。

现在回想起来，如果我们没有外婆，我们都要饿死的。

我的父亲应该是在我十岁时外出经商，七七卢沟桥事变后，在南京大屠杀中殉难。那时候，如果没有外婆的扶助，多病的母亲是养不活我们的。

我外婆有一弟二妹，有一位也是出家的比丘尼，我们叫她“师公”，我也曾在她的庵堂住过一个月。还有我出生不久后，拜一个庵堂的比丘尼做师父，因为按照家乡习俗，小婴儿拜个“师父”比较容易平安长大。

十八岁那年，我这位婴儿期的比丘尼师父，请托外婆，一定要和我见一面。我不肯，和外婆说：“我是比丘，不能认比丘尼做师父。”外婆似乎听不懂我的说明，还是再三地要我和这位比丘尼师父见一面。我无法推辞掉外婆的好意，只好退让一步。我告诉外婆说：“我可以和她见面，但不要和她说话。”这段和我婴儿期的比丘尼师父十八年后再见的情景，已渺渺不复记忆了。因为我的心中装满了外婆温厚的话语，还有她信守对人承诺的诸多忍耐，当然是装不下其他人事的印象了。

我出生后“拜师”，应该也是我外婆的意思吧！外婆有所用意地为我“穿针引线”。我想，这是外婆希望把我接引到三宝门中，可免受战争无情的苦难，远离人间无常的折磨。

外婆是万能的，让我在童年的夜晚，不惧怕鬼怪野兽，有了外婆，我什么都不怕。

初出家那几年，佛堂供奉的观音菩萨常常变换成外婆的面貌，外婆安详温暖的声音，常常让我想念，使我在午夜梦回时，泪湿枕巾，不知何年何月能与外婆重逢？

现在我八十多岁了，外婆去世已经近一甲子，外婆笑容可掬的神态，至今还刻在我的心版上。外婆并没有离我而去，她温顺、谦恭、柔和、勇敢、承担，她的与人为善，她的给人欢喜……这些精神思想，都流入我身心的血液了。

我想起外婆腌渍酱菜的坛口封着紧密的渍物，经过时间的酝酿，入口最为香脆，人又何尝不是如此？沉得住、耐得住，才会有所成。外婆从善堂带回的果品，让我在稚嫩的心灵种下佛缘。因此，我鼓励佛光山派下的别、分院道场，在法会或活动时，要备办结缘品分给大家带回去。因为，带回的不是糖果、饼干，而是有礼佛敬佛心意的芳香。这若干的果品，散到哪里，都会为众生种下妙因善缘。

我想念外婆肚子“咕噜噜”的声响。她引以为傲的信仰成就的神功。当我写这篇文章的时候，深深生起对外婆忏悔的心情。当年我自以为了不起、有学问，无的放矢的轻率言语，伤害了外婆的信心，也让温柔敦厚的外婆黯然神伤。

我感谢我的外婆，感谢她抚养教养我的恩德。最要紧的是，她的慈善言行，她的正义勇敢，她的不和人计较的宽大心量，让我看到传统妇女的勤练忍耐里洋溢着大智慧；在为亲人家族的付出中，她们所持守的是无有怨悔，不求回报的菩萨心肠。

“偶像”是内心崇拜的圣贤。外婆的慈悲，从不疾言厉色的温柔，她的贤惠勤劳，使她成为我幼年时的偶像；她的仗义执言，常为左邻右舍排难解纷，更使她成为我童年时的英雄。

童年扬州的雪景不复再现，我与外婆共住的小屋已人事全非。外婆当年跌落的河流今犹在，立在桥边的我，望着流不断的水流，遥想那时候外婆豪迈的言语，述说她逃过日本兵的英勇经过。今日忆及，除了缅怀感念，还有一份对外婆的疼惜与不舍。

六十年悠悠过去了，外婆的形体虽遍寻无踪，但我视每位长辈为我的外婆，让外婆活在我的心里，长长久久。虽然我与外婆已生死隔绝，长大成年后，我不断有新的偶像群，但外婆永远是我生命的第一个偶像。一片森林，如果没有最初小小根芽支撑着，呵护着，提供它们所需的养分，怎能有希望长成枝叶繁盛，绿意洒遍的丛林呢？

外婆的音容、形象、精神已深植在我的心田。感谢外婆，让我结下深厚的佛缘；感谢外婆，让我在童年时学习到应该爱护生命，懂得勤奋精进，无私地奉献自己的热心热情，六十年来，无怨无悔地弘法利生。

五　母亲，大家的老奶奶

历经民国缔造，北伐统一，国共战争，吾母即为现代史；

走遍大陆河山，游行美日，终归净土，慈亲好似活地图。

这是我为九十五岁高龄的老母——李刘玉英居士（大家称她老奶奶），所写的一副挽联。

守在灵前，我再一次深深地凝视着母亲：皤皤的银丝，整齐地衬托着她安详的容颜，使我忆起小时候守在床边，等待母亲起床的情景。

这一次，她终于放下了一生的牵挂、辛劳，永远地休息了。

就在她往生之前的二十分钟——一九九六年五月三十日凌晨四时，在美国洛杉矶的惠提尔医院中，她还叮咛陪伴在身边的现任西来寺住持慈容法师："谢谢你们为我念佛，我现在要走了，千万不要让二太爷（'二太爷'是母亲对我的昵称）知道，免得他挂心。"

十几小时的飞行，我从台湾赶到母亲的身边，随行的有母亲熟悉的慈庄、慈惠、依空、慧华等。

母亲，请您原谅孩儿的不孝，虽然您苦心吩咐不要让我挂心，但我也了解：您是多么渴望在一生的最后一刻，让孩儿握着您的手送您一程。

前几天，一场小小的感冒，把母亲送进了惠提尔医院。五月二十九日的白天，母亲精神出奇的好，对围在床边的家人及法师，讲说着她永远讲不倦的"劝世文"，西来寺法师们还兴高采烈地讨论着如何庆祝她即将到来的九十六岁生日。

如果我向她报告：在台北佛诞的法会上，有两万多人听我讲话。她一定会高兴地笑着说："两万人听你讲话，但是你得听我一个人讲话。"

现在，我只有用"心灵传真"说给她听了。

我遵照她的遗愿，不让人知道。四天后，六月三日星期一上午九点，我们把她送到西来寺附近的玫瑰岗公墓火葬。

在众人的诵经念佛声中，我轻轻地按下了绿色的电钮，一阵火、一阵风、一阵光，永远地送别了母亲。

当初，二十五岁的母亲，生下了我的身体。现在，七十年后，母亲的身体却被我火化了。

母亲好像一艘船，载着我，慢慢地驶向人间。而我却像航天飞机，载着母亲，瞬间航向另一个时空世界。

母亲，在风火光中，青色青光、黄色黄光、赤色赤光、白色白光的圣莲上，请您稳稳地坐好，不要挂念这个世界，不用担心您的儿孙。

我在心中默默地念着：

娑婆极乐，来去不变母子情；
人间天上，永远都是好慈亲。

从玫瑰岗回西来寺，突然觉得少掉了很多，又增加了很多。在心理上，虽然我早有准备，但仍免不了会有浓浓的怀念。生死是世人解不开的谜，佛陀当初领导着信仰他教法的弟子，要解开生死的秘密。很多信徒关心我的悲伤，但我感觉：生者何尝生？死者又何尝死？生死只是永远生命中的一个段落而已。

心定法师捧着母亲的灵骨，我抱着母亲的遗像，回到佛光山，举行了怀恩法会之后，母亲一生的影像，更加清晰地映现于脑海。

母亲出生于江苏扬州一个贫苦的乡村家庭，也因此养成一生勤俭的习惯。没有念过书、不识字的母亲，却经常口诵一些令人深思的诗句。例如，"荷尽已无擎雨盖，菊残犹有傲霜枝"，这就是五十五年前听她诵念的苏东坡诗句。事实上，不只口念、心念，母亲甚至以一生的生命来实践这些诗句。所以上至天文，下至地理，她几乎都能随口说来，也就不足为奇了。

童年跟着母亲过苦日子，从未见过她为贫穷烦恼忧愁。她常告诉我们："一个人要能'贫而不穷'，见到琳琅满目的物品，只要你不想买，你就是富有的人。"基于这样的理念，她一生不好置物。有几次，家里的钱比平时多了些，她立即拿去换了很多零钱，随缘施舍，以施舍为富。她的理由是："一文逼死英雄汉，一文也可救英雄。"

经常，家里都是家徒四壁、无三日之粮。但她一点都不罣碍，照样到处为人排难解纷。只要听到某人有困难，或有人上门诉苦，她立即把胸膛一拍，保证为对方效劳。有一次，邻居的媳妇被婆婆欺负，哭闹着要回娘家。母亲告诉她："你婆婆刚才来过，都说你好话，说你贤惠、说你勤俭、说你会持家，怎么你现在倒怀恨起婆婆来？"媳妇听得目瞪口呆。从此婆媳和好，再也没有类似的问题发生。

母亲对饮食的需求很淡薄。童年时期，家中因为经济能力有限无法购买大鱼大肉，但在十八年前母子联络上时，七十七岁的母亲，看来仍健壮高大。很少人相信，在"文革"时期被定为"黑五类"（因我在台湾的关系），每个月收入只有十一元，三餐不饱的母亲，能够健康良好。

说穿了，母亲不以饮食为主要的养分。她以对人的热心相助、见义勇为、乐善好施为营养。

十多年前，我有机会把母亲接到美国奉养，满心欢喜地准备各式素菜，孝敬她老人家。谁知每一餐，她的筷子动来动去，永远只是豆腐乳、酱瓜两样，再配上稀饭，偶尔加上一杯茶，这就是她最中意的佳肴美膳。如果要让营养专家来检验母亲的养生食品，恐怕他们要觉得太不可思议了。

美国副总统戈尔访问西来寺期间，我随侍在母亲身边。她虽不像几年前那样健步如飞，却也是谈笑风生、慈祥恺悌。最令她皱眉的是：物质丰富的现代人，既不知惜物，又不好好惜福。她对此很不以为然。她常训诫儿孙："一个人要知福、惜福，才有福。福报就像银行存款一般，不可随意花用。"对于这些话，她一生力行不渝。她在房间四处取用方便的卫生纸，抽出来之后，首先把薄薄的两张分开，再撕成四等份，这样至少可以使用八次以上。所以对于有些人竟然丝毫不知疼惜，随意把洁白柔软的卫生纸，轻忽地一抽，就用来抹桌子，真是让她看在眼里、疼在心里，难怪她要皱眉了。

安贫、知足，甚至“以贫苦为气节”，是母亲一生最好的写照。

母亲一生中有几件得意的事情：其一是她虽自奉十分勤俭，却乐善好施。六年前，她终于来到她儿子创建的台湾佛光山。在两万人的信徒大会上，大家热烈地对着她高呼：“老奶奶好。”她一生未曾经历过这样的场面，但她既不怯场，也不慌张，高兴而热络地挥着双手与大家打招呼，接着又用扬州话给大家做了一段“开示”。我也临时充当了母亲的翻译员。她说：“佛光山就是西方极乐世界，天堂就在人间，希望大家好好地修行。过去观音菩萨在大香山得道，我希望大家在佛光山得道。大家对我这么好，我没有东西给你们，我只有把我的儿子送给大家。”

亲自把儿子“送”给大家之后，母亲打从心底里高兴了起来。我想，如果她年轻时就知道有“器官捐赠”这种事，恐怕连头目脑髓、五脏六腑，统统签下捐赠同意书。可能也是因为这一片舍己的慈心，母亲另一件得意的事情就是：外婆生下他们四个兄弟姐妹，直至母亲往生以前，四个人都健在，加起来的年龄有三百六十多岁。母亲自己生了四个孩子：长子国华、长女素华、我和小弟国民，平均都有七十多岁，四个人合起来也有二百八十几岁。尤其历经“文化大革命”时期，多少人妻离子散、死于非命……我们这样“黑五类”的家庭，竟然每个人都能够无恙，母亲认为是仗着佛菩萨的光明，大家才能平安无事。

除了安贫、知足、惜缘、惜福、能舍，信仰就是母亲一生最深厚的财富。而端庄的威仪、当仁不让的勇敢，则可说是她与生俱来的两种特性吧！

可能是受到外婆的身教的影响，母亲一生都注重威仪，“站有站相，坐有坐相”。站着，她从不晃动身体，坐下来绝不跷腿，而且一生从不倚靠椅背，即使坐在床上，也不倚靠枕头、棉被。

近年来，我有能力孝养她，就为她备置一套沙发靠椅，希望她可以坐得舒服些，但是多年来从未见她使用过。

不管何时见到母亲，她总是衣着整齐。对于衣服，无论如何破旧、缝补过，她都不计较，但是一定要穿着整洁。这些年，慈庄、慧华等人很热心地为她添置了许多新衣，但是她从不轻易更换，母亲念旧与惜物之情，可见一斑。后来我又发现，母亲不重视外形，只重视心意。有一次，我陪伴着她走到西来寺，我说：“母亲，我们今天改走后门，上去比较近。”母亲回答：“上等人，主人迎上门；中等人，有人接待人；下等人，求人都无人。前门后门不要紧，只要到了西来寺可以看到人。”

在西来寺的佛殿，我说：“我来点香给您拜佛。”母亲回答：“不要紧，佛祖哪里要我们的香？哪里要我们的花？佛祖只要我们凡夫的一点心。”

和母亲在一起，通常都是她在演说佛法，我在旁洗耳恭听。有一次我讲《金刚经》，不知道母亲就坐在后面听，等我下来了，她批评我讲得太高深了，怎么可以告诉大家“无我相、无人相、无众生相，无寿者相”呢？“无我相”倒也罢了，如果“无人相”，心中眼中都没有他人，还修什么行呢？

我听了母亲这一席话，哑口无言，同时也领悟到母亲坚持要“有人相”，正是我努力推行人间佛教的批注。

母亲无论说话、走路，向来是安详有序。即使天大的事情发生，她都不乱方寸。许多在佛教学院受了多年教育，后来又出家受戒的徒众，都万分敬佩母亲这种与生俱来的威仪、风范。

母亲一生历经许多战争、多次的悲欢离合，几度面临国破家亡，我们兄姐弟四人，没有人看到过母亲掉眼泪。

七七事变，日军在卢沟桥发动战争。这一年冬天，战事蔓延到南京，母亲站在扬州的一条公路上，看着自己的家遭到日军恣意的焚烧，当时还年幼的我，紧紧跟随在她身边，亲眼见她若无其事的样子。就在抗日战争期间，国军部队极力搜寻壮丁，几乎每天都要应付好几次这种事情。当时二舅刘贵生正好在我家，那天又来了一批抓壮丁的人，二舅立即到厨房的稻草堆中躲藏，可惜一条腿露在外面，还是被拖出来带走了。过了一两天，母亲找到了当地的警察局局长，提出申诉：“我兄弟上有老母，如果你抓走了他，一家孤儿寡母，生活无人负担，只有统统到你家生活。”那位警察局局长是个通情达理的人，很快释放了二舅。旁人见了这一幕，以为母亲是有办法、有后台的贵夫人，朝她面前一跪，请求搭救亲人，后来竟也让她救了出来。

这类事情很多，母亲也以此自豪，但有一次却发生人命关天的无妄之灾。一位母亲尊为义父的邻居，竟然在家里被水桶的绳子一绊，跌了一跤，死了。这家姓解的邻居家贫，无力负担丧葬费，有人建议母亲设法代买一副棺木料理后事。母亲当下点头同意，并即刻搭船上街去备办所需。

谁知解家的儿子解仁保，竟找了很多人将尸体抬到我家里来，说我家打死人了。人多口杂，一下子闲言四起，群情哗然，议论纷纷。当时正是盛夏季节，家家户户的农田都缺水，经常发生抢水事件。被水桶绳绊死的人，被说成是因抢水被人打死，许多人也就顺理成章地相信了。

扬州派了很多人来验尸，母亲在回程的船上听说这件事，立即将棺木、寿衣退回，准备面对这场官司（由于这起事端，后来尸体直至腐烂、滴血，仍无人闻问）。当晚家里来了好多人，要把父亲抓走。当时年幼的我，被这扰攘的声音惊吓得躲在床下探看，不敢出来。父亲被逮捕送到扬州。两天后，父亲经过初审回来了。随后案子被送往苏州高等法院审判，父母亲是被告，所以都去了苏州，而原告解仁保不知何故没有到庭。可能因为苏州是个大城，而邻居解家诬告我们，原来只希望图个小利，没想到现在却要备办经费，万一输了，后果更是不堪设想，所以他缺席了。

法官问母亲："原告为何没来？"

母亲答："不知道。"

法官再问："人是你们打死的吗？"

母亲答："不是。"

由于母亲神态自若，不像个没见过世面的乡下人，所答也都清楚明了，所以当下被宣判无罪。

后来母亲一生都很自豪于"很会打官司"。

我出家以后，在佛学院读书，母亲还热心地托我为解仁保找工作，一点都不以当年解家的诬告为忤。母亲实在是位宽厚、豪爽的女中英雄。

战争期间死了好多人。有一次，母亲走路时居然踢到躺在地上的一个阿兵哥，阿兵哥还活着，母亲宽慰他："你不要动，让我来帮助你。"说完立即回家，找了一块门板，并且请邻居将这位阿兵哥带到后方。过了一段时间，我还亲见这位阿兵哥升了官，身上带了一把手枪，到我家来感谢母亲的救命之恩。

在这样的枪林弹雨中讨生活，我们这些不知人间悲苦的战争儿童，无聊时，常在一场战役过后，跑到战场去，以点数死人为乐。母亲虽然三令五申警告我们兄弟不准去，我们还是有一两次溜去。有一次，在牌桌上，母亲听说有两个小孩在点数死人时被临时引爆的炮弹炸死了，她立即匆匆忙忙出来寻找，见到我们安好无恙，才放下心来。这是我记忆中，母亲最着急紧张的一次。

前几年，我在南京雨花台，李先念先生公子的居所附近买下一个精舍，环境十分清幽，我请母亲安住于此。许多信徒从台湾赶来探望母亲，比如，台湾省生命线的创办人曹仲植居士、为善长乐的电视制作人周志敏居士、“立法委员”潘维刚小姐、“小王爷”陈丽丽小姐、企业家刘昭明居士、作家符芝瑛小姐等。母亲好客，总是欢喜热情地招呼大家。一本数十年的传统，家中若有六个人，必定预备八个人的饭菜，免得客人远来，临时张罗，让人家久等。每天一早，家里必定预备一大壶茶，以备客人一到，立刻可以奉上。有一次我回家探亲，家里来了子子孙孙好几十个人，一齐围绕着她。母亲愉悦之情溢于言表，她说：“万朵桃花一个根。”母亲就是这样一个重视家庭伦理的人。

一九八九年，母亲第一次在西来寺过年，我陪伴在她身边。说起当年她嫁给父亲，只凭着外婆的一句话——因为父亲是个忠厚的老实人。父亲曾经营过香烛铺、成衣店，但都经营不善，家里的田产也都赔了进去。唯有经营素菜馆时，一流厨艺受到远亲近邻的赞美。在中日战争南京大屠杀时，父亲失踪。当时未满四十岁的母亲，带着十二岁的我到城里寻找父亲。路过栖霞山时，无意之中，因为一句话，成就了我出家的因缘。我曾问过母亲，当时怎么答应我出家呢？母亲说：“我看你是一个有前途的孩子，母亲没有力量培养你，你能在佛教中读书上进，有什么不好呢？”真感谢母亲开明的观念。

母亲受人点滴之恩，都是涌泉以报。当年唐山大地震，她唯恐受波及，不得不由扬州前往上海表兄家避难，暂住数月。我和她相逢这十八年来，她不断地要我给表兄家送去收音机、电视机、电冰箱等各种物品，以答谢当年表兄的收容之恩。由于母亲重视怀恩报德，后来我在佛光山台北道场、佛光山台南讲堂等处都设立了“滴水坊”，就是取源于母亲“滴水之恩、涌泉以报”的精神。

常有人赞叹与我说话如沐春风，心开意解，但是在母亲跟前，我几乎没有说话的机会。只要母亲开口，大家都自然地屏息倾听，往往从三皇五帝定乾坤开始，一直到孙中山、蒋介石、毛泽东，乃至邓小平、江泽民等，她都能津津乐道，侃侃而谈。

有一次，我到大陆去探望她老人家，一阵寒暄过后，我打开皮箱，将送给母亲的衣物奉上。母亲看了说：“你买衣服给我，我也要给你一些东西。”说完，从枕边拿出十几双袜子放在我手中。我对母亲说：“我一双袜子要穿一两年，您买了这么多袜子给我做什么？”母亲回答：“儿子啊，你可以活到两百岁。”

过一会儿，母亲又如数家珍般，将她收集的名片，一一翻出来给我看。这时，我也从口袋里摸出了一张我的名片递给她，母亲笑眯眯地说：“哦，这是佛陀的名片啊。”母亲就是这么一位幽默风趣的人。

有一年春节前夕，她为孙子李春来买了一双新鞋。谁知在回程的路上，看见一个穷人在寒冬中赤足而行，她自然而然就将鞋子送给了那个人。春来回家听说奶奶为他上街买新鞋，雀跃欢喜，但奇怪的是到处都找不到，看见孙子找得愈来愈心焦，母亲连忙说：“找得到，是好兆；找不到，是佛光普照。”春来听了，觉得“禅机隐隐”，知道奶奶向来乐善好施，于是他穿着旧鞋，也过了个愉快的年。

一九四九年，我率领“僧侣救护队”来到台湾，从此与母亲音讯隔绝。当时，大陆谣传我在台湾已易服从军，位居师长高位，从此一家人都被打入“黑五类”，母亲也因此连累受苦，每天都要靠做工换取口粮。“文化大革命”期间，公安人员将母亲抓去，严厉地威吓她：“你儿子在哪里？快说出来，坦白从宽，抗拒从严。”

母亲回答：“天下父母养育儿女，都希望能留在身边孝顺；腿长在他身上，我怎么知道他在哪里？”

“你儿子写给你的信我都收到了，你怎么会没跟他联络呢？”

母亲并没有被公安人员咄咄逼人的话吓倒，镇静地说：“我儿子的信你既然收到了，你就应该知道他在哪里，我不知道。如果你真的要找他，你拿路费给我，我去找。”接着还“劝告”他说，“我生儿子没享福，反倒惹来了一身霉气，所以我奉劝你以后不要养儿子。”

一九九〇年，她到台湾佛光山来，有记者问她："您觉得台湾好，还是大陆好？”对这样的问题，我当时在旁边为她暗暗地捏了一把汗。没想到，母亲神色自若地回答："台湾经济繁荣，民生富裕，但是我年纪大了，比较习惯在大陆居住。”她自然而得体的应对，折服了在场所有的人。

其实母亲的机智，在她年轻的时候就已经表露无遗。她虽然没有读过书，但是因为事事留心，再加上从香火神的戏码里得知许多中国民间忠孝节义、因果报应的故事，也学会不少成语诗句，所以不但出口成章，而且还常常纠正我念错的字。直至今日，我经常告诉徒众："我是从不识字的母亲那里，认识许多字的。”

有一个徒众问她："奶奶，出家有什么好处呢？”

母亲信手拈来，自然地顺口诵出：

一修不受公婆气，二修不受丈夫缠，
三修没有厨房苦，四修没有家事忙，
五修怀中不抱子，六修没有闺房冷，
七修不愁柴米贵，八修不受妯娌嫌，
九修成为丈夫相，十修善果功行圆。

说完，爆出一阵热烈的掌声。连我也想象不出，为何母亲能出口即刻成章？

来佛光山的信徒问她修持法门，她说："我一个老太婆有什么修持？我只知道本住一心，从善心出发，地狱、天堂随心转，当下发心，即是天堂。清净佛道、荣华富贵全在我们一念之间。”

母亲的机智幽默及富含禅机的言语，为她赢得很好的人缘。她自己也很得意，不只大家听她说话，连平时要说话给人听的儿子，也欢喜听她讲古。

母亲是一个天生“老婆心切”的人，我到各地弘法时，母亲还帮我教育弟子。有一次，她向就读西来大学的法师们说："你们僧团里人多，可以有意见，但要懂得融和哦，因为你们师父事业大、佛法大、发心大，你们也要跟着他，把心发得大起来。"

当时胜鬘书院的同学正好到西来寺游学参访。母亲见到她们，又换另一种语气："小姐在家也可以修行。以前我常鼓励一个做法官的朋友，告诉他，公门里好修行。后来他把死刑犯改判为无期徒刑，无期徒刑改为有期徒刑，十年的改判五年。这些受刑的人得到恩惠，都改过向善，真是功德无量。带发修行，更方便在各行各业中积德。"

有一次，我赞美她说："您老人家好慈悲啊！"

她回答："如果我不慈悲，你会投胎到我这里来吗？"

我回想起来，在扬州老家时，七十多岁的老母亲每天都到运河挑水回家，将水煮开以后，亲自倒在碗里（当时没有茶杯），一一放在凳子上，供附近小学的师生们饮用，后来大家一致称呼她为"老奶奶"，以示尊敬。没想到"老奶奶"三个字，也可以跨越海峡两岸，甚至响遍世界。

记得有一年，我在香港红磡体育馆主持佛学讲座，母亲特地从上海远渡关山到九龙看我。在前往会场前，她告诉我："我知道你今天要去演讲，怕你分心，我就不去了，在家里等你回来。我们是'多年枯木又逢春'，你要用心把大家带到极乐世界去。"

是的，母亲大人，孩儿谨遵教示。

每次我到美国弘法，尽管十分忙碌，但每天仍抽空到母亲那里晨昏定省，略尽孝思。每次见到她对我那种殷切盼望的神情，总是心中不忍，所以虽然身边有许多事情还未处理，我也都坐上一两小时，和她闲话家常，有时甚至谈到深夜时分。后来儿孙辈知道了，就常提醒她："二太爷该去睡觉了。""二太爷还没吃饭。""二太爷等会儿要开会。""有客人在等二太爷。"母亲十分体贴人意，每次一听到这些话，总是催促我赶快回去。

母亲往生后，我在美国寓所设置灵堂。在香烟袅袅中，往事一幕幕袭上心头。六年前，就在这间屋子里，母亲从楼梯上摔下来，跌断腿骨。当时我正搭机前往澳洲弘法，得知消息时，她已开刀完毕，正在疗养恢复当中。她知道自己骨折后，第一句话就叮咛西来寺的住众："不可以通知你们的师父，他在外面弘法，不要让他挂念我。”

母亲有她自己的人生观："人要存好心，给人欺负不要紧。你看，我经过北伐，经过抗战，经过'文化大革命'，多少的磨难，多少的艰辛，我还不是照样活到九十几岁？”

母亲来到台湾佛光山那一年，万国道德会正在编写《贤母传》，想采访母亲。我征询她老人家的意见，问她要不要让人家写。母亲连忙摇头说："不要，人愈小愈好。”然后不胜怜惜地对我说，"你这样'大'，不苦吗？”真是可怜天下父母心。

这一切，言犹在耳，而母亲已经离开了。

六月十六日，承佛光山徒众的孝心，为母亲举办了怀恩法会。事先我一再告诉徒众不可惊扰信徒，没想到，消息一传十，十传百，拥入如来殿大会堂悼念母亲的宾客络绎不绝，竟达五千余人。此情此景，让我想起母亲初来佛光山时，曾经向大家说："佛光山就是西方极乐世界。人人心中有个灵山塔，好向灵山塔下修。我要我儿子好好接引大家，让大家都能成佛。”

如今，母亲世缘已了，应该会回到另一个地方，整装待发，就像移民出国一样。以她这样一位"有人相"，充满人间佛教性格的人，必定不舍众生，相信不久以后，她必定乘愿再来。

六　苦行

苦行，是指佛教修行人所过的一种刻苦自励的修持生活。当初佛陀曾有六年的苦行生活。佛陀十大弟子中的大迦叶尊者，每天“日中一食，树下一宿”，平日或在山崖静坐，或在水边观想，甚至在冢间修行，都视之为“苦行”。由于大迦叶尊者专修头陀苦行，所以在诸弟子中，有“头陀第一”之称。

在中国佛教里，历代的祖师大德们，多数也都是从苦行中出身。例如，雪峰禅师任饭头，庆诸禅师任米头，义怀禅师任水头，佛心禅师任净头；乃至六祖慧能大师磨房舂米，稽山禅师入山采薪，临济禅师锄地栽松，仰山禅师开荒牧牛，丹霞禅师莳花除草，洞山禅师耘锄茶园，赵州禅师扫地，云门禅师担米，玄沙禅师砍柴，懒融禅师典座等，都称为“苦行”。

苦行是出家人应有的修行过程，也是僧侣应有的密行。我回想起自己从小出家到现在，七十余年的僧侣生涯，说我多么有修行，自己不敢直下承担。不过一路走来，已经到了人生的风烛残年，我总应该有些许的生活点滴可以略微表述。

我青少年时，有一个很好的习惯，就是勤苦耐劳，热心服务。所以在栖霞律学院六年的生活中，除了读书以外，平日上山砍柴，到两公里外的地方挑水，尤其六年的行堂，为人添饭加菜等服务，我都做过。那时丛林的寺院建筑，没有现代化的动线规划，斋堂（餐厅）离大寮（厨房），可能都有二三百公尺之远。每日三餐，不但要挑饭担菜，尤其要挑水洗碗，来来去去，三餐所花费的时间，总共加起来就占去了整个生活的百分之二十到三十。另外，清晨三点半起床做早课，加上还有晚课、午殿，就是所谓的“五堂功课”。

一般说，行堂、典座在佛门里都被列为“苦行”的行单，但我并不以为苦，反而觉得“服务为快乐之本”。在这一段“苦行”的岁月里，我从行堂工作中，练就了“神乎其技”的身手，可以把碗筷玩弄于手掌之中，收放自如，得心应手；挑水打饭，更是如同腾云驾雾，毫不费力。从作务里我感到无比快乐，从来没有生起厌倦之心。

修行，有所谓“乐行”，有所谓“苦行”。我在“苦行”的生活中，能够感觉到生命活得很踏实、很快乐。在自己后来的人生岁月中，一直以此感到自豪。

寺院是我们学习的地方，过去称为“丛林”。所谓“丛林”者，要能接受十方僧众挂单；在接待十方时，都有很严苛的要求，才能让云游的僧侣奉行规律，接受调教。

回忆起十五岁那年，我在栖霞山接受佛教的比丘三坛大戒。记得第一天报到时，戒师问我：

“你来受戒，是师父叫你来的，还是你自己发心要来？”

“弟子自己发心来的！”我这么回答。

哪知说过以后，戒师拿了一把杨柳枝，在我头上猛打一阵，我顿时眼冒金星，感到很错愕：我有什么错吗？这时只听得戒师慢条斯理地说：

“你很大胆，师父没有叫你来，你没有得到师父的允许，自己就敢来受戒。”

听了这话，觉得“说得也是”，心里平服不少。

第一位戒师问过以后，走到第二位戒师面前（戒师就等于现在的口试官一样），结果他问了同样的问题：

“你来受戒，是师父叫你来的，还是你自己要来？”

刚才被打过，懂得应该要“尊师重道”，因此赶快说：

“是师父命令我来的！”

哪知话才说完，戒师也拿起一把杨柳枝，在我头上猛打，一边打一边说：

“岂有此理，假如师父没有叫你来，你连受戒都不要了！”

想想也对，说得不无道理。这时他叫我再到第三位戒师那里，问题还是一样：

“你来受戒，是师父叫你来的，还是你自己要来？”

前面被打过两次，有了经验，就回答：

“戒师慈悲，弟子来此受戒，是师父叫我来，我自己也发心要来。”

我自觉这种回答应该天衣无缝，合情合理。哪知戒师仍然拿起杨柳枝，一阵抽打后责怪说：

“你说话模棱两可，真是滑头。”

到了第四位戒师那里，问话改变了，他问：

“你杀生过没有？”

杀生是严重的犯戒，我既然来受戒，怎么可以说有杀生呢？因此毫不考虑地说：

“我没有杀生！”

哪知戒师即刻反问：

“你平时没有踩死过一只蚂蚁，没有打死过一只蚊子吗？你打妄语，明显是在说谎嘛！”说过以后，杨柳枝再度狠狠地打在身上。

又再换另一个戒师，他同样问：

“你杀生过没有？”

因为刚才被打过，只有承认：

“弟子杀过！”

“你怎么能杀生呢，真是罪过！罪过！”每说一句“罪过”，都要打上好几下杨柳枝。

下面再有戒师，他还没有开口，我就把头伸出去，说：

“老师，你要打就打吧！”

所谓“有理三扁担，无理扁担三”，这种“以无理对有理，以无情对有情”的教育，就是要把你“打得念头死”，然后才能“许汝法身活”。当初我心中虽有不服，但后来确实感觉到，这样的训练，让一个人在无理之前都能委屈服从，将来在真理之前，还能不低头接受吗？

除无情打骂的教育以外，在五十三天的戒期当中，每次听戒师讲话，都得跪在地上。如果是地板或地砖，倒也还好。有时候要到大雄宝殿的丹墀教授仪礼，经常一跪就是几小时。等到起来时，地上的碎石子都嵌进皮肉里，虽然隔了两层的海青、袈裟和衣裤，但是鲜血还是从裤子里渗透出来。这让我想起在一个漫画故事里，讲到孙悟空的修行，需要一千天的时间才能有成就。其间一百天站着不许动，一百天坐着不许动，一百天蹲着不许动，一百天跪着不许动，一百天睡着不许动，一百天除了头以外全身浸在水中……孙悟空能大闹天宫，神通广大，也是苦练出来的。我想自己只不过才五十三天，有什么不能忍耐的呢？

不过，皮肉之苦其实还比较容易忍耐。更大的考验是，受戒时我才十五岁，正是精力充沛，好奇心强烈的时候，对于身旁的事事物物，难免好奇地想要看一眼。但是每次只要被戒场的引礼师父看到了，杨柳枝马上就狠狠地打在身上，并且大声骂道："眼睛东瞟西看的，这里有哪一样东西是你的？"有时候听到一些风吹草动的声音，也会兴致勃勃地聆听，结果又是招来一阵责打与呵斥："把耳朵收起来！小孩子听一些闲话做什么？"

确实，没什么东西是我的！因此，我闭目不看，收耳不听。在五十三天的戒期中，我生活在漆黑、无声的世界里，但是虽然如此，我的心中却燃起了一盏明灯，我发现世界上的一切，原来都在我们自己的心中。于是我学会了不看外而看内，不看有而看无，不看妄而看真，不看他而看己。

直到戒期结束那一天，我在长廊上睁开眼睛，忽然见到外界的青山绿水、蓝天白云，感觉真是美不胜收！尤其经过这一番反观自照的日子，虽然看山还是山，看水还是水，但是心里的感觉已经和以前大不相同，山已不是山，水已不是水了。所以到了现在，我走夜路，上下楼梯，即使不用眼睛看，也能无碍自如。我甚至常觉得：用心眼去感受世间事，比用肉眼去观察还要来得如实真切。

我在栖霞山受戒，并且参学了六年。每天的生活，大致都和戒期一样，连上个厕所都有老师沿途监管。晚上开大静后，一声喝令："赶快睡觉！"包括上厕所、脱衣服，然后躺在床上，三分钟之内要迅速完成，之后就不能再有半点动静了。即使在夜里，老师也是静坐监管。每天早晨三点半起床做早课，因为早起的关系，常常感觉睡眠不足，因此早课礼拜时，往往拜下去就不知道要起来，因为睡着了。这时纠察老师就会走到前面，踢踢头，喝令 :“起来！”

经过这样多年的训练，到现在我不但坐着能睡觉，连站着也能睡，甚至走路都能睡。所以经过当初严格要求的苦修，现在回想起来，真是获益良多。

十八岁时，我升学上了焦山佛学院。因为是新生，立刻被分配到大寮典座，也就是负责三餐煮饭烧菜的职务。我担任两年的典座，除了择菜、洗菜，也学会了烹调的方法。至今我对菜肴的煮法，烹调的技艺，虽不能称为一流，但自觉有些心得。

在焦山佛学院期间，因为年轻，什么事情都觉得应该当仁不让，勇于维护正义 ;但也因为心直口快，经常惹来麻烦，因此自觉应该有“禁语”的必要。刚开始自己很不习惯，不知不觉就会脱口而出，明明知道不能说话，偏偏忘记而说漏了嘴。为了处罚自己，我经常独自跑到大雄宝殿后面，人迹罕至的海岛，掴打自己的耳光，并且自我责骂 :“你真是岂有此理，自己欢喜持禁语，又没有人勉强你，却出尔反尔，不能持好。”

为了根除自己的习性，务必要给自己刻骨铭心的教训，因此我重重地处罚自己，有时打得嘴角都渗出鲜血。就这样实践了一年的“禁语”，这一年不讲话的经验，对于青年时代初学佛法的我，在学习过程中，有很深的意义。因为我体会到，“禁语”不只是口中无声，更重要的是心中无声。有时我们受了一点委屈，表面上虽然若无其事，但是内心的不平、怨愤，却如澎湃的浪涛一样，发出巨大的响声。如果我们能够止息内心烦恼的声音，那就是宁静无声的证悟世界了。

二十岁离开焦山佛学院时，我舍弃所有的衣单行囊，孑然一身回到祖庭宜兴大觉寺，重新过着一无所有的生活。在此大约三年的生活中，我编过杂志，做过小学教师，担任过寺院的监院、住持。当时我订立“新生活规约”，明定寺中僧众早晚功课正常。三餐饮食定时，不可随便外出。虽然遭受守旧派的反对，但我自许是新一代僧众中的佼佼者，是新时代的青年，是太虚大师的仰慕者，自觉应该有沥血革命的勇气。虽然这些与苦行生活没有太大的关联，但也可以看出我有冒险犯难的精神，有革新佛教、整顿纲纪的勇气。只是当时诸多奋发为教的行为，也就不足再述了。

二十三岁时，我又把自己所有的身外物，悉数送给同参道友，然后孑然一身来到台湾。我在《人生百事》里说："一个人一生当中，应该有一至两次，将身边的物品全部送人，体会空无一物的境界。"所以，在我离开焦山时，以及这次来台前的"喜舍"，对我一生的修行，帮助很大，让我体会很深。

到了台湾，一时举目无亲，挂单无着，我几乎沦为流浪的乞丐。幸亏中坜圆光寺的妙果老和尚收留了我。我忏悔此身之业障，每天过午不食、刺血写经，同时为圆光寺常住劳役服务，例如拉车采购，收租担米，尤其要打井水，供应八十余名寺众的生活用水，还要扫除广场落叶、清理水沟、打扫厕所等。前后两年的时间，我自觉自己虽然衣单不全，甚至只穿一件短褂过了一个严冬，但心中觉得温暖安乐。当时的"行单"再加"忏悔"的行持，对一个血气方刚、还在成长中的青年，也是非常重要的事。

在佛教里，一般出家人的修行，大部分都是以念佛、参禅，或是自我礼拜为密行，但每日早晚课与三餐，"五堂功课"一定要随众。我在大陆的栖霞、焦山参学期间，每年到了冬天，不是打七个"佛七"，就是打七个"禅七"，每次都是四十九天。在那个还是青涩不成熟的年龄，哪里有心去参禅念佛。只是当时在焦山，每天晚上的一支大板香，一点三刻钟后，都会分一个大菜包给我们。就是为了这个大菜包，每天都盼望这支一点三刻钟，很长的大板香。

我住过金山及天宁的禅堂，虽然为时不长，但我经历了所谓"各家禅林"的风味。尤其我连续几年到宝华山参加戒期，名义上说是当义工，实际上是想参学宝华山传戒的仪规。宝华山传戒，在大陆是第一风范，每年春秋季都有数百名戒子。尤其每三年一次的有千余人参加的戒会，成就戒子的袈裟、衣钵，而称为"罗汉戒期"。

总说我出家时虽然年龄很小，也没有很好的学习环境，因为当时正逢抗战期中，在栖霞山所过的生活，三餐经常是水已煮开，下锅的米在哪里还没有着落。晚上睡觉，美军的飞机来轰炸，床铺震动，整个人从床上被震得摔落到地上，甚至把床铺都给震坏了。有几次，我还看到飞机上的人把炸弹丢下来，所幸都没有造成伤亡。

尽管生活艰苦，但我在佛门里的学习，从“禅宗”的金山到天宁，“律宗”的古林律寺到宝华戒堂，“教下”的栖霞到焦山，我都曾经参学过。尤其栖霞山本来是三论宗的道场，毁于太平天国洪杨之乱以后，宗仰上人前来复兴，改为金山寺的法脉，但实际上栖霞山有念佛堂，尤其早晚课都要念很长的楞严咒。

在我参学的十年当中，因为游走在许多丛林之间，所以也就懂得律宗、净土宗、禅宗，甚至密宗等四大宗派的修行。可以说，我童年在佛门接受的丛林教育，用现在的话来说，等于一个军官在陆、海、空三军都受训过，资历完整。这是当时小小年纪的我，除了为常住劳动服务外，自己参学得来的经历。

总计我未到台湾之前，所参加过的“禅七”、“佛七”，应该各有五十次以上，每次都是七七四十九天，所以算起来至少也有数百个日子。后来我到了台湾，在中坜圆光寺每年也要打七，但是这里只打三个七，不打七个七。

一九五三年我到宜兰之后，在雷音寺前后二十六年，每年都要住持一次“佛七”。从早上五点第一炷香开始，一直到晚上圆满，从来没有缺席过一炷香。那时雷音寺虽小，但坐落在中山路的市中心，每次“佛七”，在家的信众参加踊跃，迟到的人往往进不了门。尤其每年一次的“佛七”，宜兰人简直把它当成过年一样，平时在外地工作的人，都会特地回乡参加，大家念佛念得法喜充满，当然我也非常认真。每到“佛七”，我就在红绿招贴纸上，用毛笔写一些念佛标语，把整个佛殿布置得焕然一新，每次总要写上两天，才够贴满佛堂。

我一生没有练过书法，如果说我能写毛笔字，就是在这二十六年的“佛七”当中，不但念佛，也让我有机会写字和信徒结缘。我写的标语，内容大都是摘录自《西斋净土诗》，如：

一朵莲含一圣胎，一生功就一华开；
称身璎珞随心现，盈器酥酡逐念来。

遥指家乡落日边，一条归路直如弦；
空中韵奏般般乐，水上华开朵朵莲。

不向娑婆界上行，要来安养国中生；
此非念佛工夫到，安得超凡愿力成？

香雾八天浮盖影，暖风吹树作琴声；
分明识得真如意，肯认摩尼作水晶。

一寸光阴一寸金，劝君念佛早回心；
直饶凤阁龙楼贵，难免鸡皮鹤发侵。

鼎内香烟初未散，空中法驾已遥临；
尘尘刹刹虽清净，独有弥陀愿力深。

娑婆苦海泛慈舟，此岸能超彼岸否？
直指迷源须念佛，横波径度免随流。

千生万劫长安泰，五趣三涂尽罢休；
纵使身沾下下品，也胜豪贵王阎浮。

我从一九五三年正月到宜兰雷音寺，五十多年来一直没有离开过宜兰，虽然我后来创建佛光山，到南部创办佛学院，但我的户口一直都留在宜兰。其间我也在虎尾、龙严、台北、三重、头城、高雄等地举办“佛七”。当时一般信众并不太了解念佛的仪轨和心要。我告诉大家：念佛可以“欢欢喜喜”地念，也可以“悲悲切切”地念，或是“实实在在”地念，乃至“空空虚虚”地念；念佛最重要的，不但要以“正念”对治“妄念”，最后还要以“无念”对治“正念”。

经过我的说明、指导，大家都乐于参加。几十年来已经成为台湾的盛事，我也算是借机为自己增加一些密行。

算来在我八十一年的人生岁月中，光是念佛花去的时间，大概就有上千个日子。一个出家人，一生当中能有上千天没有杂务，只是念佛、参禅，说都没有心得也不尽然。

记得一九五四年，我在宜兰住持“佛七”，七天当中，我感觉走路轻飘飘的，好像腾云驾雾一般。早上起床刷牙，牙缝里好像蹦出一句句的“阿弥陀佛，阿弥陀佛……”吃稀饭的时候，一口一口地吃着稀饭，好像也是在念着一句一句的“阿弥陀佛，阿弥陀佛……”睡觉了，外面的一切事情历历如绘，心里清清楚楚，明明白白。七天的时间，宛如一刹那，一下子就过去了。真是念得天也空，地也空，人我也都空，只有一句阿弥陀佛在其中。从那个“佛七”里，我对念佛，增长了无比的信心！

空空虚虚地念佛，使我体会到忘却时空、身心脱落的快乐；从老老实实的参禅里，我也有过“身心俱泯，大地空旷”，乃至“时间、空间、天地万物都为之一空”的修行体验。不过说来惭愧，我没有开悟，也没有证果，直到今天，我只是安分地吃饭，安分地睡觉，安分地做佛事，所谓“心怀度众慈悲愿，身如法海不系舟；问我平生何所似，佛光普照五大洲”。这是我一生念兹在兹的愿心。

其实，在各种修持当中，我自己受益最大的，应该是“拜佛”。虽然近年来因为腿部开刀，不能跪拜，但是在过去，我每天早晚都要各拜佛半小时，虽然时间不长，但每天持之以恒，尽量不让它间断。尤其早在我十五岁那年，因为受戒时烧戒疤，把头盖骨给烧得陷了下去，之后我忽然好像失去记忆的能力，读《古文观止》《四书读本》，怎么念就是背不起来，并不是我不用功，而是任我怎么努力念诵，就是没有记忆力。

因为无法背书，被教我的觉民法师罚跪、打手心，这是常有的事。有一天，我又再次为了不会背书而挨打，教务主任觉民法师一面打，一面骂：“你真笨哦！你要多拜观世音菩萨，祈求聪明智慧哦！”真奇怪，那个时候不管老师怎么打手心，我竟然一点痛的感觉都没有，只觉心中好像忽然亮起了一盏明灯："哦，原来拜观世音菩萨就可以有聪明智慧，我有希望了！我有希望了！"

生来虽然不是很聪明，但也不是很笨的我，自从受戒失去记忆力以后，感觉人生好像从此没有了未来。现在忽然听到拜观世音菩萨，可以有聪明智慧，一下子又燃起了我的希望。只是当时在丛林古寺里，想要拜观世音菩萨，也没有地方可以拜。因为大雄宝殿除了早晚课的时间以外，不能随便进入，其他的殿堂也都各有堂主。我在学院里，除了一间共享的小礼堂以外，又能到哪里去拜观音菩萨呢？

所以，之后每到夜深人静，我就偷偷起来到礼堂去，一个人面对观世音菩萨。首先称念："悉发菩提心，莲花遍地生，弟子心朦胧，礼拜观世音。求聪明，拜智慧，南无大慈大悲，救苦救难，广大灵感观世音菩萨。"称念之后就拜下去，大概留停半分钟，自己垂泪感动地念"观世音菩萨、观世音菩萨、观世音菩萨……"就这样，我一边念，一边拜，拜了一拜又一拜。

礼拜观世音菩萨的灵感很多，听说有人拜到后来，蒙观世音菩萨甘露灌顶，或是摩顶授记。但是很惭愧，这些我都没有。不过，时间过了三四个月之后，奇异的现象发生了，从此之后我的记忆力忽然好了起来，而且是出奇的好。过去念书，一篇《古文观止》念了二三十次，还是无法背诵，现在只要两三次就会背了。甚至《战国策》《史记》上的短论，未经老师教授，自己看一遍就能记得。至今时隔六十余年，这些文章在我口边，还是能够朗朗上口。

尤其很幸运的是，就在这个时候，学院派我管理图书馆。那原本是栖霞师范学校所有，因为他们随军队撤退到后方重庆，所以所有的书都留给栖霞佛学院。这么多书，该看哪一本，刚开始我也不懂，不过我很留心注意，看看哪些书经常被老师、学长借出去，等他们还回来，我就拿来看。当中，尤其是乡村师范学校的活页文选，以及各种文艺小说，对我帮助最大。

坦白地说，我一生经历的各种苦行修行，虽然都能接受，但并不是太喜欢，可是阅读小说，我真是兴味盎然，乐趣无穷。那个时候，举凡《三国演义》《水浒传》《七侠五义》《小五义》《封神榜》《荡寇志》等，我几乎看过一遍就能记住。所以多年以后，偶尔和徒众小参，我就跟大家讲，我说一段《三国演义》给你们听。于是我把“诸葛亮借东风”、“曹孟德败走华容道”等精彩的情节说上一段。因为我说的都是书中的原句，弟子们也都听得目瞪口呆。

有时我也信手拈来，顺口说上一段《水浒传》。由于我对梁山泊上一百零八条好汉的名字、绰号、身穿的衣服、手拿的武器，都能如数家珍，一一道来，弟子们对我在年轻时曾经看过的书，至今还记忆这么深刻，都表示佩服不已。

在我的生命中，有很多事，不得不感谢观世音菩萨跟我的因缘。一直到现在，我对于一些年轻徒众的修行，总认为他们应该要从拜佛开始。因为礼拜可以庄严身心，可以折服我慢、增加谦虚，可以跟佛陀倾吐心事。拜佛时，人虽拜下去了，心里的情感却升华而与佛相应。所谓“鼓声有打则响，钟声有叩则鸣”；人有诚心礼拜，佛怎么会不垂慈感应呢？

一九八五年，在我开创佛光山十八年后，我卸下住持之任，传位给心平和尚，之后就搭机到美国西来寺。感谢住持慈庄法师为我安排关房，我在西来寺关房开始了“闭关”的生活。

过去在团体里生活惯了的我，从来没有离开过大众，每次出门都是一群人，走到哪里坐下来，也是一群人。现在闭关了，偌大的关房里只有我一个人。不过闭关期间正是很好苦修的时候，所以我一样早上四点起床，盥洗后，礼拜、读经，然后经行、写作……只是很惭愧，在关房里的五个月时间,每天我都希望能看到报纸。可见心还是不容易关闭,心像猿猴，心猿意马，不断向外奔驰。为了安心，先要“降伏其心”，因此我想出很多“降伏其心”的办法。例如,佛教的“五停心观”可以对治五盖,“九想观”可以对治贪欲，“九住心”可以勘察自己的心是否安住一处。乃至过去所学过的禅门公案，都一一拿出来实践。所以在五个月的闭关期间，我终于完成了一部《星云禅话》，后来一直在电视上播出，这也是拜闭关所赐。

过去我一直提倡“禅净双修”，我指导信徒也主张“解在一切佛法，行在禅净双修”。但是我的母亲认为我的“双修”还不够,因此教我一个“十修法门”:“一修人我不计较，二修彼此不比较，三修处事有礼貌，四修见人要微笑，五修吃亏不要紧，六修待人要厚道，七修心内无烦恼，八修口中多说好，九修所交皆君子，十修大家成佛道。”后来我把它编成《十修歌》。我想如果人人都能十修，真是佛国净土乐逍遥。

说到苦行，我一生最感激的，应该就是很多的人事让我有机会修持“忍辱波罗蜜”了。我从小出家，就受到前辈的歧视。因为我没有经过小寺院的基础养成，一下子就进入大丛林里参学，当然陋习、缺点很多，所以学长经常取笑我，例如说我走路不威仪，叫我走来走去，训练我走路，有时一走就是几小时，他们以教我为乐。

三餐吃饭时，虽然他只是一个小职事，都可以叫我站在身旁，为他添饭、夹菜，我的师兄就是其中一个。他们吃饭时，还不忘揶揄我，一个说：“星云是没有出息的！”一个搭腔说：“哎呀，不可以小看他，他也会像某某人那样聪明！”我师兄则说：“他如果能像某某人那样聪明，除非太阳从西边出来！”

我是被人看轻到如此的地步，但是我一点也不泄气，因为一个人有没有出息，岂是现在就可以看得出来的？还要十年、二十年以后呢！不过这倒是让我联想到外面的一些境界，就像打棒球，坏球来了，不要接，就不会被三振出局，根本也不需要什么忍耐。

说到“忍耐”，在我一生中，有好几次的经历，让我深刻感受到，修行的确需要有极大的忍耐力，试举二例：

第一，在六十年代，台湾佛教没有什么事业可言。当时我想，在我的发心、能力之内，应该可以办一所幼儿园。因此特地派了几个宜兰的青年，鼓励她们到外地接受幼教训练。她们真的前往受训了，我在宜兰也开始筹设幼儿园。一时之间也没有经费，后来就在雷音寺旁，把一个倒垃圾的小池塘填平，想在上面建两间教室。工程进度很慢，因为没有经费，信徒虽也发心帮忙，但还是没有办法加快速度。

有一天，我接到慈惠、慈容她们受训即将毕业的消息，因此就想幼儿园的工程非要加快不可。这一天我到工地巡视，看到工人在慢慢装潢、修饰，但四周墙壁都没有粉刷。我上前告诉工人：“你们要赶快把墙壁粉刷一下。”

正当我说此话的时候，有位老太太出现，她大声说：“不可以，我家侄儿松年说，没有钱再买石灰粉刷墙壁了。”我一听，这也是事实，没有钱，怎么能粉刷呢？我觉得她说得很对。

过几天，我又去查看工程，看到工人在刷墙。我说：“不能刷呀，没有钱啊！”那位老太太又出现了，她说：“我家侄儿松年说，还是要刷一下比较好看。”

当时我只觉得羞辱、惭愧，我在这里创建幼儿园，你在那里跟我左一句你家松年说，右一句你家松年说；一下子不刷，一下子又要刷，那我算什么呢？但是这个事情又不能发作，想想算了，做了就好，即使是屈辱，既然来了，也要忍气吞声。

过了几天，我想筹设董事会，准备向政府申请幼儿园备案。这时大家七嘴八舌，说要请社会上的什么名人士绅来担任幼儿园董事，我一概都接受。到了会议这一天，来了十几个人，一位在宜兰高中教书的程郁尊先生负责记录。会议开始，我上台感谢大家出席，就说：“今天来的，都是我们的董事，但现在我们要选出一位董事长。”

当时我心里在想，我虽然年轻，没有学历、经历，但幼儿园是我倡议创办的，我应该是当然的董事长。但是有一个人忽然冒出来说：“董事长就请张振茂先生来担任。”

张先生是一位宜兰市公所退休的老人，我一听要请他担任董事长，马上想到，现在幼儿园急于要立案，以便赶在青年回来前开学，由他担任董事长，他能达成这个要求吗？但是既然有人提名他，我就说：“张先生，你已被选为董事长，请你上台主持会议。”

当张先生慢慢走上讲台，此时在台下记录的程先生忽然站起来，把笔往地上一掼，愤怒退席，边走，口中还骂了一些不好听的话。当时本省的人很多，大家也听不懂他的话。这时刚才提名张先生的郭居士问我：“他说什么呀？”我说：“他说不高兴参加。”又再追问：“为什么呢？”旁边的人就告诉他：“他不高兴由张先生担任董事长，认为应该让法师担任。”郭居士说：“法师任园长就好了！”

后来他们又经过一番讨论，这位郭居士只好自认错误，对张先生说：“你下台吧，董事长还是请法师担任。”然后对着我说，“法师，请你上台。”

这一刻，从台下到台上，虽然只有几步路，但是我感觉比现在的海峡两岸还要遥远，实在没有面子，也没有勇气再回到讲台上。只是想到，如果我不上去，董事会没有开成，也就不能完成幼儿园的立案，那么势必延迟开学……

想到这里，我挣扎着告诉自己，只这几步路都不能忍吗？就是上刀山、下油锅，只要我走过去了，幼儿园的设立就能成功。于是我重新上台，主持会议，终于顺利成立董事会，同时也结束了这场闹剧。这件事之后，我觉得至少给自己增加了十年的修行。

第二，一九六五年的某天，我接到越南佛教会的通知，要我参加“世界佛教服务社会大会”。之后又接到“中国佛教会”的通知，要我到台北参加“会前会”。我随即买了夜间的火车票，第二天到达台北，直接就到“中国佛教会”开会。

到了会场，我找个位置坐定后，会议准时开始。理事长白圣法师看到我，第一句话就说：“你也想去吗？你去，我就不去。”

我一听，即刻就说：“这个团需要老法师领导，老法师要去，我可以不去。”

白圣法师马上说：“不去，那就请你退席吧！”

我愣了一下，但随即从座位上站了起来，然后从容、温和地退出会场。

当我走出会场，“立法委员”莫淡云女士从后面追了出来，问我：“你就这样回去吗？”

我回答说：“我不回去，做什么呢？”

于是我又买了一张车票，赶回高雄，已经是黄昏用晚餐的时候了。

其实这是一个很难忍受的场面，尤其我自许是个热血青年，有革新佛教的理想，在顽固的恶势力之前，我是不会低头的。但是因为当天有不少社会贤达与会，我不希望把佛教的“家丑”外扬，所以只有忍下来。我告诉自己：为了佛教，有什么不能忍的呢？

发生这些事情，每次事后我都感觉，自己的修行又增加了十年，甚至二十年。所以后来我说：一个人能忍受多少屈辱，就能有多少成就！我认为，假如要论苦行，要论修行，并不是禅净礼拜而已，应该在生活里实践六度万行，奉行度众的四摄法，学习四大菩萨的悲智愿行，那么我们才能在人间推行佛教，人间佛教的净土才能实现。

自此以后，我在推动人间佛教的生活中，一直警告自己，要“把人做好”，要“自觉行佛”。苦行只是自己的密行，不足以向人炫耀，应该从行为上改变自己。要让自己的行住坐卧、食衣住行、语默动静都有佛法。例如，给人欢喜、给人信心、你大我小、你有我无、学习吃亏、认错改过、明理感恩、尊重包容，乃至待人好、不计较、不比较、做好事、说好话、存好心等；能够让自己的身、口、意都能契合佛法，那才是修行。

常有人问我，你创建佛光山，以及全世界二百多个寺院道场，甚至西来大学、南华大学、佛光大学，以及美术馆、电视台、报纸等佛教事业，你一个人怎么能做这么多事业，钱是从哪里来的呢？

其实，我一生从来没有储钱的习惯，也没有拥有金钱。佛光山的信徒几乎没有人看到过我上街买东西，佛光山的信徒也没有人看我上他们家去喝茶、串门子，佛光山的信徒更没有人听到我向他们化缘。我自己一向奉行“以无为有”，从“无”里面创建一切。但是佛光山承受外面打击最严重的，大概就是说“星云大师很有钱”！实际上这句话应该是：“星云庸碌无能，没有奇异的本领。”但我自许有一个特长，是别人所不及的，那就是所有的金钱，我一概不要。

近二十年来，偶尔有信徒给我红包，我都叫侍者全部退还给他们。因为我又不买东西，私人也没有什么特别需要，常住有饭给我吃，有车给我坐，我还要储钱做什么呢？尤其在饮食上，我曾有过对面食的嗜好，但现在已经减退，也是可有可无了。我从小就在丛林里苦修、苦学，过惯了节衣缩食的生活，所以现在佛光山的两菜一汤，对我而言，已经是非常美好，非常满足了。

我一生没有学过建筑，但会建房子；我没有学过书法，但会写毛笔字；我没有学过文学，但会写文章；我没有受过骈文、韵文的写作训练，但会作词写歌；我不懂外文，但时常与国际人士接触往来。因此，承蒙有些人夸赞我很聪明。

所谓聪明，是从何而来的呢？如果我真的有一点聪明的话，我想都是从“为人服务”的苦行中修来的。

当初我创建佛光山，并没有建筑师，都是我与建筑工人蹲在地上，拿着树枝在地上比画，这里要多长，那里要多宽、多高，就这样一栋一栋建了起来。但是，佛光山尽管建了很多客房，经常还是不够给来山的信徒大众挂单。有时候大活动期间，有些法师如煮云法师等人上山，我都把自己的房间让给他们，自己睡在人走不到的阳台上。我就想到，朱元璋在当沙弥的时候，有一次皇觉寺的大门已关，他只有睡在外面。他说：“天为罗帐地为毡，日月星辰伴我眠；夜间不敢长伸足，恐怕踏破海底天。”

人生只要欢喜、自在，到处都是净土，哪里一定要什么床铺、座位呢？所以我从开山到现在，没有坐过有抽屉的办公桌，也没有使用过房间钥匙。我不重视物质享受，也不为自己储财；有了钱，都是用来弘法，用来结缘。佛光山出版社所出版的书籍，即使是我自己的著作，也是自己付钱买来送人。

佛光山的长老执事，偶尔会说：“师父，我们到滴水坊喝茶！”说好了是他们请客，但实际上都是我付钱。虽然他们也抢着要结账，不过我都说：“师父与徒弟在一起，没有徒弟付钱的道理。”

我自认自己是一个自律很高、用心很细的人。到现在我荷包里经常几个月一文不名。也知道没有金钱的苦处，可是早已养成的习惯，就是这种性格。不过事实上，因为我没有钱，因为我不要钱，所以才能“以无为有”，才能“不要而有”。因为如果有钱，人都有贪心，就会把钱存到银行里，就要积聚，就不能创建事业；因为我不要钱，不拥有钱，钱来了，我觉得都是十方信施的。我要把钱用了，才是钱的价值。

所以，我希望大家知道，修行不在着意于某一种法门，更重要的是，要能培养出一颗笃定踏实的向道之心，以及发起“但愿众生得离苦，不为自己求安乐”的菩提心。修行不是片面的个人解脱，而是全方位的弘法与利生；生活的苦行也不是一时的功课，而是一生的修持。能够懂得“苦行”的意义，那才是“行佛”的宗要。

七　饥饿的岁月

“饥饿”是人生至难忍受的痛苦经历。所谓“饱汉不知饿汉饥”，一个“饱食终日”的人，当然不知道挣扎在饥饿边缘的人之苦。我们看历代以来，每逢灾荒饥年，广大灾区的民众，因为没有食物果腹，只得吃草皮、树根、观音土等，真是名副其实的“饥不择食”。甚至有的人还“易子而食”，其惨状可想而知。

世间上，黄金最贵，但遭遇饥荒时，即使十根金条，也不一定能换得一个面包。所以一有战争，主帅都需准备好充足的粮草；军粮不够，最后不是战败，就是投降。

中国许多偏远山区，尤其是一些交通不便的地方，人民终年生活在“半饥饿”的状态下，这种事例多不胜举。所谓“民以食为天”，生命就是要靠食物来维持。虽然有些文人为了表示自己人格清高，如陶渊明“不为五斗米折腰”，但长期三餐不继时，仍不免赋诗感叹“三旬九遇食，十年着一冠；造夕思鸡鸣，及晨愿乌迁”。

在佛教里，禅者有说“禅悦为食”，儒家也有以“诗书礼乐”为食，但那毕竟是少数人，或者也只是一时“望梅止渴”罢了。佛教的出家人，所谓“上乞诸佛之法，以养慧命；下乞众生之食，以滋色身”。人的色身肉体，还是要靠饮食来滋养的；如果长期吃不饱，饥饿过度，不但营养不良，还会导致人百病丛生。

回想我罹患糖尿病近半个世纪，有一次和台北“荣民总医院”新陈代谢科主治医师蔡世泽主任谈起，我问他：“为什么会有糖尿病？”他说：“现在还找不出原因！我也曾问过西方一些糖尿病专家，他们也说现在还没研究出真正的病因！”

有一天，我想到自己这一生，既不好吃，家族中也没有糖尿病的遗传史，为什么会年纪轻轻就患有糖尿病？这时心中忽然生起一个念头，我想大概是与“饥饿”过度，导致胰脏受损，因而影响胰岛素的分泌有关吧！

人体的胰脏，主要负责分泌胰岛素，胰岛素是促使细胞利用血液中的葡萄糖的重要激素。当我们吃饱饭后，血液中的血糖会随着升高，这时胰岛素就会被释放到血液中，让葡萄糖进入细胞内，供给细胞利用而降低血糖；当胰岛素不足时，就会导致糖尿病。

当然，糖尿病或许不纯然是由于饥饿所造成，甚至基因遗传也只是原因之一而已。对于我为什么会罹患糖尿病，虽然让我百思不解，但我一向“与病为友”，糖尿病伴随我大半生，并没有给我造成严重的威胁。尤其初患糖尿病时，走路举步维艰，拿东西手软无力，但由于我不太介意，慢慢地也就不觉得有什么不便了。

不过，在我最初罹病时，虽然也有一般常见的“吃多、喝多、尿多”等糖尿病特有的“三多”现象，后来这些症状很快消失，所以也不太去关注自己的身体。一直到四五十年后，由于糖尿病并发眼底钙化，导致视神经受损，以及心肌梗死、肾脏积水而出现浮肿等现象，我才慢慢思索着：糖尿病究竟是什么原因造成的？

由于几次与医界的朋友谈起，我认为糖尿病是与饥饿有关，他们都不予采信，因此我就想把自己这一生，几次处在饥饿状态中的回忆，记录下来，或许有助于未来对这项病症的研究。

一

说起“饥饿”的回忆，还是得从幼年叙述起。

我出生在一个贫穷的农商之家，父亲最初务农，但不惯于耕种，所以庄稼收成变卖后，他把微薄所得拿来开店经商。先后开过香铺、酱园、成衣店，但短期经营后，最后都是赔本，失败以终，因此家计愈加绌乏，日食三餐也就更加困难了。我们兄姐四人，用现代话来说，可以说都是在半饥饿的状态中度过了童年。所幸我们并没有因为饥饿而沦为乞丐、小偷，或是流落在外游荡。

对于童年，除了“苦”的印象以外，已记不起成长过程的细节了。只依稀记得，外婆偶尔会拿些食物来周济我们。当然，我们老家也薄有祖产，几次变卖田地，也曾风光一时。但由于家父没有求生的技能与职业，一家数口，坐吃山空，所以风光不久，半饥饿的苦难岁月便又再度降临。

那个时候，我只有七八岁，每天清晨天还未亮，我就起床外出捡狗屎，等累积到相当数量就卖给人当肥料，多少总能换得几个铜板。或者一到黄昏，农夫赶着牛群回家，牛群总会在路上留下不少粪便。我就把牛粪捡回家。当堆积到相当分量，我也学习大人的做法，用草把牛粪和起来，贴在墙上晒干，可以供人当柴烧，如此也可以赚个几块钱。

虽然我生在贫寒之家，但感谢父母，培养我勤劳的品格，让我懂得自食其力，懂得自求多福，懂得一切都要靠自己工作、劳作。因此，童年时我虽然没有进过学校，甚至没有报过户口，但慢慢长大后，也知道要读书。好在那时乡间有私塾先生，经常也会有二三十个学生。只不过读私塾要钱，记得是一天四个铜板，只要今天有四个铜板，就去读书；没有四个铜板，就不去。老师也都能谅解，也没有责怪，大家都相安无事。

如此断断续续，并没有读太久的时间。因为到了一九三七年，七七卢沟桥事变，中日战争的烟火升起。不到数月，日军就打到扬州，距离我的家乡很近。

那年我才十一岁，在战乱中告别了家乡，也不念书，也不工作，身上扛着两条被单，在大雪飘飘的冬天，随着难民潮开始流浪、逃亡。一时之间，真是前途茫茫，也不知要流浪到何方，更不知能逃亡到哪里。我只知道，“留”就有被杀死的可能，“逃”才有活命的希望。

在逃亡的途中，走过崎岖的小路，越过荒凉的原野，沿途所见，都是穷苦的农村。不但农家的烟囱没有了炊烟，屋中也听不到人声，可以说“十室九空”，只有狗儿懒散地游走，见了人也不狂吠。

如此不知走了多远，也不知经过多少时日，后来又慢慢回到家乡，途中饥寒交迫的困顿、辛苦，那就不是几句话所能概括的了。

二

在抗战期间，由于父亲外出经商，许久未见返家，后来被列为失踪人口。我因为寻找父亲的因缘，途中就在南京栖霞山寺剃度出家。

栖霞山寺虽然是六朝圣地、千佛名蓝，是江南的重点寺院，但是历经朝代兴亡，饱受战争蹂躏，已经残破不堪。例如太平天国的洪杨之乱，大火烧了几天几夜，一座隋朝的石砌宝塔，整个被烧得体无完肤。

我在这座历史古寺里，权宜出家。由于师父在此当家，有特别的去留机会。只是，“去”因为年龄太小，连挂单的资格都不够；“留”，此寺实在穷得三餐无以为继。师父虽然很开放，但自己也知道，能蒙他收留，已经恩同再造，也不敢再存有多一点的奢望。

那时正逢抗战期，日军的骚扰、难民的流徙，加上汉奸、和平军的敲诈，我们也只有艰难地与环境作生死搏斗。尤其到了“珍珠港事变”发生，美军开始轰炸南京，我记得自己曾睡在双层上铺，因飞机轰炸时剧烈震动，整个人就被震落到地板上。

有时一个炸弹升空，如同天崩地裂，不但火光四射，把黑暗的天空照得亮得如同白昼，室内的玻璃也被震碎，房屋更是不停地摇动。但是对于这一切，那时我并不感到恐惧，唯一害怕的是，三餐无法吃得饱。

记得《古文观止》里，有一篇柳宗元先生写的《捕蛇者说》。文中大意是说：祖父捕蛇，被蛇咬致死，父亲同样因捕蛇而被蛇咬死。到了儿子这一代，还是以捕蛇为业。有人问他，既然有过这样的死亡经历，还敢捕蛇吗？他说：“吃饭要紧！”由此可见，饥饿比死亡更可怕。

在栖霞山寺里，记得有几次，本来应该十一点半打板吃午餐，但是到了十二点，甚至一点过后，还没听到板声。为什么会这么异常？一经查问，原来大寮里没有米下锅！当时一些年轻的同参，也不敢声张，只偶尔派人到大寮查看，到底米回来了没有！

就这样，好几次中饭一直延到下午三四点才有的吃。如果早餐吃的是干饭或牛奶面包，那么到三四点吃午餐，也算平常；可是我们的早餐是没有米的“糁薯粥”，根本是粒米未下肚。那时年纪轻轻，正值发育年龄，能挨饿到三四点，实在也称得上是有坚忍不拔的毅力了。

我在栖霞山寺度过七年的岁月，后来到江苏常州天宁寺，讨了一份行单的苦工。一段时间后又转学到焦山，这才慢慢懂得读书。大约经过了两年，再从焦山回到祖庭宜兴大觉寺，日子虽然还是穷苦，但每日三餐，饭食供应无缺，应该算是人生最幸福的时光了。

三

一九四九年春天，我率领僧侣救护队到台湾。才到台湾没多久，队员们很快便各自离散，并没有人真正有兴趣想要从事救护工作。不得已，我只得找个寺院挂单。

此时想起了焦山佛学院的学长大同法师。一年前他曾经跟我通信，说想办一所三千人的佛学院，邀请我到台湾教书。那时我连台湾在哪里都不知道，对于当时佛教的情形，说要办个三千人的佛学院，我也无法相信，所以没有应邀而来。现在既然已经到了台湾，心想去找他也可以问问在台湾的各种情况。

其时，大同法师在台中宝觉寺担任当家。当我到达时，听说他因被疑有间谍之嫌，已经逃奔香港。我因投亲不遇，正在彷徨之际，曾在金山参学过的慈蔼法师，也在宝觉寺挂单，他私下告诉我：“你要在宝觉寺居住，事实上是有困难的，不如到观音山找慈航法师。他目前正在筹办佛学院，需要师资。你此去，他必然会聘请你当老师。”

我想，当不当老师不重要，重要的是我要有一个栖身之所，每天要有饭吃！只是路途不熟，不知道观音山在哪里。这时宝觉寺的一位住众，自告奋勇说要带我去，让我喜出望外。

当我们搭乘台铁普通车到台北站时，正逢大雨，本想转乘公路局班车前往姜子寮，但公路被大雨冲断，公交车已经停驶。不得已，帮我带路的人说，有位大陆法师在南昌街买了一座寺庙，可以试着去挂单。

于是我们来到十普寺，但是寺里的人见到我们，用嘲笑的口气说："你们怎么也跑来台湾？"一听就知道碰了壁，于是顾不得外面还在下着大雨，只得告辞十普寺，往台北善导寺讨单。因为听说大醒法师正在善导寺，我们想去投靠他。

就在往善导寺的途中，经过新生南北路时，瑠公圳的水已经淹没了道路，在水比路高的情况下，水和路根本分不清楚。我想慢慢涉水前进，哪知一个不慎，竟跌入水中。

这时水流湍急，水势凶猛，虽然略谙水性，我也感到难以抵抗。在这种情况下，照说应该是难以活命，但说来也很有趣，一般人落水，本能反应，应该是赶快喊救命！我完全没有这个念头，心里只挂念我的钱包就要被水冲走了。我记得里面大概有十块银元，是临到台湾时，师父给我的，这也是我们师徒一场，师父给我最大的一次赏赐。

我一心想着钱包，便拼命挣扎，顺着水流游去，终于爬到路上。这时才想到，人家是"落水要命，上岸要钱"，我却是"落水要钱"。因为我知道，没有钱，未来的前途艰难；没有钱，饥饿难耐，小命也难以存活。

这时的我全身湿透，雨依然还在不停地下着。在雨中无法更衣，事实上也无衣可换。就这样穿着湿淋淋的衣服走到善导寺，这时天色已经暗了，陪同我前往的宝觉寺住众，至此便跟我道别，离我而去了。

我在善导寺约莫等了两小时。大醒法师一直不肯出见，只叫当家法师出面，他说："你看，我们寺里，右面住了'交通警察大队'，左边是台北'市政府'的兵役科，寺中实在没有余地安置你了。"

我知道人家的困难，就跟他要求说："我听说基隆月眉山灵泉寺有数名外省的青年法师，我想前去投靠。现在天色已晚，可否让我在佛殿的大钟下借住一宿？"

他说："只要警察不来驱赶，应该没有关系！"

那时虽是春夏之交，但夜里仍透着浓浓的凉意。所幸当时年轻体壮，也不计较这一点屈辱。第二天天一亮，我就摸索着上路，到台北火车站，乘火车到八堵，然后转往基隆，在暖暖站下车时，已是下午一点多。

到了灵泉寺，一群年轻的同学见到我非常欢喜，虽然过去彼此并不认识，但总有僧情法爱。他们满口赞叹，说我是佛教僧青年的领袖，很希望我能留在台湾。

大家正谈得欢喜之际，传来默如法师的指示，说不能留我们吃饭，更不能居住下来。因为来寺的外省僧侣多，生活已经很困难了，不能再增加人数。

这些青年朋友一听，深感不平，义气凛然地说，常住不给饭吃不要紧，他们愿自掏腰包，外出买米煮稀饭请我。当我吃着他们煮好的稀饭时，已是下午三点多。回想自己中饭没吃、早餐没吃，昨天的晚饭也没有吃，所以捧碗的手不停地发抖，但是碗里热腾腾的稀饭，吃起来真是美味无比。

后来经过商量，他们让我在此暂住三天。由于我的衣物都已随水流走，我就拿出大同法师的妹妹送给我的一件粗麻布料，想做一件衣服替换，因此向灵泉寺借了裁缝车，缝制一件短褂裤，以便替换。

由于“此处不留人”，只得“另找留人处”。此时听说原本在观音山筹办佛学院的慈航法师，事实上并不在观音山，而是在中坜圆光寺筹办台湾佛学院的毕业典礼。我心想，如果到圆光寺能见到慈航法师，也许问题能解决，因此就转而前往中坜圆光寺。

圆光寺的比丘尼中，有一年轻的智道法师，待人非常热忱。他大概在妙果老和尚面前讲了我许多好话，说我在大陆曾主编过杂志，也曾当过校长，这些经历他们都知道。因此妙果老和尚一见到我，真是一见如故，私下跟我说：“他们明天就要搬到新竹青草湖，你就留在圆光寺吧！”

妙果老和尚是新竹佛教会（包括桃园、苗栗）的理事长。在当时那样一个好像人人都有间谍嫌疑的年代，他能收留我，也算是特殊的缘分。他要我当他的秘书。我感念老和尚慈悲，每天主动打水、扫地、拉车、采买。这些苦役本来就为我所长，因此做起来并不觉得太吃力，也不以为苦。反而心中一直感谢妙果老和尚，由于他的慈悲收留，让我能在寺中安住，总算脱离了逃难途中的“饥饿”窘境。

一直到现在，每当回忆起初来台湾时，这段挂单无着、三餐不继的日子，我都有恍如隔世之感。

四

在中坜圆光寺安住下来后，为了安全起见，首先要去报户口。虽然我有身份证，但报户口要有入台证。我没有入台证，户口势必报不成。所幸智道法师告诉我，如果能找到吴鸿麟先生，只要他肯出面帮忙，问题就能解决。

吴鸿麟先生就是吴伯雄居士的父亲，当时是台湾省“参议员”，也是警民协会会长，更是一位名医。对于这样的社会贤达，我哪里敢到他的家中拜访？幸亏有一天走在路上遇到他，别人告诉我，他就是吴鸿麟先生。

我鼓起勇气，勇敢地走向前，对他说：“吴先生，我是在圆光寺挂单的出家人，我有身份证，想要报户口，您能帮助我吗？”

他看看我，我想他大概还不知道报户口需要入台证，因此听完他就说：“来！来！”由于隔壁正好就是警察局中坜分局，他带我走了进去。门口的警卫问都没问，里面的警察看到他，赶快起立向他敬礼。他说：“帮助这位法师办户口！”说完便走了出去。警察听后则连连称是！

于是我就这样顺利地报了户口。有了户口，我在台湾居住，心里就更踏实了。

这件事情过后一个多月，有一天，我拉车外出采购，在街上被警察拦住，莫名其妙地遭到拘禁。由于我不会讲闽南语，语言不通，也没办法问人，完全不知道是什么原因被囚禁。

直到第二天，才听说全台所有外省的出家人，有一百人左右，悉数遭到逮捕。其中还包括在台北的慈航法师，以及跟我们同住圆光寺，原为陆军中将的出家的律航法师。

原因是，台湾当局听到大陆广播，说他们派了五百位僧侣到台湾当间谍。台湾当局就把我们拘捕了。后来警察把我送到桃园，与律航法师一同拘禁在一所仓库里。

那是一九四九年五月发生的事，当时是陈辞修先生当“省主席”。所谓“白色恐怖”的年代，自从“二二八事件”发生之后，台湾人杀外省人，外省人报复台湾人，不时有凶杀案发生。但是不管族群仇视也好、白色恐怖也好、政治迫害也好，我都不太关心。我所关心的是，肚子好饿！

由于当时被逮捕的人很多，没有牢房，就用大仓库暂做拘留所。被关在里面，虽然每天也总有一餐饭可吃，但是吃过之后，肚子很快就饿了。记得有一天下午，有位警官走到我身旁，他看看我，我也看看他！我觉得他很和气、善良，就大胆地跟他说："我肚子饿！"

不久，他叫人端了一碗面给我，真是美味无比。我吃过以后，他又来看我。这时候律航法师已因政府知道是一场误会，早就被释放出去了，但是里面仍有二三十个出家人被关着，我也不好意思每天吵着肚子饿，只有忍耐。

后来再见到这位警官时，我跟他说："我们挂单在中坜圆光寺，如果我有被释放回去的一天，欢迎你去看我们！"他听了很欢喜。这位警官就是后来随律航法师出家，并且创建净律寺，在台湾很有名的书法家广元法师。

在桃园拘留所关了二十三天，此中的屈辱也难以尽述。只是现在回想起来，什么也不复记忆，所记得的就是饥饿！每天早上醒来，我就盼望有东西可吃，到了晚上睡觉，也是饥肠辘辘，饿得难以入眠，很希望能有东西可以果腹。我想，所谓"饿鬼"，大概就是过着这样的生活吧！

好在当时因为被逮捕的出家人太多，惊动了很多护法居士，包括孙立人将军的夫人孙张清扬女士、"台湾省主席"吴国祯的父亲吴经熊先生、"立法委员"董正之、"监察委员"丁俊生，以及赵恒惕、钟伯毅居士等人。在各方努力营救下，我们这群出家人才能幸免于难，否则在台湾"三武一宗"的教难，恐怕又将再添一桩！

五

在中坜生活两年，我就到新竹去了。在新竹也居住了一年多，为台湾省佛教会所办的佛学院担任教务主任。虽然没有待遇，但三餐总能吃得饱，感觉温饱就是人生莫大的幸福。

直到一九五三年，宜兰的居士成立念佛会，邀请我前往宜兰，我应邀而去。到达之后，只见在一个龙华派的小寺院里，有三家军眷各据一方，只剩下小小的一间佛殿。他们在佛殿旁边为我设立一个床位，要我留下来讲经，那也是我生平第一次步上弘法之路。

一开始，我以二十天的时间讲说《观音菩萨普门品》。圆满当天，并有一百零八人皈依。在那个时候的台湾，这已经算是盛况空前了。

创办念佛会的会员当中，有慈庄法师的父亲李决和居士，慈惠法师的父亲张辉水居士等人。因为他们创立念佛会，要有很多人参加念佛，才能将法师留住，因此多方鼓励自己的子女参加。也因此，我在宜兰弘法期间，老、中、小的信徒都有。当中有一位才华横溢的张优理小姐，担任我的台语翻译，后来她出家，就是现在的慈惠法师。

因为感于青年的重要，我先后成立学生会、歌咏队、文艺班、弘法队等，青年纷纷加入，一时之间也让我感觉佛教充满了蓬勃朝气。因此尽管寺院破旧、设备简陋，不但连一张办公桌都没有，甚至谈话的客堂、座位也没有，但我就在外面的丹墀交代你做什么、他做什么，整个团队里的青年，大家都热心无比，他们帮忙组织群众，参与活动，跟我配合得非常好。

当时宜兰中学的音乐老师杨咏谱先生，所教授的歌咏队已经颇有成就。尤其我作词、他谱曲，写下很多佛教歌曲，包括《佛教青年的歌声》《弘法者之歌》《菩提树》《西方》，等等。此时的宜兰念佛会，真可说是梵音缭绕，法音宣流。

为了扩大影响，我们从寺院走上社会。因此与台北“中国广播公司”接洽，商借他们的录音室，供给我们录制唱片。

我邀请了歌咏队里优秀的歌手十余人，请他们到台北“中国广播公司”录音。这在现在看来，是很简单的一件事。但在当初，别说路费是一个问题，青年请假，需要家长同意，尤其他们当中，有很多人甚至从来没有到过台北。

经过一番筹备，终于有一天，我们乘坐五点十二分的早班车，三个半小时后抵达台北。从车站走路到“中国广播公司”，开始进行录音。等录音结束，已经是万家灯火的时候了。由于我们在台北没有地方居住，只有赶最后八点四十分的晚班车回宜兰。

在赶火车的时候，我想到大家都还没吃晚餐。因此买完车票，我又急忙买了面包，带到车上分给大家，刚好一人一个。

青年们问我："师父，您呢？"我说："我刚才吃过了！"事实上，面包就是少了我的一个。

在佛教里有"过午不食"，一餐不吃不要紧，不过那是原始佛教，教徒生活单纯，晚上早早就入睡，工作也有限度。但我那时年轻，工作忙碌，每天所消耗的体力很多，晚上不吃饭，事实上是不容易度过的。所以我经常饿得发抖、流汗、心悸，不过忍耐一下，也就过去了。

那一天，我们好不容易回到宜兰，已经午夜十二点。青年们各自回家，我回到雷音寺，寺中几位老人家都已熟睡，我不敢进入厨房，只有非常知趣地在床上打坐。后来不知不觉睡着了，但是半夜里，我几度因为饥饿醒来，之后又因疲倦而沉沉睡去。

我在一九五三年元月到宜兰，将近一个甲子的岁月，至今我的户口一直留在宜兰。二〇〇九年十月二十四日，宜兰县、宜兰市同时颁发给我荣誉县、市民证书，总算我在宜兰五十多年的岁月，没有白住。

不过，我在宜兰这么多年，经常远赴各地讲经弘法，对于三餐饮食，我经常是饱饱饿饿，多一餐、少一餐是常有的事。像我这样不懂得怜惜自己的色身，也难怪糖尿病会找到我的身上来。

六

在宜兰弘法期间，我也经常到台北编辑杂志。从《人生》杂志、《今日佛教》到《觉世旬刊》，前后有数十年的时间。每次从宜兰出发，要经过二十一个山洞才能到台北。一趟火车乘坐下来，鼻孔里经常都是黑黑的炭灰。有心的信徒也体谅我，便结合全省信徒的力量，在台北郊区买了一间小型精舍，作为我的栖身之所。

由于我经常不住在精舍，有一位赵老太太和一位中年比丘尼达德师，愿意替我看守房舍，平时也在厨房里帮忙烧煮。记得那是一九五八年的时候，有一天夜里，达德师突然不停地狂吼喊叫，甚至用脚踢床，因为她病痛难忍。我一见这种情形，也慌了手脚，不知道该怎么办。一旁的赵老太太跟我说："应该赶快把她送到医院治疗！"

于是我急忙将她送到铁路医院。但医院不肯接受，我马上又将她转送到台大医院。这时台大医院的急诊室里，人来人往，川流不息。我挂了号，办理好住院手续后，有一位实习医师跟我说："这个时候也不可能开刀，必须等到明天检查过后，才能决定该怎么处理。"接着他说，"你把病人留在急诊室，我们会照顾的，你先回去吧！"

这时候回北投，已经没有公共汽车可以搭乘，于是我就近到三重埔，过去三重文化服务处的办公室，权且住了一晚。临睡时，我感到肚子很饿，而且忽然心跳加速、冒汗、头晕，只得起来找东西吃。

由于文化服务处平时无人居住，当然也没有存粮，而那时已是深夜三四点，别说我平时就没有购物的习惯，即使想买，已经是深夜，也没有地方可以买得到东西。我只得在橱柜里东翻西找，突然看到一包渔人牌的麦片，赶快把它打开来，用开水冲泡，然后一连喝了好几大碗。

奇怪！怎么一直吃都不觉得饱？自己忽然也害怕起来！心想：我的肚子又不是无底深坑，怎么能一下子吃得了那么多麦片，又喝了那么多碗水呢？

后来我发现，人在极度饥饿的情况下，即使吃了很多东西，由于养分还没有输送到血液里，无法供给细胞所需，所以仍然会感到饥饿。因为我一直觉得肚子饿，很想吃，但又不敢吃，怕吃出毛病来。经过一段时间之后，感觉不再冒汗，手脚也不颤抖了，自己就困坐在那里。

从极度饥饿到极度疲倦，现在回想起来，一个人在极度饥饿时，感觉就跟忍受病痛折腾一样，都是痛苦的经验。由于自己曾有这样的体会，因此若问：糖尿病是怎么引起的？以我的经验，饥饿应该是最大的元凶。

七

在我一生的岁月里，早期由于生活艰难，后来则因弘法忙碌，或因出门在外，饮食不便，因此日子经常是在饥饿、半饥饿中度过的。但最严重的一次饥饿，却成为我创建普门寺的因缘。

话说二十世纪五十年代，我编《人生》杂志时，有一天，发行人东初法师跟我说，希望当月的《人生》杂志能提早出刊。

我应允以后，就在印刷厂赶工加班。那时候的印刷厂，对于一些定期刊物，各家的印刷日期早已排定，本来是不容易更改的，但我设定一定要在某一天出刊。一位李姓经理承诺后，我从送稿、校稿，到最后三校当天，一早从善导寺走路到位于万华大理街的印刷厂。那时我连公交车都舍不得坐，因为即使一块钱也不容易拥有，走路则是轻而易举的事。

我在印刷厂校稿时，中午时分，李经理说："星云法师，下班吃饭了！"我看他们的员工都在吃便当，心想：自己哪有福气吃便当？即便想要买个面包，也没有钱！

好不容易校完稿，一直等到晚间，杂志终于出炉了。我拿了二百本要送给东初法师，从大理街走路到万华，大约半小时。从万华坐火车到老北投，再转往新北投，下了火车已将近十点。这时外面下着毛毛细雨，我把长衫脱下来包裹杂志，以免被雨淋湿。

我扛着二百本《人生》杂志，从新北投走路到上北投的法藏寺。前面的一段平路，大概走了二十分钟，然后再爬四百个坡坎。当我到达法藏寺时，已经是晚间十点多钟了。

见到东初老法师，我把杂志送给他。他看过之后很高兴地对我说："你很负责！"听了这句鼓励的话，我也很欢喜。这时他跟我说："你不要走了，今天就住在法藏寺吧！"

我想：回台北横竖也没地方住，因此就随缘答应住了下来。他叫寺中的人帮我送单。

那时候外省人，特别是像我们年轻的外省人，在台湾居住，尤其在女众寺院，不容易受人尊重、信赖。他送我进入室内，就从外面把门反锁，我也不以为怪。但是隔天天亮之后，七八点了，都不见有人来开门，我也不敢随便叫人。一直到了九点，才有人来把门打开，他连声向我道歉，说是忘记了！

我出了房门，准备下山，就去向老法师告假。他说："今天中午我要请客，你就留下来帮忙吧！”

东初法师是我在焦山佛学院的副院长，也是常住的监院，现在是我的长辈，对他吩咐的事我当然义不容辞。再说，请客，帮忙排桌椅、摆碗筷，也是我擅长的工作，是我多年行单工作累积下来的专长。

可是哪里知道，台北的客人很难请，一直等到下午一点才姗姗来了十个人左右。我心想：两桌可以坐二十个人，老法师陪一桌，我也可以陪另外一桌的几个人吃饭。

我自信满满，自以为想的不会错。但是到了入席时，我让客人先坐，自己等着老法师吩咐。岂知东初法师说：你这个孩子（其实当时我应该有三十岁了），怎么不到厨房去吃饭？

我一听，哦！原来请吃饭，我是没有份的，只能到厨房去吃饭！想想，也真窝囊。在大陆，至少我也当过校长、住持；在台湾，也曾编过杂志，担任过教务主任，也是宜兰佛教支会的理事长，现在却只能到厨房去吃饭，真是可怜。

当我走到厨房时，里面好热闹，大家正忙着做斋菜。我在门口张望了一下，里面一个人也不认识，要我跟他们说“我要吃饭”，实在说不出口，于是我就从边门悄悄下山了。

印象中，我当天的中饭、早餐都没吃，前一天的晚餐、中饭也是粒米未进，一直都在忙着杂志，忙着要请客。到了此刻，全身已经虚脱无力了，身体摇摇晃晃。下山时踩着四百多个台阶，就像踩在云端里，感觉像是腾云驾雾一般，我也不知道自己是怎样走下山的。不过我生性没有想到要怨恨或是怪人，当时心中只有一个念头：将来我有能力建寺时，我要给人吃饭！

现在佛光山在世界各地，到处都有分、别院道场。其实说来惭愧，最早建设分、别院，我也不是有什么大志想要弘法利生，最主要的，就是要吃饭。

当初从高雄到台北，从台北回宜兰，车程十几小时，中途肚子饿，要有地方吃饭，因此最初在彰化建福山寺，就是为了中途能有饭吃。后来在台北建普门寺，想到台北吃饭更难，素菜馆也不是人人能到的，所以我建普门寺，意谓“普门大开”，想要吃饭的人，都欢迎大家进来。

甚至，早期我一直告诉普门寺的住持、当家，凡是来吃饭的人，不问姓名，只要他肯吃我们的素菜，就是在成就、圆满我们的心愿，我们都应该对他心存感谢。

今日佛光山的发展，或许当中有许许多多的因缘，但是“给人吃饭”，应该是众多因缘中一个很重要的助力。

现在事隔多年，但是回想起在法藏寺的这一段饥饿往事，应该是我多次饥饿经历中，比较严重的一次。因为当时如果不是三宝加披，只要我不小心一脚踩空，坠入山崖之下，不就粉身碎骨了吗?

其实，人在世间，都是受着业力的牵引，都是受着因缘的安排。我觉得饥饿是难堪的，但佛祖也不会误人，一切的一切，应该都有佛缘在安排吧!

八　弘法

“弘法是家务，利生为事业”，这两句话说明，“弘法利生”乃出家人应负的责任。只是一般僧侣并不容易达到这种标准，他们大多数只流于寺务照顾，或者游方参学，顶多诵经服务；真正想要做一个弘法利生的僧伽，不但要有学问、德行，还要有人缘。

回想自己的一生，在大陆期间是我成长和学习的时期，在此也就不多赘述。但说一九四九年春天，我到了台湾，最初住在桃园县，除了帮助挂单的寺院从事苦工杂务以外，一时只觉前途茫茫，不知道未来希望在哪里。自己既不愿意从事经忏佛事，也无意于当家住持，因此想到，只有写文章投稿到报章杂志，以言论来护卫佛教。

记得当时有位京剧名伶，在台北永乐戏院演出侮蔑佛教的戏剧，我毅然挺身而出，写信公开向她抗议。其实我也知道，她只不过像颗棋子般任人摆布而已，并非故意要毁谤佛教。但是正当我埋首为文护教时，一位老太太走过我的身旁，跟我说：“法师，你要去工作，不工作会没有饭吃哦！”

当下我惊觉到，写文章弘法，在寺院里并不被认为是正当的工作，甚至他们还认为我是偷懒在看书、写字呢。因此后来陆续在报章杂志上投稿，都不敢公开在饭桌上撰文（当时没有办公桌），只有找个隐秘的地方偷偷写作。那时候《自由青年》《中华》副刊、《觉生》杂志、《人生》杂志等，都发表过我的文章。

当然，弘法并不一定只限于撰文发表，还可以讲经说法。但是当时并没有这种风气，也没有人集众讲演，因此我先是应邀到台湾佛教讲习会教书。两年后，也就是一九五二年五月，由于宜兰念佛会马腾居士写信邀请，开启了我前往宜兰弘法的契机。

说来惭愧，那个时候我连宜兰在哪里都不知道，后来一再延到十二月。正当快要过年时，李决和居士从宜兰到台北，当面邀请我。李居士是一位慈祥恺悌的中年绅士，一见面我很自然就受其感染，尤其他那虔诚恭敬的态度，很让人感动，因此，当下答应前往宜兰弘法。

记得那是一九五三年新春过后，我从台北西站坐公路局的车子前往，沿途都是碎石子路。早上八点出发，一共开了三个半小时才抵达宜兰。这是我第一次走进宜兰雷音寺，也由此正式踏上了人生的弘法之路。

雷音寺坐落在宜兰北门口的一间小庙，只有二三十坪的小佛殿里，大大小小供了一百余尊佛道的塑像，旁边几间厢房已有三家军眷居住了。我到达当天，看见佛殿前的丹墀里正挂着春节未吃完的腊肉、咸鱼，同时还晾晒着一些妇女、儿童的衣服。整个雷音寺的外观看起来，应该说比起中国过去的大杂院还不如。

我抵达时，并没有人接待，自己默默坐在佛殿一边的竹椅上。一直等到一位为信徒消灾诵经的六七十岁的老尼师念完经，她看看我，又去念经。再过了一会儿，她才走向前问我。虽然我听不懂她的话，但知道她的话意是说“你是来讲经的吗？”因此回答她：“是。”

过了十分钟，她端来半杯水给我，没有讲话。不过我知道应该没有走错路，因为她能给我茶水，就表示好意，我只有等下去。约莫坐了一个钟头以后，时间已是下午两点钟了，她才叫我到隔壁小巷子里吃饭。饭桌是由两块木板临时钉起来的，中间的隙缝至少有五公分宽；筷子、汤匙，也是她们用铅皮自己制作出来的，可见老尼师们的生活非常清苦。

吃过饭后，她送我到一间与佛殿并排，用木板隔起来的小房间里安单。里面除一张竹床、一台裁缝机以外，别无他物。由于我从早上直到此刻，还没有上过厕所，四处张望，也没有洗手间。不过我不用跟人说明，就一个人徒步走了十五分钟，回到紧靠宜兰火车站，也就是刚才下车的公路局车站上过洗手间，然后如释重负般，欢喜悠闲地慢慢走回雷音寺，再次坐在竹床上静待情况发展。

由于时近黄昏，房间里的蚊子绵密飞舞，可以说只要伸手就能抓到几只。我心想，过去佛陀为了弘法利生而“割肉喂鹰，舍身饲虎”，看起来今天我也非得用身血供养蚊子，以此跟它们结缘不可了。

就这样一直等到晚间七点多，总算听到佛殿里有声音问：“法师来了吗？”回答的声音很细小，不过不用讲也知道，他一定回答：“已经来了！”大概又等了二十分钟，听到外面人声嘈杂，应该有一二十人。终于有人敲我的门：“法师，请你出来跟我们讲话。”

当时正盼望着有人说话，听到信徒请我，我便离开了黑暗的小房子，走到佛殿里。在佛殿的一角，他们安排了一个小凳子，供做讲者的位置，信徒则坐在木板钉成的拜垫上，听说还是被军眷搬去当枕头，临时再跟他们商议借来当座位。就这样，我开始了在宜兰第一天的生活。

宜兰是一个淳朴的乡村小镇，雷音寺则是“龙华派”遗留下来的一间小庙，平时没有僧人居住，偶尔有游方的僧尼暂住，但是因为实在无法生活，只得又再游走他方。我到的时候，正是一位妙专老尼师被邀请在寺中住持。我在这里讲演二十天的《观世音菩萨普门品》，先后经过四位翻译，都无法称职。最后有一位在税捐处服务的张优理小姐，由于她口齿清晰，记忆力强，可以像录音机一样，把我的话原原本本用闽南话翻译出来，是公论最好的翻译。她就是后来出家，一直跟随我翻译五十多年的慈惠法师。

我讲完《普门品》后，有老少信徒一百零八人皈依三宝，这也是我第一次为信徒主持皈依。当时我并没有嫌弃雷音寺，但也没有打算长久居住，因为这里实在没有居住的条件。于是讲完经之后，我回到台北，和心悟、心忍两位法师，同挤在圆山临济寺的一间小屋子里。他们两位是福州的同乡，学问很好，不嫌弃而接受我成为朋友，总算让我在台北也有一个落脚处。

但是就在我回到台北后，宜兰信徒每天络绎不绝地到台北，邀请我再回宜兰。此中尤其是爱姑、免姑两位老太太，她们虔诚的态度最令人感动。由于当时年轻，实在受不起信徒的恭敬、恭维，我于是允诺再回宜兰。

我在宜兰，没有桌子可用，只有将一台破旧的裁缝机，将就权充写作的桌子；没有凳子可坐，于是好几个信徒凑了三十元，到监狱买了一张藤椅给我，坐起来感觉无比舒适。

我住的小房间里，没有电灯，但我不以为苦。因为过去我也没有使用过电灯。记得我到雷音寺那年是二十七岁。在此之前，除了在南京华藏寺短期享用过电灯以外，在大陆住过的栖霞山、焦山、白塔山，乃至台湾中坜的圆光寺、新竹青草湖灵隐寺，也都没有水电设施。

不过，信徒把我请回来，他们也很殷勤，都想为我解决困难，因此把佛前灯的电线加长，拉到我的房门口。尽管加长的电线也只能拉到门口，只得把电灯挂在卧室门口，但是我就这样沾有佛光，每晚借用佛光读书。虽然不能关门，好在这间小庙，晚间也没有人走动。

后来，我发现在一个小锅炉的后面有一间小厕所。虽然使用时必须把锅炉搬开，尤其厕所实在太小，连转身都不容易，但总是解决了生活上的一个大问题。除此以外，在那段岁月里，我是怎么解决盥洗问题的，现在已经不复记忆了。不过那个时候只要乘坐公路局的车子，就可以到礁溪洗温泉，但是我从来不曾动过这个念头。

我在雷音寺住下来之后，三家军眷跟我互动良好。他们的态度都十分友善，甚至看我集合信徒共修活动，还主动表示会尽快搬离寺院。当中一位四川的陈存锋军官夫妇，之前已参加了一百零八人的皈依。一年之后最先迁离，接着他的亲戚马姓等两家人也相继搬迁。数十年后，就在五六年前，有一天我在荣民总医院，忽然看到那位陈姓军官，一口就叫出他的名字。他也感动不已，后来还寄了五千块钱作为供养。我觉得自己这一生，经常遇到一些奇异的因缘；因为有很多好因好缘，因此感到人生真是无比美好。

自从这三户军眷搬走之后，整个寺院顿感清净单纯。看起来已经像个道场了，而且因为寺院空间增大，因此我就成立阅览室，要大家来看书。另外还多了一间小客厅，可以谈论佛法；也有两间客房，虽然只有四个榻榻米大，有时候也可以挤进三四个人挂单。

这时，相继有东初、演培、煮云、南亭法师，甚至章嘉活佛等人，我一一把他们请到宜兰。这些大德每来宜兰一次，我就增添一些厨房的碗盘用具，也增加餐厅的桌椅，甚至枕头、棉被等生活用品。因为要接待贵宾，信徒们自然努力捐助，增购接待客人的设备。

另外，我还把美国的苏悉地、法国的阿难陀法师，先后请到宜兰弘法，让宜兰人大开眼界，原来不只有年轻的外省和尚，还有外国的高鼻子、蓝眼睛的比丘，一时整个宜兰小镇为之轰动。看到大家对佛教如此兴味昂扬，我知道宜兰的佛教已经慢慢在起步了。

这期间，我每个月必须从宜兰回台北编杂志，然后再从台北回宜兰。每次来去，不管是从雷音寺走到火车站，或者从火车站走回雷音寺，一路上围观的市民很多。由于从小在丛林里参学，一向注重威仪，所谓"行如风"，我走在马路上都是两眼平视，从来不东张西望，因此更加引起市民的好奇。

当时我心里也很清楚，出家人身教重于言教。果然后来有人告诉我，每当我走路经过宜兰电信局，里面值班的话务小姐们不接电话，纷纷放下工作，一起出来看这个外来的年轻和尚。她们从看我走路，也对佛教生起好感。可见佛门里，僧相威仪，甚至连袈裟的一角，都能度众。

就在我初到宜兰的一两年中，便陆续成立了青年会、歌咏队、弘法团、儿童班，甚至创办幼儿园，启建讲堂，并向"教育部"立案申办光华文理补习班。"前教育部训育委员"会常委郑石岩教授，就是当时补习班杰出的青年之一。

为了弘法，我把宜兰中学优秀的老师请到补习班教书，还把兰阳女中优秀的师生请来参加弘法队、歌咏队。另外，宜兰农校、头城中学都有师生前来参加团体活动。那时的雷音寺俨然就是宜兰一所不具名的大学。

这当中，我最要感谢的是杨勇溥先生，他为我作了不少佛教歌曲，但是分文未取，甚至我好像连一餐饭都没有请他吃过。现在流行的《西方》《弘法者之歌》《菩提树》《祈求》《钟声》等，都是他为我谱曲，甚至帮忙教唱。

另外，余仁溥也是一个歌唱高手，还有程郁尊、李浩然、钟钧梁，都是宜兰念佛会的成员，也都是讲座中的台柱。当然，其中对我帮助最大的，还是要数李决和及林松年居士了。他们两人分任宜兰念佛会的弘法主任和总务主任，热心而有恒心毅力，很能负托。所以我在宜兰终能把佛教弘扬出一片天空来。

我初到宜兰时，有一批优秀的青年跟随我学佛，后来出家入道，这是我在宜兰弘法的另一项成果。例如，佛光山继我之后担任第二代、第四任住持的心平和尚，就是宜兰人；慈庄、慈惠、慈容、慈嘉、依空法师等人，也都是宜兰优秀的青年。

乃至林清志、林秀美居士，他们都是我学生会的学生，后来每周到监狱义务弘法，三十年从未间断。现在林清志是宜兰大学的教授。张肇居士也是学生会的学员，高中教职退休后，现在发心在佛光大学照顾园艺，其夫人张黄素贞在佛光学舍负责典座。

二〇〇六年我在台北国父纪念馆弘法届满三十周年，宜兰歌咏队特地在讲座中高歌一曲，后来又在高雄演出一场。现在这些队员们都已是白发皤皤，年近七十高龄了。想当初他们是一群可爱的青年，跟随我的弘法脚步，真是南征北讨，上山下海，走遍乡村广场，到处弘法布教。

在五十年代，台湾还没有电视。每回到乡村广场布教，由于我们有幻灯机，录音机，有歌声，有讲座，所以内容精彩丰富。每场都受到乡民的热烈欢迎。

这许多青年随着我弘法，每次在我讲演开始前，都会拿着锣鼓到大街小巷去敲打宣传，说明今晚在哪里弘法；或者乘坐三轮车，车上绑个喇叭，穿梭在大小巷弄里广播。

当时的广播词："咱们的佛教来了！"让我听了很受感动。因为在那时，佛教信仰低迷，尤其受到基督教强而有力的排挤、压迫。所幸当时有慈航法师的肉身不坏，有詹煜斋成立大专佛学社团的奖学金，以及曾任孙中山先生军需处处长的朱镜宙和周春熙居士成立的台湾印经处；乃至李炳南、许炎敦、董正之、丁俊生、周邦道等居士，在台中办有莲社及编辑佛教杂志等，总算让佛教也能有一方生存的空间。

尤其，孙立人将军夫人孙张清扬女士和国民党元老李子宽居士，以旧台币一千五百万元买下善导寺，作为台北市佛教会的中心。台湾佛教于是有了些许的活动。后来“中国佛教会”与“内政部”交涉，每年轮流在一间寺院传授三坛大戒，佛教就这样更加如火如荼地发展开来。再加上我们宜兰佛教的青年会、歌咏队、弘法队，到台北录影，灌制唱片，或在电台制作广播节目，乃至随喜随缘地在乡村弘法布教等。佛教这才慢慢地正式走向社会。

我最初在台湾弘法，并非一帆风顺，甚至可以说是挫折不断。记得当年宜兰青年郑秀雄先生在台北师范学院（今台湾师范大学）读书，要我前去主持讲座。海报已张贴出去，我也从宜兰到了台北。但是当天郑秀雄跑到车站，跟我说：“师父，对不起，讲座的海报贴出以后，学校下令取消了。”

由于这次事件，引发之后好多年，佛教都不准到学校讲演。但是尽管如此，我仍想办法解决困难。我邀请牟宗三、唐君毅等儒学大师，到台湾各大学讲演，甚至邀请日本东京大学教授水野弘元到台湾大学讲演。虽然他是一名僧侣，但也是国际知名学者，台湾大学没有办法拒绝。我心想：台湾的土和尚你们不欢迎，日本的东洋和尚，总该可以了吧！

在我弘法的过程中，感到最棘手的事，应该要算与警察捉迷藏了。举个例子演：有一次，我在龙潭一个村庄布教，广场上有数千名听众，大家正聚精会神听我讲说，忽然身边有个声音传来：“下来，下来！”我回头一看，原来是一名警察，他叫我下去。我想讲演正在进行中，台下那么多听众，我怎么能下去呢？但是警察执行公务，也不能违抗。于是我请慈容法师上台带大家唱歌，我下去和警察讲话。

我下去之后，问他：“你要我下来做什么？”

他说：“立刻解散，停止讲演。”

我说：“不行呀！是我邀请大家来听讲的，你要我停止讲演，那你自己宣布，你去叫大家解散。”

警察当然不敢上台宣布讲演停止。正在僵持时，我说：“你让我上去讲，只要我讲完，自然就会解散，不会有事的！”

警察只有低头垂首，不再讲话。我趁此机会又上台继续讲。当我讲完之后，大家当然也就自然解散，总算相安无事，圆满结束。

另外有一次，我到花莲弘法。事前三轮车出去广播，说明今晚七点半，某人在某某广场弘法……

警察得到讯息后，即刻到处找我。我也知道没有办法躲避，只有单枪匹马走进警察局。警察见了我，质问道："谁叫你宣传，要在花莲集众弘法的？"

我当即说："我在台北每天都集众弘法，花莲又不是什么化外之区，为什么就不可以呢？"

他听我说是"台北来的"，那个时候所谓"在京的和尚，出京的官"，我从台北来，他不知道我的底牌，怕会无端生事，或者得罪什么人物，因此自己制造台阶下，就说："你要把秩序维持好！"

我只有诺诺应命，当然也就得以顺利在花莲弘法了。

还有一次，我在宜兰念佛会的讲堂播放日本幻灯影片。这件事在当局看来，也是大逆不道。于是有个派出所的警察，下令要关闭我的讲堂。我知道他是吓唬我的，只要跟他说几句好话，也就没事了。但是过了没多久，有一天，警察局叫他来跟我借讲堂，当做考试的考场。我拒不出借。之后警察局局长亲自登门商借，我满口答应，并且告诉他，之前所以不借，是因为你们有一位警察，一再干扰道场集会。

第二天，这位警察就被调到太平山去了。后来，他回来见到我，说我太厉害了。我想想也是的，为了弘法，需要如此与公务人员为难。不过在我初到宜兰时，他经常在旁边监视我。我想他在主管面前打我的报告，应该也是为数不少！

此外，一九六三年我在高雄创建寿山寺，五层楼的寺院才刚建成，"高雄要塞司令部"就以建筑超高为由，下令要我拆除。那时军令如山，一般民间都不敢申诉反驳，即使"市政府"也没有办法抵挡。因为军事第一，凡是军事需要的，民间都得让步。

乍听刚建好的寿山寺，马上就要被拆除。我心想这固然是法运不济，自己也太没有福德因缘，太没有面子了。

正当信徒们焦急、求助无门时，我拿了身份证，直闯要塞司令部。我在门口登记后，进到里面就问："是谁下令要拆除寿山寺的？"

一位上校军官站了起来，说："是我！"

我当时很冷静地跟他说："你要拆除寿山寺，我是一个出家人，这个寺院不能住，就住到别的寺院去；但是你拆除寺院的后果，我必须告诉你。你要知道，寿山寺是多少高雄市民捐款所建，你拆寺就等于拆他们的房子。不但会引发民怨，尤其万一事情喧腾开来，被记者照一张相片登在报纸上，只怕国际舆论会认为台湾对宗教也太不尊重了吧！再说，前不久越南'总统'吴廷琰之所以被推翻，就是源于他烧毁佛教教旗，导致民怨沸腾。我不忍见到那种后果，所以来给你表示意见。"

上校一听，十分惊慌，马上问我："那要怎么办呢？"

我说："你只要发个公文给'高雄市政府'，要他不必拆，不就没事了吗？"

他即刻回答："我照办！"

漫天的风云就这样烟消云散了。

其实，在我的弘法生涯中，也遇到很多温馨而有人情味的事。例如我到彰化田中讲演，他们把神明都抬出来迎接，甚至连"肃静"、"回避"的牌子也出动了。我到溪州弘法，当时台糖总公司设在溪州，台糖的高级专员特地用火车，专车把我从南部接到溪州。我到花莲富里弘法时，当地是一个小乡村，过去从来没有人到此传播佛法，但当地人们很热情，特地装了一个大喇叭，到火车站前唱着佛教歌曲："苦海中一片茫茫，人生像一叶小舟，漂浮在海中央……"他们以我作词的歌曲来迎接我，让我不禁深受感动。

那时候我到处弘法，有时坐牛车，有时坐矿场的"轻便车"，有时坐台糖的小火车。甚至"国防部"曾经邀请我到三军官校弘法，承蒙他们礼遇，让我搭乘各种军车、军机、军舰等交通工具。当然，在中国香港、泰国、美国，也都坐过直升机、汽艇、渡轮等。

近二十年来，我在岛内外弘法，可以说都非常顺利，尤其许多大学纷纷邀请我前去讲演。例如，我在台湾的"清华"、"中央大学"作过演说，在台湾大学主持过"世界青年论坛"，除了在成功、中兴等公、私立大学讲演以外，甚至应聘担任"中国文化大学印度研究所"所长，并在东海大学哲学系做过六年的客座教授。

岛外大学部分，如美国柏克莱、西雅图、加州、康奈尔、哈佛、耶鲁大学等，都曾留下弘法记录。乃至巴西的圣保罗大学，澳洲的邦德大学，中国香港的香港大学、中文大学、理工大学，以及新加坡国立大学等，甚至欧洲的瑞典、瑞士、英国等多所大学，都曾前往结缘。不过，近年来由于创办西来大学、南华大学、佛光大学，我感觉时间实在不够用，所以在各地学校乃至监狱的弘法，也就慢慢减少了。

说到弘法，比较值得一提的是，我把佛法从寺院带入到“国家会堂”。最早我在台北中山堂、“国立艺术馆”弘法，之后到台北“国父纪念馆”，每年举办大型讲座三天，持续到二〇〇六年，整整三十个寒暑；我每年在香港红磡体育馆讲演三天，每天都有数万人听讲，到二〇〇六年也是整整二十年。

我在八十岁时，曾经宣布要“封人”，意思就是我在台北“国父纪念馆”与香港红磡体育馆的例行大型讲座，因为年纪老迈，行动不便，所以到二〇〇六年为止，今后不再举办。但是这并不表示我不再接触信徒，今后一些小型的讲演、活动，我仍然乐意随喜和大家结缘。

例如，二〇〇六年我在广州中山大学的一场讲演，承凤凰卫视实况录像转播。二〇〇七年我在南京大学，受到校长、院长、主任等人的接待，作了一场讲话。过去我在北京大学、武汉大学也作过演说，其中影响深远的，要算长沙岳麓书院讲说“中国文化与五乘佛法”那一次了。

岳麓书院是中国古代四大书院之一，建于北宋开宝九年，为潭州（长沙）太守朱洞先生，继承智睿法师等二位僧人在此建屋聚众的基础而创立。南宋著名的理学大师朱熹先生曾在这里讲学，曾国藩、左宗棠、郭嵩焘、蔡锷、谭嗣同、毛泽东等人，也都曾在此受业。

二〇〇六年三月十九日我应邀到此讲演时，适逢天下雨，所有的教授、学生都在雨中聆听，最是让我感动。当天，吴伯雄先生、天下文化创办人高希均教授，都在现场为我助讲，称得上是盛事一桩。

另外，在弘法生涯中，还有一事值得一提，那就是自从台湾有电视台开播以来，我以一个出家人的身份，第一个打破惯例，游走在台视、“中视”、华视等三台，为他们讲说佛法三十年以上，所讲的“星云法语”、“星云说喻”、“星云说偈”等，达数千条之多。

其实说到弘法，一个出家人只要把寺院的行政办好，能够领众有方，也就算是尽到弘法责任了。但是我的志趣并不在此，我希望从事佛教教育，只是碍于自己并没有受过完整的社会教育，同时也没有佛教的教育事业愿意任用我。

既然教育的路一时走不通，那么就来从事慈善事业吧！怎奈自己囊空如洗，也没有支持我的因缘。想想，只有走上“说法度众”一途了。因为讲经说法不需要什么人帮助，只要自己随意在街头巷尾站下来，就可以和民众讲话；即使借用神庙的广场弘法，只要花个十二块钱，向电力公司申请一盏电灯，也就可以集众了。甚至哪怕遭到警察的干涉，第二天也可以再换另一个地方弘法。于是就在这样的信念，以及感谢各种因缘成就下，我走上了弘法之路。

我一生弘法，始终有个信念，就是要弘扬“人间佛教”。这固然是因为自己的性格近于人间，再一方面，我长期从事弘法布教，这当中与其说我增长了信徒的信心，其实更重要的是，信徒们也告诉了我“他们需要什么”。

记得一九四九年夏天，我在高雄凤山的露天广场，讲说“如何医治人生的大病”。当天讲演，从晚间七点讲到十一点，真像马拉松赛跑，已经整整讲了四个钟头，可是现场听众的情绪沸腾，使我欲罢不能，一再喊着：“请再继续讲下去！”我一向很懂得“见好就收”，除了那一次以外，之后的弘法就很少再有超过两小时以上的情况发生了。

在我一生的弘法道路上，其实神道教对我帮助很大。因为台湾所有的神庙广场都是“来者不拒”，并不限定什么人，只要你来商借，他都乐意提供给你使用。台湾各地的庙观广场，诸如万华的龙山寺、新竹的城隍庙、台北的指南宫、玉里的华山宫、北港的朝天宫、高雄的三凤宫等，我都曾经借用作为弘法场所。另外，像各地的图书馆、学校礼堂、工厂，尤其监狱是我弘法结缘最多的地方。

可以说，自从我到宜兰，正式踏上弘法之路以来，一路从山区讲到平地，从广场讲到礼堂，从工厂讲到学校，从监狱讲到国家殿堂，从寺院讲到讲堂，从省内讲到省外。我曾经接受“法务部”的聘请，担任正式的监狱布教师，台湾全省的监狱，我不止一次前往弘法，主持皈依，或是个别与受刑人谈话。

我自己在说法时，也经常深思一个问题：佛法不是为自己而讲，佛法是要讲给人听的！因此我一生弘法，一直很重视“契理契机”。然而所谓“契理容易契机难”。尤其佛光山开山四十年来，不断有各行各业的团体上山，例如教师协会、作家学会、新闻媒体、农田水利，乃至演艺、外交、经济、财政、国际人士等。各种团体来山，都要找人开示，为了要讲说与大众能相契的佛法，我经常挖空心思，费心思索。

多年来我讲演的对象与内容，包括对青年谈“读书做人”，对妇女谈“佛化家庭”，对老人谈“安度晚年之道”，对儿童谈“四小不可轻”，对建筑业谈“命运的建筑师”，对企业人士谈“现代管理学”，对美容师谈“美容与美心”，对文艺作家谈“文学之美”，对科学家谈“佛观一钵水，八万四千虫”，对宗教界谈“宗教之间”，对政治界谈“佛教的政治观”等。

说到政治，其实我并不喜欢政治。只是我生长在这个时代、这个社会，我和政治脱离不了关系。历年来，就拿高雄市来讲，历任的“市长”，如许水德、吴敦义、谢长廷先生等，他们经常带领一级主管上山参加讲座。其他如台南等各“县市长”，也经常像这样在佛光山举办“干部会议”，同时聆听佛法或参禅等。

邱创焕先生担任“省主席”时，曾经多次把“县市长”、“议长”等，集合到佛光山参与讲座；林丰正先生担任“台北县长”时，有感于台北县的外来人口过多，流动性太大，特地邀请我在台北县的体育馆，对万名县民讲说“安住身心之道”。

多年来，我在台湾弘扬“人间佛教”，继而从台湾跨步走向国际，也是经过了一个漫长的过程。为了让佛教能走上国际化道路，我经常应邀在世界五大洲弘法，诸如澳洲悉尼市政府大礼堂、欧洲巴黎歌剧院、美国林肯中心、加拿大多伦多艺术中心、巴西 SE 大教堂、日本国会议事厅、新加坡义安理工学院大讲堂、马来西亚东姑礼堂等地，我都曾讲演过。马来西亚槟城首席部长许子根，甚至发愿要为我建一座可容纳两万人以上听讲的大礼堂。

平时我在世界各国讲演，除了现场有当地的语言翻译之外，事后的讲演记录，乃至我的一些著作，也被翻译成英文、日文、韩文、西班牙文、葡萄牙文、德文、法文、印度文等多国语言，同时被某些大学用来当做教材。例如，宜兰大学便将《人间佛教》列入通识教育的课程中。

此外，香港中文大学成立“人间佛教研究中心”，尤其二〇〇五年五月，美国国会图书馆正式在《国会图书分类法》之佛教分类号下，为佛光山及我的作品设立单独号码，并将《人间佛教》及《佛光山教团》正式编纳入《国会图书馆主体标目》之中，可见人间佛教已经受到普世的重视。

最近知名教育家陈之藩先生写信给永芸法师，谈到要我把多年来弘法的文稿，乃至写作的文章，翻译成法文或英文，他认为应该可以获得诺贝尔文学奖。其实惭愧之至，我何人也？平时舞文弄墨，只是为了宣扬佛法也，哪敢跃登龙门呢？

在弘法的生涯中，我感叹自己像江海中的一粒沙石，激不起海洋的一丝涟漪。我觉得佛法的弘传，要由上而下。综观历史上的各朝各代，如果帝王信仰佛教，那么佛法的弘传就会快速地普及，甚至像佛世时，也有频婆娑罗王、波斯匿王等人的护持。但是现在我们都是由下而上，就是使尽九牛二虎之力，也没有办法获得社会的重视，政府对佛教总是“取缔有之，维护很少”。

尤其，长期以来媒体对佛教的偏见。他们认为只是报道一些社会正面的好事，报纸没有人看，因此喜欢报道负面的消息，哪里有斗争，大家莫不争相报道。佛教中如果稍有弊端，媒体更是乐于夸大宣传，反而平时正经的讲演弘法，即使是数万人的聚会，媒体也不会青睐，根本不会把它当成一回事。

不过，近年来情况已稍见改善，不但佛教的大型弘法、座谈等活动，能在报纸、电视上博得一些版面和画面，偶尔一些评论性的文章或节目，提到佛光山，总结一句话，都说“佛光山是一个正派的佛教团体”。能获得社会如此的评价，我可谓于愿足矣！

其实，佛光山多年来努力、辛苦弘扬人间佛教，目的只希望佛教能维护社会秩序、净化社会人心、改善社会风气、端正人生行为，这是佛教应负的社会责任，也是佛教对国家所能作出的贡献。

过去东南亚的佛教，数百年来都是靠着一些老公公、老婆婆，他们在随同儿女漂洋过海移民到东南亚的同时，也把佛菩萨的圣像一起带过去，所以才有现在的东南亚佛教。

现在台湾的佛教很兴盛，台湾现在有百万人在大陆经商，这些台商们有把台湾的佛教传布到中国大陆吗？我自己一向有“立足台湾，放眼中国，前瞻世界”的理念，因此趁着现在是两岸都同意宗教交流的时刻，我指派不少青年到大陆各大学接受教育，同时鼓励大陆青年到台湾的佛光大学、南华大学修学。

我自己多年来更是一再努力，尽量不辞劳苦地到大陆弘法，除了曾经在上海、南京、扬州、杭州等地，随着佛光山梵呗赞颂团的表演而随机弘法以外，也曾在各大学讲演。

一直到了今年，苏州寒山寺把他们的“和合对钟”，赠送其一给佛光山，作为和平的献礼。这口钟由于唐朝诗人张继的一首《枫桥夜泊》“月落乌啼霜满天，江枫渔火对愁眠；姑苏城外寒山寺，夜半钟声到客船”而名闻世界。

现在寒山寺以“和平”的名义分灯台湾，希望通过宗教交流，促进两岸和平，因为两岸为了“统独”问题而战火弥漫，实非全民之福；反之，两岸能相互和平，彼此和谐，才是全民馨香祈求之事。

我虽然不善赋诗，为了此一盛事，不禁也口赋一首：两岸尘缘如梦幻，骨肉至亲不往还；苏州古刹寒山寺，和平钟声到台湾。承国家宗教局叶小文局长也和我一首：一湾浅水月同天，两岸乡愁夜难眠；莫道佛光千里远，兄弟和合钟相连。

假如说我弘法的成就，真能达到“佛光普照三千界，法水长流五大洲”的目标，那么同为炎黄子孙的十三亿人，我怎能不将佛法均沾他们，滋长他们的性灵，以期带动中国未来和谐社会的发展呢？

回首自己一生弘法的心路历程，有时候感觉真像是夜晚的星星，光芒虽然弱小，但总是努力地在闪耀；又像天上的白云，尽管飘浮不定，但是在无限时空中，一颗颗星星，一片片白云，所结合起来的“星云”，却是能超越时空，亘古长存。

在弘法的路上，我如此自我期许！

九　生日

人，不管达官显贵，或是贩夫走卒，每年都有一个小生日，每十年有一个大生日。一般人都很喜欢过生日，因为可以吃好的、穿好的，甚至还有礼物可以收，因此过生日都很高兴，都是说“生日快乐”。

别人过生日是欢喜、快乐的事，但我一生走过八十多个岁月寒暑，每年生日一点都不快乐，一点也不欢喜。小时候因为家境清寒，生日并不像别人有好东西吃、有新衣服穿，所以生日对我而言，非但不值得欢喜，甚至每逢生日这一天，我就觉得头脑昏沉，提不起精神。究竟为什么会这样，我自己也不明所以。

所幸出家之后，在僧团里没有过生日的习惯，自己不去记什么生日，也就免去过生日的困扰。勉强记得的是，在焦山佛学院读书时，有一阵子我身上长满了脓疮，三餐不能随众过堂，只有独自留守学院。有一天，一对年轻的夫妇从门口经过，见到我，也许是看我年轻，而且长相斯文，就问我：“你今年几岁？”我突然记起当天正是我的生日，因此随口回答：“我今天刚好二十岁。”

我想他们并没有听清楚，我说的是：“今天”刚好二十岁。这就是我二十岁之前，唯一有记忆的一次生日！只是二十岁生日这一天，由于身体不适，我整天没有吃东西，当然也没有“生日快乐”的心情感受。后来到了台湾，最初几年到处云水挂单，随缘以劳役苦行服务大众，以教书写作奉献佛教；在居无定所的日子里，“生日”也如平日一样，不经意地就过去了。

及至一九五三年应邀到宜兰，当时二十六岁的我，正式走上弘法之路。那一年的生日，信徒特别准备了金质的松树与玉雕的仙鹤为我庆生，象征“松鹤遐龄”、“金玉满堂”。这是生平第一次有人帮我过生日，但是我一点喜悦的感觉也没有，反而很生气，因为我觉得自己不是金枝玉叶的贵族，而是土生土长的平民，我崇尚朴素的生活，我觉得出家人应以“淡泊”为乐。

后来到了而立之年，孙立人将军的夫人孙张清扬女士请我编辑《觉世》旬刊，并在三十岁生日当天办桌请我吃饭，所使用的整套杯盘碗筷，全部是黄金打造的。虽然我碍于盛情难却，勉强接受，但一点也不觉得荣耀。

所谓“安贫乐道”，我觉得出家人要有“时时乐清贫，处处简朴心”的“清贫思想”，才能安住道业，才能从物欲中解脱出来。因此我一生奉行“以无为有，以退为进，以众为我，以空为乐”的人生观。

以无为有，法喜无限。无，并不是没有；无，才能享有无量无边的法界，拥有无数无量的众生；无，才能对五欲不拒不贪，对世间不厌不求。

早在一九五六年，当时台湾“警务处”处长陶一珊先生，因为看了我的《释迦牟尼佛传》，特地在永和家中请我吃了一餐饭。满满一桌子的菜，是请餐馆外送的，只有我和他两个人吃。饭后我说要到高雄，他找人帮我买了一张头等舱的火车票，里面床铺及盥洗设备一应俱全。这种高级车厢是我前所未见的，但是从此之后我没有再和他来往，因为觉得受当不起。如惟政禅师说：“为僧只合居岩谷，国士筵中甚不宜。”我觉得自己一生只宜平凡淡泊，岂可攀附高官，享受超越的人生。

由于我崇尚清贫思想，平日所使用的东西都很简朴，甚至整个佛光山的建筑，到现在大雄宝殿的门都没有上锁，因为没有一样东西可以引人觊觎。我的日常三餐，经常是“以茶泡饭”，有时候一碗稀饭配上几块酱瓜或一碟豆腐乳，我就吃得很满足。记得有一年生日，刚好在美国西来寺，一整天吃的都是稀饭，一直到了晚餐过后，我说：“今天是我五十五岁生日，却吃了一天的稀饭。”大家听了哈哈大笑，我自己也很开心。

我在五十岁之前，没有睡过床铺，直到五十岁生日时，慈庄法师好意，帮我买了一张床。但当天我还是睡在地板上，之后也一直没有用过，那张床就一直留着招待煮云法师。

我平时到各地弘法，信徒都很热情地列队迎接，请我到餐馆吃饭。其实我并不欢喜这些排场，也不愿意麻烦大家，因此每次都告诉他们“下次不可以”。但是信徒依然热情不减，后来我不得不声明：“凡十人以上到机场迎接我者，一年内不到这里；献花、拉布条大事声张者，两年不到；安排至餐馆用餐者，三年不到；一道一道地上菜，铺张排场者四年不到……”

意思是，我觉得人的物质生活愈简单愈好，古来多少圣贤因为“淡泊物欲”、“少欲知足”，所以能超然物外，不为物累。其实，知足就是富贵，《佛遗教经》说：“知足之法，即是富乐安稳之处。”知足的人生不一定要“拥有”，能够“享有”远比“拥有”重要。因此物质虽然丰富，但思想要清贫、简单、朴素；甚至佛教可以有钱，但个人应以清贫、以道法为乐，才是修道的根本。

只是现代一般人往往只知道盲目地追求“拥有”，却很少去体会“享有”的可贵，这可说是一种价值导向的错误。尤其现代社会物质生活富裕，一般人过生日，往往以大宴宾客，大开舞会狂欢为乐。其实，佛教并不主张过生日，因为这一天正是母亲生产受难的日子，哪里值得庆贺呢？生日不但是“母难日”，也是“报恩日”，应该念亲恩、思图报，要发扬父教母爱才对。因为我们的生命是受之于父母，应该以父母为中心，而不应以吃喝为乐。如果真要庆祝生日，也应该在六十岁以上，之后每逢十年再过寿，如七十岁、八十岁、九十岁等。

自古有一些贤明的皇帝，为了报答母恩，会在母难日这一天大赦天下，或是邀集天下长者共同庆祝，以示与民同乐。也有一些大财主，选在母难日这一天，施粥赈灾，惠施贫困。

现在不少佛教徒，也懂得在自己或父母生日这一天，到寺院参加报恩法会、大悲忏法会等，或是自己在佛前诵经礼忏，或是供佛斋僧、印经送人，或是为父母成立基金会、设置奖学金、开办医院、设立图书馆等，以此念报亲恩，为父母祈福，并把功德回向给天下所有的父母。我觉得这是最好的庆生之道，用这样的方式过生日最有意义。

我自己从懂事以来，不曾有过要做生日的念头，甚至在六十岁之前，每次徒弟说要帮我过寿，我就不自觉地动怒。因为看到徒众为了我的事，煞费周章，劳师动众，觉得给人添了很多麻烦，心里过意不去。

我一生不喜欢别人为我个人而忙，反倒是喜欢为大众服务。在中国民间向来有“避寿”之俗，我想无非也是为了避免劳亲动友，为了不愿铺张浪费。尤其一些操守廉洁的官员，为了杜绝逢迎者乘机送礼巴结，因此只有在生日这一天远居他处，可见“避寿”称得上是一种良好的风俗。

再者，我不喜欢过生日的另一个原因，因为生日是“母难日”。尤其在两岸消息阻绝期间，母亲生死未卜，想到母亲生我、育我的恩德，我只想为佛教、为众生服务奉献，所谓“老吾老以及人之老，幼吾幼以及人之幼”，才是我最大的心愿，怎敢言寿呢？因此在六十岁之前，每逢生日这一天，我总是晨起独自在佛前静静地上香，恭诵一卷《金刚经》，将功德回向给母亲添福添寿，并且普愿天下父母都能平安吉祥。

由于我自己平时不过生日，因此也没有佛门的同道、大德来帮我过寿，即连最要好的朋友煮云法师，我都拒绝他的好意。不过因为我的生日是农历七月，正逢佛教的孝道月，因此在我的生日当天，佛光山都会举办“供僧”法会，但从来不言“过寿”。

直到一九七八年，慈庄法师在美国西来寺与母亲辗转联络上，知道母亲健在，于是六十岁那年，适逢佛光山开山二十周年，徒弟又提议要帮我过寿。我想到人不是只为自己而活，虽然我不喜欢别人为我这样、为我那样，但这是我自己的想法；既然徒众们喜欢为我忙碌，我又何必执著自己的原则，让他们难过呢？因此改变观念，从善如流地邀请了一千五百名同龄的花甲老人上山共同庆生。我想“以天下父母为父母，以天下同年人为兄弟姐妹”，这也是佛门孝道的精神体现。

回想那一年，所有与会的寿星，有的人感动得喜极而泣，有的人结束后还不忍离去。当时我深深体会到：真正的欢喜，是要在众生身上求得；真正的欢喜，是从真理中发觉内心的宝藏。所谓“独乐乐，不如众乐乐”、“法喜之乐胜于世俗之乐”，这么多年来，就只有那一年的生日我过得最欢喜，也才真正觉得“生日快乐”。所以我说：我是在为大家做生日的。

我个人不时兴过生日，我也不欢喜徒弟过生日，因为佛光山徒众那么多，如果每个人都要过生日，岂不让信徒疲于奔命？我觉得佛菩萨可以过生日，但是在菩萨当中，如大势至、普贤菩萨等，他们也没有过生日，何况是我们这些凡夫众生呢？因此依佛光山的惯例，个人不私下过生日，除非是对佛光山有贡献的人，到了七十岁才可以由常住为他小小庆生，因为“人生七十古来稀”。

虽然我不喜欢徒众过生日，但是逢到徒众父母生日时，佛光山常住都会备办一份礼物，让他们带回俗家祝贺。因为孝顺父母是儿女的职责，即使出家也一样可以孝顺父母。

我曾经以每十年为一个时期，把自己的一生规划出“成长、学习、参学、弘法、历史、哲学、伦理、佛学”等人生八个时期。

我很庆幸自己在成长、学习、参学期间，能在丛林里尽情学习，努力吸收各种知识、学问。到了第四个十年开始，我感到生命的内涵必须有“文学”的情感来充实，因此定为文学时期；之后我发愿用自己的生命为社会人类留下立功、立德、立言的“历史”，是为第五个时期。

随着年岁慢慢增长，到了第六个十年，我觉得生命要有“哲学”的思想，要能超越世间的表象，凡事要懂得逆向思考，超越一切对待。但是有了哲学的思想，更重要的是，要落实到现实生活中，所以还要有“伦理”的人生。

所谓伦理，就是“次序”。宇宙靠次序才有轨道，社会有伦理才有秩序，才有法治、道德；有伦理、次序，才能将世间的一切差别对待融合在一起。尤其我弘扬“人间佛教”，人间佛教要有人间的性格、人间的伦理、人间的秩序，一切要从“人”做起，甚至要从“自己”做起，凡事不要求别人，因此我为徒众的父母举办“佛光亲属会”，把他们当成佛门的“亲家”，他们把儿女交给佛教，我则以天下人的父母为父母。

我不但为让徒众尽孝道而举办“佛光亲属会”，邀请俗家父母上山联谊，甚至为了使普天之下为人子女者，能在这一天过个有意义的生日，佛光山所有别分院，都会定期或不定期地举行“报恩祈福法会”，让当月过寿的信徒及其亲友，能够在庄严的共修法会中，诵经回向双亲，报答父母的养育之恩，这也是佛教对孝道的重视与提倡。

报恩思想的提倡，在孝道观念日渐式微的今日社会，尤其重要。曾听过一则故事，有一位母亲就要过七十岁生日了，家人们秘密地商量着如何为她祝寿。

想了半天，大家都不知道母亲最喜欢什么，最后小儿子说：“我知道，妈妈最喜欢吃我们每餐剩下来的饭菜。”

大家想想，的确如此。于是到了这一天，儿女们就将冰箱里的剩菜清出来煮了一锅，说道：“妈妈！今天是您的生日，我们煮了您最喜欢的剩菜孝敬您。”

这位母亲听了，一面流泪，一面说道：“是的，我最喜欢吃剩菜，几十年来你们所不喜欢的，我都默默欢喜承受下来了。”

这一则剩菜的故事，道尽了母爱的伟大，曾让我感念良多，也让我忆起了自己的母亲。我在一九四九年刚到台湾时，就一直打听母亲的下落，当时只知道四十多岁的母亲每天仍要靠做工来换取口粮。直到一九七八年辗转联络到母亲，并于一九八一年在日本第一次和母亲会面，而后一九八九年三月，在我离家四十年后，终于第一次回大陆弘法探亲。可是真正在扬州家里停留的时间，只有五十分钟。

回台之后，本来准备组成一个五百人的祝寿团，再回大陆为母亲庆祝八十八岁大寿，但因故未能回去。两年后，也就是一九九一年，正好母亲九十大寿，我专程回南京为母亲祝寿。母亲一见到我，就拉着我的手喃喃诉说道：“为了想你，眼睛都哭烂了。”

短短几句话，道尽了数十年的离别之苦与思念之情；当时母亲欣喜期盼的神情，到现在还依旧烙印在我的心坎上，久久无法忘怀。

我母亲是一位慈悲惜福的长者，记得小时候，时常看到母亲一大早起床，第一件事就是烧一大壶茶，而且每一餐一定会多烧两人份的饭菜，以备不时之客来到。

母亲很肯跟人结缘，也很会为人着想，凡事尽量自己动手，很少劳驾别人。她喜欢给人方便，时常予人欢喜，纵然自己吃亏也无所谓。例如，邻居托她买菜，一块钱一斤的菜，回去后只收邻居八毛；平时出门她总会带一些零钱，以便随时布施给需要的人。

在邻里间，母亲也经常伸出援手排难解纷。“文化大革命”时母亲还缩衣减食，省下口粮，救济穷人，在乡间受惠者众多。

母亲一生讲究威仪，从不靠背，即使坐在床上，也是腰背挺直，威仪具足。她很注重待客之道，尽管年老时一大堆儿孙围在身边，只要有客人来到，不管对方的辈分是尊是卑，她都会嘘寒问暖，亲自招呼，生怕忽略了任何一个人。

母亲虽然没有接受过教育，但是她的言语举止，处处皆蕴藏着佛法。记得一九九〇年我把她接到台湾小住，在佛光山举行信徒大会时，我亲自开车送她到会场与大家见面。在近两万人“老奶奶好”的问候声中，母亲毫不怯场地向大家挥手示意，并且站上讲台对信众们说：“佛光山就是极乐世界，天堂就在人间。人人心中有个灵山塔，好向灵山塔下修。我要我的儿子好好接引大家，让大家都能成佛。观音菩萨在大香山得道，我也希望大家在佛光山成道。大家对我这么好，我没有东西可以送给你们，只有把我的儿子送给大家。”

全场立即报以热烈的掌声。后来我私下问母亲：“你怎么可以把我送给别人，难道你不要我了吗？”母亲说：“这么多人需要你，我怎么敢独占？你已经不是我一个人的儿子了，你是属于大家的。”

母亲住在佛光山期间，曾有佛学院的学生问她：“奶奶！您平时修持的法门是什么？”母亲答道：“我一个老太婆，哪有什么修持法门？我只知道本住一心，从善心出发，地狱、天堂随心转，清净佛道、荣华富贵都在一念之间。”

也有记者问她：“老太太，您觉得台湾好，还是大陆好？”听到这样的问题，我在旁边也不免紧张，觉得这个问题很难回答。但是母亲神色自若地说道：“台湾人民生活富裕，经济发达，但是我年纪大了，在大陆住得比较习惯。”

母亲就是这么一个富有机智，面面俱到，让大家都能“皆大欢喜”的人，因此无论她走到哪里，都能广受欢迎。她常说她一生中做得最对的一件事，就是允许我出家，将最心爱的儿子奉献给众生，奉献给佛教。

记得有一次我与母亲聊起家乡的事情，她老人家说，也许是环境的因素，家乡有些人很势利，常择人交往，但是母亲不一定和一些县长、乡长打招呼，却主动跟乞丐讲话，济助他们东西。所以乞者们常对母亲说："老太太，您这么慈心济人，将来一定多福多寿。"母亲却回答："就算我明天就要死了，我也不会去求寿，我只是在求儿子将来有前途、有根机、广度众生。"

每当想起母亲平常为我所积聚的种种阴德，真是点滴感念在心头。

母亲生于一九〇一年，一生经历过清朝、辛亥革命、民国创立、北伐统一、抗日战争、国共战争、"文化大革命"以及两岸关系的解冻，走过近百年的大时代动荡，犹如一部现代历史宝典。直到一九九六年五月三十日，母亲在念佛声中，安详往生于美国洛杉矶惠提尔医院，享年九十六岁。我以母亲一生的经历，写了一副挽联：

历经民国缔造，北伐统一，国共战争，吾母即为现代史；

走遍大陆河山，游行美日，终归净土，慈亲好似活地图。

这可以说是母亲一生鲜明的写照。

母亲是在十八岁时，由外祖母做主嫁给了我的父亲李公成保先生。父亲是一个忠厚的老实人，开过香烛店、酱园、成衣店，但因不善经营，家中农田的收入经常亏损在他的生意上。

所幸父亲有一手好厨艺，经常帮人家做素菜，很受尊重与赞美。一九三七年南京大屠杀时，父亲出外经商，从此音讯全无，我想应该是在这次浩劫中遇难了。事后我把思念父亲之情，抒发在课堂的作文簿里，一篇名为《一封无法投递的信》，老师阅后给我的评语说："铁石人儿读之也要落泪。"大概是老师的鼓励，以及父亲冥冥之中的加持，所以我对文学写作一直非常有心得。

父亲的忠厚老成，我想是当初受到外婆看重、赏识的原因。说起我的外婆，她是一位非常伟大的女性，十八岁茹素，没有念过书，但会背诵《金刚经》《弥陀经》，一生慈善，从未和人争论或大声讲话。

我在童年时经常和外婆同住，我的出家受她影响最大，她是我最尊敬的人，也是我一生中最怀念的人。直到现在，只要闭起眼睛，外婆礼佛的身影、脸上的纹路，都非常清晰。

记得太虚大师在他《五十岁生日感言》上说：

我生不辰罹百忧，哀愤所积多怨尤；
舍家已久亲族绝，所难忘者恩未酬。
每逢母难思我母，我母之母德罕俦；
出家入僧缘更广，师友徒属麻竹稠。
经历教难图救济，欲整僧制途何修？
况今国土遭残破，戮辱民胞血泪流。
举世魔焰互煎迫，纷纷灾祸增烦愁；
曾宣佛法走全国，亦曾游化寰地球。
国难世难纷交错，率诸佛子佛国游；
佛子心力俱勇锐，能轻富贵如云浮。
恂恂儒雅谭居士，中印文化融合谋；
遇我生日祝我寿，我寿如海腾一沤；
愿令一沤撄众苦，宗亲国族咸遂求；
世人亦皆止争杀，慈眼相向凶器丢；
沤灭海净普安乐，佛光常照寰宇周。

数十年来每逢母难日，我都非常习惯地念它一遍，只因为其中的文辞与内容颇能引起我的共鸣。尤其我和太虚大师同样都是跟着外婆长大，对于“我母之母德罕俦”一句，更有同感。

我的外婆在四十年前已经故世，对于她是哪天生日、哪天去世，我问过很多人都没人知道，内心一直觉得很遗憾。尤其早先外婆的遗言，希望将后事交我全权主办，可惜当时我人在台湾，未能完成她的遗愿，虽然十几年前我曾以一笔款项托国民弟为她造塔，仍觉未尽孝思，至今还是一直耿耿于怀。

我和太虚大师同样由外祖母带大，太虚大师说：“仰止唯佛陀，完成在人格，人成即佛成，是名真现实。”他主张“生活比生死重要”的人间佛教思想，与我很相应。我觉得佛教过去重视个人内心的思想清贫，但是今日的“人间佛教”，应该要让每一个在家信徒觉得信仰佛教很幸福、很快乐、很安心、很自在、很富有、很满足。

过去一般人学佛都不看重今生，只指望来生能往生西方极乐净土，我一直认为这种思想太消极；我主张要重视现世的富乐，把握今生难得的人身，好好培植福德因缘，来生才会更好。因此我在来台不久，就提倡“药师法会”，每年在药师佛诞时，都会依据《药师经》所载，启建药师法会，让信徒点灯供佛。

家师志开上人的生日，正好与民国同年、与药师佛同寿，因此每年举行“药师法会”时，我都会帮师父“延生普佛”，为师父祝寿。直到多年后，才得知师父早已往生。

我是家师志开上人唯一的入室弟子，虽然并未因此而享受特殊待遇，反而经常受到严厉的呵责，但我知道师父是爱护我的。尤其十七岁那年，我在焦山佛学院就读时，身染疟疾，全身忽冷忽热，旁边也没有人照顾我。正在奄奄一息的时候，家师派人送来“半碗咸菜”，让我配稀饭吃，令我感激涕零，当下发愿：尽形寿，我要以身心奉献佛教，以此报答师父的恩惠。

因此，当我得知师父早已不在人间的时候，我只有更坚定地告诉自己，一定要做好一个出家人，以佛法来成就大众的法身慧命，借此感谢师父的爱护与成就之恩，同时延续师父的精神寿命，因为人除了有限的肉体生命以外，还有其他各种无限的寿命。

例如，儒家向来有“立言、立功、立德”三不朽事业之说，所谓“立言”，就是“语言的寿命”。世间上，有的人说话，即说即逝，没有人记忆；有的人说话，成为格言、学说，能够留传、教化人间，这就是语言的寿命。现在我们经常引用佛陀说、孔子说、孟子说，这就表示先贤圣人的语言寿命，虽然历经千年，仍然常在。

所谓“立功”，就是“事业的寿命”。古往今来有很多人缔造了伟大的事业，让千万人受益，像大禹治水，至今南京还留有大禹治水碑记；再如嫘祖教人养蚕，至今身穿丝绸衣料的人，都应该怀念嫘祖。这就说明，事业的寿命可以长存。

所谓“立德”，就是“道德的寿命”。古人说“典范在夙昔”，中国历代的名将，如文天祥、史可法、岳飞、张自忠等，他们杀身成仁、舍生取义、宁死以全节的道德馨香，留芳千古，让后世缅怀，这就是道德的寿命。

除了立言、立功、立德之外，人是有信仰的动物，每一个时代，都有人为了传承“信仰的寿命”而发心奉献。例如，有的人兴建寺庙，千年长存；有的人印刷经书，万世流传。另外，也有人从宗教信仰里断除烦恼，解脱自在，把生死当游戏，例如，邓隐峰禅师倒立而逝，船子禅师水面吹笛而亡，庞蕴居士一家生死来去自如，慧远大师念佛发愿，亲见弥陀接引。这些人在宗教上建立解脱的生命，不也是非常可贵！

信仰宗教，尤其佛教最重视的是智慧的开启，有了智慧，可以让生命不死。例如，古今很多科学家，他们在科学上的发明，至今依然造福着人类，不就是他们的智慧长存人间吗？很多哲学家，他们智慧的哲言，不断为世人所引用，如印度佛陀，他的般若智慧至今仍在世界放光；中国的司马迁，虽然身体受刑被摧残，但他的智慧化为史书，流传千古，所以“智慧的寿命”是不死的。

自古以来，中国人一向讲究“传宗接代”，把生命当成接力赛，一棒接一棒。祖父死了有父亲，父亲死了有儿子，儿子死了有孙子；孙生子，子生孙，子子孙孙，香火不断。更重要的，中国人重视生命的意义，有的人为宗族争光，有的人为国家牺牲，有的人怀抱全人类，开创“同体共生”的寿命。如张载说：“为天地立心，为生民立命，为往圣继绝学，为万世开太平。”能为国家的寿命、社会的寿命、世界的寿命、人类共同的寿命而奉献，小我的生命才有价值。

尤其今日世界，环保意识抬头，大家普遍懂得要爱护地球、注重环保、珍惜资源，让我们共生的环境与因缘能够持续，使互存的时空与条件得以绵延，让子孙后代能在地球上获得安乐、幸福、自在的生活，这就是“共生的寿命”。

因此，真正了解生命意义的人，应该努力创造美好的语言寿命、芬芳的道德寿命、显赫的事业寿命、不朽的文化寿命、坚定的信仰寿命、清净的智慧寿命、恒久的功德寿命、互存的共生寿命，这才是善于体会生命的人。

有个年轻人问一位白发苍苍的老者几岁，老者回答："四岁！"青年认为老者信口胡诌，是在跟他开玩笑。老者说："事实上是因为我过去的日子都是盲目的生活，直到这四年来才知道，原来人生的意义在于服务奉献、为人利众；因为只有这四年的生命才真正活得有意义，所以我说只有四岁！"

所谓"有志不在年高"，一个人的功业并不是靠年岁成就的，肉体的寿命活多久不是关键，重要的是在于精神上的寿命。例如，对台湾最有贡献的郑成功只活了三十八岁，精忠报国的岳飞活了三十九岁，基督教的耶稣活了三十六岁，孔子门下第一贤者颜回活了三十五岁，佛门中有名的《肇论》作者僧肇活了三十二岁，亚历山大活了三十三岁……

可见寿命长短并不重要，重要的在于是否有功于人间。只是中国人一向追求"五福临门"，五福中又以"长寿"为第一，平时也经常听到有人说："祝你长命百岁"，甚至说"愿你活到一百二十岁"。

活到一百二十岁真的好吗？一个人如果活到一百二十岁，想必一百岁的儿子已经先他而去，甚至八十岁的孙子也差不多快要死了；白发人送黑发人，这样的长寿好吗？

如果再从身体的机能来看，一百二十岁的老人，牙齿应该掉光了，吃东西必定很困难，听觉想必也不灵敏，乃至视力也已降至视物不清，这样"耳不聪，目不明"的生活，有何乐趣可言呢？这样辛苦地活着有何意义呢？

其实，人生不一定光讲色身的寿命，人的寿命也不一定要活得长久，因为我们的色身是由地水火风种种物质组合而成，终究不免与草木同腐朽，更逃脱不了生老病死无情的摧毁，因此如何求得永恒的法身，让真心的生命不死，才是重要。

有一个富翁过六十岁生日，请良宽禅师为他诵经祈寿。

禅师问："你要求多少岁寿呢？"

信徒想了一想，说："再求二十年吧！"

禅师说："你已经六十岁了，再过二十年，才八十岁而已，太少了吧！"

"难道可以再增加吗？那就一百岁吧！"

良宽禅师说："一百岁也只是增加四十年，也是很快就会过去的！"

“难道可以求一百二十岁吗？”

“一百二十岁，也只不过是增加六十年；你已经有六十岁了，再增加六十年，也没有什么了不起！”

富翁问：“那怎么办呢？”

良宽禅师说：“那就求‘无量寿’啊！”

“无量寿”是阿弥陀佛的名号，阿弥陀佛不但叫“无量寿”，又叫“无量光”；无量寿是超越了时间，无量光是超越了空间，如果我们能把我们的精神、智慧、贡献，都流入到无限的时空中，我们不就是“无量寿”了吗？

有人说“人生七十古来稀”；也有人说“人生七十才开始”。其实生命没有“古来稀”，也没有“刚开始”，生命是“无始无终”，生命是不死的！人的躯体有生灭，但是我们每个人都有一个不死的生命，那就是我们的真如自性！人的躯体是有为法，是有生有灭的；但是生命、心灵是无为法，是可以到达无量寿的。

因此，无量寿其实每个人都可以做到，无须向佛祖祈求。譬如，有人设立奖学金，帮助清寒的学子；有人捐助图书馆的设立，推动书香的社会风气；有人随喜为道场出资或出力，让大众身心净化，精神得到升华。他们留下的这点慈悲的种子，看似微小，却是不朽的，只待因缘成熟时，必然花开结果，散播芬芳与果实留与后人无限的感念。

总说人的寿命到底要活多久才好呢？日本禅师丹羽廉芳曾说：“人寿像马拉松赛跑，谁有耐力，谁就可以获胜！”其实，我觉得随缘自在最好，不要去挂碍活多久！因为真正的生命是生生不息、轮回不已的，学佛的人相信生命不死，只要做一天人，就尽一天人道，让有生之年活得“对人有用，于人有益”；尤其能够让自己不断增德进业，不致马齿徒增，这才是生命的意义，才是生命的价值，这样的生日才值得庆贺、欢喜。

十　走路

俗语说“路是人走出来的”，世间的道路，前人走过的足迹，后人可以依循着前进；但是人生的旅途上，每个人都有各自不同的人生路要走，必须靠自己“一步一脚印”，脚踏实地“走出去”，才能走出自己的前途。

我出生在江都一个淳朴的农村家庭，由于故乡民风保守，十二岁之前从未出过远门，不但未曾见过火车，也没有看过汽车。虽然家乡距离运河很近，偶尔有小帆船在运河上来去，但我是直到十二岁出家之后，才见到汽艇，才知道有火车。

说来不怕人见笑，记得生平第一次见到火车时，简直惊讶得说不出话来，等稍一回过神来，才对着身旁的母亲大叫：“不得了了，房子在动！”

我就是在这样闭塞的环境中长大，直到出家，在南京栖霞、镇江焦山都没有用过电灯，甚至二十三岁到了台湾，最初在中坜、新竹，也没有电灯可用，一直到二十七岁应邀在宜兰雷音寺弘法，才有一盏佛前灯可以共用。

由于生来就很闭塞，自觉在人生路上能帮助自己的，除了双手和双脚以外，别无其他。尤其这一双腿，一生跟着我走路，不但陪着我走遍台湾各乡镇，同时也走遍了五大洲。

说到走路，我从一九四九年行脚到台湾，便注定了我的命运就是要行走大地，也展开了我行走地球的脚步。因为我到台湾后，第一个驻锡的道场是在台湾最东部的宜兰，但我附带的工作必须到南部的高雄寿山寺弘法。

在当时，这一条路往来一趟，即使坐火车也要十几小时以上；由于我每个星期都要花那么多的时间乘车、走路，因此就安慰自己：你看，我每周都从宜兰，那是台湾的东部，象征“福如东海”，走到南部的寿山，不就是“寿比南山”吗？我晨在“东海”，夕在“南山”，“福寿”是路，所以我应该走好“福寿”这条路，应该好好发挥福寿的功能，好好创造生命的价值才对。

当然，人生也不能死守住一个地方，因此我刚到台湾时，就从南到北、由北到南，几乎走遍了每个乡镇。我曾在台南长住了三个月，那是六十年前的事了，当时的台南还是一片漠漠黄沙，正在开发海埔新生地。后来有机会住在新竹青草湖，新竹是个“风城”，以风大而出名。相较之下，我宁可有“风”，不要有“沙”，所以觉得人生一路走来，还是很有进步。

在新竹两年后，一九五三年我到了宜兰。宜兰又是一个多“雨”的地方，想到自己最初在台南与“黄沙”奋斗，后来在新竹抗拒“大风”，再来到了宜兰则是饱受“雨水”的困扰，因此我曾在一篇日记上写道：“人生本来就是‘尘劳’，避开沙尘不谈，我现在从‘风城’到‘雨港’，人生不就是这样的充满‘风风雨雨’吗？”

尽管人生充满了风雨，尽管当时可以说是两袖清风，囊空如洗，但对佛教、对挂单的常住，也不能不发心尽一些义务。只是每次出门，身上一文不名，连公车票都买不起，所以只好拿出在栖霞山所练就的走路功夫，用双脚行走各地，来为大众服务。

说起我的走路功夫，我到台湾之前，也就是在大陆的最后几年，经常在栖霞山和鼓楼的新街口两地之间来回往返，靠的都是“十一号”的双腿走路。印象最深刻的是，师父经常拿出一封信，叫我送一下，我就得走上一天的时间。由于时常来来去去，走的路多，往往走到鞋底都磨得没有了，只好弄一块板子，用绳子扣在脚上走路，因为有一个鞋面，才不会有失出家人的威仪。

另外，我到台湾的前一年，居住在宜兴白塔山大觉寺，一面当小学校长，一面利用假日帮师兄到外面应付经忏佛事。当时很流行一句话：“先走十里，再问斋主。”因为外出做佛事，都要走很远的路，因此我时常半夜就出门，手上提个灯笼，随身还要携带一根棍子，以防狼狗袭击。常常是走了百里之后，再问那户人家住哪里，多数也都能顺利找到。

到了斋主家，一堂焰口一两小时放完之后，回到大觉寺已是半夜三更了，第二天一早还要上课。因为经常如此走惯了，走路对我来说，已不是什么困难的事，所以在我初到台湾时，挂单在中坜圆光寺，三两天就要拉着手拉车，走过黄泥土的小路，到市场备办全寺的粮食用品。这份差事对我而言，也是驾轻就熟，不觉得太吃力。

回想起那个时候，我总在早晨四点起床，花两小时走路到中坜市集。这时才六点左右，天刚蒙蒙亮，摊贩们大都还在睡觉，我经常走到市场门口，对着他们叫："起来，起来，我来买菜了！"

当我买好了菜赶回圆光寺，接着便开始打扫庭院、清洗净房、打水供大众漱洗，完全不觉得几小时的走路有什么辛苦。不过对一个出家人而言，走路是很有用处的，走路，山河大地才会美丽；人生唯有"走出去"，才会有发展；即使佛教的净土，也要一步一步地去走，才能到达。

因此，在我挂单圆光寺期间，偶尔也到中部参学、服务，诸如后里、铜锣、通霄、苗栗、山崎等，甚至还曾在竹东的五指山，和一位老道周老先生，在山洞里盘桓数日。当时周老先生担任台北指南宫的董事长，他邀请我有空到指南宫的"祈梦室"去圆梦。但我很辜负这位老人家的期望，一直到现在，这场梦都没有圆成。

后来，也就是一九四九年的冬天，我自愿到苗栗法云寺，为妙果老和尚看守山林。在八十多公顷的林地里，每天必须山前山后巡视，不许别人偷采竹笋，或是偷砍竹子。我行走在山坡路上，可以说如履平地，毫不费力，甚至本来不会穿日本的木屐，但因为没有鞋子，只能把木屐当僧鞋穿。由于每天不断地来回巡山、走路，原本一寸多厚的木板鞋底，常常穿到全都磨平了，才不得已丢弃。但是前面的皮带舍不得丢，也不能丢，因为要换到另一双木屐上，再继续使用。

就这样白天巡视山林，在山中行走一天下来也不觉得累，仍然体力充沛，精神旺盛，所以有空我就提笔写作，《无声息地歌唱》一书，就是在巡视山林的空当中，在工寮里完成的。

甚至一九六四年我在高雄寿山寺开办佛学院，有两位美浓朝元寺的学生很热情，因为之前我在新竹佛教讲习会曾经短期教过他们，所以经常邀请我到他们的寺里指导。那时候生活单纯，得空时我就从高雄苓雅寮，行脚走路到美浓竹头角大雄山的朝元寺，单程一趟就要一天的时间。

我经常在这一条路上来去，走了不下几十回，因此奠定了我对走路的爱好，也深觉走路可以走出体力、走出用心、走出思想、走出眼界。后来佛光山开山二十周年时，曾经举办过一次为期一个月的“南北行脚托钵法会”，当时我就提出四个宗旨，勉励大家要“走出国家富强的道路，走出社会和谐的道路，走出佛教兴隆的道路，走出佛子正信的道路”。

走路和登山一样，都是锻炼体力、开阔视野的最佳运动。在佛光山的信徒及熟识的社会人士当中，有不少人都热爱登山，偶尔也听他们讲说一些登山的心得。

我对登山虽然没有像他们一样，有着征服自然的体会，但由于好奇，也曾经登过台湾的一些小山，诸如丰原的八仙山、宜兰的太平山、嘉义的阿里山、花莲与台东之间的玉山等，乃至其他一些山陵小丘，体验“会当凌绝顶，一览众山小”的快感。

在《自由青年》杂志上,我曾看过一位台湾大学学生发表的一篇文章，提到他登上奇莱山，在数千公尺的山顶，俯瞰山河大地，极目旷野海洋，不仅感觉到大自然虚空的伟大，相形之下，更显得人类的渺小。这时他想起自己的父母，双双都是台大的教授，但是经常为了不让隔壁邻居的污水流经自家，就把水沟堵塞，为此与邻居吵架不断。这件事让他很有所感，不禁怀疑，知识真能增加人类的和谐吗?

其实我也有同样的经验与感触。我于一九五七年住在北投普门精舍，隔壁邻居是一位交通部的官员。我们毗邻而居，偶尔我院子的树叶飘到他家的庭院里，他都扫起来之后又再倒回我的院子里，并且还口出恶言。所以我对那位大学生的感慨，深能体会。

我那时虽然贫无立锥之地，只能暂住别人的小屋，但天上的日月星辰，地上的草木原野不都与我为伴吗？我拥有了宇宙虚空，天地不是很宽广吗？所以我感觉，世间上的一切，只要我心中能包容它，它就与我同在，我就是个富有的人。因此数十年的人生，我没有厌弃过世间，我想世间的一切大概也没有厌弃过我，正是“我见青山多妩媚，料青山见我应如是”！

在台湾居住下来，山路走了不少，人事也接触了许多，但人生总不能就这样空过，因此我便想到要弘法。为了弘法，每次外出必须先到派出所请假，经过警察同意才能成行。尽管如此，在台湾好多的妈祖宫、城隍庙，都留下了我的足迹。

我第一次弘法，就是在新竹的城隍庙。那是一九五〇年，我在新竹青草湖灵隐寺担任“台湾省佛教讲习会”教务主任，每星期都应新竹佛教会玄深比丘尼之邀，到城隍庙上课一次。玄深法师是新竹壹同寺的住持，比我年长一些，出家前是名门的大家闺秀，生得十分端庄、高贵，平时不轻易与人交谈。当时我从青草湖到城隍庙，走路要一个半小时，玄深法师看我这么一个年轻比丘，人老实，也很发心，因此就主动骑脚踏车载我去上课，节省了我不少往返的时间。

说起来，我刚刚开始走上弘法之路时，真是“一步一脚印”，都是靠着双脚走路，不敢奢想有交通工具代步。虽然在挂单中坜圆光寺期间，曾经得到信徒的资助，拥有过一辆脚踏车，得以缩短走路上街采购的时间，觉得方便无比。但因为自己技术不好，骑术不精，有一次不小心从一条数丈高的山坡路上，人车就如空中飞人一样，一起跌到谷底。由于掉落时头先着地，而且不偏不倚地撞上一块大石头，顿时眼冒金星、头晕目眩，只觉得天地都在旋转。当时我心里思忖着：这下子应该必死无疑！

不知过了多久，我坐了起来，仔细看看四周，黄土地上，累累的石子；沟渠岸边，青青的草木，再抬头仰望蓝天，只见白云飘飘，心想：怎么死后的世界，也和人间差不多！再定睛一望，不远的地方，脚踏车已经摔得支离破碎，轮胎、零件散落一地。这时我才慢慢回过神来，发现原来自己并没死，我还活在人间。

我摸摸自己的头和手脚，竟然毫发无伤，甚至连头上撞击的地方也没有疼痛的感觉。因为没有摔死，我不禁兴奋地一跃而起，不过还是舍不得我的脚踏车，于是把散落一地的碎片，一块块捡起来，再拿出车后的绳索加以捆绑。我想带回去当废铁出售，至少也能卖个三两块钱，因此就一路背回寺中。走在路上，我不禁想道：“脚踏车是给人骑的，今天我却被脚踏车骑在身上走路；人骑车，车骑人，万物不就是这么平等地循环运行吗？”

后来因缘际会，我在数十年的弘法行程中，除了走路，几乎坐遍各种交通工具，包括牛车、轻便车、竹筏、汽艇、小船，甚至在甘肃还骑过骆驼，在泰国更以大象代步，接连在第三、第五军团弘法数日。尤其在台湾各地弘法，我不但坐过坦克战车，也乘坐过军舰到绿岛、东沙群岛等地。

虽然海、陆、空各种交通工具，我都一一体验过，但感觉最安全、最平常的，还是靠我的两条腿走路。走路不但安全，而且还能训练威仪。在佛教有所谓“四威仪”：“行如风，坐如钟，立如松，卧如弓”，其中“行如风”就是走路时，要如风一样直行，而且眼睛要目视前方七尺，不可左顾右盼，不可低头、仰视，也不能跑步、急行。

我因为从小就在丛林里接受严格的生活教育，养成注重威仪的习惯，所以我走路时，眼睛从来不会朝两旁乱看；由于我重视行立坐卧的威仪，也让很多人因此对佛教生起好感，后来更度了不少人学佛。

例如，我初到宜兰时，想上个净房，必须走二十分钟的路程到火车站才能方便。后来每当我走在中山路上，来往于火车站与雷音寺之间，两旁的商店里几乎人人都会争着出来看：宜兰的和尚出来了！所以当时我在宜兰走路，也是很有名的一景。

几年后，承蒙圆明寺的觉义老尼师提供房舍给我写作，我每隔一段时间就从雷音寺走路到圆明寺。因为圆明寺位于宜兰市郊，人迹罕至，有时整天都看不到一个人影，因此我得以安静地专心写作，每天至少都能写一万字左右，通常是早上三千字，下午三千字，晚上四千字。我的《十大弟子传》《八大人觉经》，就是在圆明寺完成的。

当时每上山一次，总要十天半个月才下山，主要是回雷音寺处理公文、回信或讲经，每次都是用走路的，一趟路走下来需要两小时，来回就要四小时。由于我经常行脚走路去工作，所以早期在杂志上发表文章，就曾以“脚夫”为笔名，我自许能像个搬运工一样的脚夫，替众生做马牛。

其实，自古以来走路最多的，一是商贾，二是军人，三是探险家，再者就是僧侣了。

商贾为了让货物通畅往来，不惜南北经营，奔东走西；商人一生的岁月，大部分都在路上度过。

军人为了保家卫国，出战野外，离乡背井，风餐露宿，尤其是行军走路，不怕路长，不分昼夜，可谓备极辛苦。

探险家为了探索世间还有哪些地方、哪些宝藏未被发现而跋山涉水，行走山道，不畏艰险，如麦哲伦、库克船长、三宝太监郑和等，他们都是冒险犯难，不怕葬身鱼腹，不惜埋骨山野。靠着他们行走各地，世界的文化因此得以展开。

至于佛教的僧侣,那就更不用说了。所谓“一钵千家饭,孤僧万里游”，古来的出家人为了追求真理，他们不怕路途遥远，到处云水参访，靠的就是双脚走路，就如赵州禅师的“一句随他语，千山走衲僧”，千古以来成为禅宗有名的公案。

甚至现在所谓的“走江湖”，指的就是过去的禅学僧们，平时不是到“江西”参访马祖道一禅师，就是到“湖南”去跟石头希迁和尚问道，他们在“江”“湖”来去，也是要靠行脚走路。

行脚参访不但要有不怕困难的精神，还要有随遇而安的性格，不管走到哪里，地上可睡，树下可坐，粗茶淡饭可以果腹。当初佛陀住世时，每次出外讲经说法，行脚托钵，随行的一千二百五十名弟子，也不是都住祇园讲堂，而是山丘、墓旁、树下、海边，一样可以安住。通过行脚，能够从清贫的生活中磨炼，从克难的物质中成长，借此增长内心的力量，培养坚定不移的道心，这也是参访的目的之一。

中国佛教史上，东晋的法显大师，曾经横越“上无飞鸟，下无走兽，极目遍望，欲求渡处，则莫知所以”的流沙，一路上唯有以“死人枯骨”为标志。他经西域到天竺，其过程之艰难，可以想见。

唐朝的玄奘大师，也是行走八百里流沙，前往西天印度取经，同样是历经千难万苦，甚至几度险些命丧异域。乃至义净大师，他以海路作为中印的交通，抱着牺牲生命也在所不惜的勇气，正如鉴真大师“为大事也，何惜生命”，虽然在长达十二年的时间里，历经六次渡海失败，仍然锲而不舍，最后终于把佛教的律法及中国文化弘传到日本。

从古到今，僧侣们为了不负到人间一行，总在成佛的道路上踽踽独行。

他们用行脚走出一个新的人生，因此走路是大事，走路也是不能免的功课。尤其修道的路是成佛之道，纵有危险，只要有正念、有发心，没有通不过的。

过去常听一些老人家说："我一生所过的桥，比你所走的路还多。"也常听一些年轻人夸耀自己"走遍大江南北"。其实，我这一生是真的走遍了苏北平原，也走遍了江南的城镇。我在大陆的丛林里，从金山到焦山，从栖霞到天宁，从古林律寺到宝华戒堂，乃至长江流域的"四大丛林"，所谓"上有文殊、宝光，下有金山、高旻"，举凡教下、律下、宗下的丛林道场，我都参学过。

我不但参访过长江流域的诸大丛林，甚至从大陆渡海到台湾。在初到台湾的几年之间，举凡台湾南部的大岗山、嘉义的关仔岭，中部的苗栗狮头山、后里毘卢寺，乃至花莲的太鲁阁，台东的海山寺，都有我一步一脚印的足迹。

台湾平地很少，大部分都是山峦；直又平的路也少，大都是高低起伏的弯路。弯曲的道路要"行直"，崎岖的世路要"心平"；所谓"心平何劳持戒，行直何须参禅"，这就是修行之道。

回想刚到台湾时，虽然也有短暂时期，曾有"人地生疏"的感觉，风俗习惯的不同，语言乡音的隔阂，难处颇多。但经过一番艰难困苦的开创，我不但在台湾立足，而且从台湾慢慢走向外乡，走上了国际，所以感觉在自己这一时期的生命里，有很多体验都是与走路分不开的。

我曾经八去印度朝圣，每次朝圣期间，从早上六点坐上公共巴士，一直到晚上十点下车，并没有觉得舒服；有时坐火车，连续三十多小时才到达目的地，也没有觉得自在。倒是"三步一拜、一步三拜"的行脚朝山，反而让我感到踏实、愉快，自在无比。

我曾多次在祇园精舍的遗址上行脚徘徊，也曾在灵鹫山顶环绕彷徨；我在干涸的尼连禅河上找寻佛迹，也曾在恒河的岸边来回踱步。另外，中南半岛的佛国、韩国类似中国丛林古风的寺院，乃至马来西亚的高原、日本可以观光的温泉山区，我都曾经行脚走过。甚至后来有了更好的机缘，我踏上了美洲的美利坚、加拿大、巴西等国的土地。

在美国，我曾三游美国大峡谷，大自然鬼斧神工所雕琢出来的壮丽山河，给我留下深刻印象。在加拿大，我踩着落基山脉的冰河，自我考验。在巴西的亚马孙河，我住在当地工人在树上攀绳而建的木屋里，甚至对巴西的小孩讲说佛法故事。巴西小孩虽然皮肤黑得像小木炭，却如洋娃娃一样可爱；正如拉达克高山上的儿童，虽然赤脚，衣衫褴褛，但是气质不凡，都让人感觉大地真是无比美好。

我也在充满浓厚北欧风情的冰岛、丹麦，留下许多足迹，乃至俄罗斯的红场、德国的奥林匹克广场，都曾一度让我震撼。我在意大利的竞技场，想象当初那些厮杀的情景，相比之于月夜下的印度泰姬玛哈之美景，真是有如地狱与天堂的分别。

我在通过红海进入埃及的区域时，看到大自然以天空为画布，恣意挥洒出绚烂美丽的色彩，真是浑然天成，绘画是难以完成这种作品的。我也曾到过冰天雪地的西伯利亚，看着同行的团员纷纷抢购蜜蜡，究竟是否是真品，大家也不在意。尤其在圣彼得堡游街，到了半夜，却如白昼一样光亮，这也是人生难得的经验。

更难得的是，我曾经到非洲，与野生动物共处在一片广大的草原上。我坐在车内，它们在车外彳亍而行。偶尔它们看看我，我也望望它们；天上不时还有鸟儿飞过，林中的走兽更是自在地奔跑、跳跃，这种景象，不也是国际佛教的本土化之呈现吗？

我曾多次到澳大利亚，与飞禽走兽共同在山林里作乐；也曾去过新西兰的皇后城，远眺南极冰山的雄壮英姿。我走过大陆的大西北，感受古代“西域”的昌盛与繁荣；我看着甘肃、青海一带的万里黄沙，在一片广大无垠的沙河里，那一片片青青草原形成的点点“绿洲”，宛如夜空下的灿烂繁星，带给人间光明与希望。

我在一九六三年参与“中国佛教会”的佛教访问团，到东南亚访问。走在菲律宾的落日大道上，极目望去，辽阔的大海，风光绮丽，尤其在夕阳余晖下，海面金色一片，波光粼粼，就像跳跃的鲤鱼，真是美妙无比。只可惜“夕阳无限好，只是近黄昏”，菲律宾前总统马卡帕加尔英明而亲民，他对我们极尽善意招待，后来继任的马科斯总统及夫人伊梅尔达，却把国家搞得穷苦、落后不堪，真是令人惋惜。

想到世界之大，山河虽多，能在世间的广场站上一脚，拥有一席之地，也有很多奇妙的感受。例如，我在印度菩提伽耶佛陀成道的地方，忽然嗅到泥土的芬芳，当下并曾萌生一念，愿意就这样老死在那里！我也曾在拉达克广大的高原上，虽然寸草不生，甚至一只蚊蝇也没有，却感受到自己拥有无限的财富。那一刻，我衷心祈愿，希望大乘佛教能有再兴的一日。

由于自己曾经有过深刻的感动，所以现在看到一般人都想朝礼四大名山时，我只时时记住心中的灵鹫山，记住“佛在灵山莫远求，灵山只在汝心头；人人有个灵山塔，好向灵山塔下修”。

现在的我，一心只想探寻心中的灵山，而不再去行走外面的世界。不过想到佛陀四十九年的传教生涯，托钵乞食，随缘说法，足迹遍及五印度，我觉得今日僧伽，为了弘法，也要有不怕路途遥远的精神，所以我发愿效法佛陀，要把佛光普照在五大洲的地球上。

为了实践这个理想，过去有很长一段时期，我一年到头，走遍世界五大洲，到处随缘弘化。后来有信徒帮我计算出，我每年的旅程总要环绕地球两圈半，平均每天旅行一百六十多公里。

由于我八十余年的行脚弘化，走路也走出了一些心得，因此对于有人问：世界上哪里最好玩？哪里最好走？我也试着把世界的景观，分成十级：

第一级是台湾环岛一周。时间大约五天，重点有花莲的太鲁阁、台东的绿岛、屏东的垦丁公园、高雄市的爱河、高雄县的佛光山、嘉义的阿里山、南投的日月潭、台北的“故宫博物院”，以及到阳明山泡温泉、欣赏杜鹃花等。尤其到了花莲太鲁阁，不能错过燕子口的走路；到了台东，不要忘记和原住民同行；垦丁公园面对雄伟的太平洋，也要驻足观赏；佛光山如山如海的文教事业，也是值得细细感受的。

第二级是中国香港和“新马泰”一游。此中泰国的玉佛寺、马来西亚的双子星大楼、新加坡的市区观光，以及香港的迪斯尼乐园，都值得一游。

第三级是日韩，包括日本九州岛、四国的风光，京都、奈良的佛刹，以及韩国曹溪宗二十四丛林、民俗村等。览胜之余，也可见出日韩佛教的寺院丛林，各具特色。

第四级是非洲。过去非洲留给人的印象，不外乎“肮脏”、“落后”、“贫穷”等负面的印象。其实真正到埃及的金字塔、南非的野生动物园，乃至开普敦的好望角、约翰内斯堡的南华寺等地一游，可以从当地道路的宽阔平直，以及人民的善良淳朴得知，非洲并非只有“苦难”与“黑暗”，他们也有可爱、美好的一面。

第五级是澳洲。澳洲是个重视生态与环保的国家，号称“动物的天堂”。到了澳洲，从悉尼歌剧院、大堡礁、三姐妹、布里斯班的黄金海岸等，处处可见人民爱好艺术与大自然的特性。

第六级是美加。美国独立建国虽然只有二百多年的历史，但是举世闻名的大峡谷、黄石公园，以及加拿大的尼亚加拉瀑布等天然美景，当我们身临其境，感受其壮阔的气势时，不禁对大自然肃然起敬。

第七级是欧洲。到了欧洲，值得一看的地方很多，包括罗马竞技场、希腊神殿、意大利比萨斜塔、德国奥林匹克广场等，从中都可以看出欧洲的古老文化。

第八级是俄国。莫斯科的红场、克里姆林宫、冬宫、俄罗斯图书馆等，分别代表了政治与文化，但其实都是权力的象征。

第九级是印度。印度是佛陀的故乡，除了八大圣地、恒河风光之外，泰姬玛哈陵、沙查翰宫殿、孟买阿姜塔，处处都蕴藏了佛教的历史文化与生命。

第十级是中国大陆。中国是世界四大文明古国之一，有不少世界级的文化遗产，都是中国人引以为傲的文化瑰宝，如大足石刻、敦煌、云冈、龙门的石窟，以及万里长城、九寨沟、张家界、黄山、黄陵、西安兵马俑、法门寺地宫、上海东方明珠、杭州西湖等，都值得一游。

以上只是举其要者，其他当然还有不少世界各国的名胜，如英国大英博物馆、巴黎卢浮宫、巴西的亚马孙河等，都可以各依所好，作进阶性的参访学习。

所谓“读万卷书，行万里路”，读书不但要超万卷，走路不但要遍五洲，尤其“求知要明真理，用心要怀山河”。现在是个资讯发达的时代，已经不容许我们“坐井观天”，更不能再在框框里生活；人要经历时空，走遍山河，才能成为饱学之士。

只是现在的旅行事业虽然发达，现代人出外旅行大都是住观光饭店，并以汽车代步，每到一处山明水秀的地方，就忙着照相；如此的观光不要说不能征服山河，连行走山河也是大为不易。

现代人不习惯走路，但是走路对百年以前的人来说，不是问题，因为生来就是要走路，不管你到哪里办事，不走路怎么能到达呢？古代的人，一半的生命都花在路上，山再高，也要登顶；水再深，也要设法涉水而过。他们通过双脚走遍千山万水、万水千山，甚至发出豪语说“天下都在足下”。如今由于交通工具发达，现代人习惯乘坐车辆，出门都是“以车代步”，失去了走路的价值；由于走路机会愈来愈少，走路的能量不断在减退，这也是时代科技发达产生的弊端之一。

其实，一个人天生两只手，就是要做事；生来一双脚，就是要走路；甚至眼睛要看、耳朵要听、嘴巴要讲话。天赋予我们的本能，如果不用，人不是成为废物了吗？

人的身体，就如一部机器，如果一直闲置不动，不是生锈，就是慢慢失去动力。现代医学及科学的种种研究显示，维持身体健康，走路是最有功效的运动；不走路，缺乏运动，体能愈来愈差，精神愈来愈委靡，这是现代人的严重问题。所以现代医生总是鼓励人，每天至少要走一万步。

“人生万步走，可以活到九十九”，只是一万步大约需要两小时，对一个忙碌的现代人来说，要他每天花两小时来走路，有的人怎么想都觉得不值得。可是人的老，就是从脚和腿老化开始，一旦老病了，虽然心里想要走，却是每一步路都觉得举步维艰，到了这个时候才想要走路，已是力不从心了。

因此，人要从小就把路走好。走路是为了健康，所有的路，都应该叫“健康之路”。当初佛陀住世时，每天领导弟子托钵乞食，都要走路。不但托钵要走路，吃饭以后，“饭食经行”，也是要走路。之后打坐参禅，禅定起坐以后，还要跑香走路。不但如此，佛教还鼓励人“朝山”，三步一拜、一步三拜，都是为了增加健康，也是为了慧命的提升。

除此之外，走路的时候可以借机沉淀心灵，可以在脑海里思考一些问题，所以走路看起来是身动，其实心也跟着一起活动，可以说是身心平衡的运动；不走路，只有心在活跃，身心不平衡，久而久之，体力衰退，这也是理所当然的事了。

再者，由于走路的关系，能够经常在路上遇到同伴、熟人，大家互相招呼，也能相互联谊。尤其，走路才能认识路，现代人习惯坐车，因此不容易认识环境；经常走路的人，对身边周遭的环境容易熟悉。有的人因为不走路，出门都是坐在车子里，十年八年，隔壁邻居住的是谁都不知道，如此自己的世界就会变得愈来愈狭小；唯有勤于走路的人，世界才会广大。所以，不管为了健康，为了增广见闻，为了身心平衡，还是为了融入大众，都需要走路。

记得一九六四年，我在高雄创办寿山佛学院，一位法号慈介的陈老菩萨，每天四处奔走，为我们劝募道粮。每当看到裹着小脚的她为我们辛苦忙碌，心中非常不忍，总想上前和她说几句话。然而她却逢人便说："师父真是慈悲，为我取名慈介，重新赐给我两只脚（指'介'字下面的两竖），我要用它来走路结缘。"可见双脚走路，不但能走出自己健康的路，也能走出为人服务的路。

在佛教的《本生经》中记载，有一位睒子菩萨，说话时不敢大声，怕惊扰众生；平时不敢乱丢东西，怕污染山河；尤其走路时不敢用力，因为怕踩痛了大地。睒子菩萨为怕踩痛大地而不敢重步走路，这就是慈悲的可贵，所以走路也是修行。

禅宗有一则公案，道谦禅师与好友宗圆结伴参访行脚，途中宗圆不堪跋涉之苦，几次三番闹着要回去。道谦安慰他说："我们已发心出来参学，而且也走了这么远的路，现在半途放弃回去，实在可惜。这样吧，从现在起，一路上如果可以替你做的事，我一定为你代劳，但只有五件事我帮不上忙。"宗圆问道："哪五件事呢？"道谦非常自然地说："穿衣、吃饭、屙屎、撒尿、走路。"意思是说，你要自己解决问题，才能一起上路。

人生世间，有很多事是别人无法代劳的，要靠自己承担，尤其不管做任何事，"发心"很重要。发心吃饭，饭就能吃得满足；发心睡觉，觉就能睡得香甜；发心做事，事就能做得起劲；发心走路，路就能走得长远。

走路是人生很重要的大事，所以人从出生之后，就要学习走路。在学习走路的过程中，难免有跌倒的经验。一般人都害怕跌倒，其实跌倒也不一定是坏事；儿童跌倒了，父母总是说："不要紧，不要紧，跌得多，长得快。"

在每个人的成长过程中，就如学习骑脚踏车，总要跌倒好多次，才能学会。甚至有些老年人，还会自豪地说自己很会跌倒，因为他们懂得跌倒时，要双手紧抱，先以臀部着地，再往安全的地方斜靠。

人生跌倒了，可以累积经验，只要我们记取跌倒的经验与教训，就不怕跌倒；纵有跌倒，也会安然无恙。我们看很多事业有成的人，他们在创业的过程中，必然有很多跌倒的经验；因为世间上没有一蹴而就的事，都是经过多少挫折、奋斗，多少次跌倒后重新再站起来。所谓"打落牙齿和血吞"，跌倒后勇敢站起来，再次往前冲，才能成功。

所以，走路不要害怕跌倒，甚至要从走路中自我观照，用心体会"佛法"。例如，走路时，能够舍掉后面一步，才能不断地向前迈进；如不放弃后面的一步，如何迈出向前的一步呢？因此人生要能放弃"执著"，才会有另外的一番天地。

一个人如果能够从走路中体会佛法，然后在佛法的指引下，走出平安健康、走出自在解脱的人生，才是个有智慧的人，也才称得上是真正会"走路"的人。

十一　妈祖，台湾的观世音

一九四九年我来到台湾，屈指一算，已经快要一个甲子的岁月。我在台湾,除了弘扬佛法,在民间信仰里,和我因缘最深的,应该就是“妈祖”了。

妈祖是中国沿海人民所崇仰的守护航海的女神，她对渔民救苦救难，因此被奉为海上的守护神，甚至被国际人士尊称为“中国女海神”。尤其在台湾的民间信仰里，在现实人生中被神格化，成为人们最崇拜，乃至信仰最普及的神明，“妈祖”堪称第一。

妈祖信仰已有千年历史，清朝雍正时，曾经通令全国沿海各省一起建庙，春秋祀祠，其中奉祀最盛，庙宇最多的就是台湾。台湾的妈祖庙、天后宫，多达五六百座以上，其中北港朝天宫香火鼎盛，每年进香信徒高达百万人次；一年一度的大甲及北港妈祖绕境出巡，更是动员数十万人，其信仰向心力之大，香火之盛，已经跟佛教的观世音菩萨没有两样了。

记得五十多年前，我初抵台湾时，就曾在北港妈祖庙的宗圣台讲演。当时我看一般信徒对妈祖信仰虔诚的崇拜，觉得非常感动。尤其有一次，彰化妈祖进香团朝拜北港的妈祖庙，彰化县佛教会理事长林大赓先生邀我坐三轮车，到妈祖行阵中游行了好几小时，让我对台湾的民间信仰有了深切的认识。

当时我们乘坐三轮车，随着川流的人潮，在炮声隆隆，锣鼓喧天里，我看到许多合家老少，一起持香默祷，眼神无比虔敬；还有一长排连绵无尽的人龙，他们俨然跪趴在地上，无惧“咿咻、咿咻”呼啸而过的阵头，他们借助“钻轿脚”的仪式，感受妈祖的加持护佑。我还看到一些身躯障碍的朋友，或行动不便的老者，他们坚持跪下钻轿的虔诚。一瞬间，我深深感受到妈祖的圣德伟大，她如同观音菩萨一样，都有情有义，与众生同在；循声救苦，不舍一人。

妈祖在历史上确有其人，她是福建莆田湄洲人，生于宋建隆元年（公元九六〇年）三月二十三日，原名林默，从小茹素，信仰佛教，而且与观世音菩萨的因缘深厚。

根据宋代史料文献记载，妈祖的父亲林愿，是宋朝官员，担任福建都巡检；母亲王氏，贤惠慈和。林家祖先原籍河南，世代都是官高爵显，更是福建的望族。在妈祖出生之前，林家已经育有一男五女，但是唯一的独子体弱多病，王氏于是早晚焚香祝祷，祈求观世音菩萨再赐麟儿，盼能光耀林家的宗嗣，使后代绵延兴旺。

也许是心诚则灵吧！一天晚上，王氏在睡梦中，看到观音菩萨赐给她一粒药丸，吞服之后，果然不久就怀有身孕。妈祖出生时，据说天空光辉灿烂，还有一道红光射进寝室，耀眼夺目，而且室内充满了奇异的香味，久久不散。妈祖与一般的婴儿不同，从出生到弥月，都不曾号哭，反而对着人微笑，因此取名为“默”，又作“默娘”。林家上上下下，都感受到这个观音菩萨所赐的女婴，的确与众不同，因此对她也就特别地疼爱有加。

妈祖四五岁的时候，曾经跟随父亲到浙江定海普陀山游玩。当时她礼拜观世音菩萨，宛如见到故人一般，目不转睛地注视着菩萨像，久久不肯离去。从此之后，妈祖似乎受到观音菩萨的感应，开始拥有特殊的神力，不但聪明颖悟，过目成诵，并且精通经文，十岁开始就经常焚香礼佛，朝夕诵经，不曾稍懈。她甚至具有预知吉凶祸福，帮人消灾解难的能力，尤其敬爱兄姐，对父母孝顺有加，因此广受乡里村人的赞赏。

妈祖从小就具有悲天悯人的情怀，她的慈悲一如观世音菩萨。正是因为慈悲，使她得以更具神通力。根据民间传说，曾经有位玄通老道士，因为接受观音菩萨嘱咐，在妈祖十三岁那年，穿着一身破烂衣服，翩然来到林家化缘。妈祖一见，不但不觉得讨厌，反而诚心诚意把他请进室内，献上一杯茶，恭敬地在一旁接待。不论老道士如何刁难考验，妈祖一直都是诚恳以对。老道士深受感动，于是传授给她“玄微秘法”，帮助她日后救度世人。

另外，在妈祖十六岁的时候，于自家庭院的古井旁，遇到一位面目狰狞的神人，授给她一个“铜符”，使她一身的法术更加灵通万变，从此在乡里间驱邪救危，受到大众的爱戴。

妈祖的神通，最为脍炙人口的，就在十六岁这一年。有一天，妈祖的父亲与兄长一同出海，突然天气转变，飓风大作，狂涛怒撼。当时妈祖正在家中织布，预感到父兄驾舟在海上，必然凶多吉少，可能随时都有沉船的危险。于是妈祖伏在织布机上，闭起一只眼睛，一手拿着织布梭子，一手拉着丝线，双脚踏在机轴上，神情就像乘风破浪一般。

母亲王氏在一旁，看到这个情景，不免奇怪，因此连喊几声，妈祖都没有回应。母亲于是上前拉拉她的手臂，妈祖一惊，忽然醒来，手中的梭子砰一声，应声落地。妈祖看着母亲，伤心含泪说：“父亲及时救上，安然无恙，哥哥已经沉没海中身亡了。”

原来妈祖伏在织布机上，当时已经入定出神，她脚踏机轴，宛如站在舟上，一手拉着父亲船头的碇绳，另一手掌着兄长的船舵，突然被母亲拉醒，手中的梭子摔到地上，兄长的船便翻沉了。

不久，林愿从海上回来，一路哭啼。王氏一见儿子没有归来，心知已经遇难，即刻悲痛昏厥过去。隔天大浪还未平静，妈祖就奋勇驾着船出海，在茫茫大海中找到兄长的尸体，带回安葬。经过这次“救父寻兄”的事件后，妈祖孝悌的行仪美名，即刻传遍乡里，从此大家都尊称她为“神姑”。

隔年春天，有一艘商船经过湄洲屿海域，忽然遇到浓雾而触礁，船底破漏，时刻都有沉没的危险，船上商人各个惊慌失措，高声呼救。这时妈祖正在家中诵经礼佛，隐约听到海上传来十分凄惨的呼救声，于是祭起铜符察看，发现一商船触礁即将沉没，赶紧请渔民们出海搭救。可是海上风浪巨大，浓雾茫茫，谁也不敢前去冒险。妈祖见此危状，情急之下，就在海边拔了数丛小草往海中一抛，顷刻间，海面浮出了无数的大杉木，一根根并列，把遇难商船驾住，缓缓驶到湄洲屿。由于妈祖“化草成木”，因此救了众商人。

关于妈祖救人的灵感事迹，在民间传说很多，甚至被拍成连续剧，在民间广为流传，使得妈祖信仰更加普及化。其中有两个历史名人，也与妈祖有过因缘。

其一，明朝的三宝太监郑和，在一次出使西洋时，于海上遭遇到大风浪袭击，一艘艘光鲜亮丽的使节船，很快就被风浪打得支离破碎，在大海里漂浮。这时天际一片漆黑，船中所有官员看着巨浪涛天的茫茫大海，心中无不恐惧万分。身为使节的郑和，立刻跪在甲板上，向妈祖祷告祈求，众人见状，也纷纷主动跪下。说也奇怪，原本漆黑的天空，突然出现两盏红灯。红色的灯光不仅让众人眼睛一亮，似乎也在引导着船只行进的方向。不多久，妈祖穿着一身红衣从天缓缓而降。这时风平了，浪也静了，乌黑的天空也渐渐转成一片湛蓝，所有的人就这样获救了。

其二，明末清初郑成功到台湾时，船到台南的外海，因为退潮，海水太浅，船只无法登陆。于是郑成功就在船头虔诚地礼拜神明，希望求助神明的力量，能够帮助他渡过难关。结果不可思议的是，刹那之间海水忽然涨了起来，郑成功因此得以顺利登陆。上了岸之后，发现岸上有一座妈祖庙，全体士兵一时口耳相传，大家相信，这是靠着妈祖的庇佑，才能得以顺利登陆。

妈祖一生，一直以大慈大悲、救苦救难的精神，行善济世，远近驰名，有口皆碑。直到宋太宗雍熙四年（公元九八七年），妈祖二十八岁那年的重阳日，传说妈祖在湄洲屿得道升天。许多乡民眼见妈祖端立在彩云上，冉冉升空，又隐约听见悦耳的丝管仙乐之声，云中许多金童玉女，握旌旗，顶彩伞，若隐若现簇拥着妈祖升天而去。此后，湄洲岛上时常香雾弥漫，曾经有多人看到妈祖身着朱衣，飞翔海上，神灵屡显，救助遇难渔民。大家感其德泽，于是在湄屿山上建祠供奉，尊称她为“通贤灵女”，并在湄峰摩崖刻上“升天古迹”四个大字，世人相率奉祀。

妈祖信仰，早在民间取得一定的地位，而在中国历史上的政治地位之高，更是其他神明所望尘莫及的。根据史料记载，宋元明清几个朝代，都曾对妈祖多次褒封，封号从“夫人”、“圣妃”、“天妃”、“天后”到“天上圣母”等，总计宋朝十四次、元朝五次、明朝两次、清朝十五次。其中咸丰七年（公元一八五七年）所封的“护国庇民妙灵昭应弘仁普济福佑群生诚感咸孚显神赞顺垂慈笃佑安澜利运泽覃海宇恬波宣惠导流衍庆靖洋锡祉恩周德溥卫漕保泰振武绥疆天后之神”，竟多达六十四个字，可见妈祖受到朝廷的敬重之深。

此外，历代的政治家和文学家，更是写下大量的辞章诗句来歌颂妈祖，如宋代学者陈宓题“但见舳舻来复去，密俾造化不言功”，元代诗人张翥的诗句“普天均雨露，大海静波涛”，明成祖永乐皇帝题诗“扶危济弱俾屯亨，呼之即应祷即聆”等，妈祖精神俨然已经成为中华民族优秀的文化遗产之一。

千百年来，妈祖在民间信仰上，虽然胜过其他神明，但真正的佛道两教中，她似乎没有入籍成为佛道认可的地位。记得四十多年前，我担任“中国佛教会”常务理事，当时云林县北港妈祖宫董事长郭庆文先生，曾经提出申请，希望能让北港妈祖宫加入“中国佛教会”，可惜遭到佛教会主其事的主管拒绝，他认为妈祖应该归属道教，是一般的民间信仰，而不是佛教。

其实，在早期所有的妈祖庙里，前殿供奉妈祖，后殿必然供奉观世音，这已经成为惯例，人民也都以信奉观世音的信仰来信奉妈祖。另一方面，我曾多次应邀前往马来西亚、吉隆坡等地弘法，做法会，当地的寺院，三宝座旁一边供奉观世音菩萨，一边则供奉妈祖，让妈祖在佛殿中也有一个定位。

我认为佛教是个包容的宗教，佛教并不排斥民间信仰，因为有很多神明其实也都信仰佛教。早年一些神道教团体，用轿子抬着妈祖和其他神明到佛光山礼佛，大雄宝殿的殿主面有难色，我得知后，也谆谆开导徒众：人都可以拜佛，神明为什么不能拜佛呢？

有这么一则趣谈：在一间寺庙里，大殿的中央供奉了一尊观世音菩萨，旁边另外供奉一尊妈祖神像。有一天，守庙的庙祝认为，台湾妈祖的信仰普遍，信徒众多，应该把妈祖摆在中间才对。于是他把妈祖的神像请到中央，把观音圣像移到一旁。

事不凑巧，有一天来了一位出家人，一看，身为弟子的妈祖正坐在殿中，而师父观音菩萨却屈居在一旁，明显违背伦常，因此不发一语就把两尊圣像调换回原位。但是，第二天庙祝一看，又把神像搬到中间。就这样你搬我移，你移我搬，把原本雕刻精美的圣像都碰坏了。后来观音圣像和妈祖神像终于忍不住说话了：“我们两人本来关系和谐，就因为他们不懂得‘空有不二’的道理，弄得我们坐立不安，把我们的衣服也给损坏了。”

宗教应该是与宇宙同行，与人民同在的。各个宗教徒心中的本尊虽有不同，但认真说起来，不管是释迦牟尼佛，还是耶稣基督、穆罕默德、观世音、孔子、城隍、土地公、妈祖等，实际上都是我们自己心中规划出来的名词而已，本有共通性，却因人我心中的程度不同而有分别，但从道理上来讲，同样都是神圣的信仰中心。

多年来，如何让妈祖能在佛教里有所定位，一直是我思考的问题。我想佛世时，天龙八部都是三宝的虔诚弟子、佛教的护法神明，甚至历史上有很多神明都是皈依三宝，与佛教有很深的渊源，例如，吕洞宾皈依黄龙禅师、关云长皈依智者大师等。对于一些有历史可考的护法正神，佛教应该包容他们，进而净化他们、提升他们。妈祖是观音的弟子，在政治上历代均受到皇朝的尊崇，在民间尤其受到人民的膜拜，为什么佛教不能尊重妈祖，为什么不能让她成为佛教的护法呢？

妈祖不但是佛教徒，也是观音的化身。妈祖居于湄洲，是海城；观世音在普陀山，也是海岛。妈祖在海上救度众生，观世音也是慈航普度。人生本来就是苦海，任何时刻都需要救度，在我们的信仰中，不管是信仰释迦牟尼佛、阿弥陀佛、药师佛……都是一种人格信仰的象征，因此信者没有必要去分别彼此。我常常面对释迦牟尼佛，而内心礼拜观世音菩萨；在观世音菩萨座前，礼拜阿弥陀佛。“凡所有相，皆是我心”，礼佛拜佛，最重要的是将佛与我们的心联结在一起，不要起分别。何况《观世音菩萨普门品》说：“应以佛身得度者，观世音菩萨即现佛身而为说法。”为了度化众生，观世音菩萨应化各种身相，妈祖也是观世音菩萨的化身，所以“应以妈祖身得度者，即现妈祖身而为说法”。

记得有一次，煮云法师到宜兰南方澳去布教，呼吁那里的渔民要放弃妈祖信仰，转而皈投佛教，结果引起当地居民的抗议。有位渔民说：“法师，你不能批评妈祖，从我们祖先来此数百年间，我们都说自己是佛教徒，但佛教却没有一个法师来为我们说法开示，都是妈祖在护佑着我们；而我们之所以能信奉佛教，是靠着妈祖给我们佛法的因缘。现在你一来，凭什么就要我们放弃对妈祖的信仰，难道要我们改信邪教吗？”

当时我听闻这番话，除了感到信仰必然有其层次，一方面也深觉惭愧无比，心想，身为佛弟子的我们，没有到处去弘法布教，化导众生，传播佛陀美好的教义，可以说是妈祖在各个地方维护了道德良知的信仰，维护了佛教的香火因缘，我们既然无法普度众生，为何不能让妈祖来作众生的慈航呢？因此，我们不但不必排斥妈祖，还要将她纳入佛教，使她成为正神。

记得过去佛光山举办全省行脚托钵，所到之处，有些佛教的寺院可能不欢迎我们，可是神道教的宫观或庙堂，总是争先恐后地迎接佛祖，欢迎僧宝，并说：“我们的佛祖、法师来了！”神明都没有排斥佛教，为什么佛教偏偏要跟他划清界限呢？

在早期，我曾在罗东的妈祖庙成立念佛会，在新竹的城隍庙，乃至全省各地的宫、观广场，举办佛学讲座。我觉得民间信仰也成就了佛教，为什么佛教不能成就民间信仰呢？甚至我曾经在天后宫举办供佛斋天，我将三宝供奉在中间，观音在右边、妈祖在左边，然后两边才是诸天。这么做是要让妈祖与观音有同等的地位，无论如何，我觉得佛教要包容，因为包容才能成其大，成其多。

佛教要容许民间信仰，因为信仰也有阶段性，就如读书有小学、中学、大学，甚至佛教的菩萨也有五十二阶位，所以有“初发心菩萨”，乃至十地菩萨、等觉菩萨、妙觉菩萨。我们对于小学生，应该更加爱护，何况民间信仰将来可能都会深入佛门，所谓“四姓出家，同为释氏；四河入海，同一咸味”。佛门广大，不舍一法，不应该排斥民间信仰。

因此，当时“中国佛教会”拒绝妈祖宫入会，我力排众议，我说中国人向来不管拜妈祖的、拜城隍的，甚至信奉一贯道的，都称自己是佛教徒，可见他们都将佛陀视为最高的信仰，佛教应该摄受他们，为他们定位，如果不准妈祖加入佛教会，必然会失去台湾半数人口的信徒。

总之，把妈祖归于佛教，本是天经地义的事。就像过去拜火教的优楼频螺迦叶、那提迦叶、伽耶迦叶，信奉怀疑论的舍利弗、目犍连，率领众弟子们皈投佛陀之后，佛教马上就多了一千两百五十位生力军，他们在佛法弘传初期扮演了重要的角色。佛陀教舍利弗、目犍连必须尊重他们过去的外道老师删阇耶毗多罗尼子，教师子将军应该继续奉养他以前的外道老师，凡此不但无碍于佛教的发展，反而更让人敬佩佛陀的通情达理。

可惜事与愿违，后来妈祖宫不得已参加了道教会，我一直为此事深深感到可惜。不过北港妈祖宫虽然没有加入佛教会，我与理事长郭庆文先生却因此结下因缘，他曾在妈祖的绕境赛会中，邀请我作一首“妈祖歌”，我欢喜应允。当时自以为为妈祖填词写歌不是难事，但事实上为了这首歌词，多年来我不断酝酿，未曾稍忘，甚至为此翻阅不少有关妈祖的资料及文献，希望能将妈祖的慈心悲愿，在歌词中表露出来，使人们对她有正确的认识。

时光飞逝，一下子几十年过去，由于妈祖的圣德，我始终不敢动笔，直到二〇〇六年、八十岁生日前，一时心血来潮，终于完成了《妈祖纪念歌》。歌词我是这样写的：

巍巍乎妈祖，像高山的耸立；
浩浩乎妈祖，像海洋的宽广。
是人间的圣母，是世界的明灯，
是佛教的护法，是菩萨的化身。
曾经入佛勤修道，常在苦海作慈航；
功德可参天，圣德林默娘。
威力大愿满十方，慈悲喜舍到处扬；
威力大愿满十方，慈悲喜舍到处扬。

我一生忠于承诺，有“永不退票”的性格，一句承诺，我就信守了一生。当初答应郭庆文先生的事，虽然迟迟难以下笔，但是就像当初“一诺千金上栖霞”一样，许诺的事，数十年来我一直耿耿于怀，今日郭理事长虽已作古，但对故人的诺言总算还是实现了，希望这次的“妈祖纪念歌”比赛活动，郭先生在天之灵也能聆听到。

北港朝天宫的创建缘起，始自一六九四年，佛教临济宗第三十四代僧树璧和尚自福建湄洲朝天阁，奉请妈祖神像来台，于农历三月十九日登陆笨港（今北港），由信徒立祠奉祀后，每年循例由笨港渡海回湄洲谒祖，回程在安平港登陆，三月十九日銮驾回抵笨港，同时举行盛大绕境。后来因为台湾割让日本，海疆也日益险恶，谒祖的行程因而停止，但是地方信众为了纪念此一例行的谒祖活动，仍然迎请圣母绕境。

值得一提的是，朝天宫早期都是出家人管理庙宇，一九一六年因发生台南西来庵抗日事件，日本人开始辅导地方人士接手管理寺庙，延续至今。但北港朝天宫直到今天，庙内的佛事仍然由出家人负责，并且加入佛教会，可说是“妈祖庙中的特例”。

其间，竹溪寺住持眼净和尚，也曾派他的弟子会圣法师，到朝天宫照顾香火。会圣法师是我的学生，曾在台湾佛教讲习会读书，有一次我到朝天宫，他曾以两百块钱供养我，这大概是我一生受到学生供养最厚的一次。

对于民间信仰，曾经我也一度不以为然，但后来我惊觉到，像我自己的出家因缘，并非什么高僧大德度我，而是不懂佛法的外婆，靠着民间信仰给我的因缘，所以我的入道，与民间信仰少不了关系。

我的外婆十八岁就开始茹素，和我外公结婚以后，仍然精进不息，每天清晨就起床做早课。她原本目不识丁，却能背诵《阿弥陀经》《金刚经》等经文，并且有一些奇异的生理反应，她自以为修得神通，更是努力修持。

童年的我，是和外婆同住的。每到半夜三更时分，她就起床静坐，打坐时，肚子就发出翻江倒海似的哗啦哗啦的响声。虽然是童稚好睡的小孩，也经常从睡梦中被她吵醒。于是我就问：

“外婆！外婆！您肚子的叫声怎么这么大呢？”

“这是功夫，是修炼以后的功夫。”

我也深信这是功夫。后来我也经常接触到普遍于民间信仰的巫术，譬如神道、扶乩、观亡灵、走阴司等。我从小就在这种民间信仰浓厚的家庭中长大。直到出家后，对这种奇异的行径虽然有一点不以为然，但是也不激烈地加以全面否定。

我十二岁出家，一直在各处丛林参学，经过七八年以后，才又再度回到家乡，当时已经抗战胜利。回到家里，外婆正坐在一棵树下做针线活，我坐在她的旁边，不由忆起儿时的情形，心想：外婆的功夫是肚子能发出巨响，但是几年来，我遍参不少才德兼备的高僧大德，却不曾听说有人肚子会叫的，今天我要借此机会向外婆说法。于是，我打开话题说：

“外婆！您的肚子还会发出响声吗？”

“这种功夫怎么可以缺少呢？”老人家信心十足地回答。

“这肚子的叫声，究竟有什么用呢？譬如汽车的引擎、飞机起飞的声音，比起您肚子的声音还大呢！但这只不过是机器发动的声音而已。您肚子的声音对于人类的道德，并不能提升；对于生死的解脱，并没有帮助！我在外参学，见过不少有修行的高僧，可是从来没有人肚子会叫的呀！”

年过古稀之龄的老外婆听了我的话之后，很严肃地愣了半天，才说：

“那么，修行应该怎样才正确呢？”

我说：“修行应该从人格完成，从道德的增长做起；修行是明心见性的功夫，而不在于肚子是否能发出声音。”

外婆听了这一席话之后，以慈祥的眼光，静静地注视我良久，但是我心里却难过起来。想到她老人家勤奋修行了数十年，甚至修炼到具有异人功夫的境地。肚子会叫，对生命的升华虽然于事无补，但是因此使她对宗教产生坚定的信仰，这是不容否认的。今天因为我的一番话，使她对自己数十年的修持，产生了动摇，失去了信心。我看她若有所失的样子，实在于心不忍，后来虽然又谈了不少话，但是外婆那怅然若失的神情，至今依然萦绕在脑海里，久久挥之不去。

因此，在我初到台湾那段时间，对于神道教弥漫充斥、信仰复杂不纯的社会，虽然有心去净化、匡正，但是并不极力去破坏深植在民间的神道信仰，因为我认为那是初信的基础，不失为引导初机者入信的方便。就像五十多年前，我到宜兰弘法，宜兰的南方澳、北方澳，从来没有出家人去布教，是佛教没有传播的地方。不过，那里有一间小庙宇，供奉着妈祖，当地的老百姓经常去烧香膜拜，香火不断。老百姓没有接触过佛法，不知道正信的佛教是什么，他们认为自己是拿香拜拜的，都以佛教徒自居。因此基督教去传教也好，天主教去请他们入信也好，大家都不接受。虽然他们所信仰的并不是纯正的佛教，但是他们的内心却对佛教有坚定不移的信念，因此不轻易改变自己的宗教信仰。

当佛教的教理还没有普及于社会，还不能提升民间信仰层次之前，对初机入门的神道教也不必过分地加以排斥。当然，信仰要选择正信的宗教，但是在正信尚未确立的真空状况之下，虽然迷信，但总比没有信仰好，迷信也可以填补人类心灵的空虚。因此我对于接引初机的神道教信仰，对他们安定社会人心的价值，一直非常重视，而这种想法，是从小受到老外婆的影响使然！

正因为有这样的一段因缘，所以在光复前后的台湾，由于日本推行神话信仰，台湾到处拜拜的风气盛行，可以说三月一小拜，五月一大拜。那时政府认为民间信仰太过浪费，明令要“取缔”拜拜，我当时甚感不平，曾为文谏阻。因为一些达官贵人每天宴会大餐，跳舞行乐，那不也是“吃喝拜拜”吗？我认为拜拜不仅是民间信仰的基础，也是过去农业社会遗留下来的文化风俗，许多人利用这一天的集会庆祝，互相联谊，借以摆脱工作压力，使身心得到纾解；他们借助妈祖的迎神赛会，鼓动自己的精神，启发自己的灵志，好再振奋精神，为未来的人生继续奋斗。如果人们连起码的拜拜信仰都要禁止，他们如何获得精神升华的人生呢？

信仰宗教是人类与生俱来的本能，虽然信仰神明常被讥为迷信，不过迷信也有迷信的力量，何况有些迷信只是基于行业的规矩，尊崇那个行业里最有成就，最崇高圣洁的一个人物，把他神化成为人格神，成为自己的榜样。例如，医界崇奉华佗，药师崇祀神农，缝衣者祀嫘祖，造纸业奉蔡伦，建筑业尊有巢氏，书画界奉吴道子，旅馆业尊刘备，饭馆祀灶王爷，豆腐店祭刘安，皮鞋店敬孙膑，爆竹奉祖师马均，商人只奉关公，木匠都崇鲁班，银行业奉赵玄坛为财神等。这种精神崇拜，意在提升自己，而非装神弄鬼，自然有其可取的价值和力量。

甚至如果将中国民间信仰的神明组织起来，其实就像人间的政府制度。例如，拜文昌帝君是为求儿女聪明，文昌帝君就像教育部长；拜妈祖的人，大部分是靠海捕鱼为生，用现在的说法，妈祖等于“海事部长”；东岳大帝主持阴阳审判，主持刑罚，岂不和现在的司法部长一样？

其他还有：玉皇大帝如“总统”，城隍爷如县长，神农大帝如“农业部长”，太子爷是警察局长，瘟神是卫生署长，土地公是派出所主管，月下老人是婚姻介绍所，注生娘娘是助产士。此外，三官大帝的天官管赐福、地官管赦罪、水官管解厄，像“福利部长”；玄天上帝、北斗星君专司人寿保险，像保险公司董事长；关帝圣君主财，属“财政部长”；保生大帝像中医师公会理事长；五雷元帅好像台湾电力公司的总经理等。

信仰神明，主要是缘于对未可知的自然现象不了解，或是在政治上不能获得满足，或是因为自己力有未逮，不能解决现实生活中的问题，于是便希望借着另一种伟大的力量来化解困厄，因此信仰神明，其实也含有一种超越现实的希望与期待。

过去常有信徒问我，佛教徒皈依三宝以后，可以拜神明吗？我认为皈依三宝以后，可以对神明拜拜，因为拜拜是平时的恭敬，而皈依却是一生的信仰，对于神道教，我们不要排斥，毕竟皈依与尊重有所不同。我们平时对于一些不同宗教的人，不是也握手敬礼吗？所以神是可以拜的。

我始终相信，唯有尊重与包容，佛教才会更有力量；我对于妈祖定位的问题，多年来一直没有灰心，也不曾放弃努力。一九八八年在美国创建西来寺时，我曾有心在大雄宝殿旁，也为妈祖设置殿堂，可是接触许多妈祖的信徒后，他们都表示，希望妈祖永远安住在台湾，并不希望她成为国际的信仰。在我的观念里，人生应该如行云流水一样，随着地球的运转，自在而游，那么我们的文化、信仰，也才能跟随我们的步履，推行世界，普及十方。虽然妈祖殿后来没有完成，但是我在西来寺伽蓝殿的对联上留下：

东西伽蓝同时护，古今威德到处灵。

总之，妈祖信仰之所以能在民间及历朝政治上获得如此崇高的地位，我想正如福建省人民政府办公厅所做的“妈祖文化”研究所说：“妈祖信仰与我国古代许多和平外交活动有密切关联，诸如宋朝的出使高丽，明朝的郑和七下西洋历访亚非四十多国，明、清两朝持续近五百年的对古琉球中山国的册封等，都是借助妈祖为精神支柱而战胜海上的千灾万劫，圆满地完成了和平外交的任务。”

如今，妈祖文化俨然已成为中华文化的一部分，妈祖信仰也如观音信仰一样，已经普及于中国民间。甚至，二〇〇七年九月，妈祖还首度漂洋过海，到纽约“出巡”，就是希望能以妈祖的和平、慈爱，促进世界和谐。

近年来台湾的民间宗教抬头，道教也在借助妈祖的信仰，扩大民间宗教的力量。然而我希望宗教的信仰者，能够落实心灵的净化，要提升灵性的潜修，而不是只流于民间的热闹活动。我们应该把妈祖的信仰提升，诸如加强对妈祖历史的认识，歌颂妈祖救人的事迹，效法妈祖信仰观世音菩萨大慈大悲的情怀等，而不只是向妈祖祈求消灾平安。

所谓“求观音，拜观音，不如自己做个观世音。”同样的，“求妈祖，拜妈祖，不如自己做个妈祖。”我们能够发心做妈祖，为整个社会消灾免难，为全民祈求平安福祉；通过结合人间佛教的理念，来提升妈祖的信仰层次，相信这才是妈祖的本愿。

十二　照相

《金刚经》说："无我相，无人相，无众生相，无寿者相……"佛教主张的就是一个"不着相"，可是偏偏我一生都与"照相"结下不解之缘，直到老年还是天天在和"我相、人相、众生相、寿者相"照面。

说起"照相"，回忆当初我从大陆到台湾，曾舍去身上所有的一切，即便是一本书都没带，更别说任何纪念品了。我把身外之物毫无保留地全部捐赠给人，身上只穿了一套僧衣，再有的就是一张身份证，上面贴着一张二十岁时拍的相片，那就是我仅有的收藏了。后来慢慢发现，"照片"可以留为纪念，就像佛教不也是在寺庙的大雄宝殿里，装置佛陀的金身法像吗？早在二千五百多年前，佛陀涅槃后，就因为有佛像的留传，让后代弟子在瞻仰之余，发见贤思齐之幽情，影像的影响力由此可见一斑。因此，佛陀虽然不要人供奉他的金容圣像，但凡夫众生不能没有佛陀的法像金容来瞻仰、礼拜。

记得是一九八〇年，我把分别了四十多年的母亲接到美国，为了留下一些纪念，特地亲自为母亲拍了一张照片，现在挂在佛光大学的光云馆，自觉那是我得意的杰作。

虽然我没有正式学过照相，但在一九五一年年初刚到台湾不久，有一位在电信局上班的高级职员蔡南石先生，他是个照相高手，曾经约略跟我谈过他的照相心得，不禁引发我的一个想法："他能照，我也能照！"因此在得到生平第一笔稿费时，我买了一部《辞海》，让自己有了一个"无言"的老师。后来又第二次获得稿费，就买了一部照相机，我想自己也应该照几张照片，以不辜负蔡南石先生跟我讲说照相艺术的盛意。

买了照相机之后，有一次与蔡先生到大贝湖（现改为“澄清湖”）游览，他跟我说：“照相要懂得取景，背景很重要！例如一张人像照，如果背后的景致素白一片，肯定不好看；若有几枝垂柳当背景，加以衬托、点缀，就能增加美感。再如一池湖水，假如水面静止不动，就会显得呆板没有生气，不妨投入一颗石子，让水面激起涟漪，让湖心余波荡漾，照出来的画面才有动感。”

虽然他只是传授我这么简单的技巧，却让我因此买了照相机，并且实地在澄清湖一显身手。当照片冲洗出来之后，不但自己看了欢喜，被照的人也很满意，都说我的照相技术不错，拍得很好看。

后来因感于一个出家人背着照相机总是不庄重，便将相机送给了别人，心想此生应该与照相无缘了。但是万万想不到，在建设佛光山之后弘法于五大洲，所到之处，几乎是人手一机，很多人见到我，总会找我照相，让我一生就这样与“跟人照相”结下不解之缘。

在我的人生经验里，有一些奇妙的情况：我讲经，不敢听自己的声音，甚至听不懂自己在讲什么；我在三家有线电视台讲了三十多年，每次虽然只有短短几分钟，却一直持续了一万多集，但是我不敢看自己的影带。平时有人帮我照相，事后把照片送给我，我也不敢看，总觉得很丑陋，但偶尔还是会看，我想“人相”还是难以排除。不过，细数这一生与人照相，何止百千万次，但我从未收集过自己的相片。禅门的智闲禅师说“处处无踪迹，声色外威仪”，“不着相”一直是我自己追求的境界。

然而尽管自己“不着相”，甚至深以照相为苦，但是为了给人欢喜，我总是随缘。例如，十年前在佛光山举办的功德主会上，有三四千人参加，为了让大家欢喜，我承诺与每个人独照一张，结果一照照了两三天，这才发现并不简单。

一九九三年起，佛光山每年举办“佛光亲属会”，希望借由亲属联谊活动，让徒众的父母前来了解本山宗风、弘法度众的主旨，以及如何利益社会、回馈大众，也让父母亲属进一步肯定自己子弟出家修行的功德与意义。有一年的亲属会，我一样和徒众及家长们，一家一家合照，事后统计，总共有三百零六家，一千四百多人，这一次也是照了两天之久。

有趣的是，当我跟徒众的亲属合照时，有位游客上山，看到这一幕，就问觉来法师的母亲：“要怎样才能跟大师照相?”来妈妈说：“只要身上有花环者都可以。”“您的花环能否借我一下？”来妈妈二话不说，当下非常大方地就把花环借给这位游客，满足了对方跟我拍照的心愿。

我一向拙于书法，也不喜欢被人拍照，但是每当见到信徒欢喜的容颜，我也打从心里高兴起来，因此遇到有人索取题字或要求合照，我总是一本随喜随缘的性格，有求必应，给予种种方便。只是，往往答应下来就欲罢不能，一次挥毫数十张是常有的事，而照相的人更是一拨接一拨，络绎不绝。

有一次，我走在佛光山的大雄宝殿前，有位游客看到我，希望跟我合照。照一张照片，这一点小小的要求当然不能推辞。但是正当要照的时候，发现没有底片了，于是赶快找人到山下的商店购买。这一来一回，至少要十五分钟，为了他要一张照片，也不能不耐心地等候。

有时候我走在路上，信徒看到了，一样要求合照，但是照相的人技术不好，等他慢慢调好光圈距离，好不容易拍好了，后面的人看到也走向前要求照一张。有的人团体合照不够，还要个人独照，一张照完，再照一张；横照、竖照、左照、右照，常常一照就是一个多小时都难以走开。虽然站得腿酸脚麻，但是为了给人欢喜，我也只有忍耐。

我知道平时有一些人上山，只是希望和我照一张相，他们也都很知趣，照过就走了，但是对我而言，照相往往花去很多时间。有时候五分钟的路程，由于照相而足足走了半小时，甚至一小时之久。因此，我在佛光山，平时没事不敢随便在路上走，偶尔要到如来殿开示，虽然从住处到讲演的地方只有短短一段路，都是坐车子。别人看到，以为我架子这么大，在寺院里还坐车子？其实这是不得已的事，因为走在路上，游客、信徒看到我，他们觉得机会难得，总会有人要礼拜，有的人则要合照。

对于礼拜，我觉得现在的佛教徒多数对佛门仪规认识不够，不管什么地方，只要见到大德、法师，随时随地都要礼拜。其实拜人除了在佛殿里面以外，走在路上是不宜礼拜的。不过有时候看对方那么虔诚，我就告诉他“一拜就好”，可是他哪里肯听，非要三拜不行。为了他要礼拜，我什么事都不能做，只有像佛祖一样坐在那里让人拜，这对我而言是非常痛苦的事。

另外，照相也是一件苦差事，不管何时何地，信徒们只要一看到我，总是蜂拥而来，要求跟我合照。这个照完了，另外一个又填补上来；好不容易跟他照过了，还要和他的父母合照，然后和他的妻子儿女合照，一张接着一张，没完没了。

这么说并不是我小气，事实上照相真的是很辛苦，因为面对照相机，我要提起精神，做个姿势让他照。但经常不是相机没电，就是没有胶卷，我只得一再提振精神配合他。不过我也很感谢大家，正因为这样一而再，再而三地训练，让我忍耐的修养功夫进步很多，现在我确实很能忍耐。

我在数十年前，就曾多次带团出国访问，直到近十多年来频至世界各地弘法，常常飞行数小时，一下飞机，就被人簇拥而行，照相、讲话占了大半时间，我们连洗把脸、上厕所的空隙都没有，不到深夜，无法回到客房休息。就这样周而复始，每日如是，等十天半个月后，再坐车到机场，飞到另一个地方。有时到了机场，还是有人不断上前要求合照；我们好不容易入了关，以为可以稍微松一口气了，岂料有心人还是能尾随进候机楼，每次总要直到我们临上飞机，才肯放下照相机，挥手道别。

上了飞机，机上的空服员，甚至驾驶机师也要来照相。有时候遇到台湾的旅行团，一下机又是纷纷向前，仍然是要我跟他们合照。我想“相逢即是有缘”，也总是欢喜地满大家所愿。因此出国弘法，看似风光，其实我坐在飞机上，短则数小时，长至十数小时，甚至数十小时，无法活动自如。每回抵达目的地，感觉真像脱了一层皮一样。有时候我从热带到寒带，跨越数国，还得适应各国的气温、时差、风土、人情、饮食等，但是往往才下飞机，根本来不及调整时差，马上又是讲演、会客、座谈，尤其照相不断。

自从一九九二年国际佛光会成立之后，我每次出国更是行程满满。当中不管佛光协会分会成立大会、皈依三宝典礼或是五戒正授，我都可以照本宣扬，不觉负担；佛学讲座、师徒会，虽有信徒现场提出问题要我回答，在我也不是难事。唯独每到一地，总有会不完的客，以及不断有人要求照相，最是让我感到困扰。尤其遇到一些不会照相的信徒，总要将灯光、焦距调个几次以上，才能完事。后来，为了兼顾人情及行程时效，每遇有请求照相的场合，我只有跟他们说：“大家一起大合照吧！”或说：“我们一面走一面照。”总希望在不耽搁行程的情况下，能让大家皆大欢喜。

感谢科技发达，现在所谓的“傻瓜”相机，已经进步到不必调整光圈、距离，每个人拿到都能照，所以节省了我不少时间，但也因此合照的人数就更多了。记得有一次我出国弘法，才刚出海关，一路上就有百余人轮流跟我合影。我只感到闪光灯一直闪个不停，至于站在身旁合照的是什么人，我完全不知道，因为来不及看。

那一次我们一行十二人，大家分工合作，有人负责保管护照，有人负责照顾行李，有人负责付钱，有人负责杂务，有人负责联络，有人负责发号施令……忽然有人问我：“师父！你负责什么工作？”我回答：“我负责给人照相！”

我曾经倡导“人生三百岁”，也就是主张一个人每天要做五个人的事，因此平时即使没有外出弘法，我在佛光山的日子一样每天讲演，开会，授课，写作，改稿，签名，会客，照相，接电话，从早到晚忙个不停。我认为人生要发心尽量多做事，否则怎么能活三百岁呢？

我生性喜欢结缘，虽然视“照相”为畏途，但为了恒顺众生，再怎么辛苦也总是忍耐接受。不过“苦”中偶尔也会遇到一些“有趣”的事。

有一次，我走在佛光山的菩提路上，突然有个人走过来，希望跟我合照。当他自己照过之后，又要我跟他爸爸、妈妈合照，甚至跟太太照一张。可是镜头对准之后，那位太太迟迟不过来，站在我身旁的先生一直着急地喊道：“来啊，来啊，赶快过来，机会难得。”太太还是如如不动，始终不肯过来一起合照。我心里想：“天下竟然有人不肯跟我合照？”

正当纳闷之际，只听那位太太说道：“你没看见我今天没化妆吗？”

我一听，随口跟她说：“不必化妆，微笑最漂亮！”她听我这么一说，终于走了过来。但也因为这么一拖延，后面尾随而来的人一下子又多了起来。

现代社会上有一群人被称为“追星族”，他们很喜欢和偶像明星合照。说来惭愧，我以一介僧侣，多年来有许多演艺界的影、歌星，如郭富城、林志颖、邝美云、曾志伟、冉肖玲、张小燕、陈丽丽、白冰冰、杨庆煌等人，都曾找我合照过，甚至我感觉自己也像明星一样，经常被人追着照相。不但走路要照，吃饭也照，甚至谈话、写字、会客、看景、阅读……分分秒秒，莫不在相机的镜头下度过，“看照相机”似乎成为我跟大众接触不可少的项目。刚开始实在很不习惯，但念及信众的需要，我总是默忍不语，不过心里还是有点勉强。

及至后来，我行走在世界各地弘法，每到一地，当地的政府领导、社会名人，如印度总理尼赫鲁，马来西亚前任和现任总理马哈蒂尔、阿卜杜拉，以及泰国国王普密蓬、菲律宾总统马卡帕加尔、美国前副总统戈尔等，我都曾与他们会晤、合影过。甚至天主教的教宗保罗二世、本笃十六世和台湾地区的枢机主教单国玺，乃至苏联的大文豪索尔仁尼琴、中国的国画大师张大千等，我们也曾互访、合照过。

当我和索尔仁尼琴、马哈蒂尔等各界领袖会面时，看到徒众们争相为我们照相，之后又一个个和这些国际名人合照，当下我不禁心生惭愧，原来这个世界上不是只有我一个人在忍耐照相！从此以后，凡是有人要求跟我合照，我不但欣然允诺，有时还为他们选方位，定距离。每次看到大家一脸欢喜的样子，我也同感欣悦。

照相可以给人欢喜，也可以广结善缘；借着照相给人一点因缘，也是度众的方便。二十多年前，我在韩国的金埔机场，遇到一位叫金贞希的小女孩。当时她还在小学就读，见到我就主动向前跟我合掌问讯，并且要和我合照。虽然双方语言不通，我只有随手拿了一张名片给她，但后来她经常写信给我。我也请来自韩国，当时正在成大读书的李仁玉小姐帮忙翻译，就这样结交了这一位韩国的小朋友。现在她已经三十多岁，而且嫁作人妇，今年初还带着新婚的先生上山，想想人世间的因缘真是奇妙。

另外，多年前依法法师的父亲杨松村居士，在美国西来寺和我合照了一张照片，事后逢人就说：“这是我毕生最光荣的一件事！”

然而回想三十多年前，依法法师刚考上台湾大学法律系，她毅然决定在佛光山出家。当时杨老先生十分震惊愤怒，认为女儿的前途就要断送在佛门里，几度上山抓人，软硬兼施地逼着依法回家。不得已，依法只有以绝食表明心迹。杨老先生于是怒气冲冲地找上我，可是我跟他讲话，他理都不理睬我，不过我还是告诉他："你女儿穿着长衫，仍然可以继续读书，佛光山一定会尽力栽培她。"

一九九七年依法取得耶鲁大学博士学位，杨居士与老妻飞到美国参加毕业典礼，顺道到了西来寺。杨居士见到我，希望能跟我合照，并一再向我道歉，说他当初不知道佛光山的教育体制，加上依法那时还在台大就读，因此非常反对，请我能体谅他当时的心境，同时也感谢我把依法送到夏威夷大学与耶鲁大学攻读硕、博士。看到杨居士欢喜的样子，我终于可以释怀了。

跟人照相是很辛苦的事，平时我比较有兴趣的是和动物合照，因为它们不会照完一张，又要求我"再照一张"。我曾经在各国和各种动物合照过，包括中国敦煌的骆驼、泰国的蛇、中南半岛的马、印度的大象、日本奈良的麋鹿，以及台湾佛光山的松鼠等，这些都是素食动物，跟出家人的性格很相契。

我也曾在澳洲中天寺和无尾熊、袋鼠合照，在南天寺和兔子、海鸥留影。尤其澳洲，堪称"动物的天堂"，光是在蓝明顿公园内就有几万只的野生鹦鹉，红的、蓝的、橙的、绿的，各种颜色都有。它们一点也不怕人，有一次我们前去参观，才踏进公园草坪，来自四面八方的鹦鹉就聚拢过来，头上、肩上、手上都被它们站满了，虽然照出来的相片一脸狼狈样，但也觉得很有趣。

另外，我自一九四九年离开故乡以后，就再也没有见过下雪，心中一直怀念昔日的雪景。四十多年前我到日本访问，看到路边的积雪未融，当时兴奋不已！后来佛光山在日本创建东京别院，有一次趁着前往弘法之便，承蒙信徒陈逸民、西原佑一等人热心，邀我到北海道赏雪。

当天我们抵达北海道时，夜色已晚，坐在车子里，只见窗外偶尔飘来片片雪花。晚上住宿在支笏湖观光旅馆，夜里却一直睡不安宁，不时地望着窗外，一心只希望能看到飘雪。但是只见一轮明月高挂天空，甚至窗外的支笏湖水也随着微风吹起皱纹，把天上的明月映照得更为明亮，连天上的星星也看得一清二楚。我心想，这一次到北海道来，大概又只能看雪，而没有办法看到飘雪的情景了。没想到中午时分，忽然下起雪来。看到大雪飘飘，一时兴奋，我赶忙叫随行的徒众照了一张照片。

我这一生，在世界各地弘法超过一甲子以上，看过的美景无数，然而能够让我动念想要照相的，这大概是唯一的一次，其他都是应众人所需而照，那就不计其数了。尤其近年来每到一地，承蒙当地信徒好意，经常趁着弘法空当，安排我参观一些名胜古迹。但是现在马来西亚、新加坡、中国香港以及台湾等国家和地区的华人在世界各地观光旅游很普遍，偶然相遇，都会要我跟他们合照，我也总是随缘满人所愿。只是等大家一个接一个照完之后，差不多又要上车了，根本没有时间看风景。

因此，回顾几十年来，虽然我行脚过各地的名都大邑，走遍了世界的名山大川，实则不曾尽兴观赏，也未尝仔细探访，一路上都是只有“看照相机”而已。不过也因为有照相机，让我在世界七大奇观之处都能留下影像，包括加拿大的尼亚加拉大瀑布、美国的大峡谷、印度的泰姬玛哈陵、埃及的金字塔、意大利的比萨斜塔、巴西的亚马孙河以及希腊神殿等。

其他有名的景观，如瑞士的阿尔卑斯山、加拿大的落基山脉、南非开普敦的好望角、澳洲的大堡礁、莫斯科的红场、法国的卢浮宫、罗马的竞技场、意大利的地下坟场、法国的埃菲尔铁塔、柬埔寨的吴哥窟、印度尼西亚的婆罗浮屠、中国的万里长城等，我都曾留下足迹，也曾留下影像。

有人说，瑞士的阿尔卑斯山会打扮，像花姑娘；加拿大的落基山脉很淳朴，像灰姑娘。对于世界奇观，更是众说纷纭。我认为，如果泰姬玛哈陵可以名列世界七大奇观，那么南京的中山陵应该也有条件跻身其中；如果意大利的地下坟场算得上世界奇景，那么中国北京的十三陵、西安的兵马俑，就更是奇景中的奇景了。甚至张家界的天门山、宝塔山及云南的石林，乃至加拿大的落基山脉，若能入选为世界七大奇观，绝对毫不逊色，因此我建议，不妨依游客欣赏的角度，让大家投票选出新的七大，甚至十大、二十大世界奇观。

其实，世界之大，景观之多，不见得每个人终其一生都能一一走遍，但是通过摄影，我们在家中就能览尽世界美景；通过摄影我们捕捉自然界一切人、事、物最美的一霎，把它们留存下来，提供给大家欣赏，这在追求真善美的现代生活中，自有其地位和贡献！如《国家地理》杂志，就因为具有这样的功能而普受读者喜爱。

曾经获奖无数的摄影界一代宗师郎静山先生，一生酷爱摄影，他精研摄影艺术，不但创作无数，并将“集锦照相”艺术发挥得淋漓尽致。他以高寿一百零五岁辞世，却有九十余年的岁月相机不离手。他曾说：“我做集锦照片，是希望以最写实、最传真的摄影工具，融合我国固有的画理，以一种‘善’意的理念、实用的价值，创造出具有‘美’的作品。”

郎大师的摄影作品，在北京华辰秋季拍卖会上，一张照片估价五万元。郎老的摄影成就众所皆知，而他的书法也写得极好。一九九四年佛光山为了筹募佛光大学建校基金而举行书画义卖，时年一百零四岁的郎老先生，特别书写了《大悲咒》与《心经》等四幅书法参加义卖。他的作品远观行气，近看劲道，均属上乘，令人赞赏。

另外，生态摄影专家林英典先生，多年来凭着不屈不挠的精神，跋山涉水，以一部相机捕捉了无数濒临绝种的鸟类珍贵镜头。在佛光山文物展览馆就曾展出林先生的“野鸟生态摄影展”，当时我还特地前往参观。我觉得这样的展览，很值得一看。

再者，一九九一年开始，《普门》杂志社特别举办“佛光摄影奖及文学奖”，也是希望通过镜头与文字，把世间真善美的事物，分享给大众。

照片可以留下美好的事物，也可以记录历史。二〇〇三年佛光山的徒众为了纪念我到台湾弘法五十年，特别把我历年来的弘法照片，选出一部分集结出版《云水三千》纪念专辑。我在序文里说：“这不是为了表现我个人，而是为五十年来在全世界参与人间佛教运动的有缘人，留下一个纪念。”事后有很多人说，从中可以看到佛教的发展史。

照片不但可以记录历史，甚至能还原真相。如一九三七年日本兵在中国进行南京大屠杀，一九四七年台湾发生“二·二八”事件等，尽管后来有人企图扭曲真相，甚至篡改史实，但是照片会说话，一张张照片已然向世人诉说了无言的真相。

现代很多艺人时兴拍“写真集”，其实拍摄本身就是一种艺术，只是有一些狗仔队专门追逐、偷拍名人的生活动态，严重侵犯了别人的隐私，这就不是好事了。英国王妃黛安娜，就是为了躲避狗仔队的跟拍，结果因车速过快而导致车祸身亡，所以东西本身并没有好坏，主要是看使用者的心态是善是恶。

过去不少名摄影家如林声、蔡荣丰先生等，都曾帮我照过相。尤其蔡荣丰先生，历届的“总统”及不少名人，均曾以高价聘请他掌镜摄影。承蒙蔡先生好意，不但几次免费帮我照相，甚至跟着我的弘法行程飞到马来西亚。只是我对他很抱歉，不但一张照片也没保留，甚至连看都没有看到，真是辜负他。不过，所有见过相片的人，都对他的摄影技术赞叹不已。

走笔至此，不禁引发我无限的感慨，因为每逢佛光山举办各种活动，负责摄影的徒众事后把照片拿给我看，我总觉得，别人拍的照片都很好看，只有佛光山的徒众拍出来的照片不入流。原因何在？我想主要是摄影的人没有好好研究、探讨其中的道理。替人拍照，至少应该注意以下事项：

一、应将相机事先准备妥当，一看到好的镜头立即捕捉，一来争取时效，二来顾及被摄影者的方便。

二、所取的角度要能显出整张相片的主题。

三、背景也须注意，才能使整个画面动静调和。

这些是我多年来应信徒要求与他们合照，慢慢体会出来的一点小小心得。

另外，每当我在讲演开始时，总会有徒众拿着相机对着我，左一张、右一张地照个不停。有一次我实在忍不住，就对他说：“这近两千人的信众聚集在一起，是多么难能可贵的殊胜镜头，为什么你不懂得拍摄大众呢？”我的目的是希望徒众心中能有大众，不要只照我一个人。

长久以来，佛光山为了弘法需要，发展了很多佛教事业，很多人因此以为我喜欢大、喜欢多。其实我的性格是怕大、怕多。我是一个很勤俭的人，一生很少买东西，很少为自己添置、储蓄、积聚，即使为公家购物，也是斟酌再三，不敢有丝毫浪费。我一直倡导“储财于信徒”，从不轻易向信徒化缘，甚至我觉得化“心”比化“钱”重要。

再有，我怕坐宝座。在佛光山我从来没有过一张宝坐椅，但是后来每到别分院，徒众都会搬来好大的椅子让我坐，令我很不习惯。

我也怕坐中间，每次有法会、会议，不得不坐中间，我都感到非常的无奈。我尤其害怕照相、签名，但是为了给人欢喜，也只有勉强自己随喜随缘。

回想四十多年前，我与同参煮云法师同住在寿山寺，每次出门，碰到要买车票时，他就往“后”退，我则要上“前”去买票。但是遇到用餐时，煮老总习惯坐“上”座，照相时习惯坐“中”间，走路时习惯走“前”面，久而久之，信徒都称煮云法师是“上中前”的法师。

煮云法师比我大八岁，是同戒、同学、同参，外表长得一副祖师相，尤其为人很厚道，生性没有嫉妒心，不曾谈过人我是非，人家对他有所批评，他总是哈哈一笑。甚至有位同道多次在背后说我的坏话，从中挑拨我们之间的友谊，他不是哈哈一笑，就是为我说好话。我们相交数十年，相知相惜，直到现在，对老友还是怀念不已。

照片可以留存美好的回忆，但有时也会造成无谓的误会，甚至铸下终生悔恨的憾事。数十年前，我从书上看到一则与照片有关的故事，到现在都忘记不了，对我一生影响也很大。

话说有一位银行经理，在一家育幼院里认养了一个小女孩，每月按时寄钱供她生活、读书。光阴荏苒，小女孩大学毕业了，长得亭亭玉立的她，主动表明要嫁给这位恩人。但是经理认为，自己与小女孩的年纪悬殊太大，况且自己当初认养她，只是抱着助人之心，并没有任何企图，也不望报答。不过小女孩一再强调：“我是因为喜欢你，自己心甘情愿要嫁给你，并不是为了报答你。”

于是两个人果真结婚了，虽是老夫少妻，但彼此体贴，相互恩爱，生活倒也美满。

婚后小女孩想到社会上工作，经理也欣然同意。但是当太太上班工作没多久，有一天经理的表弟来跟表哥说：“表哥，你怎么能让表嫂出去工作，她那么年轻，你怎么能放心呢？”

经理问：“你说这话是什么意思？”

表弟说：“我看到表嫂经常和一位男士在公园散步，一起看电影。”

经理听了毫不介意，完全不放在心上，他认为，是太太自愿要嫁给我的，怎么会在外面胡来呢？

事情过后不久，有一天，有个朋友结婚，请夫妇两人去喝喜酒。经理说：“我今天觉得好疲倦，你代表我去吧！”

太太出门后，先生一个人在家很无聊，往床上一躺，无意间发现枕头下有一面太太的小镜子。他好奇地拿起来，没想到从镜子的背面掉下一张照片。照片中，自己的太太和一个年轻英俊的男士紧紧拥抱在一起。这一看他不由得怒火中烧，原来太太有这么一段过去，而且还一直保守着这个秘密，她分明是在欺骗我的感情！

虽然内心一下子受到这么大的冲击，但经理外表还是故作镇静。他把镜子重新装好，又放回枕头下面，只是内心的气愤难忍，因此就一个人在家里喝起酒来。

太太吃过喜宴回来，看到先生一个人在家喝闷酒，就问先生：“人家请我们吃喜酒你不去，怎么一个人在家喝得这么醉醺醺的，你有什么心事吗？”

任凭太太怎么问，先生就是不开口。太太无奈，只得对先生说：“如果你不说话，我就要睡觉了哦！”太太朝床上一坐，顺手拿出那面小镜子，边照边说：“你看我漂不漂亮呀？你怎么都不理睬我呢？你知道我是多么爱你吗？”

太太的话，听在先生耳里，一字一句都像刀剑一样，深深地刺痛了他的心。他想：“你这个贱人，竟然在我面前和情夫说话！”终于忍耐不住，就一个箭步上前掐住了太太的颈项。

太太一惊：“啊！为什么这样呢？”

先生把镜子捏碎，抽出里面的照片给太太看。太太一看，不觉笑了起来。先生这时再也按捺不住怒火，心想：“你这个女人真是不要脸，到这个地步了还对着情夫发笑！”于是一气之下就将太太掐死了。事后他随便编造了一个理由，就把太太埋葬了。

半个月之后，表弟来了，他说：“表哥，我觉得表嫂死得很离奇，为此内心一直感到很不安。我想，你是不是因为听了我的话，对表嫂有了误会。其实是我自己在追求表嫂，但是表嫂不理我，我一气之下才会对你说了那一番话，其实表嫂是很爱你的。”

经理说：“这事与你无关，你不必介意。”

事情过了三个月之后，有一天经理正要出门，刚好邮差送来一封给太太的信。他心想太太已经死了，便把信封拆开，想要看看里面到底写了些什么。

结果，信的内容一开头就说 ：“某某！听说你已经结婚了，我自己也早在五年前就嫁作人妇，现在已经是两个孩子的妈妈了。犹记得我们在高中女校毕业的时候，在毕业典礼上，我们合演了一出话剧，你是女主角，我反串当男主角。我把当时所拍的剧照，放在小镜子里送给你，那面镜子你还保存着吗？我本来是想十年后才告诉你，届时我们可以一起回忆高中时期的快乐时光。但是五年过去了，人世沧桑，世事多变，假如你还保有这面小镜子，不妨打开来看看我们的照片……”

经理看到这里，心头一震，顿时如雷轰顶。他知道自己因为冲动，已经犯下了一个终生难以弥补的大错，只是到了这个时候，即使再多的懊悔，终究还是挽不回太太的一命。

这个故事让人想到，世间万事有时候“亲眼所见、亲耳所听”，都不一定是正确的 ；人世间有多少的误会、冤屈、遗憾，不就是因为认识不清而造成的吗？因此佛教的“八正道”，第一就是“正见”。

什么是“正见”呢？我常比喻，正见就如照相，必须要把光圈、距离、焦距都调整得恰到好处，才能照出清晰美丽的画面。同样的，有了正见才能如实地看清楚人生宇宙的真相 ；缺乏正见而看世间，就如同雾里观花、盲人摸象，会产生严重的差错。所以人生处世，最重要的就是知见要正。

我们平常出外旅游，看山、看水、看花、看草、看人、看事，看尽男男女女，看尽人间万象 ；眼看不够，还要用相机把一切都照下来，却很少有人想到要回过头来关“照”自己的“心”。心是我们的主人，主宰我们的人生，人要明心见性，才能看清自己，才能找到自己。因此，当我们在看尽世界奇观美景的“假象”之余，更要看自己的“心”。能够看到自己的真心佛性，那才是人生的“真相”！

十三　球类运动

数年前，我因冠状动脉阻塞，在“荣民总医院”进行了心脏再生绕道手术。术后医生一再提醒我，每天一定要运动，就如同吃药一样，不可偏废。从此以后，每天餐后半小时，我一定以跑香的方式来运动。

说到运动，其实我从小就喜爱运动，但因童年生长在贫穷落后、教育不兴的扬州乡间，既没有学校，也没有人倡导运动，更没有什么运动设施可言，倒是儿童的游戏不少，如老鹰捉小鸡、丢手帕、绕铁环、打梭、飚钉、放风筝等。只是这些游戏必须有同伴才能玩得起来，甚至要有对手比赛才有趣味，尤其像放风筝，一定要有风才能放，最适合的季节就是春天。但是短暂的春天一过，夏秋季节天气炎热，冬天则多数地区均被冰雪所封，哪里能放风筝？所以从小我唯一的消遣就是游泳，不但游出无限的乐趣，而且游出高超的泳技。

我之所以热爱游泳，并且深谙水性善于游泳，大概与我出生在水乡江都，故乡就在扬子江运河的边上有很大的关系。记得三四岁的时候，我就在家中后院的池塘里游，到了六七岁时胆子渐渐大了，就到运河里游。直到十岁左右，我的泳技好到可以浮在水上睡觉，也可以潜入水中一二十分钟，无须浮到水面就可以在水里换气，甚至能从二百公尺的运河此岸，携带十数斤的菜米游到对岸。当时运河两岸的人民，要靠摆渡往来、购物，但是摆渡要钱，所以善泳的我从小便自然地负起家中采购工作，常常衣服一脱，随手往头上一放，很快就可以游过江去，然后把所需物品备办齐全，带回家中。

由于热爱游泳，尽管小时候家境清寒，物质生活贫乏，但是精神世界却是丰富无比。只是到了十二岁出家之后，我从江都水乡进入栖霞山村，一下子与游泳绝缘，变成不能下水的旱鸭子，那种感觉真是苦不堪言。但是我很清楚，自己的前途、未来不能寄以游泳，所以只有忍痛放弃。不过生性喜爱运动的性格不能改变，于是慢慢就把兴趣转移到打乒乓球上面。

说起来也实在可怜，那个时候常住、学院都不允许我们打乒乓球，只能偷偷地打，但是球还是经常被师长没收。尤其难堪的是，小小的乒乓球几经抽球、杀球，很容易就坏，根本买不起，所以就连打乒乓球都没有条件。不过年少的我们，还是有办法从生活中寻找乐趣，例如，约三五朋友，到山上偏僻的地方“杠膀子”，也就是用膀子互打，打到一方痛得受不了认输为止。有时候则自己半夜起床练铁砂掌，或者飞檐走壁的功夫。因为在青少年成长阶段，身心发展很需要运动，遗憾的是当时常住并不重视运动，学院也没有体育课程。

后来我们几个同学偶然发现，山上不时有人偷砍树木，他们一看到出家人，就纷纷丢下镰刀、斧头，快速溜走。我们捡到工具本应交给常住，但常住并不重视，也没有鼓励。于是同伴中有人提议，把捡来的斧头拿到铁器店换个篮球筐子，回寺后自己砍木材做篮球架，并且由几个家境比较富裕的同学集资，合买了一个篮球。就这样我们开始打起了篮球。但就因为好打球，学院认为我们不守规矩，贪玩好动，因此被记过，甚至后来我还遭到被开除的命运。可是我对打球运动的热爱，始终如一，丝毫未减。

记得一九四九年我到了台湾，最初在新竹青草湖担任台湾佛教讲习会教务主任。当时“内政部”次长的夫人王郑法莲女士，特地送给我们一些排球、乒乓球等。那时大约有学生六十人，我鼓励大家打球。但是学生们平时没有运动的习惯，见到球吓得直往后退，好像打球是见不得人的事。这时我不禁慨叹：自己一生为了运动，青少年时期在大陆想打球老师不准，甚至为了打球被学院开除；现在来到台湾，自己当了老师，鼓励学生运动打球，学生却不敢而远远躲避，为什么人的思想观念，甚至命运的差距会这么大呢？

我想或许他们认为出家人打球、运动，不威仪，不庄严，是违规不能做的事，但其实佛教向来注重运动，像传统的朝山、每日的跑香、行脚云游、普坡作务，甚至打拳出操等，都是舒展筋骨，锻炼身体，培养耐力、毅力的好方法。

再说，佛教讲修行，不是只有诵经拜佛、打坐参禅才是修行，运动打球也是一项如实的修行。尤其在篮球场上，犯规时要举手认错，这是“忏悔”；不暗使小动作伤害别人，这是“慈悲”；知道因缘而不单打独斗，这是“团结”；懂得制造机会给队友，这是“利人”；积极勇敢地争分夺秒，这是“精进”，所以球场上也充满了佛法，充满了教育的意义。

一般的学校教育重视五育并进，佛教尤其讲究德、智、体、群、美五育的完成。例如，早晚在佛殿共修，重在“德育”；平时在教室上课，重在“智育”；僧团是六和合僧，重在“群育”；佛像的雕刻、绘画及梵呗的唱诵，重在“美育”；而球场上的运动，可以弥补“体育”之不足。

人要经常运动，才能增强体魄，就像水必须经常流动，才能长保洁净。而五育并进的教育，才能养成优秀的人才。因此，我年轻时就提倡佛门应有篮球运动，并且早在一九六九年，佛光山举办第一届“大专佛学夏令营”时，便特别在课程中安排篮球比赛，因为在球场上可以治好佛教青年许多不健全的毛病，进而培养良好的习惯，诸如：

一、佛教青年缺乏荣誉感，没有冒险犯难的精神，遇事有犹豫、退缩的毛病。但在球场上，你要勇敢冲刺，因为能够把握第一时间，才能先驰得点；如果慢了一拍，失去先机，不但自己不能得分，还可能让对方有得分的机会，所以球场上可以养成勇敢冲刺的习惯。

二、佛教青年有不认错、不改过的毛病。但在球场上，攻守之间虽然要勇敢快速，却必须遵守规则，不可侵犯别人；一旦犯规，裁判哨子一吹，就要举手认错，就须服从裁判，所以球场上可以养成遵守规矩的习惯。

三、佛教青年有不团结合作，唯我独尊的个人主义。但在球场上，队友之间彼此要互相合作，懂得为队友制造机会，才能得分；如果单打独斗，表现自我，势必尝到败绩，所以球场上可以培养团队的精神，了解集体创作的重要性，养成与人合作的习惯。

四、佛教青年缺乏慈悲和尊重别人的器量。但在球场上，即使对方是敌人，你也不能任意冒犯，甚至要感谢对方，因为如果没有他们，球赛就不能进行，所以一上场，彼此要先敬礼，以示友好，这是对他人的尊重，因此球场上可以养成尊重对方的习惯。

基于上述种种好处，我在创建佛光山之初，就积极提倡运动。虽然佛学院的学生并不好运动，大都对体育没有兴趣，但我在佛光山的“灵山胜境”、“大慈育幼院”、“东山”等地，先后建了三座篮球场，甚至在万分困难的情形下，为普门中学建了体育馆，乃至后来的佛光大学体育馆，甚至成立普门女子篮球队、佛光女子篮球队等。

现在回想起来，当时佛光山才刚草创，在一片荆棘丛生、丘壑横亘，到处高低不平的山谷之中，好不容易才把两座山的土推下深沟，填出现在灵山胜境那一块平地。那个时候别说大雄宝殿建都没建，甚至连地也还没有买，下面的不二门到朝山会馆之间，也没有阶梯，游客上山，都是踩着土石爬上来的。在那样的情况下我就设了一个球场，不过因为十分简陋，也只能供大家随意奔跑而已。

后来灵山胜境成为游客上山的通路，我想总不能为了打球而妨碍游客进出，于是将球场迁移到现在大慈育幼院的所在地。那个地方原本也是一条深沟，填了一千多卡车的土才成为一块小平地，将就建了一个篮球场。当时大树乡不少村民，甚至成功大学、高雄师范学院、陆军官校的学生，都曾在这里和我们打球联谊，度过不少快乐的时光。包括大树乡选出来的“立法委员”尤宏，以及陆军官校退休的陈炳文，都是我们的球友。

后来育幼院开始筹建院舍，球场需要用来堆放建材，不得已又迁到东山男众学院的边上。在这里，每天四点半打球时间一到，全山大众都可以到球场，不管僧信老少，喜欢打的人就上场，曾经有过一百多人同时上场打球的记录，也不管你是参加甲队还是乙队，或是谁上谁下，都不计较，反正只是运动。

其间曾经写下很多“特别”的记录：例如，佛光精舍七十有余的老人可以披挂上阵，小至六七岁的育幼院小朋友也能上场。有的人上了球场，从头到尾走都不走一步，是“固守本位”型的球员。有趣的是，曾经有五人的正式的球队与八十余人的杂牌球队比赛，结果五人小组赢了。甚至经常球场上战况剧烈，场外却忘了计分！总之，这是一个不计输赢、不需裁判的球场，纯粹为了运动，大家也一直乐此不疲，如此持续了二十几年，不管刮风下雨，未曾间断过。

只是美中不足的是，那时正值佛光山开山期间，往往才刚上场，或是只打了半场，忽然传来消息：某某人来访！虽然有些心不甘情不愿，但又不能对宾客失礼，所以只得和着汗水，披上长衫，赶赴客堂会见访客，所以经常都是在忍耐煎熬中结束一天的生活。

在那段期间，打篮球是我例行的运动，球场更是我每天和徒众接心的地方。尤其每年农历七月供僧法会当天下午，总会举行一场"'无量寿杯'篮球赛"。这是佛光山一年一度的"奥林匹克运动会"，由山上各单位及别分院徒众各组球队，彼此"较量"。因为不对外不公开，纯属师徒时间，大家可以尽情发挥，所以整个球场总是充满笑声、叫声、呐喊声，以及热烈的加油声。

在东山球场上，也有很多值得纪念的事，例如，陆军官校、成功大学的学生经常上山与我们进行友谊赛，那时男众学部不少沙弥，每次都由他们临时组队参加。沙弥们年纪虽小，体力却能胜过成大与官校的学生。我看那些社会的年轻人，经常才上场打了五分钟，便已汗流浃背，急着要求教练换人；反观佛光山的沙弥，奔驰全场，自始至终没有人喊累，也没有人要求下场休息。

当时我觉得很讶异，心想这些沙弥平时都是素食，照说营养、体力应该不会比社会人士好，为什么可以在球场上奔驰数十分钟毫不疲倦？后来慢慢发现，素食对增加耐力大有帮助。就像牛、马、大象、骆驼等，都是素食的动物，它们都比较具有持久的耐力。再如飞行的鸽子，也是吃豆、谷之类的素食者，它们也是展翅千里，不屈不挠。反观狮、狼、虎、豹，虽然凶猛，可是"老虎三扑，后力不继"，可见素食可以增加耐力，从这些动物身上都可获得明证。

佛光山的沙弥虽然没有教练，也没有队长，但是曾经在台北"中华体育馆"和"立法委员"组成的球队对垒过。那是一九九四年国际佛光会为了倡导"净化人心七戒运动"所举行的篮球义赛，佛光山的沙弥对上由洪浚哲、钟小平、魏镛、韩国瑜、曹尔忠、陈学圣、林瑞图等人组成的“民代队”。虽然是第一次参加正式的公开比赛，但是沙弥们面对身经百战的国手级人物，个个有板有眼，传球、运球、投球，各方面始终表现得纯熟迅速，让现场观众频频叫好。当时我一直招呼这些沙弥，对年长的“立法委员”要表示一点敬意，能输他们几分是最好的收场。果然，终场以六十比六十二，沙弥队小输二分。

另外，当天还有两支队伍，分别是港星曾志伟号召了广受港台两地观众欢迎的谭咏麟、陈百祥、泰迪罗宾、吴大维、梁家仁、黎汉持、尹志强、刘勇等人组织的香港明星队，迎战由赵宁、裘海正、庾澄庆、邓志鸿、汪建民、周治平、萧言中、曾国城等人合组的梦幻明星队。由于两队的实力势均力敌，比赛过程高潮迭起，观众的情绪也随着篮球的跳跃而起伏沸腾。最后，梦幻队终于以六十二比五十四，小赢香港队。

在东山篮球场上，还有一件让我感觉最得意的杰作。曾经有一个十三岁的小孩，家人送他到佛光山时，他连自己的名字都不会写，我拿篮球给他，他看到球就吓得直往后退。由于智能不足，各项学习都赶不上其他沙弥，我只得耐心地用球来引导他的兴趣。渐渐地，他终于开始喜欢打篮球；经过三五年后，竟然成为沙弥队里的主力战将。后来他在佛光山负责水电工程，以及厨房的典座，都能独当一面，甚至为文写作，投稿在报刊上发表也是常有的事。我不禁想到，人生不可以随便加以判定，所谓“人人皆有佛性”，每个人都有潜力，只要适当地加以开发，都能一展身手。

我和这许多沙弥虽然是师徒，也如兄弟，大部分都是在球场上培养出来的感情，像心平、心定、慧龙都是早期篮球场上的球友。虽然数十年来人事变迁，当时的一些年轻人现在也已垂垂老矣，但大家都很怀念那一段驰骋在球场上的风云岁月。

另外，在篮球场上我也与很多社会人士结了缘，例如“中华台北篮球队”总教练刘俊卿先生，曾经带着球员上山礼佛、坐禅，和我们切磋球技。他知道我是篮球的爱好者，多次跟我谈说篮球。我告诉他，打球的意义乃在于培养团结合作的精神、勇于认错的修养、感谢对手的成就，以及主动出击的生活观念等。我从佛法的观点讲述一些篮球的人生哲理，引起他对佛法的向往，后来更因此因缘而在佛光山皈依三宝。可以说，篮球场上也是我们弘法度众的好道场。

提到“中华台北篮球队”，不禁让人联想到，早在一九二一年在上海举办的第五届远东运动大会上，我国的男子篮球队就曾勇夺冠军。在此之前与之后的几年，也分别获得八块银牌及一块铜牌。另外，自一九五四年“中华台北篮球队”首度参加第二届亚运会开始，虽然连续两届屈居亚军，败给了篮球王国菲律宾，但篮球队的王毅军、陈祖烈、罗继然、唐雪舫、赖连光，甚至更早期的贾志军等人，他们斗志昂扬，球技出神入化，在球场上奋力拼战的精神，振奋人心。尤其他们凌厉的攻势，往往让对手毫无招架之力，不但多次打败韩国、新加坡、泰国、印度尼西亚、马来西亚等国家的球队，更曾让日本队因为输球而抱头痛哭。

当时虽然没有电视转播，但我每天必看篮球的新闻报道，并且以此为最大乐事。可惜后来“中华台北队”的实力愈来愈弱，战绩每况愈下，慢慢居于韩国队、日本队之后，甚至一度败给马来西亚队，让人不免失望。

及至后来举办的“‘威廉琼斯杯’篮球锦标赛”，每年都有十几个国家的球队到台湾来举行友谊赛，这时的“中华台北队”连打入前四强都很困难。我想，原因应该出在训练不够，所以虽说体育可以强国，但还是要经过苦练，没有付出汗水与辛劳，就不能建立功勋。

当时我曾经一度想把美国的湖人队请到台湾来比赛，只是看到“中华台北队”与外国球队比赛时，总是输球输得那么惨，从来没有赢过一场，何况湖人队的球员个个人高马大，想想还是不要灭自己的威风，助长他人的志气。所以当时虽然与湖人队有一些因缘，可以邀请他们到台湾，但最后还是打消了这个念头。

回想当年台湾风靡篮球的时候，由于年轻，每次观看球赛，我总是满腔热血，满心期待“中华台北队”得胜，能为台湾争光。但是我们的球队战斗力愈来愈赶不上日本队、韩国队，战绩实在乏善可陈，我对台湾的篮球运动便从热心而渐趋冷淡。不过我并没有灰心，我曾提出建议，希望台湾当局能够在北、中、南、东的军中设置体育营，平时对球员施以体能训练，并经常举办比赛，最少在春、秋两季举行分区比赛。有了区域性，观众看球才会热烈，有了观众的支持，才能带动篮球的发展。就像过去的大鹏、七虎、国光、陆光、海光、中兴等，都是军中组成的篮球队。当时大鹏、七虎是台湾地区最具知名度的球队，大鹏曾于一九五一年应邀到菲律宾访问比赛，是台湾第一个外出比赛的篮球队。篮球后来也成为台湾地区最热门的全民运动。

我生平没有什么嗜好，唯一比较着“迷”的就是篮球，但在六十年代，出家人看球赛好像也是见不得人的事，不过我还是数度与信徒结伴到球场观赛。及至后来有了电视，虽然自己买不起电视机，遇有篮球赛实况转播时，也会到有电视机的信徒家中观看。甚至后来购买电视机，最大的动机也是为了看新闻和球赛。

在篮球场上，一个有实力的球员，不管别人如何阻挡、包抄、妨碍，只要拿到球一定会射中，神情之稳重、姿势之灵巧，让人觉得观赏球赛实在是一种视觉的享受。只是后来看球赛，每次都是满怀希望开始，最后却以落败告终，慢慢地实在受不了“中华台北队”输球的滋味，也就把看球赛的兴趣从篮球转移到棒球上面了。

说起对棒球产生兴趣，这当中也有一段因缘。记得一九六九年，“中华台北少棒队”第一次到威廉波特比赛，刚好高雄市多所中学把一些问题学生集中到佛光山来，希望能用佛法影响他们，定名为“祖逖营”。因为在威廉波特比赛的时间正值台湾半夜，校长们关心比赛，半夜起来听收音机，引起我的好奇。当我慢慢了解到棒球的比赛规则后，不觉也对棒球生起极大的兴趣。我曾经在佛光山设立过不很标准的棒球场，也曾被棒球棍打中，几乎瞎了眼睛，但等到痊愈后，仍然兴趣不减。

谈到棒球，就不能不提起红叶少棒队。这个球队是由台东偏远山区的学童所组成，由于经费不足，在买不起棒球与球棒的情况下，只能“以棍代棒，以石为球”。但他们仍然刻苦地勤奋练习，结果在一九六八年“中日少年棒球对抗赛”中，以七比零的悬殊比分打败日本队，震惊棒坛，从此声名大噪，不但在台湾各地掀起一股红叶旋风，还促使隔年金龙少棒队的组成。

金龙少棒队在一九六九年首度进军亚洲少年棒球赛就获得了冠军，之后代表远东区参加在美国威廉波特举办的“第二十三届世界少棒大赛”，连胜三场，一举夺得冠军，并且掀起了棒球的热潮。后来的巨人，立德少棒队，也曾先后称霸于威廉波特。

随着少棒称雄于世界的棒坛，紧接着青少棒、青棒也得过多年的冠军。尤其一九七四年八月，以金龙少棒的球员为班底的青棒，首度代表台湾地区参加在劳德岱堡举行的“世界青棒赛”，结果四战四胜摘冠，另外美和青少棒与立德少棒也同时分别摘下第三座与第五座冠军，台湾地区正式进入“三冠王”年代。之后一九七七、一九七八年，台湾地区又两度勇夺三冠王。

体育不需要语言，虽有胜负，但完全是一种和平的竞争，充满了友谊。尤其现在世界潮流不一样了，科技上、文化上、战场上可以报效国家，在体坛上也一样可以为国争光，所以在一个进步的国家，对于体育都会有很好的发展。

在当年棒球蔚为全民运动的时代，也造就出许多的棒球明星，如许金木、涂忠男、林华韦、李居明、郭源治、徐生明、高英杰、李来发等。数十年来，我一直很关心这些选手们的前途，尤其当年屏东美和青少棒总教练董荣芳先生是佛光山信徒，每次代表台湾地区参赛都是由他执掌兵符，因为他也在佛光山丛林学院教体育，让我更加关心棒球运动的发展。只是，由于当局并没有一套完整的制度保障，所以球员们也只能自求多福了。

然而作为一个棒球的观众，我看到后来职棒的选手纷纷投身、效力于日本队，例如曾经带领台北代表队参与无数国际大赛的教练李来发，过去入选“中华台北代表队”担任捕手时，与投手高英杰搭配，因为合作无间，被誉为最佳投捕搭档，后来双双加入日本职棒南海鹰队。因为自己的家乡养不起选手，而使“楚材晋用”，不禁令人叹惋。甚至到了现在，职棒成为签赌的工具，传出打假球诈赌的事件，真是道德沦落，更加令人为棒球运动叹息不已。

说到李来发，不禁想起当年一件有趣的事。过去佛光山丛林学院原本不准养狗，有一天我们正在观看棒球比赛，战况正是激烈的时候，有一个学生抱来一只狗，要我为它取名。就在这个时候，李来发适时击出一支再见二垒安打，为“中华台北队”带来胜利，我一时高兴，顺口而出：“就叫“来发”吧”！后来佛光山再养的狗，从“来发一世”到“来发二世”，就是这个因缘而来。

观赏球赛往往会让人情绪沸腾，个人的爱嗔也总在不经意间发泄出来，所以这种时刻最能看出一个人的修养。有一场球赛正在激烈地进行，观众情绪激动，由于太过投入，因此只要看到投手连投几个坏球，就大叫：“换投手！换投手！”捕手偶不小心落接，马上有人高喊：“换捕手！换捕手！”打击手挥棒落空，也是大声鼓噪：“换打击手！换打击手！”甚至裁判的判决不合个人意思，也说：“换裁判！换裁判！”这时观众席上终于有人忍耐不住，站起来大呼：“换观众！换观众！”

现在台湾一般民众看棒球比赛的兴趣，虽然没有“三冠王”时代那么入迷，但目前省内还是有不少职业棒球队，像兄弟象、统一狮、味全龙、三商虎、兴农牛、中信鲸、时报鹰等，每年仍会举行多场比赛。有一段时间，时报鹰在打了几次败仗后，球员陷于低潮，教练于是把球队带上山，要我传授心法，给予鼓励。我虽然爱好体育，但毕竟不是教练；不过因为多年爱好看球赛，也有一些心得。我觉得打球主要在于“心物合一”，就像一个真正会武功的人，取胜之道在于“心”，而非“力”！所以如何打好球，在于用心，而非用力！

例如，佛光山的慈惠法师是个大近视眼，戴着一千多度的近视眼镜，不戴时几乎看不到球框，但在篮球场上，她的三分球总是应声而入，很少失误。有人问她：“你如何能够投得那么准？”她说：“其实我也看不到，只是凭着感觉用心投！”

因此，当时报鹰的教练问我如何才能打好球，我说：“不是用力打就算，而是要用心去打。就像武林人物勤练摘花飞叶、铁手神拳、隔空点穴等功夫，都是要靠用心去练，而且要肯下苦功，只要工夫用得深，自然球随心意发动，高低远近，得心应手。”

我在少年时期所受的是关闭式的教育，连眼睛都不准乱看，“哪一样东西是你的？”呵斥声，总在不经意的浏览下，当头一棒！所以经常过着“眼不看、耳不听”的日子。虽是如此的生活，但从年轻到现在，我始终不减对运动的喜好，尤其是篮球、棒球、足球等。

不过，我从年轻时就渴望佛教能有一个“归佛篮球队”，借着“以球会友”能和各国联谊，间接地把佛法传遍世界，就像过去天主教曾经有一归主队，他们征战天下，为天主教增加了不少光荣与信徒。

这个心愿直到最近普门中学女子篮球队成立后，终于实现了。普中女篮在二〇〇四年正式组队，隔年报名参加“高中篮球联赛”（HBL），与平均球龄五六年的对手比赛，球员们初试啼声，表现得可圈可点。二〇〇六年进而打入前八强，夺得第五名。二〇〇七年起，连续两年打败北一女，尤其今年更把北一女挤出前四强，取而代之，首度打进HBL女甲四强，也打破了过去四强总是由北区球队独霸的惯例，最后荣获第三名。

当天，整个比赛过程，高潮迭起，精彩无比，使得前往加油的拉拉队情绪亢奋。他们以整齐的节奏念着“唵嘛呢叭咪吽”为普门中学加油。当中有不少高龄的老太太，受到现场热烈气氛的感染，每个人都觉得自己忽然年轻起来，不但活力充沛，甚至原本有腰酸背痛的毛病，经过一场球赛助威，腰也不酸、背也不痛了，大家直呼：“都是运动的好处。”纷纷表示，以后儿孙想要打球运动，她们绝对不会反对。

此外，比普门高中女篮[注]早一年成军的普门“国中女篮队”，则在“二〇〇八年全省‘中州杯’国、高中国际篮球锦标赛”中，连赢“嘉义国中”、“光荣国中”、“员山国中”、“永仁国中”，以四场全胜的姿态，取得冠军奖杯。而佛光大学女子篮球队不但在大专篮球联赛（UBA）中打进八强，同时在一场与新加坡的友谊赛中，以十分的差距一举打败新加坡国家代表队。未来她们的目标是，希望能打进大专联赛女子甲组，然后再进一步进军WSBL（台湾职业女篮联赛）。

为了女子篮球队的成立，我特地请来韩国籍教练李亨淑小姐担任总教练。李教练是国内少数拥有奥运级身价的国际教练，十三岁练球，十八岁获选为韩国国家女子篮球队员，一九八四年洛杉矶奥运时，她所参加的代表队获得银牌，个人则获得“助攻后”的殊荣。一九九〇年，她代表韩国

[注] 普门高中女篮队于二〇〇九年三月二十二日获得台湾高中篮球联赛（HBL）总冠军。

角逐亚运夺得金牌，一九九三年获得韩国颁发的国家“百想大奖”荣誉，正式从国家队退休。

退休后的李教练应台湾台元女子篮球队邀请，开启个人参与职业篮球赛的第二个生涯，成为台元第一位“外籍佣兵”，为台元效力长达十二年，也替台湾地区女篮注入犀利的韩式球风。自从应聘担任普中女篮总教练之后，她除了注重球员篮球基本功的训练外，更安排球员通过打坐、诵经来修养身心，长养队员的信心、智慧与定力。她自己则在佛光山皈依三宝，继而入道当师姑。如今才成立短短几年的普中女篮，能够迭创佳绩，应该归功于李教练的领导有方。

过去很多人知道我喜欢体育运动，因为爱好运动的声名在外，因此二○○八年北京举办第二十九届奥运会时，“中华队”以“中华台北”名义组队前往，承蒙体委会邀约，请我担任“总顾问”，因此得以有因缘参与盛会。

在比赛前一天，我便专程到奥运村为“中华台北队”的选手打气。当时正值选手出外练习，只有少数人留在选手村。他们见我到达，都很意外，随即很热情地招待我。记得当中有一位个子不高的女选手，欢喜地走上前和我握手，我也为她祝福，结果第二天开赛她就获得一块铜牌，为此还特地打电话向我报捷，我也分享了她的荣耀。

开幕典礼当天，感谢北京的老副市长张百发先生，特地陪同我一起入席。在贵宾席上，我看到来自世界各国的精英选手列队入席，现场不但有数十个国家的总统莅临，并有十万群众共同观看。这一刻，我由衷地感动，感受到体育运动迷人的力量，真是魅力无穷。由此也不禁想到，一个国家不一定要在战场上跟人厮杀得你死我活，国家的强弱，其实在运动场上一眼就可以见分晓。

常有人问：人生“如什么”？有人说“人生如梦”，也有人说“人生如戏”，或说“人生如露”，乃至说人生如“苦聚”、如“过客”、如“浮云”等！甚至有人用“打球”来比喻人生。

人，从小读书求学，奋斗创业，直到成家当了父母。这时年轻的父母在小儿小女心目中就如“篮球”，大家拼命要抢爸爸、抢妈妈，就像篮球比赛时，两队球员莫不纷纷争着抢球，大家都说“my ball”，那是我的球！

然而随着父母渐老，儿女开始为了孝养父母的责任而推卸，二哥说应该是大哥的责任，大哥说应该由小弟奉养，小弟说应该平均分担。于是父母就在儿女的安排下，这里住一个月，那边停两个月，就像“排球”一样，被儿女们推过来，又推过去。

一直到了父母老病的时候，可怜的父母就像一个“足球”，儿女们忙着事业，忙着赚钱，觉得年老的父母实在是一个拖累，恨不得一脚把球踢得远远的。

其实，父母也不一定是排球或足球，只要父母自己本身有道德，有学问，有储蓄，那么就像“铅球”一样，任你要推也推不远，甚至儿女还会把你当“橄榄球”一样，紧紧地抱着，不肯放松呢！

人生如什么？事实上人生不但可以活得像橄榄球，尤其如果我们能把自己的人生活得“如佛菩萨”一样，自然万人都会崇拜你；如果把自己变得“如魔鬼”，当然众人就会遗弃你！所以，我们可以把自己的人生规划成“如地”，普载万物；“如天”，覆盖大众；“如福田”，给人耕种；“如智库”，给人取用不尽。甚至只要我们能“如春风”，“如冬阳”，就能永远被人需要，被人拥抱，又何至于让自己的人生只能如“球”一样呢？

十四　道情法爱

佛教称人为“有情众生”，情爱是生命的根源，也是人类与生俱来的本能。依“十二因缘”的说法，人因为有情爱，所以轮回生死；但是从另一个角度来看，“爱的升华是慈悲”，慈悲是诸善之王，是佛道的根本，所以佛教并不排斥感情，而是主张要用理智来净化感情，用慈悲来升华感情，用礼法来规范感情，用道德来引导感情。

佛教鼓励夫妻之间要相亲相爱，亲子之间要互敬互谅，朋友之间要互助、扶持、惜缘，进而做到“无缘大慈，同体大悲”，亦即将一己的私爱，升华为对一切众生的慈悲。因此，佛教的僧侣即使“割爱辞亲，舍俗入道”，但并非无情；出家虽然舍弃世俗情爱，但因信仰、理念上的共通，让彼此在法上互相提携，这份“道情法爱”比起一般世俗的情义，实乃有过之而无不及。

在佛门里，寻常的日子同道之间并不时兴口头上的嘘寒问暖；即便是和信徒来往，也只是代表常住出面接引信徒，照顾信徒，彼此纯是“道情法爱”，而不建立私人之间的往来关系。这种净化的感情看似无情，其实更为隽永。

对佛教的待人接物，云门禅师曾有极为恰当的两句偈：“莫嫌佛门茶饭淡，僧情不比俗情浓。”这是说不要嫌弃佛门中没有人情味，僧情虽然没有俗情浓厚，但是佛门重视的是“道情法爱”，如果你懂得在法上论交，在道上往来，就会发现其实是“俗情不比僧情浓”。对于这句话，在我初出家不久，便深有体会。

记得七十年前，我在栖霞佛学院就读时，有一位甚受学生爱戴的老师合尘法师，虽然年轻，但因他对学生极为慈悲、爱护，全班学生都很尊敬他，我和他之间更有过一段深厚的因缘。原因是在我刚出家的最初几年，母亲几乎每年都到寺院来看我，我一见到母亲，内心就感到不安，于是怨怪母亲：“您又来做什么？”

我把这种心情抒发在日记上，合尘法师看了以后，写了一封信给我，他怪我这么想是错误的，他说：“你的家人来此探访，就是常住的客人，你不需要介意。”

这一番话让我觉得他是一个很有人情味的老师，因此非常感念他的爱护。直到一九四九年我决定到台湾之际，也是他主动跟家师要了二十个“袁大头”给我，并且和家师陪着我，三个人共进了一顿晚餐。这在我的参学生涯中，自认为是最为荣幸的事。

只是到了台湾之后，一道海峡隔绝了两岸，彼此就好比“天人永隔”，音讯全无。后来听说他在“文化大革命”期间曾被批斗，饥饿时只靠捕捉青蛙、蛇之类充饥，想当然尔必定受了许多苦难。这时正值我在美国创建西来寺，落成之后特地为他办签证，邀请他和雪烦、明旸、惠庄、真禅、圆湛法师等过去跟我有间接师生之缘的长老，一起到美、加观光，以感念他当初厚待我的情谊。

合尘法师老来安住在上海龙华寺，那段期间往返大陆不便，我只能按月寄一些医疗费及零用金给他，聊表心意，也回报当初的恩惠。尤其有一次得知他重病，我特地托人把别人送我的一株长白山野参转送给他。事后他请人带信给我，说这一株野参的赠与，让他又多活了几年。遗憾的是他没有等到两岸互通就往生了，所以我们自从那次美国一别之后，就没有再见过面了。

相较之下，同样在大陆一别六十几年的学长智勇法师，我与他在二〇〇八年九月，还能有缘得以再见，就让人感到无比的欣慰。

智勇法师是比我大两岁的学长，但他的学问、能力，尤其口才、梵呗唱诵、佛学造诣等，都远远超乎我多倍以上。他长于文笔，每个月所写的文章总不下数万字；他的一手草书，龙飞凤舞，有胜于书法专家。他不但文才超群，而且身怀绝技，虽没有飞檐走壁的武功，但与他较量臂力，十人八人都不是他的对手。

在我年轻刚进佛门时，简直视他为天人，对他非常崇拜，不但以他马首是瞻，并且待他确如师长一般地做到“推衣解食”的地步。他为人非常严明、理智，有正义感，有承担力，对我们一些小学弟严格要求，甚至不假辞色，但都无减于我们对他的崇拜。

我们先后进栖霞佛学院就读，后来他先升学到焦山佛学院，偶尔跟我通信，寄来的都不是薄薄的一封信，而是厚厚的整本笔记本，总是洋洋洒洒数万字，淋漓畅快地大谈他的理想与见解。

到了一九四三年我正式接到焦山佛学院录取通知时，他却遭到院方勒令退学。原因是他不满当时的副院长,每天日记里写的都是“副院长哲学”。有一天日记被副院长看到了，在当时那个时代，当然容不得一个学生对师长冒犯，因此就将他开除了。

当时焦山佛学院是一所青年学子梦寐以求的学府，人人都想挤进去就读，但是智勇法师却“求仁得仁”。其实在他的学习生涯中，被开除几乎是家常便饭，这已不是第一次了。

后来我到宜兴白塔小学当校长，他从上海应邀而来，协助我教授小学。这份工作对他而言，自然是“大材小用”，不过我们并不以职位论高低，只想一起为佛教的理想奋斗，所以就合编《怒涛》月刊，但其实大部分的文章都是由他执笔，我只是附和而已。

一年后，由于国共战争的烟火蔓延到当地，我们生活其间感到难以平安。所幸我们编的《怒涛》月刊，发行之后拥有一些读者，其中南京华藏寺的住持荫云和尚，看了杂志后很是欣赏，因此把寺院交给我们管理，由智勇法师担任住持，我在他手下担任监院。不过因为我长得比他高大，经常出面接待十方,外人往往误认为我是住持。智勇法师对此一点也不计较，反而对我说：“干脆你来当住持好了！”

我们进住华藏寺之后，便着手于佛教改革复兴运动，和一些从事经忏的旧僧展开一场奋斗。原本以为可以轻易整顿成功，但事实积弊已深，旧僧的势力也不是一朝一夕可以瓦解的，加上时局愈来愈紧张，到处战云密布，智勇法师于是起意要组织“僧侣救护队”来救济伤亡的军民。原先预计招募六百人，但经过四处奔走，结果也只找来三百人左右。

后来不知怎么的，他打了退堂鼓，想要放弃。这时我说：“怎么可以，你已经筹备那么久了，怎么能放弃？如果你不做，就由我来做！”

当时我已担任华藏寺住持，因此作了这样的决定后，第一件事就是找了现华法师来当住持，接着联络孙立人将军。当时孙将军远在台湾的凤山，担任第四军官训练班的班主任，他很快回复说，如果我们能到台湾，他会全力支持。

就这样，我带领僧侣救护队到台湾，智勇法师则留在大陆，没想到这一别，彼此断绝音讯往来达四十余年，直到两岸可以互往，我才开始打听他的住处。但由于出家人没有家庭，离开寺院就不知下落，因此经过一段时间的辗转追查后，才得知他曾入伍从军，参加“抗美援朝”的行列，受了很多委屈，所幸人还健在，而且已在郑州第九中学教书，正要转到大学任教，于是我就约他到香港见面。

想到睽违数十年，本以为现在的智勇法师应该又长进了许多，事实却是“雪泥鸿爪”，他对往事都已不复记忆。我们谈到童年，说起当初的老师，他都没有印象，不过对我这个人和他的友谊，多少还有一些回忆。想到苦难的时代，尘世岁月洗尽了人间的思想、智慧，也不禁让人感叹、痛惜。

后来我经常周济他，资助他的生活，这么做并不是施恩，只是想到“管鲍之交”的情谊，当得知他的生活穷困时，只想略尽绵薄之力，给予一些赞助而已。但毕竟他是个有着崇高人格的人，尽管我对他表达一些意思，他不会面露欣喜之色，也并不太表示有什么需要。

二〇〇八年九月，河南平顶山中原大佛落成开光，我应邀前往参加，在郑州通过宗教局安排，和他得以再度相见。只是当时人多，时间也很匆促，我们匆匆一会，一起吃了一顿晚餐之后，就又相互道别了。想到他当初从江苏如皋，离乡背井远赴中原郑州，当中的遭遇一定比我到台湾更辛酸。再一想到我们从年轻时就相知相惜，患难与共，到最后一刻都没有相互舍弃，世间还有什么比大乱世里的友谊更珍贵的呢？

在我的同学当中，煮云法师与智勇法师同乡，他们同为江苏如皋人。

有人说“江苏泰州出和尚”，泰州的和尚多，而且很团结，对如皋的和尚偶尔也能接纳，但扬州和尚则经常被他们排挤。我是扬州人，可是智勇与煮云法师都待我很好，我们三人就如结拜兄弟一般。

煮云法师大我八岁，是个说故事的高手，经常讲说七字段、十字段的小书，而且成篇的语句都能背诵流利。由于他的身材魁伟，我们都喊他“大个子”。但不知什么原因，在同学当中他并不太受大家的尊重，学院师生似乎都很鄙视他，我想大概是由于贫穷的缘故吧！不过虽然我也一样贫穷，却并没有感觉人家对我有所轻视，这应该与我对物质的需求不多、对物欲淡泊的生活态度有关。

记得有一次，家师送我一个热水瓶，我接到后一点也不觉得特别欢喜，反而感到很奇怪，为什么师父要给我热水瓶呢？我又没有热水可装，要一个瓶子做什么呢？平时即使想喝水，也是走到哪里有水就喝一点，并不会刻意拿着瓶子装水来喝。所以师父送我热水瓶时，让我感到受宠若惊，难以想象，心里一直不敢接受，觉得此瓶虽然难得，总是累赘，要它何用？

可是煮云法师就不这么想，他见了热水瓶羡慕不已，甚至看我不用就拿了去，每天带着瓶子故意在人前走来走去，到处找热水，借机向同学炫耀，有时即使在学院里，也要拿出来使用。

有一天，热水瓶被热水炸破了，他一看，这下还得了，如果要买一个赔我，他是怎么也没有能力的。我看出他惊慌失措的样子，就说：“坏了就算了，有什么关系？”一句话总算解除了他的窘态。

煮云法师曾在普陀山闭关，当时我和智勇法师在南京华藏寺发起新佛教运动，他特地从普陀山到南京来襄助，其他还有能培、松风、松泉法师等一些年轻人，也聚集在一起参加我们的新佛教运动。当煮云法师到南京时，正是我们受到挫折之际，每天只有稀饭糊口。吃了一个多月的稀饭后，他大概见我们实在没有条件，就又回普陀山去了。

后来我到台湾，来年（一九五〇年）他也从普陀山到了台湾，最初担任军中布教师。刚开始大家听他讲讲佛法也蛮好的，久了之后就觉得没趣。他自己也觉得一个僧侣在军中终非长久之计，因此就离营不再归队，军中也没有予以追究，事情就这样不了了之。之后他来找过我，然后就到后里怀德堂挂单，并且收徒纳众，慢慢和佛教界有了因缘，就到各地去传教。

几年后他在凤山落脚，每次上佛光山，我都把自己的床铺让给他。由于他平时做人一向有“上中前”的性格，一些同门如悟一、妙然、心悟法师等人，就发起组织一个“煮云法师训练班”，要我当班主任，负责纠正他的习惯。

虽然在生活习惯上煮云法师有些不拘小节，不过他很喜欢讲故事，满肚子的典故逸谈；由于我爱听，他也更喜欢讲。有一次我们到南投鱼池乡布教，晚上住宿在靠近山边的一户农家。乡下地方没有卫生设备，房间里摆了一个尿桶，臭气四溢，熏得我们难以入睡，我就叫煮云法师讲个故事给我听。

他讲了玉琳国师的故事，当时我对他说：“我会把国师的高行发表于杂志，让大家共享，一定不辜负你讲故事的辛劳。”不久之后，我根据煮云法师提供的四分之一以上的资料，把玉琳国师的事迹编写成书，陆续发表于《人生》杂志。在小说出版后，一再被改编成广播剧、舞台剧、电影、电视剧等。像上海沪剧团改编成舞台剧在台北红楼演出；金国集团、台湾电视公司也都曾将其改编成电影、电视剧，尤其八十年代，由“中国电视公司”勾峰先生拍成三十集的连续剧《再世情缘》，在华人的世界里广受欢迎。

我在编辑《人生》杂志时，煮云法师把布教的点滴写了一篇《叫化子传圣旨》，相当幽默风趣。我觉得他有写作的天赋，于是鼓励他继续写作,后来出版了《普陀山传奇因缘录》《佛门异记》《煮云法师讲演集》等。一九五三年，他创建凤山佛教莲社，经过十余年，又在台中创建清凉山。在他圆寂时，适逢我在美国西来寺闭关，无法返台祭奠。想到我们整整四十五年的同参道友，遽尔西归，只能写一副挽联，遥寄对他往生的追思，联语说：

你我同戒同参同学同事同弘佛法人称同兄弟；
相互忍苦忍贫忍谤忍难忍气吞声谁知忍会离！

早期佛教界里少有写作人才，我除了助成煮云法师写文章之外，寿山佛学院的学生心悟、心忍法师，也在我的鼓励下，相继出了很多佛学著作；甚至鼓励圣严、真华法师在《觉世》上发表文章，并交给三重文化服务处，由慈庄法师替他们出版《戒律学纲要》《佛教制度与生活》《佛教实用法》《参学琐谈》等，煮云、真华和圣严法师都成为佛教畅销书的作者。

对于发掘人才，我自觉有一些识人之明，例如，我初到宜兰弘法时，有好多通信兵学校的官员学生来参加讲座、共修，记得当中有裘德鉴、郭言、马腾、邢养然等人，他们都是上校、中校阶衔，后来连少将级的校长任之江也来参加。此外还有三位年轻的上尉：杨锡铭、周广猷、朱桥，被称为通信兵学校的“三剑客”，也都前来听讲。

杨锡铭写得一手好字，宜兰的第一本《佛教圣歌集》，就是用他的手稿影印的；周广猷擅长绘画，慈爱幼儿园的壁画、海报等，都是由他设计、手绘的；朱桥的专长则是编写，所以我任用他为《莲友通讯》的编辑。

他们与我相处，就如一家人，几乎每个星期都会在道场出入多次，举凡扫地、倒茶、添饭，来了就主动帮忙。虽然我们年龄相仿，都是二十多岁，承他们尊称我为“师父”，我觉得他们个个才华横溢，而自己一无所长，只有用真诚、慈悲影响他们。

后来我在台北普门精舍居住了一段时间，他们一样经常来来去去，不管吃饭、睡觉都不必我招呼，一切自行处理。我在三重成立“文化服务处”，他们也是前往帮忙当义工，不管校对、包装、寄书，都和心平法师打成一片。尤其我到各个乡镇去弘法布教，他们军装一脱，换上便服，立刻帮我张罗、布置。回忆起那个时候的情景，我有百余位的青年协助，就好像有一团另类的青年军一样。

此中尤以朱桥和我来往最为密切，因为他的特长是编写，而我初期能为佛教奉献的工作，也是编写而已。我最早发现他有编辑才华，就向当时宜兰“救国团”团长杨尊严推荐，请他到宜兰编《宜兰青年》杂志。当时“救国团”因为经济拮据只能印些简单的小册子，然而，虽然只是一份简单的宣传小册，经过朱桥一编，就变得美不胜收。

一九五七年我邀他帮忙编辑《今日佛教》月刊，当时的佛教杂志有《台湾佛教》《菩提树》《觉生》等，版面编排都很古板，一般读者接到后，看不看都不觉得重要；而《今日佛教》不但穿插图片，跨页的标题醒目耀眼，尤其艺文性的内容可读性高，一时在杂志界脱颖而出，令人有耳目一新的惊喜。

当时“救国团”台北总部看到《今日佛教》版面设计新颖，就邀约朱桥去主编一份大型杂志《幼狮文艺》。朱桥获邀后商之于我，我当然替他高兴有这么一个一展才华的好机会，就叫他即刻答应。

果然朱桥没有辜负我的期望，他编《幼狮文艺》大约在五十年前，那个时候可以说石破天惊地为杂志编辑树立了焕然一新的另一种风格。与李敖主编的《文星》及雷震主持的《自由中国》，同样惹人注目，成为台北书报摊上最醒目的钻石。

这样一份多达两百页的文艺杂志，从标题、插画、审稿，都由他一手操办，忙得他废寝忘食。有时候他也把工作带到普门精舍来编辑，并使我结交了好多文艺界的朋友，如郭嗣汾、公孙嬿、痖弦、林海音、何凡等，后来我们都成为好朋友。甚至郭嗣汾、公孙嬿等人都在《今日佛教》投稿，尤其郭嗣汾的长篇小说《菩提树下的儿女》，更是引起佛教界的重视。因为过去佛教都没有文艺作品，他们的参与，为佛教注入了一股新的活力，这份功劳都应归于朱桥。

后来我到高雄筹办寿山佛学院，开创佛光山，经常南北两地往返，朱桥就留在台北编《幼狮文艺》。没多久听说他谈恋爱了，对象是一位大报社社长的女儿。我想也好，一个年过三十岁的男子，才华、事业都已开展，正常的男婚女嫁，我们也很为他祝福。但经过一段时间后，又听说他失恋了。我到台北约见他，看他一副憔悴的模样，一直很心酸。我建议他辞去台北职务，跟随我到高雄。起初他说恐怕不容易辞职，后来又说他会考虑。由于我在台北没有住处，匆匆见面后就回到南部，不久便听说他厌世轻生了。我乍闻信息，也不免一阵悲伤，想到一朵文艺编辑界的奇葩就这么凋谢了，真是为社会的损失而感到惋惜。

时间过去了五十多年，一些文艺界的老兵偶尔见面，大家对朱桥的怀念都和我一样，可见他的人缘之好。后来我常想，假如当时我不到南部，他可能不会走上人生的绝路；又或者如果我能加把劲鼓励他，邀他和我一起到茫茫不知前途的南部来拓荒，相信情况又是另当别论了。

由这件事不禁让人想到，常人交往总希望能获得对方的感情，当无法得到同样分量的回报时，用情越深，烦恼就越多。佛教里一切都是淡淡的，看起来好像是无情，但其实平平淡淡最是真，平平常常最永恒。尤其佛门里，同参道友、善知识之间，往往在人生紧要关头时刻，总能适时伸出援手，所以《圆觉经》告诉我们要“慎择师友”。人生路上有好的善知识作为生命的导航，当迷惘时，就如老师般指引归趣；当沮丧时，即如朋友能倾听心声，有法喜一同分享，有危难互相提携，这种修道路上的“道情法爱”，才是世间最为可珍可贵的情感！

朱桥编《幼狮文艺》的往事，也让我想起四十年前与张培耕先生的一段因缘。那时佛光山刚创建不久，我想接引大专青年学佛，但是当时青年这个区块没人敢碰,社会上没有人敢办青年活动。我通过张培耕而获得“救国团执行长”宋时选先生的支持，第一届“大专佛学夏令营”得以顺利举办，之后更延续多年，从中会聚了不少青年的力量、青年的热忱，也培育出不少人才。

张培耕虽然只有专科学历，但他靠着实力受到蒋经国赏识，是蒋经国的亲信干部之一，从宜兰“救国团”而到担任高雄市“团部”的负责人。记得当时我跟他说，想请“救国团”协办“大专佛学夏令营”。这时他也有意让“救国团”深入宗教、文化领域及民间社会里，所以很支持我。

我获得“救国团”的协助，但也没有过多要求，只是请他们提供几支旗子悬挂。记得开营时，当“救国团”的团旗与佛教教旗在山门一起飘扬的时候，正如“姜太公在此”，所有治安单位、警察宪兵、安全人员都不敢来干扰。我觉得这一刻不但是佛教史上的一个转折点，也是我自己弘法路上的一个重要起步，因为由此让我得以走入青年这一环。

接着一九七一年再办“大专佛学夏令营时”,一下子拥进了数千人报名，一时在物质上负担不了，不得已只好再求助于“救国团”。我记得他们帮我向军方借毛毯一千条。当军毯运上佛光山时，我感觉像是做梦一般：这是真的吗？而夏令营的课程需要外出旅行参观,他们又提供了三十辆军车。

当军车从佛光山出发走在省道上时，我也不敢置信，一直怀疑自己：真有这样的力量吗?

由于合办活动的因缘，我曾应张培耕之邀，到他高雄的办公室参观。当时他高坐中间，我坐在一旁，看他显得很得意的样子；只是喜欢登山的他，五十岁时攀爬玉山，因胃出血被山胞背着下山，忽然让他看破人间，主动上佛光山求受皈依。那时我也欣赏他的才华，破例单独为他一个人举行皈依典礼。之后二十余年，他都非常诚意地担任护法。我们陆续合办很多青年活动，他还帮我编辑《普门》杂志，担任普门中学校长，甚至“国际佛光会”创会时，他也曾任“中华总会”的秘书长。

另外，一九八六年成立“中华汉藏文化协会”后，我担任六年的理事长，张培耕担任秘书长，他精明能干，负责认真，对本会贡献很大。

我们前后合作二十多年，如他所说，彼此“相知、相识、相处，先是朋友，再是道友，最后成为师徒”。他曾发表一篇《以二十年时间“读”一个人的感想》，表达他多年来在台北“国父纪念馆”听我讲演的感想。他说：“三十年的中国佛教界，能在弘法讲演中，深入浅出，雅俗共赏，以具体的实例和生动的言辞，阐扬佛法的真理，震撼听众的心灵，使其感动、鼓掌，甚至流泪，然后毅然决然皈依三宝，以佛法的慧灯照亮人生，使身心有所寄托，让生活过得更平静、快乐，工作得更起劲、安定的，大概只有我的师父星云上人。”

他甚至说我是“中国佛教界第一位足以与其他宗教分庭抗礼，而为中国文化和中国佛教争一口气的人”。承他谬赞，并尊我为师，我愧不敢当。不过他说我在弘法讲演时，尽管再怎么广征博引，始终都能把握主题——从佛法出发！这确实是我一生努力的目标。

在他往生时，我亲自到高雄为他主持告别式，以回报他相知相交的这一段隆情厚谊。

所谓“世有伯乐，然后有千里马；千里马常有，而伯乐不常有”。我常说自己没有什么长处，但自觉有“识人之明”;能认识很多的“千里马”，实乃人生一乐也，因此我也乐于当个“伯乐”。

想起也是三十多年前的事，有一位“三湘才子”张剑芬居士，曾荣获高考榜首，十九岁就当上“县长”。来台后担任台湾银行襄理，我看出这不是一个重要的主管职务，实在不忍心埋没他的才华，因此请他为我主编的《今日佛教》撰写成语故事。

后来我们经常见面，他又为我所请，写了许多值得歌颂的楹联，例如佛光山大雄宝殿以“三宝佛”为主题的对联：

兜率娑婆，去来不动金刚座；
琉璃安养，左右同尊大法王。

对仗工整，很符合主题，很有意义。后来我建万寿堂，他又作联一副：

永念亲恩，今日有缘今日度；
本无地狱，此心能造此心消。

短短的二十二个字，把佛法表达得淋漓尽致，毫不拖泥带水，我觉得他真是个奇才。他也曾经用我的名字作了一副对联：“星光影里那伽定，云水光中自在天”，现在还刻在美国西来寺禅堂的楹柱上。

佛光山开山十周年时，他又替我写了《佛光山开山记》。坦白说，当时佛光山仍属草创阶段，百端待举，实在并无繁盛可陈，但是经过他的生花妙笔，还是把开山的艰辛历程描写得十分深刻。后来我建大佛时，特别造了一座大佛碑亭，将全文镌刻其中。

可惜不久之后，他因病需要洗肾，尽管此时我正逢开山，经济拮据，仍然助他五万元医疗费，同时赶工兴建佛光精舍，希望早日完成，以便送给他和赵茂林、冯永祯每人一间，以感谢他们对佛教的护持。

我从早年在佛教界里，经常看到有些人对发心的信徒说：“您这么发心护持佛教，将来必能往生西方极乐世界。”我认为不应该把责任推给阿弥陀佛，不要让阿弥陀佛来代替我们报恩；况且功德回报也不一定等到来生，今生当下就可以得到报答。因此，长期以来只要对佛教有功的人，不一定是对我个人有恩惠，我都欢喜为佛教报恩。

张剑芬居士往生后，由于他在台湾孑然一身，无亲无故，我便主动承担起他的后事，将灵骨安奉在佛光山。后来像赵茂林居士、孙张清扬女士，也是安奉在佛光山万寿园。我总想，如果自己有能力，能够代替佛教回报一些护法信徒的护持之恩，于愿足矣。

做人要“知恩报恩”，我对人不但“滴水之恩，涌泉以报”，尤其知道人要相惜因缘。因为世间一切都是因缘所生法，人家给我们因缘，我也要给别人因缘；由于我乐于成就别人，肯得提拔人才，因此大家相处日久，建立了友谊，就看得出彼此的“道情法爱”。

多年前，我在美国认识了中国旅美画家李自健先生，他是湖南人，擅长人物画，一九八八年到了美国，因迫于生活压力，无法进行艺术创作。当我第一次看过他的作品之后，觉得他是个“人道主义”的画家，他的画很能反映现实人生，而且充满人性爱与关怀的精神。他笔下的人物，如老人脸上掩饰不了岁月的痕迹，孕妇祥和的神情散发着对生命的热爱，小女孩背着幼弟送饭到田里……那些情景都似曾相识，张张都很吸引我。

当时我看出他有艺术才华，主动提供蒙地拉精舍作为他埋首创作的寓所，并请他画一百幅以“爱心”为主题的“人间系列”画作。多年后，他的“人性与爱环球巡回油画展”，先后在美国洛杉矶、德国柏林、法国巴黎、英国伦敦、马来西亚吉隆坡、新加坡世界贸易中心、澳洲悉尼市政厅、南非开普敦、巴西圣保罗、加拿大温哥华、美国纽约联合国大楼等世界五大洲六十几个国家的美术馆、博物馆展出，总计超过一千万人看过他的展览，从此一举成名。

尤其李自健是大陆画家在台北美术馆展出的第一人，事后每当有人赞叹他有好因缘时，他总是欣慰地说：“因为我的师父是星云大师，有师父的加持，当然就不一样了！”

后来他定居美国，自己建了一栋像博物馆一样豪华的住宅。一直到现在，他往往逢人就说：“因为有大师一直在各方面协助，我才有今日的成就，我这一辈子是永远跟定大师了。身为弟子，我唯一能做的就是把画画好，要求自己能有更具创意更高水准的作品，以报答大师的恩惠。”

其实，对于人才，尤其是有才华、有抱负的人，只要我知道，都会很珍惜地去栽培他。而平时随缘成就的就更多了，例如同为画家的高尔泰、史国良（慧禅）、贺大田、何山、田雨霖等，都有过因缘。李自健只是其中一个，只因他口中常常提到我，所以才有人知道。

李自健不但是个懂得感恩的人，而且重义轻利，对朋友很慷慨。他在大陆一直很努力为我请命，希望江泽民总书记能跟我见面，请我到大陆弘法。他的用心良苦在当时虽然没有发挥影响力，不过后来我确实在上海与江泽民先生见过面，甚至二〇〇二年元月，更与江总书记达成佛指舍利来台协议，以“星云签头，联合迎请，共同供奉，绝对安全”为原则，由我组成“台湾佛教界恭迎佛指舍利委员会”，到西安法门寺迎请佛指舍利莅台供奉三十七天，写下了两岸宗教交流的新页，也让两岸和平交流跨入新的里程碑。

我因为和李自健的关系而与艺术结缘，并分别在佛光山海内外道场设有多所美术馆。其实早在四十多年前，佛光山开山之际，承马寿华和王云五先生好意，替我募集了两百多幅书画，希望义卖作为佛光山建寺基金。当时我虽不懂字画，但知道得之不易，舍不得义卖，就全部收存起来，作为日后兴建陈列馆时展示之用。不过在一九九四年为了筹建佛光大学而举办“书画义卖”时，我还是忍痛把所有字画都提供出来义卖，其中包括了张大千先生亲自送我的一幅《墨荷》。

张大千先生是世界级的画家，一九七八年曾由孙云生陪同到高雄佛光山。他是个虔诚的佛教徒，人称“大千居士”，上山时不但依佛教礼仪跟我顶礼，还送我“一花一世界，一叶一如来”《墨荷》一幅，我收藏了十多年，最后还是为筹建佛光大学经费而捐献出来义卖。结果经过竞标，由一位萧姓信徒以六千万元得标，随即又捐给佛光大学，再由远东集团创办人徐有庠先生以五千六百万元得标，使得这一幅画以一亿一千六百万元的高价结了善缘。

另外一张同是张大千居士所画的“观音”画像，本为香港名收藏家高岭梅先生所拥有。在他生病住院时，一心想皈依佛门，特嘱儿子高伯真先生写信向我表达心意。当时因为我的弘法行程早已排满，一时抽不出时间前往香港，于是采权宜之计，以越洋电话为高老先生做了一次电话皈依。

事后一家人千言万谢，一定要送我这幅名画，以表感激之诚。此事也为书画义卖平添了一桩佳话。

另外，“国立艺术学院”系主任李奇茂先生，与夫人张光正女士都是画家，早年结婚时就是由我为他们证的婚，这也是佛教的第一次佛化婚礼。半个世纪之后，他们除了将自己所有的画作送给我，并且找了多名画家募了很多书画提供义卖。甚至堪称中国书画鉴定大师的谢稚柳先生，也应邀帮我鉴定书画。

对于大家热心共襄盛举，我衷心感谢。不过，“君子之交淡如水”，我和人相处，并没有想要利用人，也没一定要人家帮助我，顶多只如赵朴初居士所说“为了佛教共相期”罢了。

赵朴初居士是内地的一位民主人士，也是一位虔诚的佛教徒，他先后担任中国佛教协会秘书长、副会长而到会长。在他肩负中国佛教协会的责任后，适逢大陆改革开放，仗他的因缘，让佛教的寺院得以收回，归还佛教领导，并且开放寺院，兴办佛教教育，中国佛教因而得以留下目前的一线生机。所以朴老一生对佛教的贡献，可说是居功厥伟。

我与朴老最初结缘，是在一九八七年参加泰王蒲美蓬六十大寿的庆典上。当时身为中国佛教协会会长的朴老与夫人代表大陆与会，因碍于当时两岸情势，我们彼此无法交谈。但当典礼开始不久，赵夫人突然咳嗽起来，坐在后面的慈惠法师随即拿出一颗止咳糖递给她。当晚朴老特别回赠他的大作以示感谢。接着我们在畅谈之际，欣知彼此在许多事情上都很有共识，尤其听说“世界佛教徒友谊会”前两次大会，两岸因名称问题弄得场面十分尴尬，因此来年的下一届大会主办权成为烫手山芋，当下我主动争取由西来寺承担这个任务。

一九八八年十一月，当“第十六届世界佛教徒友谊会”顺利在美国西来寺召开时，海峡两岸的团体终于第一次坐在同一个会议厅里开会。由于这次的成功，拉近了两岸佛教界的距离，赵朴老因此邀我到大陆访问。

翌年，也就是一九八九年三月二十七日，我组织五百人的“国际佛教促进会弘法探亲团”访问大陆。当主团七十二人抵达北京时，朴老和外交部长姬鹏飞先生，亲自到机场迎接。我记得当时我们在机场相见的那一刻，他说："这真是千载一时，一时千载。"后来这句话经常被佛教界所引用。

在这次访问行程中，感谢他的盛意，安排我参观甘肃敦煌、四川大足、长江三峡、北京万里长城，以及南京中山陵、杭州岳墓等名胜，并且亲书"富有恒沙界，贵为人天师"一联相赠。

当访问结束时，朴老紧握我的双手，殷殷道别，并说："让我们共同推动人间佛教吧！"后来由于因缘变化，造成大陆对我的误解。虽然如此，朴老仍多次邀我再返国探亲，所以我在一九八九年之后，又于一九九三、一九九四年，二度赴大陆。他都亲自从北方到南京来和我会晤，并先后两次又各写了多副对联送我，表达"共期为中国佛教复兴努力"的心意。其中三副联曰：

"大孝终身慕父母，深悲历劫利群生，
西来祖意云何是？无尽天涯赤子心。
一时千载莫非缘，法炬高擎照海天，
自勉与公坚此愿，庄严国土万年安。"

"经年别，重到柳依依，烟花楼台寻古寺，
庄严誓愿历僧祇，三界法云垂。
金陵会，花雨满秦堤，登岸何须分彼此？
好从当下证菩提，精进共相期。"

"香积饭，风味胜龙华。
妙供喜承慈母笑，孝行今见法王家，眷属是莲花。
谈般若，持诵袭唐音。
不减不增诸法相，有声有色大心人，善护未来因。"

朴老不止一次在南京跟我相约："中国佛教我只有交给你了，盼望你为教珍重。"而且他不是只对我一个人讲，而是曾跟许多人都表达过此意。后来到香港，他更是真诚、坦白地说："我这么老了，就等你了！"不过，事实上当时我也没有意思要当佛教领导人，我只是一心想为大众服务而已！

后来朴老往生，我想到大陆奔丧，但未获批准，不过我为他写了挽联“人天眼灭”。一直到现在尽释前嫌，得以返乡之后，我到他的灵堂祭拜，看到这副挽联还依然悬挂着。

朴老一生奉献佛教，没有一时或忘，我们两人是“忘年之交”，是“僧信之交”，是“两岸之交”，我们真是“为了佛教共相期”。从他写给我的联语中，不但可以看出他卓越不凡的文才，更能感受到他对中国佛教的那份深切期许。尤其他那句“善护未来因”，似有所指，耐人寻味。

其实，佛教本来就是一个包容性很大的宗教，长久以来我不但希望佛教“慈悲”、“无我”的精神，能够拉近两岸的距离，尤其希望结合各宗教的力量来促进世界和平。所以平时我很乐于主办、参与各种宗教间的交流活动。例如，由我担任主席的“中华文化复兴运动总会宗教委员会”，每年均在台北“国父纪念馆”举办“爱与和平祈福大会”，结合台湾十七个宗教团体，共同为世界祈福，真正跨越了政治与宗教的藩篱，我觉得很有意义。

宗教委员会的副主席是天主教的单国玺枢机主教，单枢机是天主教会中地位仅次于教宗的枢机主教，也是全球仅有的几位华人枢机之一。我与他结交三十多年，平常佛光山有法会活动，如佛陀纪念馆奠基典礼、佛光山第七任住持升座典礼等，他都欣然与会；他们的活动，如天主教真福山社福园区修道院奠基大典，以及单枢机主教晋铎五十周年金庆暨晋牧二十五周年银庆感恩祭典等，我也应邀参加。

二〇〇六年七月，单枢机主教在体检时发现自己罹患了肺腺癌，但他无惧生死，决定把握生命最后的时光，在台湾各地展开五十多场、听众多达五万人的“告别生命之旅”演讲。事后天下文化创办人高希均教授，特别将他的演讲内容及五年来所写的文章，集结成《生命告别之旅》一书。

二〇〇八年九月他举办新书发表会，我应邀参加，会中我说：“单枢机主教是河南人，河南孕育了一条生命之水——‘黄河’，成长了单主教；我是江苏人，靠的是长江之水来孕育。现在我们都是八十多岁的老人，虽然信仰的宗教不同，但对生死都看得很清楚。因此我希望能和单主教约定，来生您仍然发愿当主教，我发愿来生还是当和尚；不管主教也好，和尚也好，总之，我们生生世世要为人间服务。”

人生的意义，应该是在于奉献、服务、结缘，虽然人生有两个大问题需要解决，一个是“生”，一个是“死”，“生死”是每个人都必须面对的人生课题，但其实“生死”是一体的、自然的、无分别的。生死如燃薪、如换衣、如搬家、如出狱，吾人对生死应该要认知，但不要太介意！佛教的宗旨，就是为了帮助我们解决生死问题；佛陀的教法，都在指导我们如何解脱生死烦恼，所以我曾对“以传播进步观念为己任”的经济学家高希均教授说：“佛陀也是一个记者，他记录人间的悲苦；而我自己也是一个传播者，传播佛教引人向善的教义。”

高希均教授一向被视为台湾视野的领航者，他是美国威斯康星大学终身教授，执教超过三十年，曾获杰出教授奖，一九七一年更当选为美国杰出教育家。八十年代在台湾创办《天下》杂志、《远见》杂志与“天下文化出版公司”。二十多年来平均每天出版一本书籍，包括财经企管、心理励志、社会人文、科学、文学、健康等领域，不断为“传播进步观念及丰富阅读世界”而努力，对台湾读书风气的提升，以及科技、经济的兴止，贡献很大。

他所创办的“天下文化”，出版过许多名人传记，如《无愧》《杨振宁传》《张忠谋自传》等书，都深获好评。此外，他还经常邀请很多国际的管理、趋势大师到台湾讲演，灌输台湾各界要“达成共识”以及“开放才能进步”等观念，尤其所出版的《蓝海策略》《执行力》等书，都引领社会话题。

高教授本身文章写得极好，出版过《天下哪有白吃的午餐》《台湾的V形选择》《温暖的心、冷静的脑》《反冷漠的知识人》《八个观念改善台湾》等二十余本书，都是以经济学家的专业，分析举世的经济状况，带动“知识经济”的潮流，是一个新观念与新知识的传播者。而他最为脍炙人口的那句“天下没有白吃的午餐”，不但成为经济学中的一句名言，该书更被台湾《中国时报》评为“三十年来影响台湾的三十本书”之一。

我和高教授定交将近三十年，最初只是彼此交换对社会的意见、看法，后来经常来往，曾在普门寺用过点心，也吃过便餐，更经常在台北道场一谈数小时，谈的都不是信仰，而是关心社会。

他也经常到佛光山讲演，或是带客人上山，尤其经常与柴松林教授等人应邀为“人间佛教读书会”上课。他认为对个人的成长、对社会的成熟，阅读是一条必经之路，因此主张“自己再忙也要读书，收入再少也要买书，住处再挤也要藏书，交情再浅也要送书”。

他不但提倡读书，而且要“读一流书，做一流人”。他认为“最庸俗的人是不送书的人，最吝啬的人是不买书的人，最可怜的人是与书无缘的人”，所以鼓励大众把家中的“酒柜”改为“书柜”。

数年前，“天下文化”公司把我数十年来的弘法生涯记录成册，以“传灯”为名公诸于世。高教授在新书发表会上说：“四十年来，台湾经济是一种奇迹，而星云大师将佛光山组织得有条不紊，让佛教无远弗届送至全球各地，也是另一种奇迹。”

对于他的赞美，我愧不敢当，因为这一切都不是我个人的功劳，而是千千万万的佛子们在佛法感召下，发心努力，携手缔造的佳绩，所以我常说“有佛法，就有办法”，由此也可以获得明证。

回顾我自己的一生，从十二岁出家，在佛门里度过一甲子以上的岁月，虽然曾经有一些教界人士因为嫉妒而排斥我，但也感谢有很多师长慈悲照顾我，很多同参关心鼓励我，很多信徒发心护持我，甚至一些不同信仰的人给我好因好缘，这些我都点滴感恩在心头。我无以回报，只有发愿好好弘法利生，以佛法来济世利人，唯有如此，才不辜负十方大众护持我的这一份“道情法爱”。

十五　荣民总医院“开心”记

一、身体与我

一九九五年六月，狄安娜台风过境，山河大地被彻底地洗刷了一番，空气污染严重的台湾,顿时花草树木欣欣向荣。尤其是佛光山上的菩提树，叶片伸张得鲜绿、圆满，充满着生机。狄安娜台风，能够令灰头土脸的台湾“妙手回春”，是自然环境的医生。

台北“荣民总医院”，在六十天以前，解决了我生死攸关的一个障碍：因冠状动脉阻塞，完成了心脏再生的绕道疏通手术。在我全心的期待下，医疗人员扶助我走向生命流程的新境界，真是恩同再造。

在年龄上，我当时已经是年近七十的老人了。我很感谢我的身体，一生没有给我带来太多的麻烦。少年时候，一次我掉进寒冷刺骨的冰河里，生存机会很渺茫，后来自己也不知怎样的回到家，喝了些姜汤，居然就没事了。

出家后我成了沙弥，一次害着严重的疟疾，在缺乏医药的情况下，吃了师父志开上人差人端来的半碗咸菜，居然不药而愈了。

二十多岁我来到台湾，第一次学会骑脚踏车，春风得意地骑在田间小径。忽然路上来了一位小姐，眼看着就要撞上她了，一闪避，连人带车从好几丈高的桥上，头下脚上地掉到干河床里，“啊，要向人间告别了”！我悠悠忽忽苏醒过来，摸摸头，还存在着，原来是虚惊一场。带着轻微的擦伤，扛着摔得支离破碎的脚踏车，狼狈地回到挂单的寺院。平常是人骑车，转瞬间变成了车骑人，别有一番滋味在心头。

三十多岁，我到了宜兰雷音寺，带着一群年轻人，热情洋溢地到乡间城市环岛弘法布教，因为疼惜音响，怕在车上颠簸给震坏了，抱在膝上，一坐十几小时，后来双脚害了风湿，医生说要锯断双腿，一忙下来，忘了这件事，后来双膝也不药而愈了。

五十多岁，我被证实得了糖尿病，这是身体第一次对我提出谏言：饮食要控制，作息要正常。这些年来，常常为了兑现对信徒大众一句话的承诺，而忘记了自己身体的需求，跨国跨地区“限时快递”，往返奔波，心里不觉得忙累，但使用了几十年的身体告诉我，什么是它需要的食物。

糖尿病患者的饮食原则是：限量、少油、忌糖、低盐、定时、定量。避免油炸、油煎、勾芡的食物；蔬菜、水果，均选择纤维质高、糖分低者，如果身体过胖，要能渐次减轻体重，有助于血糖控制。平时以饮食、运动、药物配合，可达到控制的效果。饭后散步半小时，有助于降低血糖。

两年前我跌断了腿，有三个月时间不便运动，“荣民总医院”蔡世泽医师建议我打胰岛素，以控制血糖。所以两年多以来，早晚打针、吃药、扎手指头，以测量血糖，成了我另一种定课。蔡医师说，糖尿病患者，像走钢索的人，步行在宽度 70~100mg/dl 血糖值的钢索上，一边是致命的休克，另一边是逐步接近的病变，在此过程中，不容稍有闪失。

一个人一旦患了糖尿病，不管他是幼年、青年或老年，可以说是命定与“平衡”相伴一生，很难有痊愈的机会，就等于头发变白了的老人，难以追回黑发的青春。

二、心脏有恙

一九九四年八月，我一生当中第一次前往南非弘法，主持皈依典礼，讲演，开示，会客，上机，下机，比平常更忙碌一些。一天夜里，心脏突然绞痛了几次。回台后，我立即请“荣民总医院”江志桓医师做心导管手术检查，证实是心脏三条冠状主动脉已经严重阻塞，必须立即开刀治疗。

这时，我想到在欧美的行程已经排定，尤其是欧洲，很多佛光会期待着我去成立。又坐了几十小时的飞机，光是回程就连续乘坐了近三十小时的飞机，但是完成了心愿，心情很是愉快。

过年期间，我真的感觉到说话也费力气了，我的身体严重地提醒我，再不接受治疗，性命堪忧！

然而，在菲律宾举行的“佛光会世界总会”第六次理事会议，四月即将召开，根据医师对我的忠告，开刀后得调养半年，这次会议我曾经应承了要出席的，这样，我的诺言就不能兑现了。最后，我去了菲律宾。

在菲律宾，得知跟随我四十年的佛光山住持心平，先我而去了！回到山上，赶得及看一眼他在万寿堂的灵龛。“生命无常”原本是我们出家人体会得较深刻的一句话，而我现在受到的是巨大的冲击。尽管我有一千多个出家弟子，但是这一千多人在我心中都是独一无二、你我他都无法取代的。

用医药控制了八个多月的心脏，我对它感到很抱歉！现在，我决定好好善待它，住进“荣民总医院”，接受开心手术。

三、重当学生

四月十九日，我住进了荣民总医院病房，很感谢大家的好意，这是最宽大、舒适的一间病房。

“荣民总医院”在院长彭芳谷、副院长姜必宁的领导下，为我组织了一个医疗小组，精选院内的优秀医师，为我诊疗，包括：江志桓、蔡世泽、李德誉、陈国瀚、余荣敏、蒋毅宏、游慧玲、李淑芬、李坤华等各相关科别的专门医师。

这次由年轻的张燕医师为我主刀，他曾参与南非世界第一个换心手术，曾在南非开普敦接受心脏开刀训练，有为千名患者动手术的记录，许多人推崇他是“台湾第一刀”。

下午两时，我刚到达医院，护士小姐们马上为我做了例行检查：身高178公分、体重86.5公斤、血压160/70mmHg、体温36℃。

下午五时，张燕医师来到我的病房，拿出一个心脏模型，为我解说心脏的构造和功能：

“心脏是个中空的肌肉器官，约拳头大小，位于胸腔内的两肺之间，每天不分昼夜，二十四小时将血液输送到循环系统中，供给人体所需。

“心脏的功能是把含氧的血液运送到动脉血管系统，再经由这些动脉系统输送到全身组织。同时收集静脉的缺氧血液，运送到双肺进行氧交换。

“心脏血管系统包括：心脏、动脉、静脉、微血管、淋巴管等。

“供给心脏所需氧气和养分的血管称之为‘冠状动脉’。主动脉有三条，若有一条或多条狭窄或阻塞，会导致心肌缺氧、缺血，引起胸部疼痛或压迫到整个机能的正常化。继而产生心绞痛、心律不齐、充血性心脏衰竭、休克，并发肺水肿现象。

“形成冠状动脉硬化或阻塞的原因，大都是由紧张、疲劳、高血压、糖尿病、工作压力、体形肥胖、缺乏运动所引起。”

我说：我的情况是由于常年在高速公路上奔驰，时时承受塞车的紧张、压力而致病。换句话说：患了“高速公路奔跑症候群”的缘故。

张燕医师又详细地说明了开刀的过程，对于“行外人”来说，真是有点儿“耸人听闻”。很感谢张医师，我很欢喜他这样清楚地让我了解我本身的状况。

四月二十日，早上七时三十分开始：抽血检验、尿液检查、左心室摄出分率检查、心电图、胸部X光、凝血时间测验、肺功能检查、血管功能检查。

中午，呼吸治疗科医师郭正典来到我的病房，说明早上各项检查的结果，除了心脏略为肥大缺氧、血管部分阻塞，其他一切正常。

下午，复健科护理蔡孟书、游惠玲来到我的病房，指导我手术后必须做的几项复健动作：

1．呼吸训练：主要作用是清痰。这也是手术后最重要的工作。开过刀，会影响到生理的正常运作，最明显的是肺部积痰。现在先学会动作要领，痰清除得越快，身体的运作功能也就恢复得越快。如果痰留在肺部时间过长，会导致肺炎。

这种呼吸训练，配有个机器，上面可依吹气的多少而显示出肺活量来。

一般标准是从两千毫升到两千五百毫升。我依护理小姐指示，口含深呼吸训练器，深深地吸了一口气，指针直线上升，三千、四千，到顶点了！从我胸腹间涌上来的气还绵绵不断，并不费太大的力气，蛮有趣的！

据护理小姐说，通常情况，每练习一次要休息五分钟。我自觉并不怎么费力，所以三分钟内吸完了三次，每次都到达顶点。如果指标高一点，大概可以达到五千吧。护理小姐惊讶之余，连说运动健将才有这样的肺活量。

2．抱胸咳嗽：手术过后第一、二天，等麻药退除、完全清醒后，要以咳嗽方式将痰吐出。因为动的是胸部手术，所以咳嗽改以腹部方式。首先将双臂紧贴身体，双手抱胸，先吐气使腹部缩小，再吸气使腹部胀大，而后用腹力将痰咳出。这件事对我比较困难一点，虽然我也常常咳嗽，但是一生都没有吐痰的习惯，努力了几次都不得要领。这时心里倒很佩服有些人深深地一咳，立刻一口飞痰，可以射出五六尺远了！

我又练习了几次，希望达到医生满意的标准。很感谢呼吸治疗科王家弘主任亲自为我示范讲解。

3．脚板运动：双脚脚板上下摆动，以促进末梢血液循环。

整个下午，我反复地练习这三样动作，来巡视病房的护士小姐，都说我很用功，是个合作的病人。

我自觉是个学生，来到另一个世界，是心脏病敲开了这个新世界、新学校的门，我是个一年级的新生，高度的求知欲，使我几乎忘了自己是个病人。

四月二十一日，营养师刘丽芬小姐，来告知昨天的抽血检验，显示营养状况良好，并说明均衡饮食的好处是：

1. 供给身体足够的营养。
2. 保持理想的体重。
3. 使血糖平衡、趋于正常。
4. 避免或延缓并发症。

平常每天最好喝两杯低脂或脱脂牛奶，主食是体力的来源，“量”需控制，但不可不摄取。

四、病者的尊严

四月二十四日，几天来，忙着复习，忙着接受各科医师的讲习。我有信心，自己可以成为一个好病人。

明天就要动手术了，首先，护理长沈志萍小姐，带领我到恢复室、加护病房去认识环境，并由加护病房护理长明金莲小姐为我解说。接着，麻醉医师陈瑞祥为我说明恢复的情况。

“大师，您怕死吗？”年轻的陈医师突然问了我一句。

“死倒不怕，怕痛！”我回答，“一个人健康的时候，行如风，坐如钟，卧如弓，说起话来威仪，安详，有序。一旦倒了下来，病了，尤其是痛了，难免要叫出来，甚至哭出来，唉，这时候连个狗熊都不如了！”

“大师，请别这样说，健康的人固然有健康的尊严，但是对于生病的人来说，哭、叫、喊痛……这些都是病人的尊严！”

啊，太美了！陈医师对于病者这一套的诠释，可以让生病如我者，痛得“心安理得”，而不光是劝一个疼痛难忍的病人说：“要忍耐啦！”

这一份温暖体贴，这种对病者人性化的关怀，正是我要提倡的人间佛教啊！

“荣民总医院”，是个具有人间佛教特色的医院——有人情味。

希望人间佛教的工作者，每一个人都有对他人的这一份体贴与关怀，要有“人情味”。

下午，各相关科别的医师和护理人员，都来“验收”我几天来学习的成果。

护理小姐分别在我左右手打蒸馏水和盘尼西林，这样可以测试药物过敏与否。十五分钟后，反应一切正常，没有药物过敏的症候。

呼吸治疗科王家弘大夫来验收我腹式咳嗽的练习成果：还好！

复健部物理治疗师蔡孟书小姐等，一起来检验我深呼吸肺活量的训练：一样是四千五百毫升，顶点以上。

手术麻醉师陈国瀚医师，特别为我说明：手术后，我将使用深呼吸器维持十二至二十四小时，如果情况良好，可由自己呼吸，但一定要用咳嗽来清痰。

主刀的张燕大夫，是个细心周到的人，今天又来检查我的香港脚治疗情况，又详细地询问身体状况，并观察精神状态。他解说疼痛对于人的意志力有牵制的作用，强调深呼吸训练做得好，能有很大的帮助。今晚要禁食，以方便明天的麻醉；同时要灌肠，以减轻肠胃的负担。

新陈代谢科的蔡世泽医师，是我糖尿病的主治大夫，他为我说明从手术开始到恢复室这段期间，不能进食，所以血糖控制的方法是将胰岛素加入葡萄糖内注射入体内。

加护病房主任江志桓医师，为我解说，手术后直接送到恢复室，等到神志清醒、情况稳定，即可送入加护病房。这时，每隔两小时，有护理人员帮忙翻身，以促进血液循环。

“荣民总医院”副院长姜必宁医师，是心脏科的权威，是前两位蒋“总统”的心脏主治医师，他也前来打气，给我更多的信心、力量。

今晚，九时三十分，我早早地就寝了。我遵从医师们的吩咐：充足的睡眠，有利于手术后的恢复；适当的运动，有助于手术后的康复。要记住常做深呼吸、咳嗽清痰、翻身及四肢运动。这些课题，我在心里又演练了一次，于是，安心地入睡。

五、即将远航

一九九五年四月二十五日，今天是手术日，我也起得很早。

六点多，护理小姐送来两颗药给我服用，这是控制血液循环用的，同时也能使手术后的伤口减低疼痛感。

七点整，在慈庄、慧龙等十多人的目送下，护理人员把我送进了手术房。我很想告诉大家：“不要担心，我会凯旋的！”但是一道门已经把我和他们分隔开了，这是个外太空一样的世界，一个陌生的新世界！

七时四十分：打麻醉针。

八时三十分：进入第二手术室。

九时四十分：真的要开始了！除了主刀张燕大夫，另有三名医师、两名护士环绕着我。来吧，期待的时刻到达了，我很放心把这一具色身，交给医师。

我很快在麻醉药的催促下失去知觉……

我在事前经由讲解，已经知道：

首先，医师会将我的胸腔锯开，把心脏露出，使它静止，另以人工心肺机代替心脏的运作，再做绕道的连接手术。医师会从我的左腿上，开出一道五十多公分的口，取出约四十公分长的隐静脉，再从胸部取出一段内乳动脉备用。医师们拿这些静脉，从主动脉开口接上，连接到冠状动脉阻塞部位的下段。这样，心脏血液通畅，全身机能可以获得改善。一共搭建了三个大的“捷运系统”，以及三个小一点的“桥梁”。

一时五十分：手术完成，再做胸腔的接合工作。

三时三十分：从手术房回到恢复室。

在恢复室，院长彭芳谷、副院长姜必宁所领导的医疗小组十分关心我的情况。已皈依四十年的弟子慈照，积了一年的假期，这段期间里里外外跑腿，他也进入恢复室来探望我。

深夜十二点多了，张燕医师才从恢复室离开。

这一切，我一无所知，就像我平常深睡状态一般，无梦、无虑，只是平常随时都能配合自己想要起床的时间，准时或提早起床，这一次，身体服从医药的指令，密切地配合体能，还不知道什么时候可以清醒过来。

四月二十六日下午，终于有点知觉意识了，发现双手被绑定在床上，一大堆的管子，从身上延伸出来，很像另一种机器。好像慈惠法师的声音在耳边响起：“师父！您现在在恢复室。”

我觉得没有力气回应，又昏睡了过去。

“大师！您有什么需要吗？”我刚醒过来，眼皮动了一下，一位护士小姐立刻趋前来问我所需。

“大师，您要喝水吗？您现在不能讲话，要喝水的话，请点头！如果不方便点头，请眨一下眼睛。”

喝过了水，手稍微移动了一下，又是护士小姐轻柔的声音：

“大师，您不舒服吗？我帮您翻个身好吗？”

连续多少小时下来，都是这样，我很感动！这位护士小姐可说用上了百分之百的关注精神，来了解我的所需，她不累吗？不需要换班吗？

在这一片黑暗、空旷、茫无边际的世界里，我真不知自己身在何方。护士小姐几句体贴、关怀的话，好像黑暗中的一座灯塔，带来了光明；像孤舟漂荡在大海中，终于有了停靠的港湾，觉得好安全、好安心，这样的感觉，很美，很好！我所提倡的人间佛教，正是要给现代动荡不安的社会，一个值得依靠的信念；把漂浮在茫茫苦海中的生命，带到平安、温暖的佛光港湾。

这时候，我还处在时醒时睡的状态，也没力气讲话，没能好好地谢她。（但是直到执笔的现在，心里还时时记挂着这件事。）

迷迷糊糊中，我似乎感觉到彭芳谷院长、张燕、蔡世泽、江志桓等医师都来看过我了。

下午六时四十分，从恢复室送出，来到加护病房，我的神志已经清醒了许多。现在的我，已经从“机器人”的状态，恢复到“人”的世界，我有一半的轻松。但是身上的管子仍然很多，我知道我不能心急：事实上最初发明这些管子的人，值得我们顶礼三拜。

六、回到人间

四月二十七日，三个引流管拿掉了，这种感觉好像身上三个百斤沉重的负担卸下了，身心轻安，难以言喻。但是偶然听到自己说话的声音，我很不习惯，那是一种沙哑、虚弱、空洞的声音，好像劫难归来的人，需要更多的休息。

今天上午的肺功能深呼吸练习，掉到二千二百五十毫升，只有开刀前的一半以下。

其他大部分时间在做化痰的蒸气治疗，虽然咳了几下，但是一个早上都没有痰。

张燕医师特别交代，尽量不要会客，以避免感染，或引起并发症。所以对前来关心、探病的官员，诸山长老、信徒大众，仅以签名方式，留下大家的好意，没能亲自好好地招待，心里很过意不去！

半夜了，不想惊动看护的徒众，在白天，对我的一举一动，他们很负责地“盯”了一整天，这时他们休息，我也顺便解脱一下，试试自己的体能如何。慢慢地,慢慢地起身去上厕所,不想,脚下一软,眼前黑了一下……唉！病里真由不得自己。

“会不会就这样一生走到了尽头？我真能恢复到行动自在、不知疲倦的自己吗？这回恐怕真的不行了！”我有点疑虑。张燕医师说开刀会影响意志力，而我在体力不济之下，心魔也趁机滋长了。

“胡说，我是星云大师，哪有这么容易就去了呢？我会好起来的！”心里另一个声音大声地响了起来。

“儿子啊！你生病已经不是一个人的事了，你要为大众好自珍重啊！”九十五岁的老母亲，在电话的那一端——美国，不放心地叮咛着。

“对呀！老母在堂，佛光净土正需要推动，据医师检查报告，我有着四十多岁的壮年体能，而我为教为众的热心，永远像个青年。不必担心，我有自信，很快地就会恢复过来的。”这是我心里的正念，无所畏惧地抬头了！

正念，给了我很大的力量！

四月二十八日，上午七时，回复皮下注射胰岛素，不用再加入点滴内注射，表示身体恢复的状况良好，可以比较正常地饮食。

张燕医师来到我的病房巡视，他说明：

1. 因手术的关系，要恢复正常的循环，必须排除体内八千毫升以上的积水，使用利尿器，常想上厕所，这应该是很正常的现象。

2. 要少量多餐，有足够的营养，体力恢复较快。

3. 心脏功能尚未恢复，配合不上意念，所以动作要慢，才不会头晕想吐。

我很能接受张医师的话，他不仅让人知其然，更会让人知其所以然，每件事情听起来都很合理。

四月二十九日，舌头还是很僵硬，说起话来声音不顺，这种时候，特别能体会出佛法中“柔软”的妙用：要常说“柔软语”，要有“柔软心”，要能“慧心柔软”，能柔软就不易伤害别人，自己也不受伤害，可以增进人际关系。

今天，张燕医师又给我上了一课：

“开刀”，对身体来说，是“重建”之前的一种破坏，很有必要。

身体在手术后一个月内，会有巨大的改变，我们可以换个角度“听一听”身体的需要：饿了要吃饭，渴了喝水，累了要休息，不要强忍。尤其是患糖尿病的人，身体需求的敏感度降低，往往会因感觉不出自己的需要，而累过了头，事后不易弥补回来，所以要特别注意。

手术锯开的胸腔骨是用钢丝固定的，要好好保护，至少百日内不可摔跤。平常最好不要单独行动，以便身边随时有人照应。

七、探病三昧

养病最重要的是“耐烦”。不只要耐烦于身体上缓慢的重建，还要耐烦川流不息的探病者，尤其他们几乎都有同样的问题：“睡得好吗？伤口痛不痛？有胃口吗？医生怎么说？”

我很知道每个人都是带着一份关怀而来探病的，问题是每隔不多久就要重复回答同样的问题，倒变成了我是个接受“审问”的犯人。

到最后，这些不知变通的徒众们，再要开口问我这些问题的时候，我立刻告诉他：“别问我！”

在所有的探病者当中，我最感谢的就是陈履安院长。他几次的到来，先是在恢复室外边探着，他没有要求享有进入恢复室的特权，也没有多说一句话，只是“用心来看”，不愧是禅修多年，有禅心的探病者。

吴伯雄“秘书长”打电话来，他说：“我知道大师刚开过刀，没有很多力气说话，我只要求说故事给大师听……”他这一片体谅之心，也是难得又殊胜的，上等的探病者。

四月三十日，为防止取出静脉的腿部浮肿，医师建议使用弹性袜。这种“弹性袜”看起来很光滑，我告诉几个不明就里的徒众：“看，我也穿上了玻璃丝袜！”他们一脸惊诧：“师父真的穿玻璃丝袜呀？”这个疑问憋在他们心里，只是不好意思问出来！

一休大师背女人过河，徒弟背在心里三个月放不下。星云大师穿玻璃丝袜，如果没有人说破，不知徒众们要在心里穿上多少岁月？

对于足部的保健：

1. 睡前，以优碘药水加热水泡脚，约半小时，可促进血液循环。

2. 鞋内加一层抗菌除臭的护垫，可保持足部清爽。

手术后口渴不宜饮用大量的水分，否则会增加心脏的负担。可改以多吞口水，既可润喉，又可清洁口腔、肠胃，增加消化功能。

五月一日，我手术后第一次“外出”。傍晚时候，张燕大夫陪同我到“荣民总医院”员工宿舍附近的花园散步，每隔一段时间就帮我把一次脉。缓慢地绕了一圈，走了大约半小时，才回到病房，心脏的跳动还很平稳，这是“新心脏”接受“新环境”的第一次测试。我还顺便知道了，“荣民总医院”的员工，总共有八千多人。

五月二日，深呼吸训练到达三千毫升上下，已经比前几天有进步了。

手术至今一星期，身体各种机能，每天都可以感觉到逐渐在恢复。

虽然医院的组织、医疗的设备，以及医生护士传授给我的各种医学常识，对我来说，全然是个新的世界，然而他们所教导、所示范的，也都是在演说着“诸法缘起”、“人间佛教”。

譬如，“荣民总医院”从院长、副院长所领导，为我安排的医疗小组，以及整个治疗过程中，各相关科别的医生、护理人员，他们环环相扣、分工合作，而又互不居功，外科感谢内科正确的诊断，内科赞扬外科的手术高明。

以外科而言，主刀的医师，固然有着主导的力量，但是整组人员，如果缺乏良好的默契，成功率也会大打折扣的。

我很好奇地请教年轻的张燕医师：手术完成，不会有一两样东西，如剪刀、纱布、镊子……之类的东西，留在病人体内“留念”吗？

细心的张燕医师说，他们事前、事后，都会逐一清点核对，然后才能缝合起来。

我也鼓励张燕大夫，将开心手术的经验、内容、心得等，写成文字的报告，可以帮助更多的人。

八、打破纪录

五月八日，原本今天就要出院了，但姜副院长以及为我主治的江志桓医师等，多人一致建议，在我一生忙碌的行程中，难得这一段空档的时间，他们很愿意为我把身体的其他部位再检查一遍，希望我的健康状况，不仅没有问题，甚至还要超过以前，这次的手术才更有价值。

听医生的话，我又安住了下来。

往后的几天，常有医师告诉我，我又破了一项纪录。例如，深呼吸训练，超过四千五百毫升。

复健的跑步运动，血中含氧量一般状况是从开始的九十，再因体力下降而渐次减低。我的测验纪录是从九十七开始，渐次上升达到一百，每次都一样。

另有护理人员透露，还在恢复室的时候，为了了解我手术麻药过后清醒的状况，医院派人每隔一定时候过来探看，并询问上一位人员的姓名资料，我也都一一详细地说明给他们听，结论是：大师乃非常人，神志完全清醒，记忆超人……

开刀至今，我没有吐过痰，无痰可吐，我一生都没有吐过痰。

开刀后，伤口应该很痛，但是直至出院，乃至两个月后执笔的现在，没有痛过。

“荣民总医院”有史以来第一次，为我这样一位和尚做开心手术。

听说姜必宁副院长曾经很抱歉地告诉张燕大夫说：“真对不起，让你承受这么大的压力——让你为大师开刀。”

“能为大师开刀，是我最大的福报！这还得感谢我平日持诵《大悲咒》的感应呢！”

“面对主刀的那一刻，我只好把大师想成平常人，才下得了刀，否则，真的会紧张得不知所措的！”

“我是全世界唯一‘触摸’过大师心脏的人！”

“我为大师‘开心’——治好心脏的毛病，大师也为我‘开心’——

打开心结，治好心灵的毛病。”

“我的孩子长大了，我很希望他们能有这样的福报可以出家，成为全人类心灵的医生，而不只是生理的医生。”

以上都是张燕医师的话。

我自觉来到“荣民总医院”疗病，除了是一名学生以外，对医生群、护理人员来说，我也像个值得探勘、充满神秘的新世界，我很乐意为大家打开我的心门，希望人人各取所需、各有所得地皆大欢喜。

陈履安院长对于“开心”很有看法，他说：

“大师为佛光人制定的工作信条中，‘给人欢喜’这一条，也就是把人们的心门打开——开心。能开心就能欢喜，能给人欢喜的人，本身就是个开过心的人，所以大家都有必要开心。”

院长说得很有道理！不只“给人欢喜”是开心,就是“给人信心”、“给人希望”、“给人方便”，也是一种开心。学佛首重开心——开发心地，然后才能谈到“发心、立愿”。

院长学佛多年，时时到监狱给受刑人讲佛法，院长讲“专注”、讲“因果”、讲“慈悲”、讲“担当”……这些都是时下社会病态的良方，能开示病情，并且对症下药，所以院长也是个“开心”的能手。

九、价值重估

从生病、住院、开心，到出院，这是我一生中最多的休假日，对“生死一线”有了更深刻的感受。

许多家属们，通过闭路电视的荧光屏，等着亲人从手术室安全地出来，往往等到的结果是屏幕上显示出“病危”二字，从此再也见不到亲人。这是人间一大伤痛与无奈。佛教的教义里头有“轮回”二字，很多人看了很害怕，其实对“爱别离”的人而言，却是未来重聚的一大希望。

我很感恩这次生病的因缘，我学会换个角度，听听身体的需要。一个身体，在道家来说是个“小宇宙”，里面的许多细胞，也是另一类的众生。做人虽然不能贪生怕死，或因太过爱惜自身而形成了放不下的“执著”，但是也不能不爱护身体。一个人在身体强壮的时候，如果欠缺心灵的养分，很容易形成“血气之勇”，做出许多后悔的事来。反过来说，如果一个人心灵力量强大，往往可以扭转生理上的不足。但最好的还是能够“身心平衡”。

慈、悲、喜、舍，就是心灵最好的营养，希望现代人能为自己的心灵进补。

美国教育家兼文学家杜威，有一句名言：“重新估定价值”，对我有很大的启发。我这次生病，使我对自己的生命、未来，有了新的评估。“荣民总医院”的医疗群，陪我走过这一段“病里时光”，因为病中的需要，一生当中许多原本要与我错肩而过的人们，对我投注了一份的关怀。他们停下脚步，细细询问我的需要，进一步询问我“生命的指南”。

五月二十六日，为了感谢“荣民总医院”的医师、护士群，我请佛光山台北道场住持慈容法师，准备了“素斋谈禅”，邀请大家前往。很欢喜大家能够赏光，许多医生合第光临，给我很大的荣耀！这是我病后第一次这样坐下来与大家共餐，话家常。也可以说，是由于我进入了医疗的世界，他们也来到了佛光的世界，“治病”，可以是一道桥梁。

我一直有个心愿：希望成立佛光疗养医院，可以使用饮食疗养、音乐疗养、心理疗养、修持疗养、运动疗养、物理疗养、气功疗养、民俗疗养、药物疗养……让每一位患者进院以后，成为生命再教育的学生，一半以上从激发潜力着手，让他们对自我的生命重新作评估、定位，再辅以各种物理、医理，甚至学会听听风声、雨声、潮声，进而能聆听自己的心声。简单地说：为他们“开心”。

江志桓医师对于这个构想很表示赞同，将来疗养院成立时，我希望江医师能成为佛光疗养医院的顾问。

十、人间晓语

我一生推动人间佛教，这次由于“开心”的因缘，我进了“荣民总医院”，对于自我的生命，再度更新：重新学习，重新调整，同时也有一些新的领悟。

1. “不知”是福：开过刀，很多人非常关心地问我：

"伤口痛不痛？"

"不痛，一点都不痛！"

"随便割破一小块皮都很痛，腿上划开了五十几公分的伤口，割断了静脉，又锯开了胸腔骨……这一切，难道真的不痛吗？"

"因为痛的时候我不知道啊！尤其我一生最怕插管子之类的东西，在恢复室二十四小时，总共插了七八根管子。但是，等我知道的时候，管子已经拿掉了！"

张燕医师为我"开心"那一段时间，对我来说，是全然"不知"的一段时间。人间许多事情，在你"不知"的时候，便没有所谓的"痛苦"。

这时候我领悟到世间的许多苦恼，都是从"知道"来的。人的一生，许多痛苦都是经由见闻觉知，把"痛苦"这种信息送入心中，由于"我执"而成为"自我刑罚"。譬如，见到一个仇人，看见不悦、哀伤的情景，一瞬间的事情，往往刻下一生痛苦的记忆。听见了一句毁谤、冤屈的话，听见了不幸的消息，从此陷入悲伤的泥沼，难以自拔。

尤其还有另一种情形，你看了不该看的事情，听了不该听的话，知道了一些不该知道的机密，如为秦始皇造墓，墓地完成了，这些参与造墓的人也从此失去了消息。为过去的宫庭建造机密宝库的人，等到库房完成，这批人成了"知者有罪"。世间许多事情，因为你"知道"了，才惹祸上身。

"不知"，有时是一种幸福；"不知"，是世间的另一种美。

这种"不知哲学"，乃是人间佛教的要点之一。

2. 功能特异：我第一次做深呼吸训练时，吸一口气，显示器直上四千五百毫升的顶点，护士小姐惊异之下，问我是不是有些"特异功能"，是不是深谙"吐纳"之术。

我没有特异功能，也不会吐纳之术。

但是我回想起从少年出家至今，从早晚课诵到各种佛事，处处都需要诵经，我每次都很用心用力地念诵。到后来我一口气可以诵完一卷《般若心经》，一口气可以诵完一卷《大悲咒》。

出声诵念经咒可以养气，气足而力充，气足而寿长。"气"和"力"有着密切的关联。所谓"佛靠一炷香，人靠一口气"，先要能长"气"，然后而能生“力”。

这种“功能”,并无“特异”之处,只是平时、平常多一份用心用力而已,这也是人间佛教修行的特色之一。

3. 生命时钟：从恢复室来到了加护病房，醒来之后的第一个知觉：我看见了墙上的一面钟，指针是六点。

我闭上了眼睛，良久，睁眼看一下钟，才六点零五分。

我又闭上了眼睛，好久、好久，好像过了几天，再睁开眼睛看钟，才六点十分。

时钟好美，时钟好可爱。由于时钟上面秒针与分针明显地移动，它们证明着我的存在，证明我与这世界有着关联。指针的移动，使我心安！这面时钟，在这一刻，对我来说就是整个的世界，整个的生命。

这些年来，我环绕世界几次了，多少的山川美景，多少的名胜古迹，我无暇访游，也无意观赏，谁知在这特别的时刻，一面时钟胜过山河大地。真是“一沙一世界，一叶一如来”。

人间，如果没有“时间”这样的东西，痛苦、忧伤、烦恼永远不会过去，既没有未来，也没有希望。人间佛教要能在“时间”这种深邃又平凡的事情上去参悟：迷惑的时候，时间会使你失去一切；了悟之后，时间就是你的一切。

4. 我要回家：我在加护病房的第二个知觉就是：“我要回家！”

好不容易，等到医生来了，我赶快告诉医生说：

“我要下床！”

“大师，您现在还很虚弱，要下床做什么？”

“我要回家！”说完，我自己也觉得茫然。我生病住院，回家？回到哪一个家呢？

对了！回家，就是回到我与徒弟们朝夕生活的佛光山。山上的一草一木，每一栋建筑，都是我熟悉的。我与徒众们互相嘘寒问暖，互相关怀，但是我们之间不需要刻意的客套。

记得小时候在外面受了委屈，摔跤了，往往哭着说：“我要回家！”

现在我开刀住院了，身心都有几分不适应，就像小时候在外面受委屈了一样。

原来，“家”就是安全、和平、温馨、关怀的地方。只要一回到家，天大的烦恼、委屈，立即消失了！

“家”，对于人生，是多么重要的一个地方。

我们提倡人间佛教，首先要注重维护每一个人的家庭幸福，才能谈到开展人间的净土。目前社会上问题丛生，往往都是肇因于家庭。

人间佛教的要点：首先要建立幸福的家庭生活，然后才能贡献于国家、社会、全人类。

5. 忍辱可度：我在复健跑步的时候，氧气每次都是从九十七八开始，逐渐上升至一百，与一般人渐次下降相反。护理人员问我，是不是练过气功，或是练过什么少林功夫？

我没有练过气功，也没有少林功夫，但是有一点“佛光功夫”。

记得我十二岁出家当沙弥，十五岁受戒，头盖骨烧得凹了下去，同时也失去了记忆。当时许多老师、师兄、同学，常常指着我的鼻子骂我：

“你要有出息哦，太阳都从西边出来了！”我没有难过，没有怨天尤人，也没有自怨自艾。因为我当下承担了这句话。

我心想：有没有出息，并不急于一时分辩，时间会给我力量，二十年、三十年后，谁知道呢？“总有一天”我会突破自己，走出自己的路来的！

现在回过头来想想，当年是什么给了我这些承担的力量呢？是佛法。虽然当时还不懂得什么生忍、法忍、无生法忍，至少还懂得“忍辱波罗蜜”。所谓“波罗蜜”就是“度”的意思。忍辱可以“度”过烦恼，忍辱可以“度”过伤害，忍辱可以“度”过挫折。

由于我从小就善于接受，而且能于“转化”，可以将烦恼转化成力量，由此养成内心愈挫愈勇，发挥到体能上，也可以越走越有力量，这也是人间佛教修行的重点。生活中，时时都有相反的挫力，可以令人懊恼，也可以令人增长力气。希望大家每个人心中都有这样的“佛光转化器”，时时都能在生活中练习转化。开发潜能也就是这样来的！

我也鼓励天下所有患病的人，身体上的疾病避免不了，而每个人的病情轻重不一，但是千万不要让你的心灵生病。心中有病，生理上的病就会更加严重，甚至难以挽回可贵的健康。也不要对生命、前途气馁，再苦的事情，时间都会公平地推动它、冲淡它！

两个月后的今天，看到我的人都说："大师年轻了十岁！"我也感觉到，由于医师高明的手术，为我的心脏架起了几条"捷运系统"、几座"桥梁"，身体休养了一段时间，更加能够密切地配合我的精神、意志之所需，我还可以为人间作更多的奉献。这一场与时间竞赛的马拉松赛跑，所有关心我的人都是观众，我希望为所有的观众跑赢这一场竞赛。

但愿由于我的病，使一切众生可以少受病痛的折磨，但愿每一个人都能打开心门，接受光明的照耀，成为一个能带给他人欢喜的，"开心"的人。

十六　在南京，我是母亲的听众

母亲送我十双袜子，我说："我一双袜子穿一两年，您送这么多袜子做什么？"母亲回答："儿子啊！你可以活到两百岁。"

为了返乡探亲，一九九四年三月三十一日下午我就到了香港。隔天和香港佛光协会的督导林耀明夫妇、会长吴其鸿约谈，谈及今后香港佛教发展的问题，随后便搭乘东方航空公司的班机再次回到久违的故乡——六朝胜地南京。

这次大陆之行主要是为了探望母亲，看看亲戚，以及到海安祭拜师父志开上人。才抵达雨花精舍，母亲看到我就说："儿子啊！你和你的徒弟一年当中都能见到很多次，我和你却一年难得见一次面啊！"虽然母亲的一席开场白勾起了大家一阵辛酸，但母亲毕竟是一个见过世面的人，立刻就晓得将话锋一转。她看到很多亲戚，如大哥国华家六人，三弟国民家六人，大姐素华家十人，三舅的孙女凤珠和其他亲戚之后，不禁又说道："真是千树桃花一根生啊！"这句话马上又引起了大家一阵欢呼。

接着，母亲又告诉大家："我有四个孩子，大儿子太过老实，大女儿已经是别人家的人了，小儿子又太过护已，人总是有美中不足的地方。"意思大概是赞美我这个儿子最好了。

只要母亲一说话，大家都屏息倾听，不敢随便开口。母亲继续说："你的徒弟都是有根基之人，才随你学佛，我们家里的人却善根不够，你要好好发心去度他们才是。"接着，又指指台湾来的徒众说，"你们都是菩萨下凡，我却是凡夫一个，你们要好好护持你们师父弘法度众啊！”

母亲告诉我，凡有台湾法师来访，他们总是大师、大师不离口，她每次听了都很高兴。我一直不太喜欢台湾的弟子和信众来探望母亲，毕竟她已是九十多岁的老人了，不想增加彼此的麻烦，但是得悉母亲如此欢喜，我觉得还是有必要。

一阵寒暄过后，我打开皮箱，将送给母亲的衣物交给她。母亲看了，说：“你买衣服给我，我也要给你一点东西。”说完，就从枕头边拿出十几双袜子放到我手中。原来母亲早已为我准备了礼物。

我对母亲说：“我一双袜子要穿一两年，您买这么多袜子给我做什么？”

母亲回答：“儿子啊！你可以活到两百岁。”母亲就是这么一个善于赞美人的人。

不一会儿，母亲将她搜集的名片一一翻出来给我看，从中可以看出她待人的用心。那些名片，大都是海峡两岸的有缘人，如“立法委员”潘维刚、《大陆寻奇》制作人周志敏、《大成报》副总编辑赵俊迈，还有澳洲的刘招明、美国的林陈雪娥……这时，我也从口袋里摸出了一张我的名片递给她。母亲笑了笑，说：“这是佛陀的名片啊！”

我发现母亲衣服上有个破洞，就跟她说：“母亲，您的衣服破了。”母亲说：“不是破，是布不够。”

母亲有她自己的人生观，她又引用自己的例子说：“为人要存好心，给人欺负不要紧，你看，我经过北伐，经过抗战，经过‘文化大革命’，多少的磨难、多少的艰辛，我还不是照样活到九十多岁？

“别人讨厌穷人，我就是喜欢穷人，因为穷是无常，穷只是一时，有朝一日，穷人也会转贫为富的啊！”

听着听着，突然，我发现母亲衣服上有个破洞，就跟她说：“母亲，您的衣服破了。”

母亲若无其事地对我说：“不是破，是布不够。”

今晚的母亲显然特别高兴，尤其是在她那小小的房间里竟然挤了二十多人，真是好不热闹。讲到最后，我看看时间已经十二点半了，就对母亲说：“时间不早了，大家要睡觉，有话明天再说。”

母亲指着大家说：“你们都去睡吧！”

我正想离开，母亲忽然指着我说：“今觉（今觉是我初出家时的法名），唯独你不可以睡觉。”

我听了，只好打起精神，再坐了下来，聆听她老人家的教诲……

母亲也知道朴老，竖起大拇指说：“那是一个伟大的人，你要好好地谢谢他。”

今早起来，我要去西康宾馆和中国佛教协会会长朴老见面谈话，并且赴午宴。赵会长实在是一位佛教界的长者大德，他为了佛教可以说是舍身舍命。这一次，他以八十八岁的高龄，特地从北京赶到南京来，我到达时，他早已在门口等待迎接。当我们行礼和紧紧握手的时候，我深深体会到这个老人家的慈心和热忱。

朴老是一位诗词书法大家，在大陆，他的题词、题诗、题字随处可见。他最乐于为寺庙道场书写，却不曾见他为商店写过任何招牌。朴老知道我将他的一幅字在台湾为筹建佛光大学义卖得款五十六万，非常高兴，现在他又送给我一首《忆江南》，由诗中可以看得出他那卓越不凡的文才，同时更能感受他对中国佛教的那份期许。

用饭后，我匆匆地告辞，相约下午在雨花精舍由我做东，回请大家。

回到雨花精舍，母亲问我：“你一早到哪里去了？”我说去和北京的朴老会面。母亲也知道朴老，听了之后笑着竖起大拇指说：“那是一个伟大的人，你要好好谢谢他。”正当母亲在和我叙述历朝三皇五帝的陈年旧事时，时间尚未五点，诸大法师和朴老夫妇已法驾光临。匆忙中将大家迎入客厅就座，又再天南地北从头话说佛教。

晚餐由侄儿春富掌厨，萧师姑督导，席间，大家对每一道菜都赞不绝口，甚至还说胜过龙华寺的素斋。看到在座的龙华寺住持明旸法师和王永平，我赶快说：“春富出身于龙华，他的素斋也是在龙华学习的，说起来，他还是龙华的人呢！”

今晚的菜肴虽佳，我看朴老夫妇最喜欢吃的还是我从台湾带去的一盘豆腐乳。

扬州人的身材，走路姿态都很美，或许和他们骑脚踏车有关。

天亮了，星星和月儿都融进了晨曦之中。用过早点，我们踏上了江都探亲和海安祭祖的旅途。在大地回春，百花齐放的仲春江南，一路上，绿水盈盈，杨柳青青，万紫千红，轻风拂面；遍地金黄色的菜花园里，依稀看到挥汗如雨的农夫在辛勤地耕种；环顾四周，只见村妇捣衣，炊烟袅袅，船只点点，燕子呢喃，真是青山如画，白云如诗，好一派美好的江南风光！

车行约一小时，路过扬州，放眼望去，到处都是脚踏车。扬州人的身材，走路姿态都很美，或许和他们骑脚踏车有关。在台湾是汽车塞车，在扬州却是脚踏车塞车。

扬州是座古城，在世界各地有人没听说过南京，却没有人未听过扬州。扬州至今已有一千五百多年的历史，远在大禹治水的时候，扬州就是九州岛之一；从隋炀帝开凿运河开始，扬州又成了南北经济文化的要道。我是扬州人，知道住过扬州的历史名人有：吴王夫差、董仲舒、谢安、沈约、杨广、王世充、李白、孟浩然、刘禹锡、白居易、杜牧、范仲淹、苏东坡、韩世忠、岳飞等，近人有朱自清、王柏龄、陈果夫、洪兰友……是这些文人雅士为扬州抹上了美丽的神采。

由于扬州位于长江要口，明媚的风光和怡人的景色，吸引了历代不少文人墨客来此吟咏赋诗，乾隆皇帝更有六次游江南的记录。在李白送孟浩然去广陵时，也写道：“故人西辞黄鹤楼，烟花三月下扬州。孤帆远影碧空尽，惟见长江天际流。”扬州秀丽的景色可见一斑。

到了江都老家，看到房子焕然一新，因为上次回家时，我曾暗示要国民弟交棒给侄儿春来，这就是春来的杰作。想到“交棒”，就想到中国佛教的“交棒”，上一代不仅不肯将棒子交给下一代，并且还给下一代当头一棒，如此的佛教怎么会有前途？三弟的儿子李春来已经接棒，希望这不光是硬件设备上的更新，在文化水平上亦能有所提升。

午餐，他们特以别具风味的家乡菜“荠菜汤圆”招待我们，本来两个就够了，我因一时贪心，吃了三个。

下午，乘车前往海安，沿途细雨蒙蒙，飞沙走石，在这恶劣的环境中，却有许多男女老少，一手一锄，不分彼此地在合力开拓道路。他们让我想起“蚂蚁雄兵”的刻苦精神，这就是生活即工作，工作即生活的耐劳品格，大陆的水乡泽国，乃至四通八达的运河，可以说，全部是这群蚂蚁雄兵的辉煌成果。

抵达海安，直接步行至家师的灵塔，追思祭拜。在上香诵经时，前来瞻仰的乡民有五六百人。我除了感谢大家的关怀，还告诉他们：“这里面是一位伟大的人物，那就是我的师父志开上人。”记得月基法师曾经说过，家师是与药师佛同生，与民国同寿，屈指一算也有八十四岁了。

我是扬州人，却没有游过扬州。“不作水上游，不算到扬州。”

我是扬州人，却因从小离乡，没有游过扬州。在扬州，流行着这么一句话：“不作水上游，不算到扬州。”因此，中国佛教协会于行程中特别为我们安排了半日瘦西湖“乾隆游”。

瘦西湖的美名并不亚于杭州西湖，导游小姐形容两者为“环肥燕瘦”，清朝乾隆皇帝六下江南，每次都来此欣赏湖光山色，当时地方官员及盐商为了让乾隆皇帝赏心悦目，在湖的两岸建了不少雅致的亭台园林。此湖虽与杭州西湖相媲美，却显得略为清瘦，故称“瘦西湖”。

首先我们从“卷石洞天”搭乘大画舫一水而下，只见瘦西湖的两岸，三步一桃，五步一柳，桃报红靥，柳围青眼。当沿湖游览时，我们真正地感受到“两堤花柳全依水，一路楼台直到山”的心旷神怡，难怪古人会有“腰缠十万贯，骑鹤上扬州”的美谈。

沿途经过的重点风景区有西园曲水、大红桥、小金山、钓鱼台、五亭桥、白塔和二十四桥。印象较为深刻的是小金山内的风亭，山坡的四周，种植了许多绿竹和梅花，立于风亭之中，举目四顾，城内高楼大厦，远处烟囱林立；俯视脚下，湖水粼粼，游舟荡漾，绿树掩映中的亭台楼阁，尽收眼底，不愧是瘦西湖的中心池城。

五亭桥上建有五座亭子，像五朵冉冉出水的并蒂莲花，故又名莲花桥。每一亭顶，敷有黄色琉璃瓦，檐脊呈绿色，亭柱朱红，藻井彩绘，金碧交辉，典雅壮丽。桥上的石柱有神采各异的石狮，桥下有桥洞十五个，纵横连环，洞洞相通，相传满月时，还会有每洞各衔一月的金色奇观呢！

别具风格的钓鱼台三面环水，与五亭桥、白塔照水相望。从钓鱼台的南洞可见高耸入云的白塔，西洞可见横卧波光的五亭桥，北洞则见绿树成荫的大桂花厅。妙的是，站在一定的角度，同时可见三洞景物，这种神奇的借景手法，堪称古典建筑的一绝。

二十四桥是全程的终点，呈单孔拱形的桥身远离湖面，人行其上，有凌空欲飞之感。诗人杜牧曾感怀地说道："青山隐隐水迢迢，秋尽江南草未凋。二十四桥明月夜，玉人何处教吹箫。"在此我们可以一起追寻历史岁月的痕迹，由唐宋元明清，从古看到今。

人云："杭州以湖山胜，苏州以市肆胜，扬州以园亭胜。"扬州的园林，融南秀北雄于一炉，集人文景观于一体。众多园林中，尤以"个园"最具特色。个园是运用立意精巧、气势浑雄的叠石来展现一年四季的风貌。在个园，春山淡冶如笑，夏山苍翠如滴，秋山明净如妆，冬山惨淡如睡。游览这么多风景区，我觉得如果能将环境再美化一些，或与旅行业者共同投资开发，提供参观者各项服务，祖国的锦绣河山将会更美、更秀、更动人！

回到家里，所有的家人都围在一起要跟我谈话，我除了介绍国际佛光会的组织和佛光山的系统之外，也告诉大家，每一个人都要学习一技之长，中国人常说："家有万贯财富，不及一技在身。"因此，我建议他们：

一、要能高中毕业，并学习特殊技能。

二、厨师的工作很吃香，薪水西餐较中餐为高。

三、美国目前缺乏护士，但需懂得英文。

天下文化主编符芝瑛利用谈话的机会问大家："第一次见到大师的感觉是什么？"我代大家回答："没见面时，三头六臂，见了面，也不过如此。"引得每一个人哈哈大笑。

晚上，碧云准备了蛋糕、寿桃、寿面，共同为母亲唱歌祝寿，母亲亲自切了块蛋糕给我。平常不吃甜点的我，为了不让母亲扫兴，今天也就不计较了。

“在台湾，我有万千听众，来到南京，我变成了您的听众。”

一大早，全家人齐集于佛堂恭诵《普门品》一卷，为母亲祝福祈祷。

母亲得知我今天要离开，昨晚整夜都没合过眼，一看到我就低下头，沉思了好一会儿才说：

“今觉，我有很多话想要跟你说，可是，见了面，话又没有了。”

接着，母亲又慨叹道：“佛法无边，我却一直都在苦海边。”

我听了，忙安慰她：“在台湾，我有万千听众，来到南京，我变成了您的听众。”

这时，母亲眼中掠过一丝笑意，她说：“讲经的人不一定能得道，听经的人反而各个都能得道。”好一句智慧之言。

辞别母亲，我们搭乘旅游特快火车前往上海。记忆中，第一次看见火车时我才十二岁，当时我紧紧地拉着母亲的手，惊讶地喊道：“不得了啦！房子在奔跑！”现在想起来，真觉幼稚好笑。

十七　灵感

世间的人、事、物，彼此都有相互“感应”的因果关系，所谓“千江有水千江月,万里无云万里天”,只要因缘俱足,则如“敲钟即响,击鼓自鸣”,这就是“感应”。

感应有一定的因果法则，也有坚实的理论基础，既经得起科学验证，又超乎科学常识以外。例如，亲人之间的“心灵感应”，在科学上如何能解释呢？中国民间故事《二十四孝》里的“哭竹生笋”，也不是常理可以说明，只能说是“精诚所至，金石为开”。因此，感应一般都是说“不可思议”，也就是不可以用心思揣摩，也无法用语言解释，是一种超乎思想、言说之外的心灵体验，就叫做“感应”，或说是“灵感”。

一般信仰宗教的人，尤其是佛教徒，无不希望自己的修行，能与佛菩萨“感应道交”，获得诸佛菩萨的“灵感”护佑。但是灵感到底有没有？可信不可信呢？

我在佛门里生活七十余年，由于我倡导“人间佛教”，并不宣扬灵异，甚至我也服膺孔老夫子的“不怪力乱神”，因此尽管出家七十余年，所遇到千奇百怪，各种似有似无，似真似假，一般人称之为“灵感”的事，不知凡几，但我从来不去介意。

我在弘法讲演时，很少讲说灵感的事迹；撰写文章时，我也很少叙述奇异的故事。但这并不表示我不相信灵感的存在，只是觉得灵感毕竟不是普遍、常见的现象，也非人人都有的体验，所以我从来不去强调，也不刻意宣传。

不过，我自己小时因为受戒燃烧戒疤，失去记忆的能力，后来每日礼拜观音菩萨。虽然我没有见到观音菩萨现身，也没有菩萨为我摩顶，可以说一无灵感，但是今天我能读书、记事，你说在我的心中会没有佛菩萨的存在吗？

我一生的灵感，都是从生活中体验出来的，我相信灵感必然有之，但也不一定人人都说得对；有时候我们眼睛看到的，或是耳朵听到的，也不一定正确。所以佛教讲“平常心是道”，日常生活中就有许多生活的灵感，不必特别去希求任何的神通或感应。

历史上，佛陀十大弟子中，神通第一的目犍连，虽然长于神通，最后却死于神通；中国也有俗话说：“打死会拳的，淹死会水的。”神通不是人人能有，灵感也不是人人都曾体验；即使偶尔有之，也不尽然每一件都需要科学来印证。

数十年前，法国的柏克森博士，在一本《博士界的辩论》中说，头陀第一的大迦叶尊者，至今还在鸡足山隐居，要等弥勒降生后，把佛陀的衣钵传给他；十八罗汉中的长眉罗汉宾头卢婆罗堕，两千多年来也曾多次现身，都有记录可考。

不管是真是假，这些美好的传说，就把它当做是很美的故事。中国民间“嫦娥奔月”，在少男少女的心目中，是多么美好的传说，如果硬要把月亮的故事，用科学来破坏，这也不是人类真正的利益和收获。

不过，如果真是有心想要探究，在佛教里，说明世间现象界有没有，存在不存在，也有五种认识上的形式，称为“五量”。

所谓“量”，就是度量。例如，布有多长，拿尺一量；物品有多重，用磅秤一称；乃至圆规矩尺、三角几何，都可以把宇宙现象界的大小、高低测量出来，甚至还能算出几度空间。因此，五量也是五种知识的来源，分别是：现量、比量、譬喻量、神通量、圣言量。

一、现量：生活中，杯盘碗筷、房屋桌椅、花草树木、山川大地，一见即知，不必争论，这是现量。

二、比量：比量就是一种推理方法，例如，见烟知道有火，听到讲话声知道有人，甚至看蚂蚁搬家，就知道将会淹水。所谓“见微知著”、“由因知果”，这就是比量。

三、譬喻量：佛陀说法，善用譬喻，有名的“丘井喻”，以丘井比喻生死，醉象比喻无常，毒龙比喻恶道，五条毒蛇比喻五阴等。通过实例或寓言，使人容易理解教法的意义内容，这就是譬喻量。我们平时常说：像雪一样白，像冰一样冷，像纸一样薄，像刀一样利，这都是譬喻的妙用。

四、神通量：佛教讲神通，一般而言有六种，称为“六神通”。即能见六道众生生死苦乐之相，是为“天眼通”；能闻六道众生苦乐忧喜之声，是为“天耳通”；能随心所欲地来去自如，是为“神足通”；能知六道众生心中所思所想，是为“他心通”;能知自身及六道众生的过去未来，是“宿命通”；能断尽一切三界见思惑，不受三界生死轮回，就是“漏尽通”。

神通是通过修持禅定之后所得到的一种不可思议的力量，这种力量超乎寻常，而且无碍自在，一般人不具备这样的能力。

五、圣言量：平时我们讲话，常会引用“孔子说”、“孟子说”或是“佛说”，这许多圣贤所说都有见地，所以具有说服力。尤其佛教徒从“佛说”《阿弥陀经》，相信有极乐世界，这就是圣言量。

五量就是五种判定知识真假的标准，因此灵感到底有没有，可信不可信，只要通过现量、比量、譬喻量、神通量、圣言量，便可以知晓了。

只是，灵感一般大都是从别人口耳相传而来，因为是口耳相传，是听别人说的，往往说的人好像身历其境，绘声绘影，说得很逼真；听的人不是亲眼所见，便觉得像“天方夜谭”一样，只有“你姑妄言之，我姑妄听之”罢了，总是怀疑不信。

在佛教里，有谓“信为道源功德母”，又说“信心门中有无限宝藏”，学佛修行，培养信心很重要。一般的佛教徒，有人以慧解来长养信心，有人从慈悲、福德中坚定信仰，也有一些人，因为在宗教体验中得到某种灵感，因而对自己的信仰更增信心。如孙立人将军的夫人孙张清扬女士，在一次中风以后，颜面神经麻痹，导致嘴巴歪斜。后来因为信仰观世音菩萨，获得灵感而痊愈，又恢复从前的庄严相貌，从此成为一位虔诚的佛教徒。

听别人说的灵感，我们暂且不去谈它，就拿我自己亲身经历的来说。一九七四年的农历正月初九，佛光山应南部信众要求，在大悲殿举行第一次的“供佛斋天”法会。当天上午九点，我在大悲殿跟信众讲说“供佛斋天”的意义，有几个青年在门外观看。当我说过之后，当中一位青年忽然瘫软在地，无力走路。同伴怪他：一定是你刚才讲话不敬，口不择言，伤害了佛教，所以护法神明在惩罚你，你现在赶快忏悔吧！

说来也真是奇迹，我亲眼看到他忏悔之后，他的手脚立刻复原，马上恢复行动能力。当下虽然说不上抱头鼠窜，但是因为羞于见人，一群人也就快速离开佛光山了。

这件事如果不是我亲眼所见，而是听别人转述，我也很难置信。所以我觉得灵感不必传播，有体验的人，必然相信；没有经验，再怎么说他也无法起信，因此顺乎自然就好。

说起大悲殿，也是我的亲身经历。在一九七一年大悲殿即将完工落成时，有一天晚上，我到现场察看工程进度，忽然听到大悲殿内有钟鼓铛铪的法器梵呗声传出，十分动听，不像是从人间发出的。

“奇怪，这声音是从哪里来的呢？”我听了一二十分钟之久，自觉不可思议，真是“此音只应天上有，人间哪得几回闻”？

我出了大悲殿，走到一百公尺外的香云堂，看到慈惠、慈容法师，我想把刚才的事说给他们听，但转念一想，不可！因为如果我说出来，他们一定也会上去听，万一听不到，必然会说我也在宣扬灵异，我看还是忍耐不说算了。

后来又动念：慈惠、慈容都是自己多年的弟子，应该相互了解，这件事还是应该分享给他们知道。

果然，他们听过之后，马上就到大悲殿去。下来后，我问他们：“你们听到大悲殿里有人在课诵的声音吗？他们说：“没有。”当时我真是懊恼无比，直怪自己多言。

第二天，我还是照常到大悲殿看工程，无意之间又听到课诵的声音响起。当时心定法师在大悲殿抄写信徒功德芳名，因为多日来昼夜都在大悲殿工作，我就问他：“你听到过课诵的声音吗？”

他看我十分惊讶的样子，就说：“每天都有！”

于是我赶快找人把慈惠、慈容叫上来，想证实我昨日所言不虚！后来他们也说，确实听到了钟鼓铛铪和鸣的课诵声，我这才大大地舒了一口气，不是因为灵感，而是为了自己的信誉感到非常欢喜。

大悲殿是佛光山所建的第一座殿堂，为丛林学院学生每日朝暮课诵的地方，除了星期日之外，平常并不开放。但观音菩萨的灵感事迹，却在信众之间流传不已，启发了很多人的信心。

甚至早在四十多年前，佛光山还未创建之前，我在高雄寿山寺，每年药师佛诞都会举行药师法会。大概是信徒的虔诚礼拜，加上当时佛学院同学每天昼夜轮班护灯，每次法会期间，佛前所点的每盏灯，灯芯上都会结出晶莹剔透、五彩光亮的小小灯花舍利。这些奇妙的灯花舍利，不但在信徒之间传诵不已，连“中央社”的记者都专程来采访。

另外，我从年轻时，就曾多次带领信徒到印度朝圣。有一次，我们在菩提大塔下，唱过香赞，团员们一一献烛之后，燃烧过的蜡烛竟然融化成许多佛菩萨的形象。这一幕，让在场的人各个振奋不已，直到现在，佛光山文物陈列馆还收藏了一尊小小的“灯花观音像”，见证着这一次殊胜的朝圣之旅。

在很多的灵感事迹中，最让我感到不可思议的，还是佛牙舍利莅临台湾的事了。关于佛牙舍利的由来，以及迎到台湾供奉的因缘，乃至在台兴建佛陀纪念馆的经过，在“佛陀纪念馆建馆缘起”中，都有说明。当中尤其叙述了一段有关佛牙舍利到台湾的灵感事迹。

一九九八年四月九日，佛牙舍利到台湾时，当天从桃园机场回台北道场途中，承相关单位协助，把桃园到台北的高速公路净空，让车队一路畅行无阻。

当车队在高速公路上行进时，原本晴朗的天空，忽然乌云密布，随即下起倾盆大雨。雨势大到连车窗上的雨刷都来不及刷，因此车行十分困难，速度不得不减慢下来。这时我心里一直挂念着在台北道场等候迎接佛牙舍利的信徒们，大概都已淋成落汤鸡了吧！

就在车队缓缓来到“建国北路”，准备下交流道时，雨势霎时停止，利落得就像拿刀切面一样。这时从“建国北路”到台北道场的路上，也承台北“市政府”进行交通管制，让佛牙舍利的车队优先通行，因此我心中盘算着，应该可以在六点之前，把佛牙舍利供在台北道场，圆满此一迎迓盛事。

但是车队到了松山车站前的虎林街时，虽然天色已渐昏暗，然而街道两旁仍挤满大批群众，有人献花上香，有人合掌恭迎，有人跪地礼拜，鞭炮声更是震天价响，久久不绝。好不容易，佛牙舍利终于来到松山火车站前的临时坛场，此时坛场前原本湿漉的地面，突然从空中洒下一道金色光芒，把松隆路照射得就像黄金铺地一般，灿烂耀眼。

差不多就在同一时间，我从路旁商家的电视中，听到《人间卫视》主持现场转播的赵宁博士，兴奋地连声惊呼："你们看！你们看！整条松隆路忽然变成金光大道了！"一起主持的依空法师立即说："这是佛光普照，所以应该是佛光大道！"

这一刻，让现场万千信众心生欢喜，感动不已。数家电视台负责实况转播的工作人员，更是频频称奇。他们说："连灯光都不用打，就可以把入夜时分的现场拍得光辉四射，实在是难得一见的殊胜景观！"

这个现场、这些声音、这次电视转播，我都身在其中。但是许多当天没能亲临现场的徒众及信徒们，事后一个个激动地告诉我，他们通过电视的屏幕，的确看到一片金光，铺满迎佛大道，那时是六点二十分，一直持续了半个多小时之久。

一条道路，为什么会忽然之间变成黄金的颜色呢？若说是雨后阳光的折射，但此时已日落西山，没有太阳！若说是万家灯火映照而成，但此时尚未夜幕低垂，哪来的灯光？可是大家确确实实都看到了金光大道，这么奇妙的事，我们不赞叹佛陀的威德灵感，又怎么能解得呢？

在很多关于气候的灵感事迹中，的确有许多耐人寻味的地方，因为大自然的气候，哪里能像人间事，可以为人所任意改变呢？但天下事无巧不成书，在宗教生活中，如历代求雨的事件，包括宋朝的慧开、代病、普庵禅师，以及明朝四大高僧之一的莲池大师等，都有为民祈雨的灵应事迹，乃至修行者在狂风暴雨中获救的奇异，多不胜举。

在诸多相关的奇事当中，我也有一些亲身经历，感受到难以明白。例如，我从一九五三年到宜兰，直到一九六七年佛光山开山，在此十四年期间中，我都居住在宜兰。

宜兰是个多雨的地方，与风城新竹并称“竹风兰雨”，在台湾颇负盛名。因此过去我从新竹行脚到宜兰时，就曾说过：“我从新竹风城，走到雨都宜兰，一路走过“风风雨雨”，这不就是人生的写照吗？”

我在宜兰期间，固定每周三举办消灾法会，星期六举行念佛会，这种寺院共修的弘法方式，是我当初一直在努力提倡、发展的。

既然要集众共修，就要有场地，可是雷音寺的佛殿不到三十平方米，容纳不了很多人，信徒在里面集会，总是拥挤不堪，所以每次共修，只好利用佛殿外的丹墀。

当时雷音寺两旁，住有三家军眷，每逢夏天天气炎热，一到黄昏，他们就在外面乘凉。因此我们集会共修时，只有在他们的身旁念佛、绕佛。但是尽管如此，彼此也都相安无事。

在近二十年当中，最让我挂碍的，就是担心万一共修时间下雨，信徒会不会像“树倒猢狲散”一样四处躲雨？所幸那种难堪的场面从来没有发生过，真是感谢“天公作美”。

其实若说从来没有遇到下雨的情况，也不尽然！有时午后也会下起绵绵细雨，只是大都到了六点左右，雨就停了。这时大家赶快打扫庭院，总能在七点半按时照常共修；一个半小时之后，九点集会结束，信徒回家了，这时便又下起雨来。

这种情况不但经常发生，甚至数十年都是如此，所以真的应该感谢护法龙天，冥冥之中给我们很多的护持、帮助。不过更让人觉得不可思议的是，一九八八年佛光山在高雄中正体育场，举办的一场六万人参加的“回归佛陀时代”弘法大会。活动在晚间七点开始，五点半左右我从佛光山出发，这时还是阳光普照，天朗气清。但车行十余分钟，刚到砖仔窑这个地方时，忽然风云变色，大雨随即倾泻而下，速度快得让人简直来不及反应，而且因为风雨太大，路上所有车子都暂停一旁，不敢强行冒进。

我坐在车子里，忍不住问同车的人：这场雨是从何而来？当然没有人能回答得了这个问题！只有司机安慰我说：“好像是从澄清湖那边下来的！”我说：“我们到澄清湖那边去看看！”

其实那只是一时心急顺口而说，真的到了澄清湖又能如何呢？这时我心里估计着，中正体育场应该已是万头攒动了，只是这种雨势又怎么能办法会呢？

然而奇妙的是，当我六点半抵达中正体育场，大雨顷刻停止，工作人员于是立刻分头打扫场地，布置会场。七点一到，法会在凉风习习中准时开始。记得那一次，小王爷陈丽丽小姐还在现场唱了一首《顺治皇帝赞僧诗》，整个法会进行得十分顺畅、圆满，尤其在阵阵凉风吹拂中，与会大众莫不感觉身心清凉，法喜充满。

类似这种与气候有关的惊奇，还有一次发生在一九五七年，当时我因为经常往来宜兰、台北、高雄等地弘法，一群信徒因此发心集资，帮我在新北投温泉路购买了一栋小房子，让我到台北时有个安身之处，我把它命名为“普门精舍”。

记得在一个台风夜里，狂风夹着暴雨，势如千军万马，不停地呼啸，发威。入夜后，忽然听到屋后轰然一声，虽然心里忐忑不安，却也无可奈何。

隔天一早，赶快出外察看，原来半山腰的土石随着大水冲刷而下，整座山的下半部分已因土石崩落而架空。在这种情况下，住在精舍里的我，照说应该是与土石俱亡了，然而却能侥幸躲过，因此我也只有在心里默默地感谢诸佛菩萨的庇佑了。

虽然我一生不标榜灵异，不过在佛门里，确实有很多不可思议的事情。我出生在扬子江流经的江都，出家后参学在金陵栖霞山寺，二〇〇〇年再度回栖霞山拜访师长，当时是阳历十一月刚过，十二月初还是农历的十月，在南方仍属秋高气爽的季节。

由于我从一九四九年离开大陆，在台湾居住四十余年，从来没有见过雪花飘飘，因此，在乘车前往栖霞山的路上，我心里想：这次到大陆来的季节不对，如果能够迟个几日，让我得以再见雪景，重温童年回忆，那该是多么美好的事！

虽然心里不无遗憾，但快到栖霞山的大门时，远远见到大批群众立在两旁，心里觉得很过意不去。完全没有想到，就在我准备下车时，忽然见到雪花从天空冉冉飘下。这时迎接我的人在山门合掌而立，口中齐声说：

“天降瑞雪！”我也只有随缘赞叹，欢喜地跟着大家进入大雄宝殿。

从大雄宝殿礼佛出来后，更让人惊讶的是，天气忽然放晴，只见阳光穿透云层，普照大地，刚才的雪花也在霎时融化，完全看不出来前一刻还在下雪的景况。诸如此类的事情，如果不是身临其境，而是听别人传说，我也难以置信，可是世间事就是奇妙得叫人不敢不信。

关于气候这一类的奇遇记，在生活中经常有之，都是世间的巧合，也不值得多说。倒是在佛光山开山四十余年来，奇妙的事最多。有一年夏天，佛学院的学生说，他们看到大悲殿里的观音菩萨，忽然移驾到竹林之中；也有不少信徒说，由于观音菩萨到他家中示现的因缘，因而到佛光山捐献。

更有一位住在基隆的信徒，一日捐了六十万元要给佛光山建寺，经手的香灯师万分感谢。结果他说：“你不用感谢我，我家里其实也不是很有钱，我所以捐献，是你们的接引大佛叫我来的。”甚至有数以百千的人在佛光山参加法会，忽然惊呼大叫：“大佛转身了！”乃至早年在雷音寺，更有信徒见到“大佛开眼”！

这些虽然都是他们亲眼目睹，可是我总告诉大家：“你可以相信，但无须言说，因为灵感是心中的体验，不是言论上的传播。”因此尽管佛光山有诸多关于佛菩萨灵感的事迹，若不是我们亲身经历，虽然别人言之凿凿，我也从来不去多加宣扬。

不过，在佛光山开山之初，有一件事我不得不说。那是一九六九年，佛光山第一次举办“大专佛学夏令营”，当时虽然有一百多名大专学生报名来山参禅修道，但常住经济拮据，一百多人吃饭的碗筷、睡觉的寝具，一无着落。

说起来也怪我胆大妄为，也不管常住经济困难，便叫当时担任监院的心平法师筹备饭食、寝具。没想到他竟然跟我推说：没有经费，哪里来的钱去买米和寝具呢？

我虽然生气，但事实如此，也是无可奈何！不过就在第一天，我上完第一节课，下课后走过学院的圆门，有一位赤脚戴斗笠的老婆婆，交给我一个纸包。我知道里面装的是钱，但不清楚究竟有多少。

我请老婆婆先到里面坐，我自己进入观照堂，顺手拆开来看，竟然是五万元。当时一般工人每天的工资是二十元，可见五万元是多大的数目！我万分感动，随即叫慈庄法师去招呼老婆婆喝茶。但慈庄找遍了学院，又到外面绕了两圈，都没有看到老婆婆的身影。

当时正值开山期间，山上到处是丘陵地，崎岖小路凹凸不平，并不好走，一位老婆婆，一时之间能走到哪里去呢？由于遍寻不着老婆婆，只有感谢诸佛菩萨慈悲，给我们救苦救难了。

这一段公案，别人我并不希望他们知道，但是佛光山的弟子应该了解，因为在佛光山，只要肯发心为教奉献，只要是真心为众服务，诸佛菩萨及信徒大众都会给我们依靠，最怕的就是不是真正发心，那就没有办法了。

说起灵感，最值得感谢的，还是万千的信徒。佛光山的“大海之水”，是嘉义的吴大海先生在开山之初捐建的；东方佛学院的教室，是太子公司吴修齐先生捐献的；朝山会馆由陈罔市、郭慈范、虹牌油漆张添永夫妇发起；大慈育幼院的功德主是徐槐生、潘孝锐；大雄宝殿与佛光精舍，分别是严宽怙、张姚宏影等人捐资而建。

不过，我也曾经说过，佛光山的土地其实是靠《玉琳国师》这本书的版税购买的，大悲殿是靠《观音菩萨普门品讲话》这本译作建设的，大雄宝殿是靠《释迦牟尼佛传》兴建的，甚至接引大佛也是“阿弥陀佛”创建的。

时光荏苒，转眼之间四十多年过去了，这许多赞助佛光山建设的大德，他们其实就是释迦牟尼佛、阿弥陀佛、观音菩萨、玉琳国师的化身，也是佛光山的老板。因为数十年来，佛光山除了兴办数所大学、中学、小学、幼儿园以外，也在世界五大洲建了二百多间寺院，很多人都叹为稀有，我也觉得不可思议。但这些都不是我的功劳，而是万千信徒的成就。

回忆一九七七年，佛光山应华侨信徒之请，到美国创建第一所分别院。当时常住给慈庄法师两万美元，让她到美国觅地建寺。经过八年的岁月，期间历经多少的艰辛、周折，真是不足为外人道。所幸后来的两年渐入佳境，因此十年后，西来寺终于在花了三千万美元的经费下完成了。

这么庞大的建寺资金，我自己既不开设工厂，也没有良田万顷，当然都是靠信徒的支持赞助。此中如果没有感应，他们怎么会如此发心？甚至佛光山的弘法事业又怎么能拓展到五大洲呢？这其实都是信众在宗教体验中所引发的信心成就的。因此，一所寺院道场里，只要僧众发心、信众虔诚，自然会有灵感，当然也会法务兴隆，道业蒸蒸日上。

回想起到美国建寺的往事，去年才由大陆栖霞山方丈隆相和尚晋山担任住持的中美寺，当初是由隋花莲师姐发起，在休斯敦购地兴建。另外，达拉斯讲堂和奥斯汀香云寺，是严宽怙居士捐资兴建。此中，香云寺在觅地的过程中，遭遇诸多不顺，后来因为得到一位郑傣卿女士的助力，终于买下一座十一英亩的小山丘，作为建寺用地。

当时郑女士因为罹患癌症末期，虽然先生也是医生，却是束手无策。正当她对生命感到无比绝望时，有一天梦中，梦到我用英文告诉她："Remember! You will be live long time."（记住！你会活得很久的！）

醒来后，她感到身心无比轻安，但也不以为意。没想到不久之后，身体竟然日渐好转，因此她一直心存感恩，总希望能有机会回馈、奉献。当她得知佛光山要在奥斯汀建寺时，便主动热心帮忙找地，因而促成了这段因缘。

后来我到美国，她把这段经过告诉我，我也只有老实告诉她，我并不会讲英语！只是素昧平生的她，竟然因为在梦中，听我用英文鼓励她，因此重获新生，说来灵感就是如此的让人难以揣测，难以用常理来看待和说明了。

总而言之，"灵感"是一种奇妙的"宗教体验"，灵感可以启人信心，但是可遇而不可求！灵感虽然不可思议，但是自有原理可循。

有一首偈语说："菩萨清凉月，常游毕竟空；众生心垢净，菩提月现前。"这是说明，我们的心就像一池的湖水，只要湖水清澈，湖面平静不起波澜，则如"竹影扫阶尘不动，雁过寒潭水无痕"，月亮自能映照湖心，这就是所谓的"感应"。

平时佛教徒之所以要念佛、拜佛，其实就是在净化自己的心，心净自能与佛菩萨感应道交，自然会有感应；如果我们的心充满杂念、妄想，甚至贪嗔痴烦恼纷陈，即使喊破喉咙、磕破额头，也没有用。所以我常说："求观音，拜观音，更要自己做观音！"

我也常举"空谷回音"的故事，说明感应的原理。

有个小男孩，对着山谷大叫“我讨厌你”，借此发泄心中的不满。结果他惊讶地发现，对面的山谷也传来一声声的“我讨厌你”。小男孩哭着把情形告诉妈妈，妈妈安慰他，并且带他回到山谷，要他再叫一声“我爱你”。结果小男孩破涕为笑，因为他听到四面八方传来“我爱你”的回响。

空谷回音，这就是感应！感应的原理，不仅说明“人有诚心，佛有感应”，而且印证了“我要别人怎么待我，自己就先要怎么待人”的道理。这种因果法则不但浅显易懂，而且符合科学原理，因此学佛修行，与其一味地追求灵感，不如勤修戒定慧，广植福德缘，更为重要。因为“如是因，感如是果”，只要心诚，自有灵感；“心诚则灵”，这是千古不变的真理。

十八　地球人

一九四九年春天，我从大陆漂洋渡海到台湾，到二〇〇九年正好届满六十年。六十年一甲子的岁月，我在台湾生活、弘化，但是台湾的本地人一直称我是“外省人”，是“大陆和尚”，他们没有把我当成“台湾人”。倒是二十年前，也就是一九八九年，当我再度回到阔别整整四十年的故乡时，乡人称我为“台湾来的和尚”，他们也不认为我是“大陆人”。甚至半个多世纪以来，我走遍世界各国建寺弘法，也没有人承认我是“美国人”、“澳洲人”或“欧洲人”……所以后来我就自诩做个“地球人”，我认为：“只要地球没有舍弃我，我就做个同体共生的地球人吧！”

对于“地球人”的思想，我可以说自小有之。小时候虽然个性内向、闭塞，不敢离开家门太远，但心里对于自己因为出生在扬州，因此被局限为我是“扬州人”，就感到心不甘愿。我总觉得自己的脚步应该走出去，因为地球在我的脚下，地球上的道路是无止境的，我不走，太辜负地球的慈悲了。

后来出家，从禅门的典籍中看到“临济儿孙满天下”这句话，更加激起我无限的壮志，我立誓要圆满临济祖师的弘愿，要把佛法传遍世界各地，所以行脚地球更是分内的事了。

这份理想与愿心，照说在我到台湾两年后，正式走上弘法之路开始，应该就很有机会借助佛教的因缘，到世界各国参加会议，展开国际弘法。但命运就是不能那么顺利，因为当时主持佛教会的长老，处心积虑地不让我有机会代表佛教会参加国际会议。

在那个时候，每回我申请参加国际会议时，送审的资料总是被“中国佛教会”的主事者搁置。他们不帮我送件，我拿不到护照，自然也就出不了“国”。由于他们一再打压我，多次让其他国家的大德为我感到不平，所以一九七四年在越南召开的世界佛教社会服务大会，主办单位特别指名邀请我参加。但是当我兴高采烈地从高雄坐了一夜的火车，赶到台北参加会议时，一位长老看到我，赌气地说：“如果你去，那我就不去！”

我当下回答他：“老法师德高望重，应该前去，我不是那么重要，可以不去！”

他即刻说：“那你就退席！”

于是我再一次失去在地球上行走的自由！

虽然我很愿意为佛教会所用，很希望代表佛教会出境参加会议，宣扬佛法，但碍于相关的法令及佛教的规矩，我都不能超越，只有看着别人一批一批地周游世界，而我就只能像只井底之蛙，待在台湾一角。好像别人就如“天龙搔首摆尾乘云去”，而我却如“虾蟹还在努眼睛”，徒叹奈何！

后来我向“内政部长”邱创焕先生建议，台湾应该开放观光，给海岛的居民增加开拓视野的机会，培养面向世界的国际观。没多久，“内政部”果真颁布了这条命令，这当然不是我个人的力量让社会开放，必定还有其他许多的因缘，不过有了开放观光的政策，周游世界就不再是梦想了。

刚开始，我应海外信徒邀请，多次到印度、韩国、日本、马来西亚、新加坡等地弘法，但都只限于在亚洲地区行走；眼看着当时社会上的许多青年，他们在基督教的因缘下，在国际间风云际会，而我也只有慨叹：一佛的化世，他们的对象都是三千大千世界；难道现代佛教的弘化，只能在一洲一国之间来去而已吗？

直到一九七六年，我才有了远渡重洋的机会，也由于这一次的因缘，我和西方国家的接触往来便开始密切起来了。

我先是应邀在美国哈佛、耶鲁、康乃尔、史丹佛、柏克莱、夏威夷等各个大学讲演，继而认识了一些美籍教授，如夏威夷的恰博（Dr. David W. Chappell, University of Hawaii）、康乃尔大学的约翰·麦克雷（Dr. John R. McRae, Cornell University）、耶鲁大学的外因斯坦（Dr. Stanley

Weinstein, Yale University）等，都和我时相往来。甚至我把柏克莱大学的兰卡斯特（Dr. Lewis R. Lancaster, University of California, Berkeley）请到西来大学当校长，也因此我在美国东部、西部往来就更加频繁了。后来甚至更拓展到南美洲、澳洲、欧洲等，如巴西的圣保罗大学、澳洲的邦德大学、瑞典的斯德哥尔摩大学、瑞士苏黎世联邦理工大学等，我都曾经应邀前往讲演。

于此同时，佛光山也顺应各地信徒所请，陆续在五大洲创建了二百余所道场，于是我的弘法脚步便随着“佛教国际化”而走向全球。尤其自一九九二年“国际佛光会”在美国洛杉矶国际音乐中心成立后，更让我的弘法足迹不断踏遍世界每一个角落。

我一年又一年地远到巴黎、多伦多、洛杉矶、澳洲等地，主持国际佛光会世界会员代表大会，甚至前往莫斯科、瑞典、丹麦、冰岛，成立各地区的佛光协会。记得有一次，我在半个多月的弘法行程里，从台北出发，经过东京、莫斯科、巴黎、苏黎世、柏林、伦敦、纽约、多伦多、温哥华，然后再到美国洛杉矶。一路上从亚洲到欧洲，再到美洲，每到一地，除了关心佛光会的会务以外，还要主持佛学讲座、皈依三宝典礼，以及到各别分院察看工程、与徒众倾心座谈、到信徒家里佛光普照等。

由于经常云游世界，有时一觉醒来，一时也搞不清楚自己身在何处，甚至不禁怀疑：我究竟是哪一国的人民？所幸我天生有一个很好的性格，就是无论走到天涯海角，不管在哪个地方长住或暂居，我都有“回家”的感觉。我在台湾时，总说：我要回台北普门寺；从台北到高雄，又说：我要回佛光山。甚至说：我要回美国、我要回澳洲……我发现自己每到一地，都把当地视为是自己的家乡，我睡得安稳，吃得自在，所以我是最标准的“地球人”！

我不但到每个地方都很欢喜，真正做到“处处无家处处家”，尤其在洲际间穿梭往来，往往一下飞机就必须开始密集的弘法行程，根本不能有“时差”，也不管什么“温差”。所以后来我又发现，要当一个“地球人”，“能早能晚、能冷能热”，甚至“能饱能饿、能有能无”，都是不能不具备的基本能力。

其实，人本来就要随遇而安，要能随缘做个地球人。一个人不管走到哪里，如果都能把它看成是自己的家，那么世界就是自己的；如果有隔阂的客居感，自然没有一样东西是自己的。我觉得世界到处都很可爱，都可以为家，所以有一次高希均教授说："当大师以愈来愈多的时间在海外传播人间佛教时，他就愈来愈是个地球人了。"

由于经常在地球上行走，接触的人多，所以结的缘广，交友也就日益广阔。例如，我与印度的尼赫鲁（Jawaharlal Nehru, Prime Minister of India）、马来西亚的马哈蒂尔（Malaysian Prime Minister Mahathir Mohamad），都有过交往，我与澳大利亚悉尼市副市长曾筱龙（Henry Tsang, Deputy Lord Mayor of Sydney）、巴西圣保罗州联邦警察总监 Dr. Francisco，也成为朋友。甚至曾荣获诺贝尔文学奖的俄国大文豪索尔仁尼琴，以及被誉为"五百年一大千"的国画大师张大千居士，都曾到佛光山参观访问。乃至圣彼得堡大学的陶奇夫（E.A. Torchinov, St. Petersburg State University）、斯大里宁、索罗宁（Solonin）等教授，他们都是圣彼得堡佛光会的创会人，目前索罗宁正应邀在佛光大学执教。

此外，我与各国的佛教界人士，更是结下深厚情谊。例如日本著名的佛教学者冢本善隆、中村元、水野弘元、水谷幸正、镰田茂雄、平川彰等人，我和他们都是相识多年的好友；曾任日本佛教会国际部部长的岩本绍典，以及日本曹洞宗馆长丹羽廉芳，都和我成为莫逆之交；乃至韩国的真彻法师、菩成长老、月下长老等人，也都是相知相惜、交谊深厚的好朋友。

此中，月下长老是通度寺的退居老和尚。通度寺具有一千三百多年的历史，是韩国三大佛寺之一，因为收藏有佛陀的袈裟而享有"佛宝寺"之美名，与被誉为"僧宝寺"的松广寺及"法宝寺"的海印寺齐名。早在二十多年前，月下长老就曾多次率团到佛光山访问，后来更于一九八二年与当时只有十六年历史的佛光山结为兄弟寺。

十六年后，也就是一九九八年，具有一千二百余年历史的松广寺传统讲院，也与佛光山丛林学院缔盟为兄弟院。到了二〇〇三年，海印寺与佛光山缔结"文化交流协议"。甚至泰国的法身寺，也于一九九四年与佛光山结为兄弟寺，当天有二十多万人观礼，共同见证了这个为南北传佛教交流开启新页的历史时刻。

由于我经常与各国佛教互访往来，因此也与当地的一些信徒结下法缘，例如韩国金贞希小姐，她在我到韩国弘法时结了缘，二十多年来，每逢过年，她都特地从韩国到佛光山拜年。再如泰国世界佛教徒友谊会秘书长帕洛普居士，一晃数十年，我们的友谊也从来不因时空阻隔而有距离，他与夫人不但经常配合我的行程，到世界各地拜访我，有一次还特地带了六个朋友，专程搭机到香港，只停留了一个晚上，第二天就又飞回泰国。前不久他的儿子结婚，更是一再邀我前去为他的儿子证婚，我也不得不随顺人情，满其所愿。

除了和佛教界人士往来之外，我一生倡导"融和"，尤其积极致力于"宗教融和"，所以多年来也经常在世界各地与各宗教进行互访、交流。例如，一九九七年二月，我应邀到意大利拜访天主教教皇约翰·保罗二世，后来又再拜访本笃十六世，一方面促进宗教交流，同时共同祈求世界和平。

我也曾在巴西圣保罗的SE大教堂，与天主教枢机主教（Dom Claudio），针对宗教在二十一世纪应该提供一些什么样的贡献，进行一场"宗教对话"。

尤其二〇〇一年，美国发生"九一一事件"之际，加拿大多伦多大学及时发起一项"宗教对谈"，希望通过宗教交流，共谋世界的和平与发展。他们邀请我到该校大礼堂，与天主教瑞恩神甫（Father Dr. Bill Ryan）及基督教的第芳婷教授（Dr. Wanda Deifelt），就着"宗教如何面对全球化"的问题，进行对谈。

对于宗教之间，我一向主张要"同中存异、异中求同"的互相尊重、互相来往。尤其现在举世都在倡导世界和平，宗教更应该身先表率，彼此要互相尊重、包容，把"有容乃大"的胸襟，从宗教之间推展开来，进而影响社会各个团体，这是宗教界的责任，也是宗教对现代社会应该提供的贡献。

甚至不只宗教与宗教之间，乃至人与人之间，唯有彼此互相来往、互相联谊、互相了解、互相帮助，世界才会和平，大家才能共存共荣，所以要建立"同体共生"的关系，要认知大家共同生存在一个地球上的事实。

地球是我们的家，在地球上的国与国之间、民族与民族之间，基本上都有相互依存的关系。就如我们有两只眼睛、两个耳朵、一个鼻子、一张嘴和双手、双脚，这些器官同在我的身体上。当眼睛有了毛病，我整个身体都会不舒服。因此，任何一个器官有了毛病，我的身体都会感到不舒服，这就是同体共生。

现在的世界，甲地有了战争，乙地的人一定很恐惧；哪里有了瘟疫，另外一个地方也可能被传染。尤其现在科技发达，人们搭乘飞机出国，从这个国家到另一个国家，可以说“朝发夕至”；各种资讯的传播，通过互联网、电子邮件的传送，都可以无远弗届地瞬间连线、沟通，大大缩短了彼此之间的距离。

因此，现在的世界已经不再千山万水隔绝，而是一个“地球村”的时代已然来临，我们身为地球村的村民，就应该扩大自己的领域，扩大自己的世界，不要局限在一个地方，要打破地域的观念，放大自己，做一个没有国界、没有地域、没有种族之分的“地球人”，要能“胸怀法界”，建立“法界一如”的观念与思想。

所谓“法界一如”，这是佛教了不起的宇宙观，在佛教经典里说道：佛观三千大千世界，如观掌中庵摩罗果！所谓“三千大千世界”，就是一佛的世界。在无限的宇宙虚空之中，不是只有我们的一个世界这么小，而是有无穷、无尽、无量、无边的世界。

依据佛经的说法，我们所生存的世间叫做“阎浮提”，又称为“南瞻部洲”，与东胜神洲、北拘罗洲、西牛贺洲，合称为“四洲”，共同围绕着“须弥山”。

一个须弥山的器世界，佛教称为“小千世界”，也就是一般所称的“自然界”，是由“九山八海”，再加上“四洲”所构成。合一千个“小千世界”为一“中千世界”，合一千个“中千世界”为一“大千世界”，总合小千世界、中千世界、大千世界就是“三千大千世界”，也叫做一尊佛的世界。

一个小千世界里，根据现代科学家的研究，就等于一个太阳系，而太阳系只是银河系里的一个小星系，据说一个银河系就有两千多亿颗恒星。银河系之外还有无数个星云团，星云团里有一百万亿个银河系，由此我们就不难想象出，虚空之中到底有多少个我们所无法窥知的世界了。

过去由于科技不发达，一般人所认知的世界，往往仅限于我们所生存的地球，例如平常所谓的环游世界，不过是绕地球一周；所谓世界大战，也不过是地球上大规模的国际战争而已。然而从佛教的“宇宙观”可以知道，宇宙中充满了无量无数的银河系、太阳系、星云团、天河、星球等，而我们所处的地球，只不过是太空间的一粒微尘而已。

说到“星云团”，记得我在丛林求学时，有一阵子正在学查王云五的四角号码，有一次查到“星云团”，上面的解释是：宇宙未形成之前，无数云雾状的星体结合，又大、又古老、又无际。那时非常欣赏这种宽广、浩大、无边的境界，也自诩在黑暗中给人光明，以及飘然不受拘束。后来抗战胜利时，为了领取身份证，我就把自己的法号取为“星云”。

所以，“星云”这个法名其实是我自己取的，我出家时家师替我取名“今觉”，号“悟彻”，表示“今天觉悟”，而且要“彻底觉悟”。后来我自号“星云”，只是想自我勉励做星云团里的一颗小星星，希望能以一己的微弱光芒，和其他星光互相辉映，光照寰宇。

多年来，为了实践这一个小小的微愿，我只得每天忙着做一个地球人，忙着到世界各地弘法，期能将欢喜遍撒十方世界。为此，每当我到各国弘法时，我所关心的不只是信徒、寺院，我还关心所有移民的华人，甚至关心当地国家未来的发展。我不但勉励所有移民要“落地生根”，把自己融合到当地的国家社会里，共同开创国家的未来；尤其我希望佛光会员们，都能做个共生的地球人，也就是要摒除国家、地域、种族的观念，共同营求生命的发展。

由于我关心的层面很广，所以我的很多办法、想法，都不是只为个人的利益，而是以大众的利益为前提。记得数十年前，公路局第三工程处处长倪思曾先生，第一次到佛光山，当时朝山会馆还没有建好，山上各处也在工程中。我请处长在佛学院的斋堂用饭后，他要添油香，我连忙说不必了。他于心难安，总觉得在寺院里用斋，一定得添油香才可以。

最后，我说：“既然处长您这么诚心诚意，那就添个大油香吧！如果能够把大树乡这条泥土路铺成柏油路，对地方建设将是一大贡献，本寺当感激不尽。”

倪处长立即答说："做得到！做得到！"接着又说，"大师！我现在才知道，您的道场原来并不只限于佛光山，宇宙寺才是您的道场，全地球的人都要为您添油香啊！"

其实说来惭愧，我当时也只是本着"无缘大慈，同体大悲"、"心、佛、众生等无差别"的思想，在"生佛平等"、"圣凡平等"、"理事平等"、"人我平等"的真理下，希望能尽一己之力来福利社会而已。

倒是后来我几度到非洲的史瓦济兰、南非等国，在广大无垠的非洲草原行车时，狮子老虎就从身边经过，那种感觉，让我深刻体会到万物同体共生的道理，于是不禁从内心油然生起一份"非得做一个地球人不可"的自我期许。

正是为了要做个拥抱众生的地球人，所以数十年来，我在世界各地建设了二百多个道场，我期勉分派在海内外各地弘法的徒众，都要立志做个"地球人"。我希望他们不光以一人一事为主，为了佛法的弘扬，要以大众的需要、以各地信众的需要为主，而且要有云水的胸怀，如此才能让佛光普照三千界，法水长流五大洲。

我自己近一二十年来云游在世界各地弘法时，为了要做得更像一个拥抱世界的"地球人"，每到一地，我总是入境随俗地探问民情风俗，并且学习一些当地语言，走在路上，一声"How are you"总能博得对方友善的微笑；站在台上，一句"おはようございます"，往往也能获得听众欢喜的掌声。我把自己奉献给全世界的众生，也希望凡是与我一样有国际观的同好，都一起来拥抱地球，为世界的和平安乐携手合作。

另外，我还成立世界性的国际佛光会，这是一个超越地域、宗教、僧信的佛教组织，我们的目的不只是佛教徒帮助佛教徒、本国人帮助本国人而已，而是本着"天下一家，众生一体"的理念，所有会员们彼此不分职业、种族、宗教、国家，大家在世界的每一个地方，努力推动净化人心、福利群生的工作，甚至结合各地会员的力量，做跨国的服务。

因此佛光会自从创会以来，我们除了举行各种赈灾活动之外，更经常举办国际青少年营、国际参访团、国际互助会、国际学术会议、世界佛学会考、国际文化交流，并且将《禅藏》送往世界各地，在海内外设立奖学金、助学金，等等。

总之，我们注重人我，互通有无；我们扩大心胸，包容异己；我们发展文化教育，普利天下友情；我们以地球人自居，从不局限于一方一宇，我们以“佛教的国际化”为努力目标，而不拘囿于狭隘的地域观念。

我之所以提出人间佛教的国际观，主要是感于一般人的爱，都是有缘、有相的慈悲，尤其有亲疏、爱憎、人我的分别，因此有比较、计较，继而有人我纷争。我希望以“国际宏观”来打破人我的界线,希望人人都有“同体共生”的认识，因为有同体的观念，自然就会有慈悲心；有共生的观念，自然会做个地球人。

所以,我除了在两年一次的国际佛光会世界会员代表大会中,发表“同体与共生”、“尊重与包容”、“平等与和平”、“欢喜与融和”等主题演说以外，也经常勉励佛光会员要做个共生的地球人，更希望借着佛教在世界各地的弘扬，能唤起大家共同建立“世界一家”的美好未来。

只是遗憾的是，人是有思想的动物，每个人有每个人的思想，有的人思想里没有“天下一家”的恢弘心量，因此地球上除了有亚洲人、澳洲人、欧洲人、美洲人、非洲人之分以外，在不同洲际里，又分出中国、美国、英国、法国、德国等不同国度的人。甚至在同一个国家里，还要用狭隘的地域观念，分成你是北方人，我是南方人；你是外地人，我是内地人；你是外来民族,我是原住民等,于是造成民族与民族,甚至人与人之间的隔阂。

其实，哪里人只是一个代称，只是一个方位的标志，事实上大家脚下踩的都是同一个地球，头上顶的是共同的天空，我们都是地球村的居民，又何必自我设限，何必将自己局限于某一个国度里呢？就如现在欧洲有英国人、法国人、德国人，但现在他们建立欧洲共同市场，都说“我们是欧洲人”。美国、加拿大的人，都说自己是美洲人，智利、巴西、秘鲁、巴拉圭，都说他们是南美洲人，如果再扩大一点，不就是地球人了吗？既然同为地球人，就应该“同体共生”，而不应该自我设限，不要画地为牢才对。

怎奈“同体共生”的真理，毕竟不是人人都能轻易体会，也不是人人都能实践的，所以世间上的人与人之间还是党同伐异，国与国之间仍然战争不断。尤其近代的战争，多数都是为了侵城掠地，这是由于众生有地域、种族的情结，所以世界上任何地方，凡是占有了都是他的。有一首短谣说：“此山是我开，此树是我栽；若要从此过，留下买路财。”可见过去的地球是公产，谁先占有了就是那一个人的。

说到这里，让人联想到一四九三年西班牙的哥伦布发现新大陆，甚至更早之前，中国明朝的三宝太监郑和就曾七次下西洋，当时他已经到了马六甲，如果再继续向前行，就到了今天的澳洲，那么澳洲就属于中国的领土了。只可惜中国人“内斗内行”，对内斗争很行，对外却不开拓，即使是元朝的骑兵强悍，对外拓展领土，曾经远征到达土耳其、伊朗、俄国，但因为没有人大智守成，当然就更别说是建设了。

不过，话又说回来，若以佛教的时空观来讲，所谓“竖穷三际，横遍十方”，在竖的时间上来说，我们的真心本性超越过去、现在、未来的时间限制；在横的空间上来说，我们的法身慧命大而无外，小而无内，无处不遍，无所不在。

既然宇宙法界都在我们的心中，哪里还有国界之分呢？所以对于心外的空间，我们不必去执取，最要紧的是必须去体会心内的空间，开阔心内的空间；一个人如果能够把握心内的空间，就能同时获得心外的空间，因为法界之大，其实只存乎我们的一心之中。

在佛教的禅门里，禅师们“上无片瓦，下无立锥”，但是他“富有恒沙界”；反之，外在的虚空世界，吾人穷其一生，所能到达的，也只不过如微尘一般而已。

就以我来讲，出家七十余年来，为了弘法，我曾游历过世界五大洲的名胜奇景，包括世界七大奇观，都曾一一亲临观赏过，尤其中国的锦绣河山，诸如长江三峡、万里长城、九寨沟、张家界、敦煌石窟、大足石刻、杭州西湖、桂林山水等，都曾亲炙过它们的风采。甚至缅甸辉煌的金字塔、柬埔寨著名的吴哥窟，以及印度的阿姜塔、印度尼西亚的婆罗浮屠、蒲甘的塔寺、泰国的玉佛寺等，也都在我生命里留下了重要的地位。

尤其我还曾经到过意大利的庞贝古城，去参观他们的地下大坟冢，也曾在威尼斯独自驾着一叶扁舟在河中荡漾。最刺激的是，在亚马孙河和当地的土人生活在一起，甚至在倥偬的弘法行程中，我浏览过莫斯科的红场风光，走访过得克萨斯州的美国太空总署，参观过加利福尼亚州的环球影城，等等。但是有一天，我无意间翻阅一本地理杂志，当下只觉得惭愧，因为里面所报道的很多地方，别说没到过，有的甚至听都没听过，可见在地球之上，我们只是坐井观天之蛙。

我们居住在地球村的多数人，不但对浩瀚无垠的宇宙虚空所知有限，对于自己所生存的地球，也是认识不多。例如，早在公元前六世纪，希腊哲学家毕达哥拉斯，有一天走在海边，无意间发现，海上的船最初露出水平线的是船尾的梢，然后出现帆，最后才看到整个船身，由此他推测出地球的表面一定是圆的。

然而到了十七世纪，意大利的天文学家伽利略进一步发现，地球不但是“圆”的，而且还是“动”的。但是此说立刻遭到天主教部分人士的打压，因为这与之前教会认定“地球是静止不动”的说法相左，因此下令禁止宣传、发表这个学说。但伽利略坚持自己所发现的真相，因而被判处终身监禁，直到一九八四年教会才公开承认，当年迫害伽利略的行为是错误的，使得伽利略长达三百年的冤屈终于获得洗雪。

其实不但地球是圆的，从佛法的观点来看，这个世间的一切都是圆的。人的身体有生老病死，心念有生住异灭，气候有春夏秋冬，地球有成住坏空，时间有过去、现在、未来，都是循环不停的。有时在地球上行走，“一江春水向东流”，流到哪里去了，还是会再回来。

在这个地球之上，候鸟有时候避寒，有时候避暑，都为自己找一个安身立命之地。人也一样，像禅门的生活，“热到热的地方去，冷到冷的地方去”，尤其现代交通便捷，人也可以像候鸟似的到处翱翔，而不必拘泥于一区一地。一个人只要能将眼界放大，世界就非只有一国一地；只要能将心量放大，自然可以包容整个世界。就像春秋时代，中国的孔子就曾说自己：“丘也，东南西北人。”希腊的哲学家苏格拉底也说：“我不是雅典人，也不是希腊人，而是世界上的一个公民。”他们的思想，都和我经常鼓励大家要做个“地球人”的观念，不谋而合。

我觉得在这个地球上，虽然有各种国家、民族、地域的不同，但是却共同仰赖地球而生存；众生虽然有男女、老少、强弱、智愚的分别，但是却同为众缘和合的生命体。因此，唯有全人类携手推广“同体与共生”的理念，把慈悲、平等、融和、包容实践在日常生活中，才能彻底地解决世界问题，也才能建设一个安和乐利的社会。

所以我一直倡导大家要做共生的地球人，要过同体共生的生活。我们不与世界对立、不与国家对立、不与宗教对立、不与文化对立；我们不分国家大小、不管种族肤色，在“佛性平等”的前提下，彼此不分大小、上下、强弱，大家共同来创造人间的和平，让社会在融和中更加美好。

长久以来，我的“地球人”思想得到很多人的共鸣，例如法国佛光会第三分会会长江基民先生，他原本是高棉华侨，在高棉沦陷后，由柬埔寨逃到法国巴黎，但是中国不肯承认他是中国人，回到高棉，高棉也不承认他是高棉人，到了法国，法国也不承认他是法国人。他曾经为此感到痛苦、彷徨，后来听了我勉励佛光会员要做个“共生的地球人”，他豁然开朗，发愿从此要做个心胸开阔、慈悲喜舍的地球人。

此外，国际佛光会自从创会以来，能在各国成立一百多个协会及无数的分会，也是因为大家有共识、有共鸣，才能获得这样的回响。未来我希望举世人人都能打破国家、民族的界限，不要有种族的歧视，不要有民族的对立，自能消弭很多无谓的纷争。

说到种族问题，我自己一生，可以说青、壮年时期都是行走在他乡异国，经常会遇到其他很多的种族。我在美国，看见那些黑人，并不觉得他们难看，反而觉得他们黑得发亮的皮肤，非常健康俊美，尤其黑人的小孩都十分活泼可爱。甚至有一次，我在美国华盛顿，遇到一位女性黑人，皮肤很黑，但黑得很美。由于她是女性，也不好意思多看她，但从此在我心中就埋下一个深刻的印象，觉得黑是最美的颜色！

我在一九九二年到非洲建寺弘法，两年后，有十个非洲青年要求剃度出家，我很高兴亲自到南非为他们主持剃度，那是非洲史上第一批黑人的僧侣。当时我告诉他们：黑、白只是人的皮肤颜色不同，但每个人的心，都是一样的颜色，就等于佛性都是平等的；世界上的人，尽管因肤色而产生很多不同的民族，但是良心本性都有佛祖的性格，都有佛祖的家风，所以你们要肯定自我。

由于我一向以“地球人”自居，一直都很喜欢少数民族。我在美国时就很想去看看印地安人，甚至也想和他们同住一个时期。后来听说印地安人都在美国政府安置下，居住在一个特定的地方，由政府供给他们的生活。不过在大都会很多的人种里，偶尔看到那么一个印地安人，也好像发现新大陆一样，心中觉得无比欢喜。

我在台湾，经常特地到屏东、花莲、台东等可以接近原住民同胞的地方行走，感觉那些原住民都是自己的兄弟姐妹。我曾经为屏东的原住民兴建图书馆，也经常应邀参加台东阿美族的各种节庆集会。我还曾在八仙山、阿里山等地的原住民家中住宿过。他们都很好客，尤其早期管理日月潭的一位毛先生，人称“毛王爷”，跟我亲如手足，每次去他都很盛情地招待我吃饭。他家中的小女儿“三公主”，长得天真可爱，很讨人喜爱，可惜当时的一些合照后来都流失了，只有在记忆里留存一些美好的回忆。

我也曾经历过“有国难回，有家难投”的苦楚。后来由于思念祖国的情怀难以排遣，就到缅甸、泰国靠近云南的地方，那里有些边疆的少数民族，他们到泰缅做一些小生意，我很想跟他们买一些东西结个善缘，但他们的小纪念品实在很粗糙，买了也没有保存价值，所以就每个摊位给他们一百元，总共给了三十多份，才觉得聊堪告慰。

有一次我到大陆，特地打电话给云南省佛教协会会长刀述仁，因为他是傣族人，我请他安排我们到云南、广西一带，承蒙他一口应允。他不但亲自到昆明来接我们，并且得到云南省省委书记白恩培先生给我们开车接待，所以到了当地，不管搭机、乘车、参观，都获得特别的优待。

之后，我们到了“西双版纳自治州”，也就是刀会长的故乡。那里居住的全是少数民族，他们以信仰南传佛教为主，民风淳朴，但很开放爽朗，年轻的小姐穿起他们极具民族特色的服装，轻歌曼舞，充满青春气息，更显活泼大方。据说他们每个月的生活费只有几十块人民币，但是他们与大自然为伍，乐天知命，精神上的富有无人能比。那几天，承西双版纳自治州州长刀林荫女士招待我们前往葫芦岛，参观了占地百公顷以上的“国家热带植物园”,园内奇花异草,有的石头包树,有的树包石头,令人叹为观止。

此行尤其值得一提的是，当我们一行乘坐飞机经过云南丽江上空时，在飞机上远远看到一座山，名叫“玉龙雪山”。本来飞机的航道只会从旁边经过而已，但这时负责驾驶的年轻机师说：“我带您去看看玉龙雪山”。我正感讶异之际，飞机真的已经飞向山顶，并且近距离绕了一圈，让我们欣赏了这座名副其实的“玉龙雪山”，真是世间难得一见的美景，全机上的人都忍不住鼓掌欢呼。

这位年轻的机师也很得意，他问我：“您看这座山美丽吗？”我说：“太美了！”不过我也很好奇，就问他：“这是你们原来飞行的航线吗？”他说：“不是！”我说：“那么为何能偏离航道呢？”他说：“我在香港皈依过师父您，难得今天您来此一游，我在职权许可的范围内，方便带您一见这难得的美景，这是可以的！”

那一次的云、桂之行，真是大开眼界，不但看了云南的“玉龙雪山”，还到桂林阳朔观赏了张艺谋导演制作的《印象·刘三姐》。他们以天然的漓江山水为背景和舞台，展现了世界最大的山水实景舞台，而且演员有数千人之多，都是当地的原住民，也是中国的少数民族。

记得当天晚上节目一开始，所有的演员，有的从水上蜂拥而出，有的分散在山谷和林树间，大家同声呐喊、呼唤，一时声震山野，不但让人见识到大西南的山水美景，也感受到那些少数民族雄壮豪迈的气势，令人久久难忘。

走笔至此，回顾我自己这一生，在地球上走过千山万水，我深深感受到，一个人只要有一颗泛爱大众的慈悲心，只要能以开阔的心胸包容各种不同的人、事、物，那么不管走在世界上的任何地方，都能看到最美好的一面，都能领悟到世界真正的美妙与可爱之处。如果每个人都能有这样的体认，自然都能做个“共生的地球人”；只要世界上的每个人，都能做一个共生的地球人，自然能消弭各种的斗争。所以，为了让我们的世界更祥和，为了让我们的未来更美好，唯愿大家都能以地球为家，都能发愿做个同体共生的“地球人”。

十九　一笔字的因缘

二〇〇九年的年底，徒众如常法师为我举办了“一笔字书法展”，在世界各地巡回展览。说起这个因缘，还是拜疾病所赐。

我这一生一直与病为友，五十几年前，因为宣导影印《大藏经》，把腿压坏了，医生说恐有锯断之虞。我当时心里想：失去双脚，正好可以专心写文章。后来，心脏出了问题，我也想，正好体会“人命在呼吸间”的可贵。四十多年前，我因过度的饥饿，罹患了糖尿病，数十年来，倒也相安无事，只是这些年来糖尿病引起的并发症，使我的视力逐渐减弱，甚至连人都看不清了。经过美国明尼苏达州梅约医疗中心的诊断，说我受了糖尿病的影响，眼底完全钙化，没有医好的可能了。

今年五、六月间我在佛光山，因为眼睛看不清楚，不能看书，也不能看报纸，那做什么事好呢？想到一些读者经常要我签名，有些朋友、团体也会邀我替他们签署、写字，“那就写字吧！”因为我眼睛看不到，只能算好字与字之间的距离有多大的空间，一蘸墨就要一挥而就。如果一笔写不完，第二笔要下在哪里，就不知道要从什么地方开始了。只有凭着心里的衡量，不管要写的这句话有多少个字，都要一笔完成，才能达到目标，所以叫“一笔字”。

说到写字，八十多年前，我出生在江苏扬州一个贫穷的家庭，从小没有进过学校。虽然是童年出家，在寺庙里成长，寺院里的老师对我们的管教非常严格，不准我们随便把眼睛睁开来看，如果睁开眼睛看，他说：“你看什么？哪一样东西是你的？”因此我经常闭起眼睛十天、半个月不看。

老师不准我们看，也不准我们说。正值年少时期的我，常常不自觉就张口说话。只要一开口，老师就是一个耳光下来，说："你知道这是什么地方吗？佛殿、教室里，你有资格讲话吗？"对的，我没有资格讲话，所以我也经常一年半载不开口说话。

在寺院丛林这种严格要求的教育下，虽然不是绝对没有时间看书、写字，只是当时正逢抗日战争，寺院里穷得连饭都没的吃，根本没有钱买笔和纸，甚至连铅笔都没见过，更遑论写书法了。因此，对于写字，虽然不是完全外行，总不能算是会写字的高手。

早期刚到台湾时，虽然没有写毛笔字，但是因为教书的关系，要在黑板上写字，也因为要编辑杂志、写文章，常常要写钢笔字（早期还没有圆珠笔），《释迦牟尼佛传》《玉琳国师》的草稿都是由蘸水钢笔写成的，到现在还存放在佛光山宗史馆里。这就是我整个写字——所谓写"书法"的历史了。

六十年前，我住在宜兰雷音寺，这是一所"龙华派"的小庙，后来经过我的努力，把它拆除重建，楼高四层，但是建成以后不得经费加以粉刷装修。一年又一年，就这样将就地供给信徒礼拜。每年一次的"佛七法会"，总觉得没有粉刷的殿堂太过简陋，怎么办呢？我就购买最便宜的"招贴纸"，写一些鼓励人念佛的标语贴在墙壁上，稍微美化一下佛堂，大概每次都要写一百张左右。那时候，也找不到书法家来写字，不得已只有自己动笔，虽然自己感觉不成字体的这许多字不能看，也不能见人，但也没有办法，总觉得做事情"求人不如求己"。字贴在墙上时，连自己都不敢去看。

就这样，我在宜兰连续住了二十六年，二十六年的"佛七法会"，我每一年都要写一次标语，自觉平常并没有练习，所以没有进步。我觉得我这一生有三个缺点：第一，我是江苏扬州人，乡音腔调至今改不了，尤其学过多次的英文、日语，都没有成功；第二，我不会唱歌，梵呗唱诵不好，五音不全，作为一个出家人，实在于心有愧；第三，不会写字，因此就没有信心。所以我后来经常对人说，你们不可以看我的字，但可以看我的心，因为我还有一点慈悲心，可以给你们看。

说起写字的因缘，大约是在八十年代，当时我在台北弘法，住在民权东路普门寺，寺里正在举行“梁皇宝忏”法会。因为四周围很小，除了佛殿以外，其他都不容易有空间走动，于是我就坐在一个徒众的位置上打发时间。刚巧，这个徒众在桌子上留有毛笔、墨水、砚台，我就顺手在油印的白报纸上写字。这时候，有一位信徒，名字也记不得了，他走近我的身旁，悄悄地递给我一个红包。我一向不大愿意接受信徒给予红包，因为在普门寺进出，就算是和信徒讲话、说法，也都是从后台进、后台出，没有和信徒有个别的接触。这一次，这位信徒终于找到机会，从我身边经过，把红包递给我。我打开一看，赫然十万块新台币，“不该有这么大的红包吧”！我赶紧找人把他叫回来，要退还给他，他怎么样都不肯收回。在那样的情况下，拉扯也不好看，我就拿起我手边刚写好的一张纸，上面写了“信解行证”四个字，我就说：“好吧！这张纸就送给你。”我总想，应该要有个礼尚往来才是。

得到这一张纸的信徒，拿到佛堂里面跟人炫耀，大概他向大家说是我刚才送给他的字。在那个佛殿里，大约有四百人在拜忏，听到这件事，也想要跟我要求送他们几个字。这位信徒就向大家说：“我是出十万块供养才有这张字的。”信徒们基于他们的信仰，平常对我除了听法以外，也不容易建立关系，纷纷借这个机会要求说：“我们也要出十万块钱，请大师送一张字给我们。”

因为信徒的盛情不好违背，第一天我就写了四百多张，因为平常没有练字，写得我手疼腰酸背痛。第二天，又是一场法会，也大约有四百人，听到昨天的情况，又纷纷前来跟我要求一张字，也是以十万元作为红包供养。就这样，我忽然收到好几千万，当时也记不清正确的数字了。我从小在寺院里长大，没有用钱的习惯，忽然有了这么多钱，怎么办才好呢？我这一生，与其说我是一个和尚，不如说我是一个办教育的人，那时，正好在美国洛杉矶准备要筹建西来大学，我就把慈庄法师找来说：“这些钱够你去筹备了。”不管字好与不好，这是我第一次感觉到，我可以借由写字的因缘，写出一个西来大学来，就鼓励了我对写字的信心。

后来国际佛光会成立，他们常常在各地举行义卖会、筹款餐会，都来跟我要求一两张字跟他们结缘，甚至于社会上的慈善义卖，也要我替他们写字。我自觉自己的字实在写得不好，可是想到为善不能落于人后，大家既然不嫌弃，只得硬起头皮用心来写。

有一次，潘维刚“立委”为妇女儿童安全基金会举行义卖，听说我的四个字竟然卖了一百万。后来又有一次，台南县陈明志“议员”在一个义卖会场，见到一张我的字，他竟然用了六百万元标得。经报纸刊登，人家以为我善于写书法，写字的价值很高，其实不然也。因为这一位“议员”，曾经在他一度穷愁潦倒的时候，看到我在电视里的说法，给了他很大鼓励而重整信心，所以人生再起。我原来并不知道，他后来告诉别人，是为了感念我对他的帮助，出于报答之心，因此用了六百万购得那一幅字。所以我自己知道，看我的心，是可以的，看字，还是不值得的。

我的字也不全都是高价卖出。记得在一场筹大学建校基金的义卖会上，有一个信徒要买我的字，出价就是三十万。正在这种高潮的时候，有一位还在读小学的小朋友叫王翊，他忽然大叫：“我要出一百块。”我听了以后，感动得无以复加，当下就说：“这张字，就一百块，我要卖给这位小朋友。”

因为写字的关系，也结了很多的因缘。记得二〇〇五年，谢长廷先生担任台湾“行政院院长”，他上山礼佛，时值新年，我就用“共生吉祥”四个字，并且裱好框架送给他，表示诚意为他祝贺。但是他只做了一年，就被陈水扁逼迫下台。令我感动的是，他在离开“行政院”办公室时，对所有采访的记者说：“我什么都可以不带走，‘共生吉祥’这一块牌匾，不能不带走。”这件事情当时在电视、报纸媒体上都有发表，让我感觉到写字跟人结缘，真是有很大的效果。

还有一件有趣的事，台北有一位信徒叫林素芳，有一次她家遭到雅贼光顾，什么东西都没有减少，只有悬挂在墙上的我的字被小偷拿走了。为什么如此，到现在都没有办法追查。更想不到的是，有一次在香港弘一大师的书法拍卖会场上，竟然有人仿造我的字也拿去参加义卖。后来有人密报于我，我说，不必如此，我可以写几张送给他。

就这样，我陆续写字，不曾间断。一九九六年年底，有一位信徒请我在即将到来的新年为他写几个字，表示新年的祝福。我觉得这非常有意义，于是自不量力地写了一张"平安吉祥"，弟子依此印行了二十万份分送给信众。没想到数日后，便被索取一空。往后，每到春节前，我都会写下一句新春贺词送给信徒，从一九九六年"平安吉祥"开始，至今写了"祥和欢喜"（一九九七）、"圆满自在"（一九九八）、"安乐富有"（一九九九）、"千喜万福"（二〇〇〇）、"世纪生春"（二〇〇一）、"善缘好运"（二〇〇二）、"妙心吉祥"（二〇〇三）、"身心自在"（二〇〇四）、"共生吉祥"（二〇〇五）、"春来福到"（二〇〇六）、"诸事圆满"（二〇〇七）、"子德分芳"、"众缘和谐"（二〇〇八鼠年）、"生耕致富"（二〇〇九牛年），甚至二〇一〇年岁次肖虎的"威德福海"也都写好印行了。

这些每年新春的祝福，徒众们把它印行送给全球各地的信众，平均都在百万份以上；我也只是费一点时间写四个字，不管写得好或不好，能让那么多人欢喜，何乐而不为呢？

这些字当中，也有一些新义。例如二〇〇一年，我写了"世纪生春"，意思是"二十一世纪的春天来了"，但是大家都说，应该是春夏秋冬，四"季"都生春才对，这当然是各人的解释不同。又例如二〇〇九年，我写了"生耕致富"，一般人都习惯用深浅的"深"，但是我写的是生命的"生"，因为我觉得，中国字"生"的意思是，生命要生活、要生存，必须要"耕耘"，这才更有意义。但有的人总是说我写错字，我觉得也不必去争论什么了。

近几年，我有多次的因缘往来大陆，走访一些佛教圣地、寺院，经常有人希望我写一些字作为纪念。像二〇〇七年，我二度拜访四川的"大足石刻"，感念前人留下伟大的佛教艺术瑰宝，忍不住胸中澎湃的情怀，我当场挥笔，写下"大足天下"四个字。二〇〇九年四月，我圆了出家多年来希望参拜洛阳白马寺的心愿，不揣浅陋地写下"华夏首刹"，来表达对这座有"中国第一寺"之称的寺院的美誉。

甚至，最近河南郑州兴建了一座世界最高的大佛，看到它高高地矗立在山顶上，想到佛教东传两千多年来，佛陀伟岸的身相、慈悲的法水，随着滚滚黄河，滋润着这一片中原大地，我慨然写下"中原大佛"。为此，他们也欣然接受我的建议，将原来的"天瑞大佛"改名为"中原大佛"。

今年九月底，我访问了大陆东北地区，到了锦州八王子寺时（现改名为大法寺），赫然见到我写的“大法寺”高挂在上，至于是什么时候为他们写的，我竟也不复记得了。

承蒙大家的厚爱，让我点点滴滴累积了许多字。几年前，徒众如常法师鼓励我，说要把这几百幅作品选一些印在花瓶、陶瓷、台灯上，我都不肯，因为我认为我的字没有那样的价值。后来，连连有人看到在莺歌一些商家的瓷器作品上，乃至书店里的青年手册，都印了我的书法。其实，说到书法，实在不敢当，我的字哪里能算得上“书法”呢？当然，偶尔也会自我陶醉，像徒众为了纪念我在台湾弘法五十周年，替我出版了一本图片专辑，并且要我题字，回想我这一生的弘法行脚，信手拈笔，便写下“云水三千”四个字。后来经过印刷厂把它选为封面上的题字,自己才自觉“我还是可以写字的”。

由于这个因缘，再经过弟子如常到处搜集我的字，在二〇〇五年四月的时候，他瞒着我在马来西亚国家艺术馆筹办了一次“觉有情”墨迹展。等到准备好了，他才邀我到马来西亚剪彩。我当时真是吓了一跳，我的字怎么可以进到马来西亚的国家艺术馆展出呢？这不是丢人献丑吗？不过，想到弟子们的用心，也不能不给他们捧场，只有欣然前往。在剪彩仪式中，承蒙当地的华人领袖黄家定先生出席、致辞，并且要我当众挥毫。在众人那样热烈鼓舞的场面下,我写了“大马好”。到现在,我以“大马好”三个字，对马来西亚佛教的推动和马来西亚各界都结了许多好因好缘。

从那一次开始，先后陆续在美国柏克莱大学、西来大学，中国湖南省博物馆、重庆三峡博物馆、南京博物院、扬州双博馆，香港中央图书馆、香港大学，以及澳洲，新西兰北岛、南岛和台湾等国家和地区，展出数十场之多。其中，西来大学的展览更让我感到欣慰，当年在“现前一片西来意”的因缘下写字送人，所募得的款项创办的大学，二十年后，它已经成为美国第一所由中国人创办并且获得“WASC”（美国西区大学联盟）认证的大学。

由于各地展出获得许多回响，在海外各国弘法的徒众，也纷纷起而效尤，举办我的书法展览。例如在印度的慧显法师，他因为要不到我的字，一时不得办法，就把《觉有情墨迹专辑》的字裁剪下来，重新裱褙，好在德里展出。我心想，这哪里能算得上正式的展览呢？惭愧之余，只有继续勉力写字，以不辜负徒众和信徒爱护的这一片好心了。也由于徒众弘法在五大洲，靠着他们的因缘，我的字，也真的像"佛光普照，法水长流"了。

其实，每一次看到我的字到哪里展出，都像做梦似的，不太肯相信真的有这么一回事。因为历史上，佛教僧侣当中，像怀素大师被称为"一代草书圣手"，他的《自叙帖》至今仍是书法中的瑰宝；智永大师的"永字八法"，更是后人书写练字的必学要诀。日本的一休禅师，不惜自称是穷苦信徒的女婿，把自己的书法卖给好奇前来一探究竟的邻居路人，巧妙地化解信徒欠债的困境，到现在，也经常被后人津津乐道。近代的印光大师、弘一大师等，他们持身严谨，一生以书写佛法大义与人结缘，他们的墨宝除了弘法度众以外，还兼具了高度的艺术价值。我的字，承蒙众人不嫌弃，而能登大雅之堂，如果要说有什么价值，只能说是出家七十多年来，凭借一份与人结缘、给人欢喜的心罢了。

写了那么多字句，有人问我最喜欢写什么字送人，我说我喜欢"正命"。但是我出家的弟子，在旁边看到的都不以为然。他们说："现代人哪一个懂得'正命'？"其实，正命，正是人生最重要的，生命最可贵，"正命"是人们的最大期望，所谓"正当的经济生活"、"正派的生存"，"宁可正而不足，不可斜而有余"的"正直人生"有什么不好呢？后来，只要有徒弟在我身旁，我就不再写"正命"，而改写"与人为善"、"吉星高照"等，大家都说这个很好，看到的人都会很欢喜。

写字的时候，如果有出家的弟子在旁侍立，有时为了感念他们的服务，也会送他们几个字。最初，我大概都会写"法同舍"等，看他们意兴阑珊的样子，经过一番解释，意思是："我们以佛法为家，你住在佛法的舍宅家庭里，在真理里面度过人生，这有什么不好吗？"他们听了以后，才欢喜地露出笑容。之后，我在有些徒众的办公室门口都会挂上"法同舍"三个字，好像成为他们互相提醒的座右铭一样。当然，一般人要的字，都是对他有所赞美、勉励的，其实，像佛法里面的"无住生心"、"无生法忍"、"空有不二"、"以无为有"等，就不是一般人欢喜、懂得接受的了。

现在只要一有空当，我就会坐下来写“一笔字”，一天至少利用早、中、晚零碎的时间提笔，每次有三十分钟到一个钟头不等，一天下来也都有百幅以上。有人帮我计算，每一幅字在三四十秒完成，但是要裁纸，要磨墨，揣摩写什么内容，每一幅字就不是几分钟能完成的了。有时写得顺，就会愈写愈得劲，有时写得慢，甚至还要一边写一边酝酿下一张要写什么句子。徒众看到这样，也会劝我搁笔做个“中场休息”，我总是想，墨已沾了笔，就不要中断，浪费磨好的墨水。这种“一时”、“一笔字”、“一以贯之”的行事准则，倒也是我一生做事的信念。就这样，几个月下来，也有数千张了。

我有一千多个出家的徒弟，平时散居在世界各地。今年九月间，他们回到佛光山参加“徒众讲习会”。我心想，师徒一场，多年不见，就一人送他们一张字吧！一千多人，便也送了千张以上。过去，我经常因为很少听到徒弟回应我这个做师父的所说的话而感到泄气，这次效果很好，很多徒弟拿到我的字以后跟我说：“师父，谢谢您。您写给我的字，正是我性格上所欠缺的，今后我要改进。”或者说：“师父，您给我的开示，真是一针见血，我今后会依照您所说的，努力做到！”弟子们能这样想，也不枉费我的一片心意了。

偶尔，也有佛光山的弟子跟我说：“师父，您写的字进步了！”这个话听来也觉得蛮新奇的，从来都是做师长的称赞学生弟子进步了，而我，在这短短几个月，写了这许多字，就能看得出进步吗？我真是不相信。不管怎么样，从他们口中说出这样的话来，心里还是很欢喜，也乐于接受徒弟们的赞美。因此，我也得出一些结论：假如前一个晚上睡眠质量好，身体状况不错，尤其空气新鲜、光线充足，让人心情稳定，那么，这一天就会写得得心应手。

去年，徒众将我写书所收到的版税等，在银行成立了一个“公益信托教育基金”。至今已办了两次的“power 教师奖”，来鼓励优秀努力的老师们。不久前我们也刚举办过“真善美新闻贡献奖”颁奖典礼，积极响应国际佛光会推动的“三好运动”，也是鼓励优质的新闻从业人员。所谓“三好”：“说好话”就是“真”；“做好事”就是“善”；“存好心”就是“美”。希望借由真善美的三好精神，对于当今媒体报坏不报好的毛病起一些净化作用。

未来，我们也将积极举办“三好校园奖”，“三好之人”、“三好家庭”选拔活动等，甚至体育、戏剧，具有特殊成就，只要是有益于推动社会“真善美”的各种活动，我都乐于结缘、给奖，以兹鼓励。

为此，就有徒弟跟我说：“师父，您写了那么多的‘一笔字’，可以义卖这些字，作为公益信托基金的经费来源啊！”我因为对自己的字没有信心，不禁怀疑说：“这个字可以卖钱吗？”他们肯定地说：“能。”但我还是觉得：“恐怕不行吧！”也有徒众说：“师父，您希望这个公益信托基金举办的相关‘三好运动’，未来要年年办下去，如果‘一笔字’义卖，能对它有所助益，也是好事一件啊。”我不忍拂逆弟子们的好意，也就“从善如流”地答应了。

这一系列的“一笔字书法展”，于二〇〇九年十月在马来西亚吉隆坡起跑，随后到了新加坡。十一月在香港，佛光山佛香讲堂满莲法师为了筹建新道场，举办了一场募款义卖会，有一位信徒特别央请住持满莲法师，为他留一幅字。他表示他这一生没有什么钱，但是书法义卖的机会难遭难遇，要把毕生的积蓄全都捐出来，除了赞助佛香讲堂建寺，也想保有我的一张“一笔字”。我听闻此事，一股暖意流过心头，世间人都有所谓“红粉赠佳人，宝剑赠烈士”，得此知己者，我也乐于再赠送他一张我的字了。

十二月十八日，在佛光山台北佛光缘美术馆，为“一笔字”在台湾的巡回展揭开序幕。我听说为了每一次的书法义卖，还特地为每一次的展出，编辑了一本书法专辑，并且设计“典藏证书”，送给拥有这张字的人以示证明。林林总总，相关的事情很多，我也看不到，但感念大众的成就之余，总是希望不要辜负所有共襄盛举的护法信徒。未来，希望这“一笔字”的缘分，可以为“公益信托教育基金”增加善款，为社会的公益服务永续经营，为所有捐献的人祈福，希望信徒把我的一瓣心香带回家，那就是我虔诚的祝祷，祝福大家年年如意吉祥了。

二十 梅约医疗中心检查记

俗话说“人生七十古来稀”，我在人生的道路上，已经行走了八十年以上，后一半的岁月里，虽为糖尿病所苦，至今已近四十年。不过“与病为友”，觉得也蛮自在，并没有带来太多的得失。尤其我不嗜好零食，每日三餐以外，别无所好，虽然患有糖尿病，多年来我米饭照吃，面食照常，当然血糖会时高时低，不过因为我不太介意，所以我与糖尿病“君子之交淡如水”，彼此相处，倒也相互尊重，平安无事。

遗憾的是，十年前我罹患心肌梗死，做了心脏血管（或冠状动脉）绕道手术，把左腿的静脉借给了心脏血管使用，加上糖尿病的关系，造成双腿血管阻塞，现在走路艰难，每天想要走个五千步作为运动，总因双腿不合作而感举步维艰，如此断断续续，也已过了十余年。

近数年来，随着年岁增长，视力开始模糊，深感岁月不待人；因为眼疾，经常进出医院，每年少说有两三次之多。我平时的习惯，并不太关心身体健康，但想到孙运璇先生说：“你要照顾好自己的身体，否则会给家人带来麻烦。”为了减少徒众们的挂碍，偶尔我也做健康检查，让大家安心。

我的身体，所幸肠胃一向很好，从来不曾找过我的麻烦，但一身的骨头，就不是很听话了。一九九一年我跌断大腿骨，至今身上还留有四根钢钉帮我连接断骨。在伤筋断骨的一百个日子里，我曾经坐在轮椅上，应《朝日新闻》记者吉田实先生之邀请，到日本国会议事厅讲演，也坐着轮椅，在台湾南北举行皈依，以及佛学讲座，一百天就这样忽而过去了。

二〇〇六年四月，我不慎跌断胸部的三根肋骨，今年四月，也因一时不小心，造成手腕骨折断裂。人的身体，最坚硬的部位就是骨头，但我常因硬骨受伤、跌断，吃亏很多。

我自幼出家，没有机会动用剪刀、厨刀，但我的身体上却是刀痕累累，台湾的台北、台中"荣民总医院"、高雄长庚医院，以及美国的休斯敦医学中心，都有我开刀的记录。很多仁心仁术的医师，如姜必宁、江志桓、张燕、蔡世泽、郭继扬、罗嘉等人，都对我贡献很多。虽然历经多次手术，但我从来不以开刀为苦，反而觉得有病了能借机在医院里休息，也是人生的幸事。有时候我甚至感激病魔，因为有它做伴，我可以在医院里自在地休息，别人不会怪我偷懒，想想人生能有这么一段时光，深感"人生有病也幸福，住院休息乐逍遥"。

不过，承蒙一些人关心我的身体健康状况。今春，旅美企业家赵元修、辜怀箴夫妇，特别为我介绍在美国明尼苏达州，一所有着四万名医师、护士、员工的梅约医疗中心（Mayo Clinic）。因为该中心医疗技术高明，医院管理周全，每年计有三百万以上来自世界各地的人士前往检查、医疗，闻名世界，尤其是赵先生的双亲，年近九十高龄，曾在这家医院就诊，从老病到能康复出院，所以他们要我前往一试。

今年五月，我在江苏宜兴复建祖庭大觉寺，承蒙他们贤夫妇热切函电，并且亲到宜兴，催我前往美国一行。在如此盛意之下，我于六月初借道日本，为东京别院主持重建落成开光典礼之后，先到美国洛杉矶，于七月一日转机直抵明尼苏达州的梅约医疗中心。

医疗中心所在的罗彻斯特城是一个小镇，全镇不到五万人，但是全部都是为了医院而存在，光是大小饭店、旅馆，就有百余家之多，专门提供给世界各地来此医疗的人士住宿。小镇上，旅馆与旅馆之间，旅馆与医院之间，除了户外有宽广的大路以外，大楼与大楼之间，楼上都有通道。据闻，每年风雪交加的季节，他们在医院与旅馆之间来去，一切都如平常。

我们一行七人，觉念、妙香法师本是护理人员，再加上赵夫人、觉泉法师，分别从休斯敦和北卡飞来，对于语言的翻译、生活上的照顾，以及各种联络，真是方便不少。

赵先生夫妇本是这家医院的功德主，在医院里甚受重视，因此我们的到来，开发部主任和他的秘书，不断出来招呼，让我们因而沾光，获得了医院给予的种种方便。

此次为我检查的总医师 Dr. Ross Tucker 和他的团队，因为在医疗上有杰出的成就与贡献，曾经荣获诺贝尔奖。他本来有意退休，但为了医师救人的天职，仍然在医疗岗位上，孜孜不息地为病患服务着。

此行整个检查从二日开始。当天一早，我们由开发部主任的秘书引至总医师的医疗室。总医师即刻提出许多问题询问我，大概不到十分钟，他问了不下一百个问题。所提的问题并不需要我解释，只要我回答 Yes 或 No 就可以了。这些问题包括：

1. 你有每天洗澡的习惯吗？
2. 你每日是否都到深夜才睡觉？
3. 你每晚入睡后会经常醒来吗？
4. 你每日大小便通畅吗？
5. 你每日三餐都要人侍候吗？
6. 你上下两层楼梯会气喘吗？
7. 你听到病况后会惊慌吗？
8. 你看到别的病患会生起同情心吗？

医生的提问，有的与医疗有关，有的只是生活上的细节，甚至生活起居冷暖等，问题涉猎很广，几乎包括全部。他给我的一个感觉是，人所以会生病，必定有许多外在的原因造成，先把这许多原因搞清楚，才好对症下药！

问题问过以后，紧接着他为我检查眼睛、耳朵、口腔、皮肤，甚至举手、抬脚。大约一小时以后，又再跟我谈起我身体的状况，以及过去的病历，可以说非常仔细。

一阵忙碌以后，他请我们坐下来，然后即刻坐在位置上，他就着电脑一面敲击着键盘输入资料，一面用英文叙述刚才检查的结果及意见。他的英语表达极为流畅，说话十分快速，主要是说明我需要在哪些部门检查，应该检查一些什么。大约花了十分钟。这时候是上午九点多钟，但是到了中午我们回到饭店，他的报告以及我们一周的检查行程，随后就送到旅馆给我们了，上面一一详细列明，包括：

一、上午简单测验的结果：

1. 走路平衡测验：直走（很好），直线行走（无法完成），脚跟走（可以），脚尖走（可以）。

2. 手指平举，然后点自己的鼻尖测验（良好），拍手背，开门把，弹钢琴等动作（都好）。

3. 前列腺检查（良好）。

4. 胸腔、腹腔、手脚反应等（正常）。

5. 体重超重十五磅。

二、接下来需要看的项目：

1. 眼科

2. 心脏科

3. 血糖专家（新陈代谢科）

4. 睡眠测验

5. 左手 X 光（骨科）

6. 脚动脉扩张科（血管专科）

7. 服用药品顾问

三、今后必须注意的事项：

1. 血糖控制

2. 体重控制

3. 固定运动

4. 定期检查

至于整个检查行程，本来预计一个星期的时间，因为要扣除七月四日美国国庆节休假，以及周六、日的假期，因此必须顺延到第十一日才能结束。虽然多出四天，我也只有抱着“既来之，则安之”的心情，再说，这一生能在一个饭店里长住十天，也是创下了一项纪录。

我们住宿的旅馆楼高二十六层，里面每个单位都是家庭式的格局，包括两间双人套房，一间餐厅，以及会客室、会议室、厨房、橱柜等，设备一应俱全。我们订了两间。我在此居住十天期间，从来没有一个饭店人员前来询问、打扰，所有资料登记都在住宿以前办妥，所谓“以设备代替人工服务”，实为现代管理学的最佳方法。

在旅馆匆匆忙忙吃过午餐以后，又赶到医院做了核子心血管扫描。加上早上的抽血、验尿、胸透、左手X光、脑部和心脏核磁共振扫描、颈动脉血管超声波摄影等，算算第一天就做了七八项的检查，直到晚上才又回到旅馆休息。

吃过晚餐后，和赵元修先生通了电话，感谢他的安排，并且询问他有关这家医院的历史，以及当初成立的因缘。赵先生非常欢喜，兴奋地跟我解说，这是一八八三年，一位二十二岁的修女 Sister Maria Catherine Moes，从纽约到了波士顿，辗转来到罗彻斯特城这个小镇。因为当年小镇遭龙卷风袭击，很多病患亟待救助，修女随即将她的小教堂改作临时医疗站，提供给民众做医疗服务。后来修女又请来威廉·梅约医生，他带着两位公子，父子三人和修女合作，展开了筹建医院的工作。经过一百多年的发展，现在已经成为全世界最大、最好的医疗机构，这可能是他们当初所意想不到的事。

Sister Maria Catherine Moes 修女在天主教系统里，是属于圣·方济各的派下。这一派以苦修出名，她在当时能募集巨款，筹设了圣玛丽丝医院，主要也是由于她属苦修型的，因为她的清苦淡泊，以及慈悲博爱的精神，因此更容易让人感动。

电话里，赵先生还建议我，如果检查期间有空当，可以到距离医院不远的一间阿西西修道院参观。这话引起我的兴趣，我想有时间真的很希望前往访问、参观。还记得一九九五年，我曾到意大利访问过圣·方济各修会，参观过他们的阿西西修道院。

记忆中，他们的修道院里藏书很多，里面一些长老主教、修士们，也过着类似于佛教寺院的生活。我们到访的那一天中午，他们各自拿着碗筷到餐厅聚餐，感谢主持的神甫，还特地找来几位修女，煮了素菜跟我们结缘，后来我也到他们的教堂作过讲演。两年后，意大利发生大地震，圣·方济各修会的教堂受损，我请弟子慧开法师借着前往开会之便，携带一万美元，表达我祝福他们早日修复的心意。

经过白天的一番检查后，这一晚我了无睡意，觉得人生真是如同飞禽孤雁一样，时而东方，时而西方。想我这一生，我对生死并不太关心，也不很计较，因为生老病死都有因缘，我觉得有缘就活下去，无缘就随它去；有缘则来，缘尽则去，人生本来就是来来去去，永无休止。只是想到这么多年来，我在世界各地，经常有机会和各国人士聚会，可惜没有说各种语言可以和他们直接沟通的能力，像这一次体检，就得仰赖赵夫人、觉泉法师，以及医院里的专业人员帮忙翻译，让他们辛苦，真是无比感谢。

隔天，也就是三日当天的检查，一早就由一位年轻的女医师为我检查眼睛。结果，她说我的眼底老化，视网膜不健康，尤其曾因血糖过高，引起眼底出血，已经留下太多疤痕，可能无法恢复视力，不过她还是介绍我再看另一位专科医生 Dr. Siemsen。结果，这位医生看过以后，还是一样的结论，他认为要让老化的视神经恢复视力，是不太可能的事，只有靠外力帮助。我当即问他："什么是外力？"他说："例如放大镜或读书机。"说完即刻拿出几种机器让我测试，其中有一部读书机，我试用后觉得蛮适合，因此问他："哪里可以买得到？"他当时并不知道，但马上就去调阅资料，然后告诉我：出产地在台湾，目前医院里使用的这一部是从香港买来的。我一听，心想台湾的医疗水平其实是相当进步的，只是生产医疗器材的公司，和医疗机构未能密切配合，所以病患不容易知道。

这位 Dr. Siemsen 医生看到我能借助机器阅读，也很高兴，为我忙前忙后，好像恨不得立刻飞到台湾，亲自为我购买一部读书机。在一旁的赵夫人听到这样的结果后，觉得很遗憾，因为这次检查的主要目的之一，就是希望眼睛能恢复视力。赵夫人于是立即电告她的夫婿赵元修，赵先生马上又再打电话给医院，说他从医学杂志得知现在有一种新药方，可能对我的眼睛会有帮助。医院于是又指派另一位医师 Dr. Pach 再为我做检查。结果医生说，赵先生所提的那种药物，只适用于另外一种眼疾，对我的眼睛并没有多大帮助。他以抱歉的口吻告诉我，目前没有更好的科技可以帮得上忙，不过将来如果有突破性的发现，会告诉我们。

听到这样的结果，我并没有感到失望，倒是看到医生一脸抱歉，无可奈何的表情，我反过来安慰他说："没有关系，不看的世界也很美丽。"我说不能看清世间真相，这是意料中的事，请他不要着急。他听了我的话，如释重负一般回给我一个苦笑，表示无可奈何。其实我心中一点也不在意，觉得本来就无所谓，一个看了世间八十年的老人，难道还没有看够？还要再看，那岂不是太贪心了吗？

俗语说"眼睛是灵魂之窗"，眼睛对人生确实很重要，但是中国人有"闭目养神"之道，有"闭眼静思"的禅修。有时候眼睛也不光只是用来看外面的世间，不妨看看自己内心的世界；你研究内心的世界，会更有趣。想当初佛陀的弟子阿那律，有一次听经闻法时打瞌睡，遭佛陀呵斥，阿那律因此发愤精进修道，导致眼睛失明。后来又经过佛陀的指示，终于修成天眼通。

不过，我想即使有了天眼通，也不见得很好，因为世间的大自然固然美好，但是多少生命遭到残杀，多少生命活在"弱肉强食"的恐惧不安之中，如果这一切凄苦、残暴的场面都让你的天眼看到，不见得会自在，所以人生在世，有时候不看也不见得是坏事！

四日这一天是美国的国庆节，也是美国的独立纪念日。早在两百多年前，一批英国新教徒受到迫害，因此逃到美国。这批新移民在美国立国，直到一七七六年七月四日大陆会议在费城通过"独立宣言"，正式宣告美利坚合众国脱离英国而独立，因此这一天成为美国人民永远纪念的节日，定为美国独立纪念日。每逢这一天，全美大大小小的教堂钟声齐鸣，首先敲响的就是费城的自由钟。

罗彻斯特城是个淳朴的乡间小镇，平日里就给人宁静祥和的感觉，尤其是国庆假日，更是寂静无声。大白天，除了路上有少数行人走动，从大楼远远望去，很多车辆都静静地停在停车场里，好像大家都在利用假日在家休息。

由于此地夕阳下山得晚，到了晚间九点还像白天一样，所以一直到了十点才开始施放国庆烟火。烟花的绚烂璀璨，无比美丽，但是烟花的响声，让我想起白天经过施放烟花附近的一个湖边，看到成千只野雁憩息于此，它们听到这一声声的响声，一定会很恐慌，不由得我一边看着缤纷耀眼的烟花，一面又挂念着野雁受到惊吓，真是多管闲事。

五日开始，又做下一个检查，今天主要是做心脏血管断层摄影。在台湾，做这项检查让人感到如临大敌一般，但是在这里，所有医疗人员给人一种自然、安详的感觉，好像你只是在做一个很轻松的游戏而已。过去我曾经做过这种检查，就是静静地躺在一个小洞里，如果把它比喻是睡在棺材里，也未尝不可；说是躺在夹层的山洞里，也很贴切。不过，我在一小时的断层扫描中，经常都是睡着的，所以出来以后，随从人员都说我看起来容光焕发，精神奕奕。其实我心里在想：刚才我在里面饱睡了一觉，怎么会不精神饱满呢？

帮我做血管总检查的医师 Dr. Mc Bride，是这一科的权威，也是目前世界第一高手。他为我检查之后，说我的脚血管（足背）动脉摸不到脉搏，大腿（髂）内侧脉搏也很微弱，明显表示腿动脉有阻塞。他说这种情形可通过支撑架或气球扩张术来改善，手术时间大约半小时，问我愿意吗。

我对此稍稍有一些常识，就问他："这些手术有助于我未来能比较轻松地走路吗？"他持乐观肯定的看法，不过他也告诉我："凡一切手术，难免都有风险！"我当即告诉他："人生自从来到世间，哪个时刻，哪个地方没有风险？"他一听，眼睛为之一亮，好像是赞许我看得开，或是欣赏我话中的道理，他很意外我对"风险"是这样的看法。

也许是欣赏我的豁达吧，他说愿意为我的双腿做气球扩张术，我也欣然说"好"。看着这位心脏血管专家，他给我的印象是很有大将风度的，他那笃定自信的样子，令人非常敬佩钦服。一个医师，还未进行手术，就让人对他充满信心，这就是一个成功的好医师。后来他替我做手术时，一直安慰我不要挂念，他说开刀的部位，他会尽量帮我用针缝合，不需要静躺五六小时，不过他也不敢保证，因为还是要看我血管的状况，才能决定是否能缝合。

结果，我那老化的血管缝合实在不容易，因此只缝了一半，另一半因为钙化，无能为力。他一再向我道歉，我觉得这也没有什么大不了，顶多需要静静躺在床上六小时，就可以让动脉血管凝结了。过去我也有过这种经验，所以不以为意。后来转换病房，相隔数公里，这位 Dr. Mc Bride 医师特地再到我的另一间病房观察、说明，感觉得到他对待病患的亲切，从来不因自己医术高明而有丝毫的傲气。

总结我双腿的血管扩张手术，左腿十分成功，右腿因血管阻塞，无法进行，不过 Dr. Mc Bride 医师说，右腿可以考虑做绕道手术，时间只需一两小时，但是恢复要两个星期，我只有谢谢他说："那就看以后的因缘吧！"

说到心脏血管，这也是此行最主要的检查项目。所幸差可告慰的是，检查结果显示，我的心脏供血功能很好，血管完全没有阻塞，而且心脏肌肉健康，控制力强，据医师形容，就像五十岁人的一样。医师对于我十五年前曾在台北"荣民总医院"，由张燕医师主持心脏手术，十五年后到了这个年龄，心脏还能如此强壮，感到实在出乎他们的意料之外。

过去，我一直告诉别人：你们不要赞美我的书法，我的字经不起看；你们也不要赞美我说话，我江苏扬州的乡音也不好听。不过，你们可以看我的"心"，听我的"心声"，我自觉经得起考验。我觉得一个人的身体，纵使哪个部位有了疾病，但是心脏完好、强壮，这大概就是人体健康最重要的因素了。

在这次检查中，最有趣的应该要算是"睡眠检查"了。起初我以为睡觉哪还需要检查什么，我睡得很好，吃得很饱，当吃就吃，当睡则睡，不需要什么检查。不过医院在问诊和检查之后，怀疑我有睡眠的问题（Sleep Disorder），因此建议我做睡眠检查。睡眠检查主要是观察睡眠时呼吸道阻塞的情形，以及测量氧气吸入的情形、计算睡眠时呼息停止的次数、测量血氧指数、观察睡眠状况和品质等。

我想医院既然好意安排，我也只有接受。最初医师问我睡眠的姿势、容易入眠否，平常是否会做梦、打鼾，等等。他要我当晚在医院住上一宿，让他测验睡眠。我想既然来到了医院，也只有听医师安排，因此六日当晚就住进了医院的八楼四十一号病房。

一开始，护理人员在我头上、下巴、面颊，一共接了十几条电路观察脑波，心脏也装上心电图，另外在胸、腹部接上四条电路，用来测量呼吸。我照了照镜子，感觉自己像个航天员，被他们装成这个模样，自己也觉得很有趣，因此特地叫觉念法师帮我拍了一张照片，自己也自得其乐。

这一夜当然不得好眠，全身都被电器、电线捆绑，哪能轻易入睡？尤其看到觉念法师、赵夫人在一旁的椅子上坐守一夜，让我觉得很不安。这时候真希望有人在旁边讲讲故事，或是播一些梵呗赞颂来听，但是哪里能轻易地说要就有呢？

就这样，一直苦挨到清晨三点，医护人员进来给我装上一个如同象鼻子的器具，称为“连续式正压呼吸辅助器”（CPAP）。一装上这部机器，鼻孔的气息忽然通畅起来，感觉整个人精神为之一振，很快我就不自觉地安然入睡了。

两小时后我醒过来，医护人员一一为我拔除身上所有的装备，我只觉得一身的轻松，于是在早上六点告别医院，回到旅馆用早餐，并且趁机在旅馆好好补眠，准备隔天星期日要到阿西西修道院访问。

我们事前和修道院联络，约定好星期日下午两点前往参观，他们将派人为我们作说明。当天我们准时抵达，参观时，为我们导览的修女身着一般社会人士的服装，但她告诉我们，她是资深修女。原因是教宗若望保禄二世宣布，要她们不必穿着传统服装。我在想，过去的修女穿着修女服，看起来是那么庄严圣洁，现在不穿传统服饰，跟社会人士一样，这种决定对天主教究竟是好还是不好呢？会不会给人感觉修女的教团也在没落了呢？

阿西西修道院建于一八八八年，占地数百英亩，目前住了一百多名修女。当中身体活动自如的年轻修女住在四楼，年纪大一些的住三楼，行动不便的住二楼，可见她们的居住规划很符合人性化。不过，根据陪同我们参观的修女说，现在愿意当修女的人愈来愈少，修女人数日渐减少，相对地，偌大的修道院已经没有那么多人使用，加上她们有经济上的困难，所以只好开放一些空间，提供给社会人士作为开会、短期训练之用，借此增加一些收入，聊补修女们的生活费用。

告别修道院前，我本着佛教结缘的观念，要觉念法师以五百美元为她们添油香，聊表敬意。这些修女们，平时不是教书，就是到医院担任义工，或是到监狱传教，或者为孤苦儿童们服务，从事教育工作。因为有这一群从事济世利人的修女投入服务社会的行列，天主教博爱、入世的精神因此得以传扬，成为人间的模范。

现在台湾的比丘尼，也都具有这些条件，她们有的在大学、中学、小学教书，有的在监狱传教，有的成立读书会、编辑报纸、杂志，或是著书立说，或者养老育幼。甚至如佛光山的一群比丘尼，长期投入大藏经、大词典的编纂，她们都默默地在奉行菩萨道，成为现代人间佛教的实践者。

九日是星期一，医院恢复上班，因此又继续未完的检查。今天除了检测脑神经，还看了糖尿病专科。说起糖尿病，算起来我是个有三十多年糖尿病史的人，至今虽然医学报告里，还没有研究出糖尿病的起因，不过糖尿病不会传染，有的是得自于家族遗传。但根据我的判断，我的糖尿病不是来自家族遗传，因为在我的家族里，没有人罹患过糖尿病。

至于我的糖尿病起因，在我的记忆中，曾有两次极端饥饿的经验，大概因此造成胰脏受损，导致胰岛素分泌异常。之后我慢慢发现自己有了糖尿病的征兆，例如频尿、干渴、饥乏等，不久经医师证实，我罹患了糖尿病。不过，这是不是我得糖尿病的真正起因，就有待医学上的专业人员去研究了。

由于我有近四十年的糖尿病史，因此现在眼睛、血管等疾病，都是糖尿病所引起的并发后遗症。如果我没有得糖尿病，相信我的身体各器官，必然都能保持很好的健康状态，那时应该就是“人生八十将开始”了。

梅约医疗中心有一个很大的特色，就是“集体会诊”。不少疾病，都不是由某个专科医师负责医疗，而是经过几位医师反复推敲、研究，才下决定。例如我过去所服用的药物，这次他们也组织很多人共同研究，讨论我需要服这么多药吗？能有什么改善之道吗？或者可以改服其他新的药品吗？

其中，针对我的糖尿病、心脏血管的服药，特别集合会商，作了部分调整。他们对台湾为我开药的医师极表赞叹，他们也非常推崇阿司匹林，鼓励我服用。另外，营养师也特地召集我的护理人员，要他们注意我的饮食和血糖控制。觉念和妙香法师回来告诉我，糖尿病的大敌是米和面，虽然不是绝对不可以食用，但是能够尽量减少最好。只是我一生以米、面为主食的生活习惯，要我每天不吃饭、不吃面，那么日子不是非常辛苦吗？

最近我也接受一些朋友的建议，食用 AKAI 米，血糖已经获得控制，但是那种米饭，饱腹感只能维持四小时，很容易就会感到肚子饿，看起来吃这种饭，也是难以持久。

九日这一天，除了做以上两种检查以外，我们还在医院楼上楼下很多专科医疗室来回进出。因为一样检查以后，又生出附带的检查。医师们虽然热心，但病患在各科室之间奔来跑去，也是非常辛苦。

由于梅约医疗中心是一个结合多家医院联合诊疗的医疗院所，多日前就已预约十日这一天，我要到另一栋医学大楼做骨科检查。原因是我在二○○七年四月二十日，到上海普门精舍住宿时，不慎跌断手腕，经过上海曙光医院的医师做了初步接骨以后，又分别在宜兴医院、扬州的江苏医院做过 X 光检查。当时我以为只是小事一件，哪里知道已经过了漫长的两个多月，至今还没有痊愈，所以趁着这次检查的机会，也希望美国的骨科医师能帮我做一番医疗。

结果当天经过 Dr. Dennison 医师诊断之后，他认为我的手腕大致算是恢复了，只是接得不是最正，大约向后倾斜了百分之二十，而且长回来的骨头太短，所以在手关节的部位接得不够密合。

我告诉他，目前我的手背会疼痛，手指也有麻痹的现象。他说可能是因为戴石膏、护手被压迫的关系，因此建议我不必戴了。关于这一点，我发现他的看法，和中国的骨科医师有极大的不同。另外，他还告诉我十二式复健方法，要我立即开始做复健，并且叫我下午即刻去看另一位骨科名医 Dr. Robert。这位复健科医师即刻帮我设计了一套全身的运动计划，要我每天运动三十至四十五分钟，一个礼拜五次。

关于手腕的复健方法，虽然有十二式，但都极其简单，就是把手掌、手指各个部位，左右、前后来回地屈伸做关节运动。在我出院回到西来寺后，每天照着持续进行，感觉复健的功能真是不可小视，经过我多日的实行，手腕已经一天比一天进步，正在慢慢复原中。

经过十天的检查和诊疗，十一日上午，总医师 Dr. Ross Tucker 又和我们约谈一次，之后我们在中午搭乘三小时的飞机，飞返洛杉矶西来寺。回顾这次为期十一天的明尼苏达州之行，我对这所梅约医疗中心，有几点感想，不能不说：

一、和谐无诤：如前所说，梅约医疗中心拥有四万名医护人员和员工，如此偌大的一个医疗院所，经过我十多天的接触发现，他们真是一个和谐无诤的团队。他们的医师和护理人员之间，彼此没有大声讲过话，也不会有所争执，大家都是相互推崇、谦让。这么多人的团体，竟能如此和谐相处，真是让我叹为稀有。

其实，人世间有很多的争执，都是源于意见不同和语言不当。在这家医院里，任何一个人说话，不会让别人难堪，也不会刺激别人。大家都是轻声细语，相互尊重、包容，所有一切都是靠数字、仪器说话。我离开医疗中心后，对他们念念不忘，感佩他们的地方也很多，其中就以他们的和谐无诤，最让我感动。

二、亲切招呼：从我第一天抵达梅约医疗中心，由开发部主任的机要秘书接我们入院的那一刻开始，我们在医疗中心经过了漫长的十天。十天里，在医疗中心前前后后、上上下下，这一间到那一间，这一层楼到那一层楼，一科又一科，所有接触到的人士，包括医师、护士，甚至柜台的服务人员、各部门的员工等，每一个人都是面带微笑，对人亲切无比，让你觉得处处受人尊重。他们能把工作人员训练得如此谦和有礼，真是世间少见。

相较之下，我经常云游在世界各地，听到的语言对话，都是质问、责备、教训、官僚，不但对人说话的口气不耐烦，语言更是粗暴。例如，“你干吗来这里？”“你找他做什么？”“你少了一份证件，明天再来！”因为语言不当，自然纠纷不断。而这一家医疗中心，人人都能如此地以亲切的态度待人，以温和的口气说话，让平时听惯了粗糙语言对话的人，真要少见多怪了。

三、服务品质：在梅约医疗中心服务的全体医师、护士、员工，除了每月的薪金以外，他们不接受任何额外的费用，所以在这间医院看病，没有馈赠、送礼，甚至连小费都不需要。

不崇尚红包文化的梅约医疗中心，他们的服务品质并不因此而草率、低劣，反而因此更加崇高、升华。在医疗过程中，医师不会争功诿过，也不会标榜个人，更不会唯我独尊，他们有“集体创作”的共识，不但集体交换意见、集体诊断医疗，即使一次简单的检查，也不惜三番五次地共同研商、判断。据闻有些门诊的医师，一天只接受四至五位病人挂号、医疗，不像其他地方，门诊主治医师，一天要看一百多名病患，所以梅约医疗中心对病患的重视，他们的服务品质之高，由此可见一斑。

四、管理细密：现在管理学非常盛行，诸如学校管理、公司管理、工厂管理、医院管理等，而梅约医疗中心细密而周全的管理，尤其让我叹为观止。在梅约医疗中心里，不但有医师、护士、员工，尤其来自世界各地不同性格、不同需要的病患，大家能够一团和气，即使在病苦之中，也能和乐融融，诚属不易。

我在入院检查期间，见到他们不但工作迅速，而且联络周全，他们可以为了一名病患的医疗需要，动员数十人。例如，你要看眼睛，不但眼科专科医师出来看诊，全院与眼科有关的部门，立刻知晓；你要检查骨科，整个小镇上有关的骨科医师、复健医师、营养师，甚至翻译人员等，立刻都会出面协助、指导。甚至在门口的守卫，好像也知道你有什么病，你要找哪一科，你要看哪一诊，他会主动引导、带路，接受你的询问。在这里的工作人员，从来没有听到有人问他事情，他说“我不知道”，只有医师偶尔会说“这种病症，还需要与某某科的专家研究”。

例如，我的右手颤抖了十余年，过去看过一些医师，他们说没有办法完全痊愈，但是这家医疗中心的神经科医师 Dr. Edward 说：“一定可以治好，但我不是最好的医师，有一位帕金森氏症的专家，他是这个领域里最高权威的医师，我请他再为你做一个诊断。”

说完，即刻拿起电话，联络之后，他说：“很抱歉，这位医师到外州去了，等他回来，有机会再为你诊断。”他们之间，都是这么的相互谦让、推崇，怎么不叫人感动呢？

行文至此，附带一笔，在整个检查过程中，我没有花费一毛钱，因为所有费用都有保险公司给付。不过对于梅约医疗中心这许多仁心仁术的医护人员，以及安排我完成这次检查的赵元修、辜怀箴夫妇，我无以为谢，只有祈求三宝加倍，祝福他们全家吉祥平安，聊表谢意。

二十一　我建荷华寺的因缘

佛教讲“因缘”，世间万法都是因缘所生起，凡事只要因缘俱足就容易成就，因此佛法所宣示的，就是一个“众缘所成”。“缘”并非单一独存的，每个人都是众缘中的一分子，别人给我们因缘，我们也要成为别人的助缘；人生能“随喜随缘”，并能“随缘发愿”，才能成就诸事。

“缘”之一字，奇妙无比。回忆一九四九年春天我从大陆到台湾，最初一两年之中，虽然历经到处挂着无着的窘境，但我感觉自己与台湾的信徒特别有缘。六十年来，他们帮助我创建佛光山，而我也“随缘”因应众生的需要，先后在全球五大洲开创了二百多所别、分院。

虽然在建寺过程中，由于各国文化背景、风俗民情、宗教信仰等不同，因而遭受诸多的挫折障碍，历经无数的艰难困苦，但也因此激荡出许多温馨感人的故事。此中尤其是“佛光山荷华寺”的兴建，其背后更蕴藏了一段不可思议的因缘，让所有见闻者莫不感受到佛教的伟大与信仰力量的神奇。

荷华寺是佛光山在荷兰设立的道场，也是佛光山在欧洲所建的多所别、分院之一。佛光山自一九九一年起，首先在法国巴黎购买了一座近五百年历史的古堡作为弘法道场，由慈庄、依照法师分任住持与监院。隔年，英国伦敦佛光寺、德国柏林禅净中心，以及巴黎、伦敦、瑞士等佛光协会相继成立，就此正式展开了佛光山向欧陆弘法的工作。

在此之前，我于一九八〇年到海外参访时，就曾到过法国巴黎；一九八八年起，更是几乎每隔一两年就到欧洲一次。期间承法国佛教会会长禅定法师邀请我到巴黎作过讲演，因此进一步与欧洲结下深厚法缘。之后慈容法师代表本山，积极到欧洲成立佛光会，成为佛光山欧洲弘法的先驱。而当时依益、永有法师二人分别在牛津、伦敦大学攻读博士，他们读书之余就近发展欧洲佛教，也深有贡献。

说起欧洲，这是天主教的发源地，人民以信仰天主教、基督教、东正教为主，因此整个欧洲到处可见教堂林立，相对的，佛教的寺院则是寥若晨星，屈指可数。在这样的环境里，对于一些移民的华侨而言，如文学家司马中原先生所说：尽管中国人信仰天主教、基督教，不过每一个人的身心里，都流着佛教的血液。因为几千年来，从祖先代代流传下来的习惯，只要有了疾病，或是面临苦难的时刻，若不是称念“阿弥陀佛”，就是祈求“观音菩萨”，这是一种自然而深刻的佛教信仰。

确实如此！信仰佛教已经成为中国人的一种生活习惯，中国人不能没有佛教，因此对于移民在异国他乡的华侨来说，生活里如果缺少了佛教信仰的寄托，内心的空虚、苦闷，可想而知。尤其老来死后没有人诵经，更是人生最后的遗憾。曾经有一位移民荷兰的老太太，临终前一再交代儿子，务必要找个人来帮她念经，否则死不甘愿。可是在佛法不兴的荷兰，哪里去找出家人诵经呢？几经打听，终于找到一位信佛虔诚的罗辅闻居士，他是情报员出身，退休后在阿姆斯特丹的中国城开设餐馆。当他了解事情经过后，虽然虔诚地为老太太诵了一部《普门品》，但也因此牵动了他内心潜藏已久的一个心愿，让他更加殷切感受到：荷兰需要佛教，需要法师驻锡弘法！

于是他通过一位朋友，也就是阿姆斯特丹华商会会长文俱武先生，代表侨界积极向阿姆斯特丹市政府提出建寺申请，并获准在唐人街的公园预定地（Zeedijk），向阿姆斯特丹市政府租借建地二百八十二坪。之后，经巴黎佛光协会会长江基民先生居中联络，表达邀请佛光山前往建寺的心意。

同年，我到荷兰云游弘法，期间由依照法师和江基民先生陪同，在罗辅闻居士于中国城开设的餐馆中，我们首次见了面。罗居士热情地带我们巡视了建寺预定地，他同时道出了一段鲜为人知的人生经历，以及为什么发愿要在荷兰建寺的因缘。他说：

“一九四五年，抗日战争已经打了八年，就在日本投降前，当时我十八岁，身为国军情报员。有一天，在空军总司令部指派下，我和副驾驶黄沛堂少尉，驾驶最简单的‘侦察机’，准备到浙江轰炸钱塘江大桥。这是由中国人自行设计及修建的第一座公路、铁路两用双层桁架梁桥。由于这座桥直跨钱塘江与现在俗称的‘六和塔’处，日本人借着这座桥的运输之便，对中国国民革命军及游击队造成很大的威胁和破坏，为了确保大后方的安全，决定把这座铁桥炸毁。

“就在一个冷风飒飒、万家灯火的暗夜里，我和黄沛堂少尉二人抱着戒慎恐惧的心情，趁黑驾驶侦察机出任务。我们由空军基地湖南芷江起航，往浙江飞行。那个年代的侦察机，速度不如现代的喷射机，我们飞行了三四小时后，到达浙江的上空。从高空俯视这夜里的中国土地，我们一心只想把铁桥炸毁，但绝不能误投炸弹而伤及淳朴的中国人民，于是侦察机只能低空飞行，准备俯冲轰炸。

“当侦察机顶头两枚炸弹瞬间射出后，我们看到了火光灰烟冲天，但心里并不敢确定是否已成功炸毁钱塘江大桥。二人经过商量后，决定回航再次轰炸，于是重新调头，飞回铁桥。

“不料这一回航，被日本兵发现行踪，他们以高射炮对我们猛烈射击。结果在一阵枪林弹雨中，猛然一声巨响，飞机强烈振荡，副驾驶座位被高射炮击中着火，我们只得紧急跳伞逃生。

“在降落伞着陆后，日本兵马上从四面八方包围过来，我们两人只得没命地向前奔跑。途中听到“砰”的一声枪响，黄沛堂少尉应声倒下，他不幸被机枪射中而当场为国捐躯，我则在仓皇之中逃进了一座荒废的寺庙——绍兴‘东岳寺’，并且躲进一座韦驮菩萨的石雕像后。

“这时日本兵还是穷追不舍，一队人马在寺内用刺刀到处搜查，甚至用狼狗寻找。当时我心里已经不存有生还的希望了，可是没想到经过一段时间后，受过情报员训练的我，把耳朵贴在地上倾听，可以感觉到日本兵已经走出十里外了。于是偷偷出来，在漆黑一片的寺院里，摸索到正中的大雄宝殿内，在如来佛的座下找到一个角落安身，这才放心地慢慢睡去。

“隔天清晨醒来，听到围墙外有中国人讲话的声音，原来是忠勇救国军，就这样，我得救了。可是想到昨天夜里的情形，我心里感到很纳闷，于是再回到韦驮菩萨像旁，想看看昨夜何以能不被刺刀刺中。这一看，发现菩萨像是嵌在石壁上的，这样的雕刻手法连蚂蚁都爬不进去，但是何以昨夜我能躲得进去？此事直到现在，我还是想不通为什么。

"这个事件过后没多久，八年抗战终于胜利了，只是没想到国共内战却紧接着开打。随着时局变迁，我跟着军队渡海到台湾，之后于一九六四年奉派到泰国'武官处'，担任'副武官兼军事情报官'。接着由于美国介入越战，我又被派出任与美军合作。当任期满后，随即被调任驻越南'大使馆'，升为'参事'。这时越南正处于南、北分裂的局面，我知道战争迟早会爆发，但基于服从命令是军人的天职，我只得前往越南任职。

"出'国'前夕，有一位在台北办理《朝明晚报》的王海涛先生，他是一个佛教徒，得知我要前往越南任职，便送了一本六公分宽、十公分长的《观世音菩萨普门品》给我。当时我对他说：'我又不是佛教徒，要经本做什么？'王海涛先生说：'这是护身符，你现在到越南去，难道不要平安吗？'我一听是可以保平安的护身符，便恭敬谨慎地把经本收藏起来。临行前他又特别交代我：'来日，若是遇到危急之际，你可以诵持这部经文来消灾解难。'

"后来我真的照着他的话做了，结果在越南工作了十一年，虽然也是出生入死，却都能平安无恙，直到西贡沦陷后回台，之后又外调到欧洲荷兰，继续在中国'大使馆'担任'空军武官'。

"一九八九年，我奉命退役，定居在荷兰，并于阿姆斯特丹经营中国饭店。这时想到韦驮菩萨曾经救过我的命，再想到小时候母亲带我看戏，戏中有一句台词说：'重修寺庙，再塑金身'，于是买了一尊韦驮菩萨像，供在我所经营的饭店里，一偿当年许下的心愿。后来因为生病的缘故，我决定低价把饭店让售他人，唯一的条件是'必须继续供奉韦驮菩萨'，对方也答应了。

"在荷兰期间，我先后中风、半身不遂，甚至罹患严重的肺结核、高血压，却都能安然痊愈。不过有一次因病开刀，我的血压一度降到五十左右，始终无法回升，院方认定急救无望，决定放弃治疗。就在弥留状态中，我听到太太美珍哭着跪求医生，请他们务必要尽力挽救我。医生说：‘我们已经尽了全力，但是人已经死了，还能怎么救呢，除非奇迹出现！’

“听到‘奇迹’，我太太灵机一动，想到过去韦驮菩萨曾经救过我，于是赶忙叫儿子到饭店把韦驮菩萨请回来拜。不可思议的是，原本降到五十的血压竟然慢慢回升，人也慢慢苏醒，于是我又一次从死亡边缘捡回了一命。

“经历过几十年前在绍兴东岳寺，与这一次生死危急时菩萨救护的‘奇迹’，让我对佛教信仰更为坚定，也更加深刻地感受到信仰对生命的重要。这种心情一直持续地回荡着，直到有一天，突然有个陌生的中国人来找我，他想请我为他刚去世的母亲诵一部经。

“我乍听十分诧异，就问他：‘为什么要请我诵经？’那人说：‘我母亲临终前告诉我，客死异乡，没有人念经送终，是这一生难以平息的遗憾。可是荷兰没有法师可以诵经，我没有办法，只有四处打听，终于获知罗先生您身边有一部经。今日冒昧造访，是想请您到我家里为我母亲诵一部经。’

“我一时觉得很为难，因为从小到大我并没有见过出家人，对于佛教的法会仪规也一窍不通，自己平时只不过是供奉菩萨，偶尔念诵经文而已，如此怎么能为一位亡者做佛事呢？但是看着眼前的孝子，为了一圆母亲的遗愿，他的诚心真意我又不忍心拒绝，只得抱着祝福、恭敬的心情前往，虔诚地为老太太诵念一部《普门品》，完成她这一生最后的遗愿。”

罗居士缓缓叙述完这一段因缘往事后，又语重心长地说：“大师！那一刻，我真是强烈地感受到，在荷兰建寺已是刻不容缓的事。因为有寺院，有法师驻锡弘法，才能让远渡重洋来求发展的华侨们，乃至当地的民众有个信仰的寄托，而不至于生时心灵没有依靠，死时又得抱着没有人可以诵经祝福的遗憾而终。所以在这种情况下，荷兰如何能够没有寺院呢？”

听完罗居士的心声，以及他奇妙的人生际遇后，再看看饭店内供奉的这尊韦驮菩萨，忽然想起二十年前我到欧洲弘法，经过荷兰时，曾经在这家饭店用过早餐。记得那时置身在欧洲这个大多数是信仰天主教的国家里，能在中国式的餐馆里看到供奉韦驮菩萨的圣像，我觉得佛教真是了不起，中国人真是伟大。不过当时由于人生地疏，心里虽然有那么一刻被撼动，但也没有因缘进一步了解这家饭店为何供奉菩萨的因缘始末，只是在心里留下一个淡淡的印象而已，没想到今日再度重回旧地，不禁令人觉得人间的因缘际会真是不可思议。更没想到的是，由于抗日战争中，一段韦驮菩萨给予罗居士的感应因缘，竟能成就日后佛光山荷华寺的兴建缘起，我不由得对罗居士信仰佛教的虔诚与坚定，发出由衷的赞叹。我想罗居士能在几次必死的情况下，奇迹般地活转过来，这是过去就已植下的福德因缘，而他今生能继续培养福德因缘，来生必然会更好！

经过这次的见面、会商，两年后，也就是一九九六年的八月十七日，我亲自前往荷兰主持破土典礼，当天阿姆斯特丹市副市长 Mr. Van De Aar、阿姆斯特丹自由民主党领袖 Mr. Houteman、阿姆斯芬市副市长 Mr. Van Den Heuvel、阿姆斯特丹外资投资处代表 Mrs. Bruining 等贵宾都莅临参加。

之后经过四年的筹建，“佛光山荷华寺”终于在二〇〇〇年九月十五日竣工落成，成为欧洲第一座传统中国宫殿式的寺院。佛像开光安座暨启用典礼由心定和尚主持，当天荷兰女皇 Koningin Bcatrix 亲自莅临剪彩，阿姆斯特丹省长 Van Kemende 与市长 Schelto Patijn 也同时出席，此事不仅在荷兰广为传诵，更被誉为是欧洲佛教史上的第一大盛事。

“荷华寺”的命名，主要是取意于：希望佛法能在“荷”兰开“华”结果，同时借此促进亚欧文化的交流，因此在荷兰政府登记时，又命名为“荷兰国际佛教促进会”。寺内的设施除了大殿供奉千手观音之外，还有禅堂、功德堂、会议室、活动中心、教室、阅览室、斋堂及云水寮等设备，功能是多元化的。因为我觉得现代化的人间佛教道场，除了具备过去一般寺院提供信徒诵经拜佛的功能之外，尤其要推广“文教弘法”，要让寺院真正成为信徒们一生修身养性、增长智慧、善友共聚、广结善缘等多元化的信仰所在。

目前佛光山在欧洲的寺院道场，除了荷华寺之外，另有伦敦佛光山、曼城佛光山、瑞典佛光山、巴黎佛光山、比利时佛光山、柏林佛光山、法兰克福禅净中心、莱茵禅净中心、奥地利维也纳佛光山、瑞士佛光山（佛光山日内瓦国际佛教中心）、葡萄牙佛光山、西班牙佛光山等。想到几年来的辛苦努力，终于让原本属于天主教国度的欧洲能够佛光普照，内心也颇感欣慰。

回顾在八十年代初，当佛教还未普遍国际化的时代，要到国外弘法，如果没有当地的因缘而想要建寺，实在不是一件容易的事；有时候纵有一些信徒护持，但是力量单薄，也不敢轻易贸然行事。不过有时候因缘来了，一切水到渠成，买地建寺也是很自然的事。例如佛光山在美国的达拉斯讲堂及奥斯汀香云寺，当初就是由于住在休斯敦的严宽祜居士一句话而相继成立。记得当时严居士跟我说："大师，如果您到这里来建寺弘法，我愿意捐献一半的费用护持您。"

那个时候正值全球发生金融危机，油价大跌，很多大楼乏人问津，我看中一栋三层的大楼，要价六十万美元，严居士慨然捐出三十万美元，佛光山只负担一半费用就有了达拉斯讲堂。

由于严居士对达拉斯与奥斯汀都有先天的地理因缘，因此在达拉斯讲堂即将落成之际，他又发心在奥斯汀觅地，结果历经一波好几折，好不容易买下一块十一英亩的小山丘，地主要价三十万美元，严居士又依然捐出十五万美元，让佛光山在此兴建了"香云寺"。

香云寺于一九九四年动土，两年后落成，原来的建地是一片种满树林的小山丘，百分之七十都属于檀香木，因此走进寺中，经常可以闻到阵阵的檀香味随风飘来。当初建筑时，为了保留原始风貌，若非必要，绝不轻易砍伐一棵树。尤其奥斯汀佛光会会长陈胜亭居士相当用心，他帮每一棵树都做了编号。由此让我想起两千多年前，佛陀在印度兴建的第一座道场，名为"祇树给孤独园"，是由孤独长者献地，祇陀太子献树的因缘而命名；而今香云寺寺地是由严宽祜居士奉献，四周的一树一木，都是经由陈胜亭居士用心编号规划，因此我也以"严园陈树香云寺"来感谢他们的发心。

另外，在香云寺筹建过程中，有一次我前去巡视工程，不少信徒闻讯而来。当天在午餐的饭桌上，严居士特别向我介绍一位郑傃卿小姐，他说在觅地的过程中，得到郑小姐的助力最多。原来多年前郑小姐罹患癌症，虽然先生是一名医生，也感束手无策。正当她灰心丧志，对人生感到绝望时，有一天在梦中梦到我用英文告诉她："Remember! You will be live long time."（记住！你会活得很久的！）

醒来后，她只觉得身心无比轻安，从此也不再挂碍自己身体的状况了。之后她便常常到达拉斯讲堂礼佛共修，当她得知佛光山要在奥斯汀建寺时，更是主动热心地帮忙找地，因而促成了这段因缘。

郑小姐现在不仅病已痊愈，而且身体十分健康，每天都过得十分法喜。去年（二〇〇八）美国西来寺为庆祝开山二十周年，特别传授三坛大戒，同时启建水陆法会，郑小姐也前去参加。记得当初她曾对我说："大师，您放心在美国建寺，我会护持您的。"想来她并没有忘记自己的承诺。

其实，过去我和她从来不曾见过面，何况我也不会讲英文，竟会在她的梦中对她说法，而且还是讲英文，这让许多听闻此事的人，莫不啧啧称奇。不过类似这样的灵感事迹，在《佛光山灵异录》里记载很多，我想这都是佛菩萨的慈悲愿力在度化，而信众们也就凭着这股信仰的力量，不计名利，无怨无悔，心甘情愿地护持道场，甚至以寺为家。

就如佛光山老信徒金枝姑的女儿吴玉惠小姐，辅仁大学毕业后就嫁给了功学社的小老板，本来以为人生就此找到最好的归宿了，没想到婚后没几年，先生却在一次修理水电时不慎意外往生，从此她便全心全意护持香云寺，把身心寄托在信仰上，十几年来未曾退转。

金枝姑是我五十多年的老信徒，也像老朋友一样，虽然她并不识字，但是我讲的国语她却是句句都能听得懂。从早期到现在，金枝姑听经闻法已经几十年了，若要在佛法上来评鉴学历的话，应该早已到达研究生的程度了。她有十二个儿女，各个都接受高等教育，而她一生的志愿就是将儿女度来信奉佛教，因而吴玉惠小姐能够从佛教信仰里获得心灵的寄托，找到人生的依靠，想必带给她极大的安慰。

所谓"世事无常"，人间本来就充满了缺陷与不圆满，因此每个人都要为自己的人生找到一个依靠，就像树木要靠土地、太阳要靠虚空一样。一般说来，人在十岁时靠父母，二十岁时靠情人，三十岁靠事业，四十岁靠朋友，五十岁靠金钱，到了六十岁时，这才慢慢懂得要依靠信仰。

其实，信仰是影响人生很重要的关键之一。人不能没有信仰，有信仰前途才有方向，人生才有目标。信仰是发乎自然、出乎本性的精神力，当人生遭逢苦难的时候，很自然地就会想要找一个宗教为依归，所以我们常说：宗教是苦难的救星。

人和宗教的关系，就如同人和饮食、金钱、男女一样，彼此是分不开的。然而经常有人问：人一定要信仰宗教吗？站在我是一个宗教人士的立场，毋庸置疑的，人一定要有宗教信仰！宗教如光明，人不能缺少光明；宗教如水，人不能离开水而生活；宗教如艺术，人在生活中离不开美感。有的人尽管平时一再标榜自己不信仰任何宗教，但是遇到急难的时候，脱口而出的第一句话便是“阿弥陀佛”或“观世音菩萨”，可见佛教信仰的重要性。

信仰佛教，主要的意涵在于向“佛陀”学习，这也就是所谓的“学佛”。学佛必须听经闻法、参加集会共修，所以要经常亲近寺院道场。寺院是修行佛道的所在，佛教借着寺院安僧办道，弘法利生，因此欲得佛法常住，必须建筑佛寺。

然而，长久以来经常听到有人质疑：佛教为什么要建那么多寺院？如果把建寺的钱省下来设校兴学，或是从事慈善教济，不是更有意义吗？发出这种疑问的人，显示的是自己的无知，是他对佛教的认识不够，事实上寺院的功能并不亚于一所学校。世间的学校，传授的是知识学问，知识是外来的，是世智辩聪的学问；知识有善有恶，一些作奸犯科的人，知识愈多，危害社会愈大。

相对的，佛教寺院提供的是般若智慧，佛教的三法印、四圣谛、十二因缘、慈悲无我、因果业报、缘起性空、中道般若等思想义理，都能让我们开启智慧，了解生命的真谛，从而解脱烦恼，获得心灵的升华，进而证悟生命本具的般若自性，这才是纯真、纯善、纯美的智慧。

世间的知识容易求，佛法的生命智慧不容易学；佛教最大的功能，就在于以文化教育来传播佛法，净化人心，改善社会风气，甚至通过佛法义理的弘传，让人明因识果、去恶向善，让人转识成智、由迷而悟，这才是佛教的本怀，这也是佛教不同于一般慈善事业的可贵之处。

遗憾的是，一般社会大众总将佛教局限在慈善救济的框框里，殊不知慈善工作虽然也能以金钱、物质救人于一时，但是金钱、物质的救济有利有弊，而且有限；唯有佛法布施才是无限的，才能使人终生受用。慈善救济虽然能够拯救肉身生命，济人燃眉之急，但是无法熄灭贪嗔痴三毒；唯有佛法真理的弘传，才能进一步净化心灵，拯救法身慧命，使人断除烦恼，了生脱死，其影响及于生生世世，所以佛教教育才是最彻底的慈善救济。

目前社会上有很多“有钱的贫穷人”，他们缺乏的不是物质，而是无私的慈悲；世界上除了少数残障人士之外，并非真的需要救济，而是需要开发本具的般若智慧。般若智慧是成就一切的根本，所以《金刚经》说：若人以三千大千世界七宝布施，所得福德，不及以般若波罗蜜经乃至四句偈等，受持读诵，为他人说，所得功德，百分不及一,百千万亿分，乃至算数譬喻所不能及。

四句偈的佛法布施，其功德胜过恒河沙数的财物布施，因此佛教应以弘扬佛法为本，以传教为重；因为慈善救济终非究竟，唯有宣扬教义、净化人心，才是佛教的主旨所在。

由于寺院具有弘传佛法的功能，是讲经说法的地方，因此又称为“讲堂”。佛世时,祇园精舍便有七十二间讲堂,可见广建讲堂本为佛陀所倡导。佛教传到中国之后，古老的寺庙里都有法堂、藏经楼，尤其汉唐时代，佛教寺院堪称为当时的文化中心。乃至历年来佛教举办了不少的义学，礼请名师大德教育失学的人，为国家作育英才。除此，寺院也是为莘莘学子读书提供最佳环境的地方，历代名将宿儒如范仲淹、王安石、吕蒙正等，都是在寺院里苦读成功的最佳例子。

寺院是一个多元价值的无尽宝藏，寺院之于吾人，比家庭更为重要。人在世间生活，有时候会有无力感，会觉得疲倦，甚至对前途感到畏惧、无望。这时候如果能到寺院礼佛拜拜，在大雄宝殿前跟佛祖交流，可能从瞻仰佛像，或是听闻一句佛法后，突然心开意解，对自己重建信心，对前途重燃希望，这就如汽车加了油一样，便有足够的勇气再往人生的旅程迈进。

所以寺院是我们人生道路的加油站，也是去除烦恼的清凉地，是善友往来的聚会所，是修养性灵的安乐场，是采购法宝的百货店，是悲智愿行的学习处，更是一所疗治心灵的医院、维护社会正义的因果法庭、启发道德良知的教育学校、提升文化修养的艺术中心。

寺院的建筑，对信徒而言是关乎法身慧命的大事。人都有一个色身，要靠家庭来安顿；人都有求知欲，要靠学校来教育。但是我们的精神法身要安顿在哪里呢？寺院就是我们法身慧命的长养处，是我们的第二个家庭，所以我经常勉励信徒，每星期至少要回“家”一次，向佛菩萨报到、学习，这是我们人生很重要的功课。

信仰是人生不可忽视的重要课题，寺院则是维系佛法信仰的中心所在，有寺院就有信仰，有寺院才有常住三宝，才能让佛法常住世间。因此，虽然最初我对自己的人生规划是“以文弘法”，我并无意于建寺当住持，后来所以陷身在寺务、建筑中，是因为跟随我学佛的信徒日增，大家需要有听经闻法的据点，要有共修聚会的场所，要有接受佛法教育的教室，甚至要有挂单用餐的地方，所以为了信徒的需要，也为了效法佛陀弘扬佛法于五大洲的宏愿，四十多年来我披荆斩棘，在世界五大洲创建二百多所寺院。此中承蒙广大信徒的护持，更感谢的是，每到一地都获得当地政府的支持和肯定。

例如，一九九四年美国奥斯汀香云寺举行动土典礼时，奥斯汀市长特别把当天订为“奥斯汀佛光日”，并且送给我一把奥斯汀金钥匙，甚至早在两年前，市长就曾亲自送给我荣誉市民证书。我感谢之余，并感于美国虽然幅员广大，物产丰富，但缺少佛教寺院，所以也很乐于把香云寺建设成具有弘法、社教、慈善、讲经、活动及净化人心功能的道场，献给奥斯汀，借此回报市长的盛情。

另外，被誉为“南半球第一大寺”的佛光山南天寺，建寺缘起于一九九〇年，澳洲悉尼卧龙岗市长奥得门·佛兰克先生，到佛光山参加一项国际性的钢铁学术会议，他在佛光山小住数日，对佛光山的寺院深有好感，因而诚恳地邀请佛光山到澳洲建道场。

承蒙市长热心发起，他把自己在卧龙岗市所有的七十英亩土地都捐献出来，佛光山另外又添购了二十六英亩，而后在一九九二年破土兴建，一九九五年十月落成开光，由慈容法师、满谦法师担任首任的住持与监院。

寺院落成当天，同时举行“国际佛光会第四次世界会员代表大会”，一时来自五大洲的贵宾云集，成为当地的头条新闻。纽省省长于开光典礼时肯定地表示：“南天寺不但是佛教徒和中国社区里最重要的建筑，也是新南韦尔斯省里最重要的建筑之一。很感谢佛光山有此远见,在澳洲建此寺院，并且命名为‘南天寺’，它堪称是南半球的天堂。”

南天寺的兴建，是澳洲佛教历史上的一大步，传统中国宫殿式的寺院建筑，曾荣获澳洲政府颁发的最佳建筑设计奖、园艺设计奖、灯光设计奖，目前已是澳洲重要的宗教据点。南天寺不仅把佛法融入当地人的生活，更在中西文化交流上扮演了重要桥梁的角色。

其实，佛光山在海内外的每一座道场，都有一定的成立因缘，并没有强求；即使强求也求不得，一切都顺应因缘与信徒的需要而兴建。例如佛光山历经十年开创的美洲第一所寺院“西来寺”，起缘于一九七六年，我代表中国佛教会组团访问美国，同时庆祝美国独立两百周年纪念。期间我在旅途上弘扬“人间佛教”的理念受到热烈回响，事后有一些美国友人与当地信徒纷纷写信，邀请我前往建寺弘法。

为了恒顺众生，在佛光山常住指派下，一九七八年慈庄法师与依航法师二人，带着国内信徒的祝福，起程赴美筹备建寺。但是二人赴美后，久久找不到合适的房子，弘法工作陷入胶着。不得已，我只得亲自与心定法师到美国，每天开着车子到外面寻找。经过半个月的奔波，终于在加丁那（GARDENA）地区找到一间教堂，成为佛光山在美国弘法的第一站，并且展开了美国的弘法之旅。

与此同时，另于洛杉矶哈仙达岗购地筹建“西来寺”，但是由于经济窘困，以及受到美国法规的种种限制，前后总共经过六次公听会、一百三十五次协调会，可以说历尽千难万苦，最后终于一一克服，而于一九八五年获准建寺，一九八八年十一月二十六日落成，由慈庄法师出任首任住持。

建筑宏伟的西来寺，是第一座佛教国际化的十方丛林，落成之后备受赞赏，当期《生活》杂志形容是“美国的紫禁城”，并誉之为“西半球第一大寺”。

值得一提的是，西来寺落成的同时，并主办了“世界佛教徒友谊会第十六届大会”，这是中国佛教史上第一次在西半球召开的会议，尤其此次会议首开先例，让两岸的代表同时出席，一起坐上同一张会议桌开会，此乃海峡两岸佛教首开平等交流之创举。由于这次的因缘，更促成了中国佛教协会会长赵朴初居士，具函邀请我到中国大陆访问，因此使得两岸的交流又跨出了一大步。

提到朴老，承蒙他生前曾经赞誉说是我把佛教国际化，并说佛光山僧信二众背负行囊、经书，在全世界建寺弘法，刻苦耐劳，精神毅力可嘉。

事实上,佛光山今天能在世界各地建寺弘法,确实看得出佛光人有“为佛光跑天下”的精神，同时更难得的是，他们有直下承担和不畏艰难的勇气。

回想一九八九年，我应加拿大多伦多一位萧姓信徒的友人邀请，到多伦多举行一场佛学讲座。本来以为只是一般性的聚会而已，没想到他们租借的讲堂有一千六百个座位，而且当天竟然座无虚席，挤了满满一屋子的人来听讲。

当时我被他们求法的热情深深感动。数日后，行程结束，我在回程前往机场时，看到整个加拿大地广人稀，即使建二百个总统府都不成问题。这让我连带地想到：如果能够到这里来建个寺院，应该也很可行！于是随口问同行的弟子：你们有谁愿意来这里建寺吗？身旁的依宏法师应声举手，我说：好，你就在这里下车。

于是我把车子停到路边，依宏就这样在半路下了车，独自一个人留在多伦多。首先她在当地租了一间房子，开始集众共修，平常的活动以禅净共修、家庭普照、佛学讲座、法会修持等为主。期间我也曾去过几次，并主持了两次的皈依典礼，信徒因此慢慢多了起来，于是开始物色房子当道场，而后在一九九一年终于有了多伦多禅净中心。

三年后，由于信徒日益增多，原有的道场不敷使用，因此又在多伦多西区密沙加市觅地，准备扩建。当地信徒对此也满心期待，于是在大家发心不落人后的热心护持下，一九九四年“多伦多佛光寺”开始动土筹建，并于一九九六年年底落成。

多伦多佛光寺的兴建，依宏法师贡献很多，她从租屋到建寺，整个建寺过程正如我所主张的。我觉得不管到任何地方发展道场，不可以先有硬件设备，重要的是先要有人。有了信徒，如果大家也能发心，可以先商借某个信徒家中的客厅共修。经过一年半载后，所谓“善心易发，恒长心难持”，慢慢或许觉得家中经常有人进进出出，不胜其烦，这时可以改为借用车库，因为车库没有登堂入室，比较好活动，只要稍加装修后，也可以当成共修的地方。

如此大约再经过半年之后，也许感觉到共修时不管吃饭、上厕所等，都有种种的不方便，这时可以花钱租个房子。然后渐渐地，觉得租的不如买的长久，这时就可以考虑买个小地方，请个法师指导，等到因缘具足时再来建寺。这样前后为期最快可能也要两到三年，不过经过这样循序渐进的发展，信徒对道场的设立有了参与感，缘分必然更为浓厚，信仰也会更加坚固，这么一来，不管对自己的修行，或是对佛教的弘传，都是一种很好的发展模式。

因此，集我数十年建寺弘法的经验，我深深感觉到，不管做任何事情，理想固然重要，但是实践的过程和步骤也不容忽视。尤其凡事要靠“缘”，有缘才能成事，这是颠扑不破的真理，也是千古不变的定律。

二十二 佛门亲家

唐朝裴休宰相有一首《送子出

当种善根。身眼莫随财色染，道心

这首诗其实应该改为“欢喜”

蓬勃发展，学佛风气日盛，现在不

少数的父母一时不了解出家意义，

子入佛门。然而经过一段时间后，

前途更有发展时，他们很快就会转

佛门”，这是现在不少父母的心情

过去有些父母之所以怕儿女出

就是所谓“青灯古佛”，只能吃斋

物质等五欲的快乐，因此不舍得儿

然而事实上，如维摩居士“吖

行”。学佛修行的人，所谓“吾有

安乐，逍遥自在，每天徜徉在佛法

是诸上善人，真是“口中吃得清

出家所享有的法喜快乐，像

深院的王宫里，每天吃的是珍馐

护，但是仍然感到恐惧，好像随

当中。后来出家了，吃的东西虽

间树下，却觉得无比安全、无比

鼓励下出家，然后漂洋过海到美国西来寺受戒。曾在台南科技大学教书的觉元法师，与妹妹妙兆法师二人，也是双双入道，现在分别担任南台别院与苗栗大明寺住持。

另外，在香港中文大学教书、现任佛光山香港佛香讲堂住持满莲法师，两个妹妹满醍、妙文法师，姐妹三人都在佛光山出家，而且都十分优秀而杰出。

像这一类，一个家庭中有几个人同时在佛光山出家的例子，为数不少。当然也有单独一人在佛光山出家的，如佛光山前任住持心定和尚，父母一直是佛光山的护法，因为心定和尚出家，兄弟因此成为佛光会的重要干部。

在阿根廷布宜诺大学建筑系毕业的工程师，现任国际佛光会中华总会秘书长的觉培法师，其父亲在台湾开设会计事务所，是一位名会计师，他把台湾各寺院作了多次比较后，欢喜送女儿到佛光山出家。

东吴大学毕业的吴宜庭小姐，曾任职中华航空，担任空服人员。父母为了她的出家，亲自上佛光山，跟我建立一段亲家因缘，并且殷殷叮咛祝福，希望女儿能在佛门好好修行，现在妙圆法师已担任佛光山文教基金会的执行长。

毕业于澳洲西澳大学医学系的觉弘法师，出家后担任我的护理，我常开玩笑说他是“蒙古大夫”。他的父亲曾在澳洲开业行医，母亲是澳洲柏斯佛光会会长，并都是佛光山的虔诚护法。从小由姑母带大的妙士法师，姑母圆照法师现为东海寺住持，妙士法师出家后，她也成为佛光山的亲家。

像这一类的家长，都比一般世俗上的亲家更亲，更有来往。想想，一个人能有数千个亲家，这需要多少的福德因缘成就呢。由于佛光山有这么多徒众的亲家，除了上述所提之外，我也不一一述说，现在只列举十位作为代表，一叙我与亲家的缘分。

家住员林的赖义明居士，是佛光山的功德主，原本要把两个儿子一起送到佛光山跟我出家，但是我跟他说：“只送我一个就好，一个留着在家照顾你。”他质问我：“在佛光山兄弟姐妹一起出家的例子很多，为什么我不可以？”我说：“各有因缘。”于是，他把当时还在台中商专就读的小儿子，提早送到佛光山出家，就是现在的慧宽法师。

出家后的慧宽，我要他继续把学业完成，甚至大学毕业后，又让他到日本留学。赖居士则为了儿子出家，特别发心替佛光山建了一间讲堂，并且提供一栋三层楼的房子当书局，就如同嫁女儿一般。后来讲堂不敷使用，他又把家里隔壁的土地捐献出来，重建一栋更大、更庄严的道场，也就是现在的员林讲堂。他甚至说自己学佛之后，赚钱生活已是小事，现在他的人生目标，就是要赚钱供给我当弘法建寺的基金，所以他参加佛光会，也当选过理事，对于佛光山所创办的大学、报纸、电视台等，都很发心护持，助力很大。

赖居士做人很低调，从不居功，但是每年佛光山举办亲属会时，他都坐在第一排，有时候我请他上台讲话，他讲到自己当初送子出家时的自得，欢喜之情溢于言表。当然，慧宽法师也没有辜负父母的期望，从佛光山丛林学院毕业后，先后担任过佛学院老师及都监院院长，现在帮我在日本群马开创日本道场。平时他经常应邀到校园弘法，很受学生的欢迎。尤其他擅长用佛法来化解现代人的情绪，纾解压力，一年当中总有上百场关于心理咨商、情绪管理的讲座，俨然是情绪管理的专家。最近他把平时讲演的内容，集结出书——《自在——人生必修七堂课》，甚受好评。

自从慧宽法师出家后，赖义明夫妇不管走到佛光山的哪所分、别院，大家都称呼他们“宽爸爸”、“宽妈妈”。他们送一个儿子出家，反而换来一千多个儿女，因此一直以送子出家为最大的光荣。

同样以送儿女出家为荣的黄宗昌、黄林足銮夫妇，在台东开设百货店，二十多年前他们的女儿永基法师在佛光山出家。当时台东佛教还不像现在这么开明，女儿在佛光山出家后，他们心里不舍，所以每个月都要上山探望三四次。后来自己想想也觉得好笑：好在女儿是在佛光山出家，如果是嫁人，哪能一个月探望三四次呢？后来他们另一个毕业于静宜大学的女儿满升法师，也在佛光山出家，这时他们不再感到不舍，而是满心欢喜与祝福。

永基法师出家后，曾在善化慧慈寺担任过主管，满升法师也曾短期在屏东讲堂当过住持，后来因为对文学有很深的造诣与爱好，因此负笈中国南京大学攻读博士，前年已顺利取得学位，现在是佛光大学的助理教授。

早在二十多年前，佛光山在台东还没有设立分别院时，黄居士就曾经请我到台东文化中心讲演，主持皈依法会，甚至每个月都带领信徒回到佛光山朝山。后来台东成立佛光会，他是第一任的创会会长，也是台东日光寺建寺的发起人。三十多年来，黄居士夫妇俨然成为佛光山驻台东的代表，最近甚至鼓励他的一位亲人，把名下的一间安乐精舍送给佛光山作道场，对佛光山的护持，可以说不遗余力。

像这样欢喜送子出家的亲家固然不少，但也有反对儿女出家的。例如居住在台东的孔健居士，他是孔子的第七十代子孙，服务于教育界，是标准的儒家学者。他的一对双胞胎女儿，大女儿孔祥玲，政治大学毕业；二女儿孔祥珍，台湾技术学院毕业。

这一对姐妹花大学毕业后，在母亲的支持下，选择在佛光山出家，我分别为她们提取法号“满纪”、“妙皇”。虽然父亲孔老先生极力反对，但是谁也没有办法左右她们，即使我出面劝说，也不能改变她们的决定。然而孔老先生认为他的子女出家是我的罪过，不但写书信恐吓我，甚至还扬言要杀我而后快。

其实，满纪、妙皇法师出家后，我也经常鼓励她们轮流回家探望父亲，给予宽慰。只是孔老先生当时正逢丧妻之痛，他把心中的不平之气，转嫁在我身上。不过我很能体谅他的心情，尤其后来听说他喜好石头，为了跟他建立友谊，我还特地购买奇石赠送。他虽然没有给我回应，但也没有拒人于千里之外。

终于有一天，他出席参加满纪的毕业典礼，甚至还登台现身说法，以女儿出家为荣。后来满纪法师考取四川大学的博士班，妙皇法师考进武汉大学的博士班，他经常到大陆探视两个女儿。因为这样的因缘，他在大陆认识了一位情投意合的老伴。两个女儿也感谢继母对爸爸的照顾，因此对继母孝顺有加，孔老先生到了这个时候，一家和乐，更加感谢佛门广大。

现在满纪已顺利取得博士学位回到佛光山，南华大学、佛光大学曾经都想邀请她前往授课，但她认为佛教的教育更为重要，因此在佛光山丛林学院担任专任教师，讲授“成唯识论”。佛教的唯识学是一门艰涩而枯燥的佛教心理学，现在满纪以一个比丘尼的身份长于此学，在她的教授下，将来必定后继有人。

在我诸多的佛门亲家中，曾经反对子女出家最激烈的，应该就是依法法师的父亲杨松村居士了。依法在就读台湾大学法律系二年级时，上佛光山出家，出家后，仍然继续未完的学业。爸爸因为反对依法出家，但又不能改变她的心意，所以大闹台湾大学，他认为台湾大学不应该收出家人当学生。但是三十年前，台湾已经逐渐开放，各级学校都有出家学生入学，大学也不能剥夺出家人念书的权利。

我记得，当时好像失去理性的杨老先生到佛光山来，我一直想要安慰他、劝解他，但他完全不愿理睬我。一直到后来，依法台大毕业，再到夏威夷大学获得硕士学位，之后又到耶鲁大学获得博士学位，杨老先生率领家人到美国东部康州，参加女儿的博士毕业典礼。

回程经过洛杉矶西来寺，在西来寺的庭院遇到他，他很高兴地上前，要求我跟他合影，我当然随喜满人所愿。听说他回乡以后，拿着照片到处告诉人：“能与星云大师合影，这是我这一生最光荣的事。”

杨居士能欢喜，我也释怀。当初杨老先生反对女儿出家，我想是因为女儿从北一女，一直到台湾大学毕业，都是优秀生，他当时对出家人有所不了解，但后来依法出家后，从台大毕业，又到美国有名的夏威夷大学，再到常春藤名校耶鲁大学深研，一路行来真可以说都是在教育上享受了最高的光环。所以有一次的亲属会，杨老先生特别在大众中，感谢佛光山对依法的栽培，他说当初因为不知道佛光山的教育体制，因此非常反对，请我要原谅他当时的心境。

依法从耶鲁毕业后，先在美国柏克莱大学做过研究，后来又在加拿大大学任教，回到台湾后，也在中山大学执教，我曾经推荐她当选十大杰出青年。可以说，依法不但光大佛教，提升佛教，对他们杨家而言，也像男孩一样的光宗耀祖了。

还有一个类似的个案，那就是依空法师出家时，父兄反对之厉害极了。依空是宜兰人，家中兄弟姐妹众多。她在四五岁时，就随着姐姐在雷音寺儿童班拜佛。我记得她几位聪明伶俐的姐姐都非常有善根，但没有因缘随我出家学佛，反而是依空在中兴大学毕业的前一年，也就是一九七一年佛光山举办大专佛学夏令营，共有六百人报名参加，分两梯次举行。

第一梯次开始，第一天报到后，到了晚上十点钟，我下楼巡视，看到一位年轻的学生，在布告栏前张望，我即刻上前问她：

“小姐，你看什么呀？”

她说：“我是来参加夏令营的，听说名额已经满了。”

夏令营报到在下午五点就已经截止，怎么到现在还在这里徘徊？我知道这必定是有心人，因此即刻跟她说：“没有问题，我帮你报到。”

于是她很欢喜地如愿参加了夏令营。到了结营的时候，她要求出家，我说：“你再仔细考虑一下，不必那么着急。”

就这样，她回到中兴大学，把最后一年的学业修满。我心想她修业期满后，应该可以上山履行承诺，但是她写了一封信给我，说她的老师见她国文造诣很高，成绩优秀，已经介绍她在彰化高中教授国文，她想到在佛门里也需要这些教学经历，因此请我同意她前往教学一年。

一年很快就过去了，她又写信给我，说：“我要辞去教职，但是两班的学生哭哭啼啼跪在我面前，不让我上山，希望我能继续留在学校教书。”

接信后，隔天我刚好要到福山寺巡视工程，路经彰化，就约她前往一叙。她当下毅然决定辞去教职，到佛光山出家。我想这当中最大的力量，就是我告诉她：“现在学生跪在你面前，求你继续教学，一两年后，即使你跪在他们面前，请他们留下来继续念书，他们也不能留下来。”

大概就是这几句话影响了她，尤其出家后，又有慈庄、慈惠法师介绍她到日本东京大学修学硕士。回台后，我要她到师范学院教书，她也利用时间，再到高雄师范大学继续修得文学博士学位。现在依空出家已经三十年了，让我想起她出家时，父兄强烈反对，大哥曾经拿刀要杀死她，父亲则是派人把她从佛光山带回家中，关在家里的阁楼上，不准与外人见面。据说当时慈庄法师、萧碧霞师姑都是她的邻居，在她家坐等一天，她的父兄铁了心肠，就是不准她们见面。

后来，大概是依空坚定的意志软化了父兄，终于主动放她回山。我记得在依空出家第二或第三年的时候，她的父亲曾到佛光山探视她，我特地约见他，请他吃了一碗花生汤，我对他说："你的女公子在这里出家，我们就如同亲家一样。"后来他逢人就说我是他的亲家，那一碗花生汤让他终生难忘。

一九八九年，一位来自香港的十几岁小女孩屠颖，考取了佛光山丛林学院，听说是一名跳级升学的资优生。我到香港弘法时，她就已经参加讲席，听过我的讲演了，那时她读初中。

由于她是从香港远道而来，当她表明出家的意愿时，我要她先获得父母的同意。没几天，她就取得父母的同意书，我为她提取法名"觉幻"，当时她那欢喜的表情，我直觉这个女孩很有善根，不是爱慕虚荣，而是真正觉悟到世间"一切有为法，如梦幻泡影"，很自然地发自内心流露出来的法喜。

只是"觉幻"这个名字，我觉得与我推动的人间佛教，太过高调，同时看她出家后的表现十分优异，因此有心提升她的辈分，就改名为"满耕"，意思就是让她"落地耕耘"，将来才更能开花结果。

满耕法师从丛林学院毕业后，到美国西来大学就读，由于她在香港读书，英文成绩很好，所以不久就顺利从西来大学毕业。接着又在西来大学校长陈乃臣先生的推荐下，顺利考取北京大学哲学系，亲近名佛教学者楼宇烈教授学习。

两年后取得硕士学位，又继续攻读博士，而后以一篇《星云大师的人间佛教理念与实践》的博士论文，获得北京大学楼宇烈、中央民族大学王尧、中国社会科学院杨曾文、张新鹰及南开大学郑辟瑞等教授给予的高度评价。尤其中国国家宗教事务局局长叶小文教授，亲自为论文写了下列评语："倡导人间佛教，建设人间净土，已成为两岸中国佛教界的共识和归旨，满耕的这篇博士论文，以佛光山教团为典型范例，有系统地探讨了星云大师对当代人间佛教思想的理论建树和实践成果。作者在全景式的描述中，既有对人间佛教思想脉络的深入探寻，又有对其实践经验的系统总结。特别是作者对佛光山在当代佛教教团管理制度上的创新和现代组织形式的落实的揭示，具有一定的借鉴意义和参考价值。"

满耕与四川大学的满纪，可能是来自台湾，最早在大陆取得博士学位的出家僧侣了。尤其满耕有一对很开明的父母，两人在香港都是虔诚的佛教护法，也是奉公守法的港民，育有一男一女。他们将儿子送往印度学佛，女儿送到台湾佛光山出家，姐弟两人今后都会在佛教里有所成就。

我在香港弘法近三十年，光是在红磡体育馆每年的佛学讲座，就持续了二十年未曾间断。每年讲演时，耕爸爸、耕妈妈都是忠实的听众，每次我都叫满耕约她的父母到讲堂谈叙，她那老实的父母都说不要耽搁我的时间，只要能在一旁听我讲演就非常满足了。

他们夫妇曾经到过佛光山当义工，也把佛光山看成是自己的家，其实佛光山本来就是他们的儿女亲家。他们在佛光山感到满怀法喜，尤其我曾在法堂请她的母亲用过简单的便餐，她说一生值得回味。

现在满耕继她的博士论文后，又完成了一篇三十万字的文学作品，我想这应该不只是我的欢喜，也是她父母最大的安慰了。

在许多出家弟子当中，比较殊胜稀有的，就是三代同堂一起跟我出家的慧和法师，与他的女儿慈庄、外孙慧龙、慧传这一家了。

早在一九五二年，有一位绅士型的中年男士李决和，到台北邀约我到宜兰弘法，他曾开设过大安百货公司，在宜兰相当有名望。我到宜兰弘法前，他已经辞谢世俗的业务，发心专门当佛教的义工。我到宜兰后，他很自然地就当了我宜兰念佛会的总务主任，后来跟我出家，法名叫“慧和”。

不久，他鼓励在兰阳女中教务处任职的二小姐李新桃跟我出家，就是现在的慈庄法师。慈庄出家后，曾经留学日本，是佛光山女众的大师兄，曾担任西来寺的住持，对于我在世界各地建道场，贡献很大。

从最初的台北松江路佛光山台北别院，到美国的西来寺、欧洲的英国伦敦道场、法国巴黎道场。她常年拎着一个小包包，走遍世界各地筹建寺院，尤其她把基督教的教堂改成佛教的寺院，把列为古迹的巴黎古堡变成弘法道场，可见其开拓的能力之强。

她在美国洛杉矶创建西来寺时，历经八年的时间筹建，期间经过六次的公听会，一百多次的协调会，才有今天号称北美洲第一大寺的西来寺。

慈庄法师的大哥是彰化银行的经理，弟弟是石门水库的工程师。她的两位外甥慧龙、慧传法师，都在佛光山出家。慧龙从小就跟随佛光山第二代第四任住持心平和尚一起入道，从林学院毕业后，因为擅长海潮音的梵呗唱诵，经常在国内外主持法务，现任南投清德寺住持。

慧龙的弟弟慧传，屏东农业大学毕业后，曾任普门高中校长、西来寺住持、国际佛光会青年团的团长。性格温和，却是精明能干，而且长于口才，现任佛光山都监院院长，统领佛光山海内外两百余所分别院的法务和行政。

慈庄的父亲慧和，跟随我二十余年，可以说鞠躬尽瘁，护教不遗余力。尤其他有一种观念："不入佛门，就不像是我家的儿女。"正如宋朝吕蒙正说："不是佛教徒，不皈依三宝，不要投生到我的家里来。"

慧和不但教性很强，尤其一心向往大陆，用心研习汉文，甚至大女儿李新肃，还嫁给湖北的一位少校军官方铁铮，慧龙、慧传分别是他们的第二、第三个儿子。

慈庄法师的母亲李张壹老夫人，高龄一百多岁，依然健在，身体十分硬朗，过去我们经常吃的宜兰豆腐乳，多数都是出自她亲手制作。平时只要道场有事，不分早晚，也不管有请没请，都是任劳任怨，所以若说我佛化了他们的家庭，不如说这许多佛门亲家，把他们的儿女送给佛教，成就了我弘法利生的事业。

替我翻译的慈惠法师，向有"佛教界的才女"之称，与慈庄、慈容，是当年宜兰女青年当中的"三剑客"，一起参加我组织的文艺班、佛教歌咏队，帮我演出话剧，尤其慈惠替我翻译闽南语和日语五十年，曾经留学日本大谷大学，取得文学硕士学位。后来日本佛教大学校长水谷幸正，鼓励她继续攻读博士学位，但她毅然回台，帮我办理佛教教育。除了佛光山丛林学院以外，西来大学、南华大学、佛光大学的筹建工作，她都帮我分担，一肩扛起。

她有亲弟一人，国立中兴大学园艺系毕业，曾担任非洲农耕队队长。姐弟两人的父母，父亲张辉水，母亲张燕，可以说是我的佛门亲家中，最关心佛光山事业的人了。张老先生是一位中医师，曾当过板桥林家花园的经纪人，他们的家庭和慈，父母姐弟非常亲爱。慈惠学佛出家，曾担任宜兰慈爱幼儿园创园园长，再任《觉世》旬刊编辑，又任佛教丛林学院训育主任，后来前往日本留学后，回山帮我筹建佛光山，筹办佛教教育事业，担任普门高中首任校长。至今还在经办佛光山百万人兴学运动，孜孜矻矻地为兴隆佛教事业而忙碌。

这一切应该都是源于当初父母的叮咛，要她既入佛门，一定要好好把个出家人做好，所以慈惠自我要求严格，在现代的生活中保有传统的思想，对丛林寺院的规范非常坚持，早晚课诵、禅修念佛都非常认真。

张老先生对我主持的宜兰念佛会，护持有加，家里的厅堂供奉有《大藏经》，尤其张老先生喜好音乐，慈惠得自父亲的遗传，音乐素养很高，除了当年参加佛教歌咏队以外，近年来主办的“人间音缘”，每年都接引数十个国家的青年到台北来参加佛教歌曲比赛。另外她也带领佛光山梵呗赞颂团，到世界各地用音乐弘法，可以说为佛教的发展开创了一个新的里程碑。

佛光山开山十多年后，我曾请慈惠邀请她的父母上山一游，张老先生却说，法界都在他的心中，哪里一定要上山呢？所以张老先生夫妇，在有生之年从未踏入过由他们女儿帮忙筹建的佛光山一步，让我遗憾万分。

出生在民间信仰家庭的慈容法师，大哥曾任远航商船的船长，其他的兄弟姐妹，有的在医界悬壶济世，有的在教育界作育英才，有的在国外指导农业开发，她和另一位妹妹依来法师先后在佛光山出家。

依来法师现任澳洲南天寺、中天寺住持，慈容法师曾在日本留学，专攻社会福祉，所以现在佛光山养老育幼的慈善事业，以及很多社会教化工作，都由她领导。

慈容能干而不怕辛苦，虽然已经年过七十，但未曾想过要退休，大概就是做一天出家人，就撞一天钟吧。她是澳洲南天寺的第一任住持，欧洲的多所道场都是由她帮忙创建的。尤其国际佛光会成立后，她担任秘书长，在五大洲推动佛光会的业务，不但为佛光跑天下，尤其她擅长办活动，我在台北国父纪念馆三十年的讲座，每次都有数千人听讲，她把歌舞融入讲座中，可以说开创社会办大型活动的风气之先，也带动风潮。甚至在香港红磡体育馆、马来西亚莎亚南体育馆办的八万人的弘法活动，都有她的贡献。

四十年前，慈容发心出家学佛，她的母亲和父亲吴老先生一样，都不希望儿女出家入道。但是他们全家十一个儿女，都是宜兰念佛会、学生会、儿童班的成员，甚至现在除了妹妹依来法师与她一起出家以外，还有一个文化大学毕业的妹妹吴美惠，是美国西来寺的护法，也是佛光会的会长；另有一个妹妹吴素芬，是国立艺术大学教授，经常为佛光会的舞蹈团编练歌舞。

当慈容法师担任普门寺住持时，她的母亲特地搬往普门寺，与慈容法师同住。后来吴老夫人跟慈容法师说："我们一家的儿女虽多，但是最有出息，成就最大的，就属你了。"

吴老太太临去世前，特地找我，捐献了一千万元，帮助佛光山的建设。像吴老太太这样，把人和财都送给佛光山，可见我的这许多佛门亲家，对佛门的贡献是多么重要。

在佛光山开山十周年的时候，台湾大学数学系毕业的陈开宇来到佛光山出家，成为慧开法师，可以说是一件很难得的事情。因为慧开法师出家，他的父母虽有多个儿女，也都在教育界、学术界，获得博士、教授的名义，但父母仍然依赖出家的儿子，与慧开法师常住在佛光山当义工。

慧开法师的父亲陈鹤袖老先生，过去曾为军人，位阶将军，因公受伤而退伍，虽然损失一条腿，但是拄着一根拐杖，仍然健步如飞。尤其写得一手好字，在佛光山上的许多文书写法，都出自他的笔下。

慧开法师出家后，曾在普门高中教书，后来升任校长，但我鼓励他不可以此为满足。我说：你的兄弟都是博士、教授，你为什么不也去读个博士呢？后来慧开辞去校长之职，前往美国，获得天普大学宗教系博士，现在他已是南华大学教务长，而且是教授生死学的专家。

我想起了慧开法师的父母，因为长住在佛光山，和我经常在路上见面，或在各种会议、讲座中出现，我感受到慧开法师的母亲生性乐观、明朗，所以生育的儿女，也都性格豪爽、大方。尤其陈鹤袖先生军人出身，非常讲究忠诚、义气，在佛光山居住的那几年，我见他护持常住，只要有人对佛光山不友善，他都咬牙切齿，痛恨不已。

除了上述的亲家以外，现在佛光山的大寮（厨房）、园艺组、环保组，都有很多亲家发心当义工。这些亲家也都非常自爱，他们跟随儿女上山学佛当义工，但不涉及佛光山的最高行政，也不经办佛光山的财务运作，他们只是在佛光山莳花刈草，烧菜煮饭，打扫庭院，一者为了跟儿女同住；再者为了安度余年，也能自得其乐。

现在佛光山的事业扩大了，有电视台、报纸、大学、美术馆、诊所、佛光会，以及各地的别、分院等，很多亲家们更是纷纷投入佛教的圈子里来。当中尤其是在各地佛光会担任督导、会长、秘书等干部，确实奉行人间佛教，推动佛光事业的人，为数最多。

例如，道融法师的父亲洪进国居士，是彰化二林分会督导，也是檀讲师；妙鸿法师的父亲胡高荣居士、姑姑胡高缎居士，分别是彰化北斗分会督导和中华总会监事；永富法师的母亲陈玉卿居士，是社头分会督导；满维法师的父亲蔡朝丰居士，是屏东东港分会督导；慧中法师的父亲林合胜居士，是屏东新埤分会督导；慧行法师的父亲陈伯琛居士，是屏东里港分会督导；觉辉法师的母亲刘莲香居士，是台南第一分会督导；妙慧法师的父亲杨重雄居士，是桃园分会督导；妙瑜法师的父亲谢仁兴居士，是屏东南州分会督导；如庆法师的母亲李蕙兰居士，是泰山第一分会督导；永融法师的母亲陈敏华居士，是高雄分会会长等。

对于这么多佛门亲家，他们护持佛光山的心意，不但把子弟送入佛门，而且随着儿女在佛门担任义工，奉献心力，真是让人感动不已。

世间的儿女亲家，有的兄弟数人讨了几门媳妇，有的姐妹数人嫁了几个家庭，永结秦晋之好，成为一般的亲家。在佛门里，父母送儿女出家修行，都是有重大的因缘，冲击着人生的想法。这些年轻男女学佛出家，也像世俗的婚嫁，他们也在研究：嫁到对方是好是坏？有的人任由命运安排，也有的出家后就如同重新再世为人一样，人生从此有了不一样的发展。

所以，出家学佛，改换一个环境，改变另外的一种生活，不只是常住和父母成为亲家这么单纯而已；重要的是，青年儿女在佛门里能否争气，能否光大佛门，能否升华人生。父母师长只是一个因缘，前途发展，都要看每一个人自己的造化了。

在此寄语佛光山数千位的亲家们，儿孙自有儿孙福，你们的儿女都像公子、公主一样，在佛光山成长。就算是苦行僧，所谓“欲做佛门龙象，先做众生马牛”，你们可以拭目以待，看他们未来的成就。不过，“一佛出世，千佛护持”，年轻人入道，还是需要大家多方地加护、鼓励与庇佑，才能让菩提幼苗更加成长、茁壮，终至花果圆满。

二十三　向佛陀诉说

佛陀！是我的导师，是我的慈父，是我的朋友，是我的心……

佛陀！是我的模范，是我的榜样，是我的偶像，是我的道路，是我的真理……

从小，我并不认识佛陀，我只知道家中供奉的观音老母、土地公、城隍爷；外婆也时常教导我们、鼓励我们，要拜这许多神明，但没有拜过佛陀。

所幸，后来我出家了。在各大丛林参学，在许多大雄宝殿里，我见过象征佛陀清净法身的毗卢遮那佛，好似圆满报身的卢舍那佛，以及千百亿化身的释迦牟尼佛。

师友们告诉我，那都是佛陀，是我们的教主。我也知道，那是佛陀！只是，那是竖立在殿堂里供人膜拜的形象，真正的佛陀，我还不认识。

到了二十五岁以后，我在台湾撰写《释迦牟尼佛传》，我需要设身处地思维佛陀的言行、用心，甚至佛陀的生活、待人，这时我详读了佛陀的史书《释迦如来成道记》《佛所行赞》《释迦谱》《杂阿含经》，以及日本的常盘大定、武者小路所著《佛传》等，这时我才慢慢地认识了佛陀的精神、行仪，甚至佛法。从此我好像进一步接近了佛陀，但要说到真正地了解佛陀，还是不够！

后来，为了替佛陀效劳，为了学习佛陀的弘法利生，我心中才慢慢浮现出佛陀的另一种形貌、另一种样子来。我甚至感觉到，佛陀并不是出生在印度，而是出生在我的身边；佛陀也不是出生在两千五百年前，他出生在今朝、当下。我不禁要和佛陀说：“佛陀，为了找寻您、认识您，我花费了数十年的岁月！”

为了找寻您，我曾经六往印度，在菩提伽耶大塔边，我跪拜、经行、沉思、默想，甚至希望生命当下就终结在那里，以便能和您同在！我对您坐过的金刚座，对您经行过的尼连禅河，对您苦行林中的足迹，我向往、追查，不为别的，只为了要找到佛陀您！

我也曾经在您说法的竹林精舍、灵鹫山上徘徊，想到两千五百年前“法华会上”，百万人天的盛况，我忏悔此身多业障，生不能恭逢其时。我走过频婆娑罗王前去拜访您的道路，我也坐过您曾经设席宴坐的石头。这时天上有飘浮的云朵，山上有婆娑的树林；一样的花开，一样的草长，但是佛陀，我仍然没有见到您。

我曾经到您的出生地“蓝毗尼园”访问过，也曾经到您第一次说法的“鹿野苑”，想要聆听您的法音。五比丘能够接近您，亲临“三转法轮”，承受您的法乳；一千二百五十位大阿罗汉，也从您阐述三世人生的“十二因缘”里悟道。我何其福薄，为何不能得到佛陀您的垂慈呢？我亲到印度朝圣访问，虽然心中怀抱着佛陀您崇高伟大、慈悲济世的德行，然而回归到现实的凡世，我总不能如愿地见到您，当面聆听您的教诲。

印度的土地辽阔，想到当初佛陀您行脚五印度的辛苦；在那高温四十度以上的燠热天气里，您和弟子们居无定所，佛陀，您怎么能忍受那种酷暑炎热的呢？

恒河的流水，涤荡着历代的印度王朝，也把佛陀您的法音，一直流传到今天，甚至流传到未来，流传到十方。

我曾经为了寻找您的足迹，到过海拔四千多公尺的拉达克高山，听说那里是两千年前大乘佛教发扬的地方，但却是一个寸草不生的山区。佛陀，当初您和那么多的大比丘，是怎样在那里生存的呢？

根据经典记载，您曾经到过斯里兰卡，我也曾经访问过这个国家，并在那里礼拜过您的“佛牙”；我曾朝拜过泰国的“佛统宝塔”，瞻仰过“古城佛像”。我到过缅甸普甘佛陀的遗迹，从那几百间的佛塔遗址，看得出您的圣德当初在此地流布的盛况。同是亚洲佛教遗址之一的柬埔寨吴哥窟，被联合国列为世界的文化遗产，但是柬埔寨是一个落后的小国，为什么他们不借助您的慈光，把国家的成就向世界推进呢？

我到过马来西亚北婆罗州的沙劳越，看过印度尼西亚的婆罗浮图佛塔；从那些崇高巍峨的建筑，可见千余年前佛教弘传的盛况。可是，两千年来，本是佛陀您弘化的土地，而今您和弟子们都已退让给回教的信者了。

我曾经忧虑挂怀，想到那么多的佛教瑰宝，不知道会不会像古道丝路，或者像阿富汗的大佛一样，虽然是世界闻名的人类遗产，但仍然遭受异教徒的摧残。我们佛教徒面对各种迫害，能一直都是这样忍让吗？

佛陀，我也曾经为了您，走遍中国大陆的山河大地。四大名山，香火鼎盛，灵异事迹特别多，对中国佛教的信仰，影响至大。只是我们希望，未来佛教的文教事业，也能更加地普遍发展。

我曾经在甘肃敦煌莫高窟参拜，回来后许多的日子里，彻夜难眠。想到我们的遗物，被英国人、法国人取回国内，分藏在他们的博物馆，以及罗浮宫里。佛陀，我们不肖子孙，没有力量保持佛教史上的辉煌成就，怎么能不感到汗颜呢？

我曾经从大陆，捧着您的“佛指舍利”到台湾，促进海峡两岸如兄如弟的交流，并在台湾受到五百万人的礼拜、瞻仰。我在西安法门寺的地宫，多次有幸最靠近您的法座。我为八宗起源的长安，而今不复唐代的盛况，感到忧心忡忡。我可怜兮兮的，保存着佛陀您曾经说法度众的印度恒河流域的金沙，虽然只是一小撮，我把它视为佛陀您的圣物。

印度政府曾经送给我，在圣地发现您吃过的米谷，虽然已经呈现褐色，但也是宝贵无比；我拥有您用来喝水的净瓶，我也收藏您乞食的钵盂。甚至印度贡噶多杰仁波切送我的“佛牙舍利”，我会为它建成一座比佛光山更重要的纪念馆，我要让佛陀不但常住在纪念馆中，更要让佛陀永远活在我们的心中。

佛陀，我走过世界名山大川，希望能像法国的柏克森博士，曾经在鸡足山亲睹大迦叶尊者的面容，见他手捧袈裟，等待着弥勒菩萨应世。我也希望如金毗罗王子一样，意外地见到佛陀您的金身；虽然佛陀您曾经批评过莲花色女，不可以在金身上着相，要真正观照到空性，才能见到您的法身。

我乘坐过世界多少国家的飞机，多次在空中眺望白云片片，多么希望佛陀您能现身在云端之中！我也曾经搭乘过各种船舫轮渡，漂泊在世界五大洲之间；从海洋的倒影里，我依稀知道，佛陀您就在我们的左右。

我几度云游参访归来，虽然没有找到希望，但也没有感到失望。我只有努力地在各地丛林寺院中，尤其是您居住的大雄宝殿里，早晚顶礼膜拜，希望佛陀您给我片言数语。当然，我更希望您双手抚摩着我的身体，您双眼垂视着我的前程。然而静穆的大雄宝殿里，除了窗外微风徐徐，偶尔传来几声虫鸣，我仍然得不到佛陀您的开示。

佛陀，我想您也看到了，千百年来，万千的信者都在庄严的佛殿里，希望跟您接近，希望获得您的加持。但是，佛陀呀！那么多人在寻寻觅觅，您究竟在哪里呢？

终于，我在《阿含经》里，好像听到佛陀您说法的音声。您权巧指导波特尊者“拂尘扫垢”；您慈悲引领清洁工尼提“洗身净心”；您用弹琴的譬喻，开示闻二百亿耳如何“中道修行”；您告诉婆罗门的战遮女，怎样才能“消灾灭罪”。

舍利弗尊者受您的教益最多，阿难尊者也是受您百般呵护。我最羡慕优婆离尊者，为您理发而进入禅定；我也欣赏须菩提尊者，在晏坐中欢迎您从忉利天归来。您甚至“让半座”给大迦叶尊者，您探视在林中修行的跋提王子。那许多情景，都是那么真、那么善、那么美！

我对佛陀您说法时善于“观机逗教”，最是心领神会。您为失去爱子的慈母，讲说“吉祥草”的故事；您为甫从爱欲中醒悟的摩登伽女，讲说修行的秘诀。您原谅提婆达多的迫害，您不计较指鬘外道的恶念。您的慈悲，就像浩瀚的海洋；您的智慧，正如日月的光明。

毗舍佉夫人欢喜捐献“珍珠衣”，启建鹿母讲堂；须达长者不计一切，以“黄金铺地”为您建设祇园精舍，作为弘法的基本道场。如果没有伟大的圣德，何能感人至此呢！

佛陀！为了找寻您，我曾经走遍全球；为了实践您的教言，我关心周遭的大众。当然，我希望忽然从人群中见到您；我盼望不期地在小径上与您相遇。

终于，经过多年的朝思暮想，我也有了进展。我吃饭的时候，观想佛陀您坐在我的上手；我走路的时候，想象佛陀您走在我的前方；我睡觉的时候，佛陀您出现在我床前。虽然不能“朝朝共佛起，夜夜抱佛眠”，但我渐渐感受到，佛陀，您和我是生活在一起的呀！

我看到芸芸众生，都是佛陀您的化身；我见到青山绿水，都是佛陀您的示现；我听到风吹草动、潺潺流水，都是佛陀您的说法音声。原来是真的，佛陀！您是真实地活在我们的心中。

有时候，我也会生起嗔恚之火，但是想起了佛陀您慈悲的法水，立刻浇灭了我的无明烦恼；有时候，我也会生起贪欲念头，只要想起佛陀您喜舍的行谊，总能适时帮助我舍弃贪执。当我觉得世间对我有不公不平的想法时，您的教言也能给我一些鼓舞，一些希望；当我心灰意懒，万般无奈的时候，您会及时点亮我心灵的灯光。您总在我脆弱的心性中，不断地添加油料，让我的信心增强，增强，再增强。

我很欣赏佛陀在《佛遗教经》所说的“忍之为德，持戒苦行所不能及；能行忍者，乃可名为有力大人。若其不能欢喜忍受恶骂之毒，如饮甘露者，不名为有力的入道智慧人也”。

想当初，佛陀您在因地修行时，被歌利王“割截身体”，乃至“割肉喂鹰，舍身饲虎”等种种事迹，不禁恨心顿消，发愿学习佛陀您的慈悲、忍耐。

我也认同佛陀所说的“五种非人”，即“应笑而不笑，应喜而不喜，应慈而不慈，闻恶而不改，闻善而不乐”，可谓一语道尽性格异常的众生丑态，同时也说明：随喜结缘、慈悲应世、改过向上、与人为善、见义勇为、忍让谦和等，都是做人应有的修行。

佛陀，您在《法华经·化城喻品》里所说的“譬喻”，多么给人启发；您在《华严经》里阐扬“四法界”的真理，多么美妙。当然，“真常唯心”、“缘起性空”，都是您宣说的真理，说明了“空”才能建设“有”。

例如，饭碗不空，怎么能盛饭呢？房屋不空，我们住在哪里呢？衣服口袋不空，金钱物品没有地方置放；身体五脏六腑不空，生命就无法维持。原来这一切都是说明“虚空建设万有”，也就是所谓“真空生妙有”。

佛陀，您所宣说的真理，就如虚空，无所不在；宇宙间的空气、阳光、流水，都是您的空性。您的圣德就如天地，那么无私的覆盖，那么无我的普载。

我从浩瀚无边的宇宙里，好像见到您的身影，发现您的伟大。我曾在佛光山的朝山团里，跟随信者的心，虔诚地一步一拜，人虽然拜了下去，但是我的心却升华而与佛陀您接触。

我体会到佛陀您的柔软，我感受到佛陀您的活力；您的慈祥恺悌，您的超脱安然，我好像徜徉在您的般若慧海里，我时时沐浴在您的慈悲之光里。

有时候，我也会因而有个感觉，青山常秀，净水常流，我跟随您，十方世界，行脚云游。可以住在一个小村的农家，可以和一些天真烂漫的儿童游戏。我也想对佛陀您建议：过去您照顾过有病的比丘，您为弟子们穿针引线，甚至倒茶送饭；佛陀，现在我们也去残障者居住的地方，抚慰那些孤苦的心灵吧！

孤儿院的小孩，他们需要如同佛陀您这样慈母般的关爱；尤其在感情上受到伤害的妇女，在生活上没有明天的弱者，我们能给他们一些什么呢？原来，佛陀您给他们的，都是动力，都是自觉，都是工具；至于如何生产？必然需要他们自己去耕耘。就如佛陀您在《佛遗教经》所说："我如良医，应病与药，汝若不服，过不在医；我如善导，导人善路，汝若不行，咎不在导。"

我也曾经告诉万千的信者，要他们肯定自己，要勇敢地说出"我是佛"！佛陀，这应该不是冒犯您吧！您不也是大慈大悲地要我们承认自己是佛吗？您的"心佛众生，三无差别"，唤起了我们的尊严，所以我鼓励信者们，要转化为"自己是佛"。

能用佛的慈眼看世界，那么我们所看到的，就是佛的净土；能用佛的耳朵倾听世间音声，那么我们所听到的，就是佛的法音；能用佛的嘴巴讲说善言好话，我们所说的，就是佛的智能语言；能用佛手来行善做好事，我们所做的，就是佛的慈悲之事；能用佛的悲愿来关怀宇宙众生，我们就有了佛心佛性！

原来，佛陀您是这样的慈悲，您所有的一切，都能给我们分享；原来，"千百亿化身"不是一句理想，那是完全可以做到的，因为我们都是佛陀您的千百亿化身！

佛陀，我知道您曾经生气过，您对说谎的罗睺罗，是那么严厉地教诲他；你对卖弄神通的宾头卢，更是重重地罚他不准进入涅槃。我也非常赞赏佛陀您责备人的艺术。您对无明不讲理的人，说他是“愚痴众生”；您对不肯认错改过的人，呵斥他是“不知惭愧”。您认为做人不能只是“空想”而不切实际，您主张学佛应该远离“戏论”而安住在“中道”上。因为，太过热烘烘地执著世间，会迷失自己；太过冷冰冰地怀抱出世思想，又会流于空谈，所以您指导大众要过“八正道”的生活。

佛陀，我真是感谢您，因为您的荣耀，增加了我的欢喜。例如，每逢佛诞节时，万人空巷的崇拜，主动参加庆祝游行，举办各种纪念法会，大家唱着“天上天下无如佛”的赞偈，我是多么欢喜呀！这都是佛陀您赐予我们的收获。

当然，也有少部分没有正行、正念的业障众生，也会毁谤佛陀您。我们虽然义愤填膺，要找对方较量，但想到佛陀您在《四十二章经》里说：“恶人害贤”，就像“仰天而唾，唾不至天，还从己堕；逆风扬尘，尘不至彼，还坌己身”。佛陀，我们相信“贤不可毁”，凡是毁谤正法的人，必然“尘唾自污，祸必灭己”。

佛陀，您对在外弘法的弟子，总是特别关心、爱护。您挂念富楼那到蛮荒的输卢那国布教，您照顾在外地传教的迦旃延之徒弟均头沙弥。您为了优婆离要到远方调解僧事，特别准他多带一件袈裟，以防雨天不便；您为了阿难尊者远行在外，特地改变原有的规定，允许蓄钵两个。佛陀，您慈悲爱护众生的心，就如“慈母忆子”；您那无边的方便教法，都从呵护弟子的慈悲行仪中，让人体会，让人感动。

我在《维摩经》中，看到佛陀您派文殊菩萨去探视生病的维摩居士，当时诸大菩萨和维摩居士论《不二法门》的情景，多么叫人神往；我在《胜鬘经》中，阅读到胜鬘夫人效法您的精神，在宫中传授青少年佛法，甚至胜鬘夫人向您宣示她的“十大受”，如此崇高的愿心，多么令人钦佩！

我从佛教史上看到，后世的弟子当中，弘扬佛陀圣教最有力的，恐怕要算印度的龙树菩萨了。龙树菩萨被人尊为“八宗共主”，我也曾经亲自到他的故乡海得拉巴市弘法，主持皈依。那也是当代圣者安贝卡博士，五十年前为了发扬佛教“众生平等”之精神，以废除印度阶级不平等的“种姓制度”，先后多次带领百万印度人民皈依佛教的地方。想到安贝卡博士当年的壮举，我也不禁致上深深的敬意。

我尤其缅怀东晋法显大师，以及唐代的玄奘大师。他们或从陆路，或者取道海路，到印度求取您的法宝，将之发扬光大。当然，各个国家都有许多圣者卫教护法，弘扬正道，真是“一佛出世，千佛护持”，感谢佛陀，也感谢这些先贤圣哲。

佛陀，我对您常说“我是众中的一个”，更加感受到您的伟大。您是人，不是神，您不用神权来控制他人的信仰，您用真理铺陈宇宙的起源、人生的还灭。

您对人间的苦恼、业力，早已清楚说明：世间凡事都有前因后果，善恶行为，都要自己负责。这种“因果报应”的观念，安慰了多少想不开的苦难众生；行为好坏都是“自作自受”的业力思想，说明了世间万有不变的定律。

我曾在多少的深夜、多少的清晨里，匍匐在佛陀您的座前，向您倾诉。倾诉什么呢？——您的教团中，存在着许多问题，因为地理气候的不同、生活习惯的差异、风俗文化的变迁，造成了各地不同的佛教性格。

在很多的差异当中，我们容许不同的存在；但是在不同的里面，我们也需要“异中求同”。尤其，怎么样让佛教从山林走向社会，怎么样从罗汉自了的性格，发起菩萨度众的精神，更为重要。

世间的阶级观念，阻碍了佛教的发展。当初佛陀您出家修道，创立教团，就是为了要打破印度的种姓制度，倡导“众生平等，佛性不二”；但是现在的僧团，男众贬抑女众，出家歧视在家，行门排斥解门，不但相互分裂，还要彼此对立。

其实，大家也都知道，眼耳鼻舌的功能，本来就不一样，各有其分，各有所长；当人体上，能看的眼睛讨厌耳朵的听闻，呼吸的鼻孔不喜欢嘴巴讲话，您说人怎么能活得自在呢？

在历史的长河中发展出来的宗派，汉传佛教说南传佛教只重修行，不学无术；南传佛教批评日传佛教只有慧解，没有戒律行持。甚至日传佛教嫌弃汉传佛教保守而不求进步，汉传佛教又说藏传的密教影响佛教的正统。

对于佛陀您的圣教，现在分裂成南传、汉传、藏传、日传，乃至印度本土的佛教，虽然这是时空演变造成的结果，但为什么我们不能有一个大总相的法统呢？

我的意思是要告诉佛陀，请您加持佛教界，让大家能“以戒为师”、“以法安住”、“以忍为力”、“以慧生活”。彼此之间要团结合作，要互相尊重包容，要经常交流联谊，借此凝聚统一的力量，增加动员的活力，因为如果不团结，彼此障碍，就无法承担您的如来家业。

自古以来，宗派之间的相互排斥，禅净之间的争长竞短，都削弱了佛教的力量。人我相嫉，是人生最大的毛病；佛教徒见不得人好，也是可以疵议的事。

尤其，佛陀您曾为“狮子身上虫，还食狮子身上肉”的事情而垂泪悲痛；我们何尝不也是为此感伤难过呢？想到既穿佛衣，又吃佛饭，为什么不正派地弘扬佛法呢？不过，尽管佛教的教团里有很多瑕疵，我仍然要说：伟大的佛陀，我敬爱您。

我对佛陀您当初包容“四姓出家”，促进“众生平等”的精神，心生崇敬。您提出“苦集灭道”的圣谛理论，以及“因缘果报”的循环真理；您把“法界”融于“一心”，您的胸量包容天地，我们现在也要学习您，涵容异己的存在！

佛陀！我从小丧父，没有效法您“为父担棺”；但我高龄九十六岁的母亲逝世，我曾在火葬场亲自为她举火。我想到社会上各阶层的苦难众生，忍不住也要代他们向您祈愿：那些清洁队员们不怕辛苦，那许多探险家们不计危险；身怀有孕的母亲忧惧之心，远行他乡的商人酸楚之情，他们都需要佛陀您特别的照顾。

曾经，善觉大王责怪您不为国家服务，不事生产，您说：“我每天用慈悲的犁，耕种众生的福田，播撒信心的菩提种子，开放般若的智慧花朵，结出圣贤的佛道果实。我每天都这样不停地忙碌，怎么能说我没有做事呢？”

我们也是一样，要把您的法音广为宣流，要用您的精神鼓舞大众“行佛”；只要我们每天用功修行办道，用慈悲、德行来改善社会、净化风气，这就是佛的世界，这就是佛的净土，这就是人间佛教。

我也曾经云游在世界五大洲，将佛陀您的法轮在各地转动。您的“十二分教”，我也想通过各地的语言，如您一样，能以“一音演说法”，让“众生随类各得解”。我曾经到过西伯利亚的冰原，也去过纽西兰南岛的冰山，在欧洲广袤的大陆上，在美洲壮阔的山河间，尤其非洲的黑人，以及亚马孙河的土著，我发现他们都非常有佛性。

我第一次在非洲，为九位黑人剃度出家，想起佛陀您当初度五比丘和耶舍长者子的情况。我曾应邀到俄罗斯圣彼得堡大学弘法，同时主持该大学教授陶奇夫、索罗宁、斯大里宁、安德烈叶夫、鲁多义等人发起的圣彼得堡佛光协会成立大会。后来甚至有来自乌克兰的斯大洹沏洹阔教授，也到台湾佛光山朝山，并著有《净土》一书发表。

佛陀，我也要向您报告一些现代佛教的情况。我们以在美国成立的“国际佛光会”名义，加入联合国非政府组织团体，成为会员。我也曾到联合国，在他们的大会堂里，传播您的法音。在瑞士日内瓦联合国总部的附近，我们也建了一所“国际佛教会议中心”。这一切，总是希望把佛陀您的教法，不但人间化，还要走上国际化；不但本土化，更要让它普遍化。

我曾经在世界各国的博物馆里，看到许多您庄严的身相，也看到不少记录您教言的经书。加拿大魁北克是一个冰天雪地的寒冷地带，我们在那里也建立了佛光山的讲堂，希望让严寒地带的人民，也能享有佛陀您的慈晖温暖。

在澳大利亚布里斯本的黄金海岸，我们建立了“中天寺”，象征着此乃中国人的天堂；在悉尼建立了“南天寺”，代表着这是人类南方的天堂。我们在美国洛杉矶建立“西来寺”，意谓着大法西来；在休斯敦建立“中美寺”，希望中国与美国永结盟友，互相友好。

我们在非洲约翰内斯堡的四千公顷土地上，建立了“南华寺”，希望那里成为地球南端的一朵净莲；在欧洲瑞典的冰天雪地里，也设立了道场，希望附近的芬兰、冰岛、丹麦等一些国家，也能接触到法音的宣流，享受到佛光的庇佑。

在此踏遍五大洲期间，也有各地的原住民参加我们的协会，甚至有牧师转而改传佛教，也有修女参加佛教的共修，神甫、主教也都参加我们的法会。尤其台湾二十一个宗教，指定由佛光会担任主席，每年集合在最大的会堂，共同为全世界的人民祈福，实践佛陀您慈悲与人相处的一贯风格，同时证明：世界的宗教虽有分歧，但是佛心、佛性只有一个。

在开拓国际佛教的同时，我们在佛光山也成立“大藏经编修委员会”，把佛陀您的“三藏十二部经”重新整理，不但出版《佛光大藏经》，甚至把经典输入电脑，让藏经电子化，未来研究佛陀您的教法，真是愈来愈方便了。

在中国大陆，自从“文化大革命”以后，经济萧条，百废待兴，但是学界和教育界，研究佛教的风气特别兴盛。我把大陆学者二百多篇博士论文，结集起来，编辑成《法藏文库》。现在中国大陆经济发达，政治安定，各项建设突飞猛进，尤其信仰人口增加，相信《法藏文库》也将为这个时代留下一点记录。

我们只是希望效法当初七叶窟结集经律论的盛况，让佛教源远流长，让佛陀您的慈悲智慧，永远像芬芳的花朵，远近宜人。

除了文化以外，我们对佛教教育也不遗余力地推动、发展。在美国创办的“西来大学”，已获得“美国西区大学联盟”认可，成为美国首座由华人创办且获得该项荣誉的大学，写下中国人在美国办学的历史新页。

在台湾，我们有“南华大学”、“佛光大学”，甚至计划在澳洲筹办“南天大学”。另外，高中、初中、小学、幼儿园等，也就不必详加述说了。总之，我们是想以佛陀您的教示，作为化导众生的甘露雨霖，希望让普世众生都能获得佛法的滋润和清凉。

因为，我知道佛陀您是一位爱护众生的圣者，您在因地修行时，为了救火，所谓“鹦鹉衔水”，明知不可为，也是本着菩萨的精神，尽力去做。您曾为了救一只鸽子，宁以自己的胳臂交换，也要从猎人手中救它一命。您为了国王要宰杀鹿母，当时身为鹿母的您，垂泪哀求，希望生下鹿子之后再去就死。您身为忍辱仙人时，即使遭人割截身体，也不说出他人的秘密。您对人格与人权的尊重，真是发挥到了极点。

佛陀，从您因地修行，到成佛的过程，您所展现的伟大行仪，一切的一切，都经常浮现在我们的心灵上，就像电影一样，一幕又一幕地不断重演。

您准许姨母大爱道夫人出家，这是您对女性的尊重与爱护之表现。想到您成道之后，初见耶输陀罗时说："请你为我欢喜，我成道了！虽然对你，我是抱歉的，但是我对得起一切众生，愿天下的福荫都能庇佑你！"多么高贵的情感，多么圣洁的语言；没有欢欣，没有悲伤，有的只是宇宙间至情之爱的回荡。

赵州禅师被人称做"赵州古佛"，太虚大师被人称为"现代佛陀"，天台智者大师被人尊为"小释迦"，多少古德都被认为是"佛陀再来"。所谓"千江有水千江月，万里无云万里天"，在古今的时空隧道里，原来我们都可以和佛陀您会面呀！

过去我曾经非常自责，因为我们太依赖佛陀了，凡事都要您为我们服务，都只祈求您庇佑我们聪明，加持我们平安，给予我们满足。其实，这是表示我们还没有长大，因此需要您的护卫。但是现在我懂得自己要振作：为了弘法，宣扬真理；为了度生，救苦救难，这一切如果都要劳烦佛陀，那我们是做什么的呢？所以现在我们要更加勤勇，更加发愿，所谓"但愿众生得离苦，不为自己求安乐"，我们应该发心，分担佛陀您救度众生的慈心悲愿。

佛陀！您为世间所做的工作真是够多的了。曾经有两个村庄的人民，为了争水而互相械斗，您特地前往开导他们，您问："生命重要，还是用水重要？"大家一致说："生命重要！"您告诉大家："何必为了争水而丧生害命呢？"一场无谓的纷争就这样平息了。

您知道琉璃王率领军队，要攻打迦毗罗卫城，为了救护祖国，您不辞辛苦，端坐在烈日当空的道路上。琉璃王劝您坐到树荫下，您说："亲族之荫胜余荫！"您对国家、亲人的用心保护，多么令人感动。

您对儿童尤其特别爱护，因此交代后世弟子们，用餐前先要施食鬼子母，表示让天下的儿童都能平安；您对一切众生都尽量照顾，大鹏金翅鸟经常啄食弱小动物，您也教我们饭前要出食，喂饱大鹏金翅鸟，以护持所有众生的生命。

您对苦难中的人，尤其特别伸出援手。不管是贵为皇后的韦提希夫人，或是贫贱的旃陀罗女，您都一视同仁地救护。您对贵族出身的玉耶女，殷殷开导，降伏她的傲慢之心；即使孤苦无依的贫女，也能获得您特别的照顾。

您视所有众生都如罗睺罗，您度化的对象不分亲疏。信奉拜火教的三迦叶兄弟，存心险恶，想引出山洞里的毒龙伤害您的生命，但是您不但降伏了毒龙，也降伏三迦叶，甚至增加了一千位弟子。您在说法四十九年、讲经三百余会当中，度了多少跟您不同想法的宗教家，例如舍利弗、目犍连，他们都因为您的德行比他们超越，纷纷皈投在您的座下。甚至您在涅槃前一刻，还说法度化了外道须跋陀罗，成为您最后的一名弟子。

您对调马师，就跟他开示"御马之法"；你面对商人，就告诉他"发财之道"。您曾为频婆娑罗王讲说"治国之方"，您曾为雨舍大臣说明：一个国家应该重视的是人民的教育、善良风气的养成，这远比对外发动战争更为重要。您的"和平七事"，现在从政的人都应该引为参考。

您对政治真是做到"问政不干治"，您希望每个国家国泰民安，风调雨顺，您为多少国王开示治国、爱民之道。您本来如果不修行成道，就是一位转轮圣王；您把转轮圣王的精神再发挥，成为法王的佛陀，普利天下。难怪所有经典记载，只要您一说法，天龙八部都来护持。当然，频婆娑罗王要和您"分国而治"，波斯匿王轻重事情都要请教于您，其他大大小小的国王，就更加以佛陀您为依皈了。

在《仁王护国经》里，您不但教大家要爱护自己，更要爱护各自的国家。甚至您把护持佛法的责任，交付给王公大臣，所以东晋道安大师说："不依国主，佛法难立。"

您告诉我们做人处世的方法，都是至理名言，无论从哪方面来说，都是我们人生的指南，是我们航海的罗盘。例如，您告诉我们交友之道，您说"友有四品"：如花的朋友，当您鲜艳美丽时，他把你插在头上，一旦枯萎凋谢，就把你丢弃在地；如秤的朋友，当你分量够重时，他低首匍匐在你面前，当你失去重要性时，他就昂首傲慢，不可一世。但是，朋友也不全然都是如此，有的益友就如高山，容许鸟兽聚集；也有的朋友像大地一样，无私地普载我们，帮助我们成长。

您又告诉我们，菩萨道要发“四无量心”：要以无量的慈心、无量的悲心、无量的喜心、无量的舍心来实践佛法。尤其您告诉我们修心之道，要把心安住在“四念处”上：一要观身不净，二要观受是苦，三要观心无常，四要观法无我。

您对众生真是关顾周到，为了让大家未来有一个死后的归宿，您提出西方极乐世界的净土；甚至为了让人们现世就能享受安乐富有，您提倡药师琉璃的修行法门。您告诉在家信徒，发财的方法就是要播种，要结缘，要喜舍，要布施。世间没有比结缘更美好的事，世间也没有比慈悲更能感化人心，因此“慈悲没有怨敌，施舍必有收获”。

佛陀，在这个世间上，好多愚痴执著的人，有的人自以为聪明，实际上是愚痴到了极点。您对愚痴的人所作的比喻，真是惟妙惟肖，例如“杀子成担”、“鞭打自己”、“储藏牛乳”、“愚人吃盐”；他们愚痴而不自觉，所以相对于此，可见佛陀您的“自觉教育”，对凡夫众生是多么重要哦！

愚痴、执著固然可怕，一些不肯认错，不知惭愧，不懂羞耻，不愿自省的人，更是可怕。惠能大师说：“护短心内非贤，改过必生智慧”；您的忏悔法门，让万千众生都能改过向上，改邪归正，所以“忏悔”是得度之道。

曾经，我也像“盲人摸象”一般，一度在您的法海里找不到出路。及至我懂得佛陀“以人为本”的胸怀，您顺应众生的需要而设教，我才恍然有所体悟：是真的，佛陀！如果没有人，如果佛教不能利益于人，世间还需要佛教做什么呢？

人，是宇宙之本，所以“人间佛教”虽然在佛陀您涅槃两千五百年后，才有人倡导恢复您当初说法的本怀，但是也好，在末法时代，“人间佛教”就像黑夜里的一盏明灯，照亮迷途的夜归人，让他找到回家的路，让他知道方向，让他获得安全，让他明白“佛说的、人要的、清净的、善美的”，都是人间佛教。

佛陀，因为有您的佛法为依皈，让我这么一个八十多岁的老人，在您的座前，生命永远充满了活力，人生永远怀抱着无穷希望。您在《法华经》里，以“盲龟浮木”比喻人身之难得，就如大海里一只盲龟，每一百年浮出水面一次，要在那一刻刚好把头套进一根有孔洞的浮木上，这样的概率真是比登天还难，所以您说“失人身如大地土，得人身如爪上泥”。您的譬喻，让我们对于“人身难得今已得，佛法难闻今已闻”，深感庆幸不已。

佛陀，您在成道时曾经说过“人人皆有佛性”，现在，如果说“我是佛”，并不敢当；如果说“我像佛”，也不敢说；如果说“我学佛”、“我行佛”，这是必要的。学佛，就是要“自觉”；行佛，就是要“觉他”。能“学佛之所学”、“行佛之所行”，才能“成佛”；能“自觉觉他”、“自度度人”，就能直下承担，就会发现，原来“我是佛”！

二十四　我的新佛教运动

我是一个出生在农村，从小在乡下长大的小孩，十岁之前未曾走出家门十里以外的地方，不但对世间事了解甚少，对佛教的情况更是一无所知。

所幸十二岁时投入佛门，在寺院里生活，不但空间比家中大得多，同住的人众也总在数百人以上，因此感觉好像一下子走进另外一个世界一样。只是寺院的规矩甚严，平时不但不准串寮，也不允许我们外出，更不可以嬉戏、游乐。甚至我还被指定住在一间小房子里，连天空都看不到，更别说室外发生的事情也是无从得悉；知识之浅陋，可想而知。不过所好的是，早晚的殿堂课诵、金碧辉煌的大雄宝殿，以及殿堂中间供着庄严的佛陀圣像，都启发了我对佛教的信心。

我是在金陵栖霞山剃度的，所谓“六朝圣地，千佛名蓝”，只是我对这间古寺的地理、历史与现状，所知并不多，因为那个时候年龄实在太小，根本没有办法了解。

不过常住每年三月初三的春季香会，寺里总要动员很多人出来帮忙洒扫环境、清理垃圾、引导信徒等。在参与工作中，我看到来寺的红男绿女，由于这时仍属新春期间，还有过年的气氛，大家无不穿红戴绿，打扮得花枝招展。这让我眼睛为之一亮，我发觉世间还有很多像天人一样美丽的人。尤其从他们的笑容中，我感受到拜佛的人身上都散发着一股祥和、善良与朝气。我突然有所感：佛教本来就应该像这样，应该庄严，应该美丽，应该雄伟才对，而不是像我每天关在一间斗室里，过着暗淡无光的岁月。

另外，来寺的信徒们为了表示虔诚，总会携带一些物品到大雄宝殿供佛。我无意间捡到他们包装东西后丢弃的一张旧报纸，乍看之下，真是惊为天书。因为从旧报纸上，我以所识有限的几个字当中，也读懂了一些社会的动态，这让我眼界为之大开，我看到了原来外面还有一个更宽广的世界，原来社会上每天都有许许多多的活动在进行着。

此中尤其报道了全民催促蒋介石展开抗日行动，号召中国青年要为国家奋斗的消息。我虽然搞不懂谁是谁非，但报纸上呼吁年轻人要为国家牺牲奋斗，让我小小心灵里忽然生起了“我也可以为佛教奋斗牺牲”的念头。

如今回想起来，一张旧报纸，以现代年轻人看来，没有什么了不起，但在当时却是打开了我通向世界的一扇门窗。因为一张旧报纸，我的心灵觉醒了；因为一张旧报纸，我知道自己要“走出去”，要“与时俱进”，要替佛教作一些革新与奉献。我想这时候“新佛教运动”的种子，已经悄悄地在我心中萌芽生根了，这大概也是我出家以来，对复兴佛教最早的起心动念。

后来由于抗日战争爆发，栖霞佛学院里属于师范学院所拥有的图书散落在各处。这时我们顾不得寺院规矩如何，便四处去搜集。因为参与搜罗的人多，捡拾回来的图书多达几大柜，俨然就像一座小型的图书馆。

在同学当中，我是年龄最小的一个，平时在常住的寺务工作上，一个小沙弥根本派不上什么大用场，常住的大职事于是指派我看守捡拾回来的图书。所幸有了这项任务，让我后来成为这所图书馆的管理员，并且得以饱览群书。

记得我看的第一本书是《精忠岳传》，对于书中的文字、意义，虽不能全数了解，但对岳飞的“精忠报国”，以及他的儿子岳云“双锤大闹朱家镇”，乃至他的女婿张宪，与岳飞同为抗金名将，最后却一同被奸人所害。他们的爱国情操，他们所彰显的英勇事迹，都让我看得兴味盎然，情绪高涨。

可惜图书馆中关于这类的书籍所藏不多，其他像《万有文库》及西洋小说我都看不懂，因此就尽量挑一些民间的通俗小说来看，如《七侠五义》《荡寇志》《封神榜》《隋唐演义》《儒林外史》《老残游记》等。后来图书馆里的书，只要我看得懂的，无不如饥似渴地大量阅读，几达废寝忘食的地步。

一两年后，我已经能读懂《水浒传》《三国演义》《西游记》，以及《基督山伯爵》《少年维特之烦恼》《格林童话集》等中外名著。这座简陋的图书馆成了我的知识宝库，我从中拥有了金玉满堂。这时我还没有学到佛法，但能看到这么多趣味横生的书籍，书中人物的忠勇事迹，影响我的人生至巨。

后来，老师知道我喜欢看这许多小说，严厉禁止，他要我背诵五堂功课，要我研读佛教书籍如《成唯识论》等。但因为佛学深奥难懂，找不到通俗易懂的教材可读，反而是许多中国的文史作品，引起我的阅读兴趣，也慢慢增加了我的知识、启发了我的思想。

那个时候，佛教界慢慢也有了善书的印赠，诸如《安士全书》《玉历至宝钞》，乃至《印光大师文钞》等。虽然我也登记索取，但没有看，对我并未产生很大的影响力。倒是后来得到一部慈航法师的讲演集，对于慈老爱教护教的热诚，我很受感动，认为值得学习。

另外，我从同学口中听闻了太虚大师的名字，忽然生起跟随之念，我想只要能为佛教奉献，即使粉身碎骨也绝不懊悔。尤其在学院举办讲演比赛时，听同学们慷慨激昂地发表他们愿为复兴佛教而奋斗的呼号，我不禁也跟着热血沸腾，恨不得冲向前去参加一份。只是徒有热情是不够的，回到现实面来看，复兴佛教的基地在哪里呢？我不知道！复兴佛教的领袖太虚大师远在重庆，也是遥不可及。但是此时我心里很清楚，“复兴佛教”已经是我们不容逃避的课题，我的双肩应该要做好担负这份责任的准备。

这时候我还在焦山佛学院就读，基本上我的知识很浅薄，不过有些热情为佛教的同学，他们都是我的善知识，如智勇法师，他的文、史、哲、佛学都好，尤其写得一手龙飞凤舞的好字，可以比美书法大家。另外他还有一身的好武艺，而且性格豪迈，富有正义感。我当然想要追随他，但因他的个性刚直，做朋友可以，却不是我理想中的追随者。

不过，因为我们志趣相投，就联络了一些也有心为佛教奋斗的同学，如介如、慎如、普莲、实权、能培、松风、松泉、惟春等，大家虽然分散在各处，但因志同道合，因此时相以书信往来，互相唱和。

就在这时候，我忽然觉得在佛学院里读书无法一展抱负，因此萌念离开，想到更有挑战性的地方去创造未来。因此我毅然放下学业，辞去《江苏日报》文艺副刊的编辑，向师父要求回到祖庭去。

本来家师并不喜欢我，他觉得我爱向传统挑战，喜欢与传统抗衡，但一听说我想回祖庭，却表现得无比欣喜，特地要我到南京，他要亲自送我回祖庭。

我出家将近十年了，抗日都已胜利，但我还不曾回过祖庭大觉寺。然而我心所向往的祖庭也不是天堂，只不过是简陋乡村的一间破旧小寺而已。平时由师兄军冠法师领导四五个工人从事农耕作务。由于过去我在栖霞律学院，曾经有一位老师跟我们上过“农民学”，我对农业经营有一些概念，所以看到祖庭两百多亩的地，我想，我们可以用现代化的农场模式来经营。

当我正准备规划未来的时候，因缘真巧，这时候已即将过年，有一位任志鹏先生得知师父回寺，特地来拜年。他一看到我，听说我是从南京读过佛学院回来的，就叫我担任离寺不远的一所国民小学的校长。

坦白讲，我从小别说从未进过正式的学堂读书，甚至连小学都没有见过，怎么能当校长呢？但是当下我并没有推辞，我想自己总可以“做中学”。尤其此期我的新佛教理想是：自己要能自耕自食，并且还要能福利社会！我想到，有了农场，就能生产，福利社会；有了学校，就可以教化社会，对社会展开基础教育，如此对佛教、社会都有贡献，这样的出家生活就有了意义，就有了目标，所以我欣然接受。

然而虽说自己从小生长在农家，对农耕生活略有记忆，但对于办理小学，却是所知不多。尽管过去在焦山佛学院就读时，因常住办有三所义务小学，每学期都会派学长出去见习教学；另外上海的南祥小学也一直希望有出家众前去担任助教。我虽然始终没有获得前往这几所学校见习的机会，但心里一直在酝酿，因此略有概念。

不过，光有理念没有实务经验也是不够的，所以接受之后，只剩一个月就要开学了，我只好紧急请在上海、南京的朋友，提供给我一些关于“如何做个小学老师”、“如何担任校长”的工具书。我得到朋友寄来的相关书籍，认真地阅读、研究，一个月后我就上任当起校长来了。

这时师父已经回到栖霞山。随着学校开课，苦难也来了，因为左近的学校经常举办国语、说话、作文、美术等各种比赛，纷纷来函要我们派人前去参加。我自己都还在学习中，哪里能懂得那么多的比赛？这还不打紧，这时国共内战爆发，周遭不时传来有人被暗杀死亡的消息，甚至在各地的同学、朋友，如松风、松泉在上海被逮捕，实权也在青埔被抓，罪名都是利用贴墙报、写标语弘扬佛法。至于逮捕他们的是什么组织，也都搞不清楚。

这时候智勇法师仗义前来学校，给我打气，并且帮助我编《怒涛》月刊。因为我们感于佛教太守旧，一些佛教人士思想顽固、执著、乡愿，我们希望通过办杂志，能借助文字的力量来改革佛教，为新佛教的理想大发狮子吼。因此当《怒涛》一出刊之后，就如“洪水猛兽”一般，大大地震惊了佛教界。

好在那时我们是在宜兴偏远地区，不至于招来佛教人士的攻击，但是战争带给我们这一代青年的苦难，却是纷至沓来。我的许多同学在各地被捕、被打、被刑罚，但是我知道，我们彼此是谁也救不了谁。甚至有一天，半夜之中有几十个大男人，拿着长枪短刀对着我，我也被捕了。至于是什么人抓我的，不敢询问，也不能有什么动作，只是眼看着一起被捕的同伴当中，今天被带出去枪毙两个，明天又有三个被砍头。好在我有一个可爱的师兄，他花钱买通狱方人士救了我，我才免于一死。但这时我做了一年多的小学校长，眼看着实在做不下去了，只好跟智勇法师商量，一起回到南京。

于是囊空如洗的我们，只有带着几本才发行十几期的《怒涛》月刊，踏上了往南京的道路。所幸天无绝人之路，有一位南京华藏寺的退居荫云和尚，由于他的继任者生活不知检点，把一个曾经拥有学校、书店、水厂的大规模寺庙，挥霍殆尽，土地变卖到所剩无几。荫云和尚于是找我们去负责，我们也正在走投无路，便欣然前往。

我与智勇法师商量，谁做住持，谁任监院。智勇法师说我身材比他高大，比较像住持；我说您的学历、能力超过我许多，您才像个住持。最后约定名分不计，两人共治华藏寺，把这里当做推动新佛教的基地，一时能培、惟春、净山都从各地前来，实权也从普陀山赶来聚会。

但是，大家聚集以后，发现一个严重的问题：华藏寺已住有二十几位住众，他们以经忏为业，尽管我们言明互相尊重，互不干涉，但这群僧众除了念经拜忏以外，经常不做早晚课，有的连佛殿在哪里都不知道，有时候甚至夜不回寺，平时在房间里更是喧哗唱歌，并且带回一些军人、警察等，男男女女来往不断，进出复杂，整个寺院简直像是个大杂院。

我们一群热血僧青年，当然看不惯这种生活，迫不及待地要为寺院树立新风气，于是订定僧伽规约。例如，所有住寺的人必须做早晚课；社会、寺庙有别，非僧众不可安单寺院；三餐不准自制饮食、不准从外面购买食物回寺，一切由常住供应；进出山门必须经过请假；每个月的单银、傢钱，只给一半，另一半由常住代为储存，将来离寺时再发还带走……

新生活规约发表以后，起初并没有引起他们的抗议，他们也知道我们是一群有着新佛教思想的人。但时日一久，抗争的行为还是难免。于是我们就以寺中经济困难为由，每天只吃稀饭，希望让他们吃不习惯而自动离开。

这时正逢徐蚌会战失利，南京战局不稳，过去暂住寺院的军人眷属纷纷撤离，前往四川、广州、台湾等地。但是他们临走之前又把房间廉价出卖给后来者，我们一群革新派的正愁房间不够用，就阻止他们不当的行为。但寺里数十名经忏派的一致站在他们那一边，替他们搬家、通风报信，寺中就分成新僧与旧僧两派，一所寺庙已不像个寺庙，每天警察、宪兵川流不息，黑白两道在里面公然活动，当局自顾不暇，哪有力量来保护我们呢？所以注定我们的新佛教运动，必然要遭到失败的命运。

后来国共协商，傅作义在北京主持和谈会议，我们以为有了一线希望。但是和谈破裂，这时智勇法师花了几个月召集的“僧侣救护队”正想付之行动，谁知他忽然打退堂鼓，我只有毅然出面，接下任务，但也不知道如何善后，就求救于师父。师父说：“你们要救护伤亡，必须经过军队训练！”于是便委托孙立人将军帮助我们，我们因而得以顺利成行到台湾。

就这样，一九四九年的春天，在一个寒风细雨的日子里，我从南京搭乘京沪线火车到上海，由黄浦江乘船到台湾。在船上摇呀摇的，但是台湾究竟在哪里？我不熟悉，甚至直到在基隆港上了岸，我还完全不知道即将面对的是一个什么样的情况。

不过，既然已经到了台湾，对台湾的佛教界也不能不作一些了解。据我所知，台湾的佛教是在郑成功光复台湾前后，由闽南僧侣到台湾开创的。根据统计，在有清一代，台湾境内的纯佛教寺院有一百多所，此中以创建于一六六二年的台南竹溪寺历史最悠久，是台湾最早的佛寺，与开元寺、法华寺并称为当时台湾的三大名刹。从清末到日据时代，整个台湾佛教以福州涌泉寺的僧侣为主流，他们发展出大岗山、观音山、大湖山、月眉山等四大派系，都是仿效大陆的寺院建筑，也是台湾初期颇具规模的道场。

早期的台湾佛教出家众不多，受过教育的为数也少，但大家都是持戒严谨的本分出家人。只是后来台湾割让给日本，慢慢地有些台湾人士改当日本和尚，有的人转而信仰日本佛教，如日本的东海夷成在南部广结善缘，为日本佛教摄受了不少台湾佛教信徒。当时也有一些台湾人反日，如余清芳、罗俊、江定等人，他们结合宗教信仰的力量，大举进行抗日行动，史称“西来庵事件”，虽然死伤惨烈，牺牲很大，但也因此掀起一股极大的抗日风潮。

后来对日抗战结束，台湾光复了，大陆的和尚纷纷到台湾，如大醒、南亭、慈航、东初、章嘉活佛、白圣等，乃至后来我们僧侣救护队的数十名年轻人也一拥而来。最初大家投靠无门，后来为了生存，只有各奔前程，各自寻找安身之处了。

我在僧侣救护队纷纷离散之后，心想自己也得找一个栖身之处，这时在台中宝觉寺担任监院的大同法师是我的学长，因此想去投靠他。但是当我到达台中时，他已经因为被指有匪谍之嫌而远赴香港了。之后我找过白圣、大醒、慈航法师等人，但都因缘不具。

后来到了中坜圆光寺，遇到妙果老和尚，他不失为台湾佛教界的一位长者，满面笑容，满口和气，承他收留我，我就这样跟随了他。但因为我没有台湾的入境证，无法报户口，所幸吴伯雄先生的尊翁吴鸿麟老先生，当时是台湾“省参议会”的“参议员”，也是“警民协会”的会长，由他出面具保，帮我报了户口，我因此得以在台湾立足，所以我和吴伯雄一家世代就这样结了深厚的因缘。如果没有当时这一段因缘，真不知道自己现在会在世界上的哪个角落漂泊，或者在阴间的哪个阎罗殿里往来。

我住在圆光寺，每天忙于打扫环境、清洗厕所、司水、采购等，以劳役作务来服务大众，终能获得暂时的安顿。只是妙果老和尚虽然让我生活无忧，却不能保障我安全无虞。因为陈辞修先生主持的台湾“省政府”，有一天忽然下令，全面逮捕由大陆到台湾的出家人，慈航、律航法师等人都因此入狱，我也被关了二十三天，这也是我人生中的第二次牢狱之灾。

由于我被警察逮捕，因此才刚编了一期的《觉群》杂志就此夭折了。《觉群》是上海市佛教会所发行，旨在宣扬太虚大师革新佛教的思想，后来秘书大同法师把它带到台湾，一时无人编辑，就由我上阵主编，没想到才编了一期就无疾而终了。

说到太虚大师，当一九四五年对日抗战胜利后，太虚大师随“政府”还都南京，在焦山举办“中国佛教会会务人员训练班”。当时我有幸参加，恭逢其盛，知道佛教要革新，应该从佛教会开始整顿起。而这时中国佛教整理委员会也预备在南京成立第一届大会，拟推选太虚大师担任会长。只是很不幸的，太虚大师竟在这个时候于上海圆寂。消息传来，我感到“人天眼灭”，好像佛教的末法时代来临一般，觉得世界暗淡无光。

本来我觉得太虚大师有条件当领袖，我也愿意追随他，没想到忽然之间希望幻灭，因此多日里我茶不饮，饭不思，整个人失魂落魄，真是“如丧考妣”一般。后来觉得佛教也不能只靠太虚大师一人，便把希望转寄到在斯里兰卡大学教书的法舫法师身上。

当时我已经到了台湾，虽然并不认识法舫法师，但凭着一点热情，我不断地以函电催请他到台湾，希望他能担任“中国佛教会”的会长，由他来挽救佛教。然而遗憾的是，不久之后听说他被人暗杀了，死在教室的走廊上。其时我人在中坜圆光寺，得知消息，再一次感到如天崩地裂一般，三天里粒米未进，郁郁寡欢，自己躲在一个小房间里哭泣，我为佛教今后不知道要靠谁来领导而感到忧伤。

法舫法师出身闽南及武昌佛学院，留学过印度，是太虚大师座下第一弟子。他的溘然去逝，给我感觉就如过去皇朝时代找不到继承人一样，觉得是佛教的一大不幸。而当时的台湾佛教界，除了慈航法师有新意、东初法师有理想之外,其他大都是佛教的保守派。尤其这时台湾的神道教盛行，很多人根本分不清神与佛，平时只知道拜妈祖、王爷，根本不知道佛是何名，教是何义！

因此，当我出狱之后，所谓“江山易改，禀性难移”，我仍然不改原有的志向，继续编辑杂志，并且写文章投稿到各报章杂志，也为电台撰写广播稿。尤其一九五〇年，妙果老和尚担任新竹佛教会理事长，管辖桃、竹、苗三区的佛教事务。当时整个台湾佛教界几乎找不到一个会写公文的人，妙果老和尚要我担任他的秘书，后来又奉他指示，住到苗栗的山林里，在深山野外与竹林为伍，整整三个月之久。

这时台湾民间盛行“拜拜”，“政府”当局未能深入了解民情，只是一味地严格取缔拜拜。对此我期期以为不可，因为拜拜不仅是民间信仰的基础，也是过去农业社会遗留下来的风俗，许多人利用这一天的集会庆祝，互相联谊，借以摆脱工作压力，使身心得到纾解，自有其存在价值。

再说，当时一些高官大员，他们上舞厅跳舞、喝酒、玩乐，这跟“拜拜”有什么不同？民间拜拜的风俗虽然不符道德建设的范畴，不是纯正的宗教信仰，但是一次拜拜过后，人民可以为了明年，甚至为了来生更幸福而辛勤努力；如今只准高官吃喝，不准百姓拜拜，我深感不以为然，所以为文呼吁，建请以“改良”来代替“取缔”拜拜。这个提议承蒙主政当局接受，我想对于促进社会的和谐、进步，也不无贡献。

另外，京剧名伶顾正秋女士，她主演的戏剧有辱佛教，我在杂志上发表文章卫教；台大的林晓峰先生讥评佛教是神道教，我也为文驳斥。甚至当时社会上常有一些人批评佛教是消极、出世、不事生产等不符事实的毁谤，我也经常跟他们打笔战。我总是尽己所能地通过文字来弘扬佛法、护持佛教。

直到一九五一年，我应大醒法师之邀，到新竹讲习会担任教务主任。

为了加强讲习会的师资阵容，我邀请“中国石油公司”苗栗出矿坑研究所的几位科学家，如李衡铖、程道余、许魏文等大学教授，利用周日到讲习会上课。我和这些知识分子因此相交往来，故而得以涉猎一些现代的科学知识。甚至当中有一位新竹师范学校的关凯图老师，到讲习会教授理化和历史。授课之暇，他教了我六个月的日文文法；因为这个因缘，后来我把日本森下大圆教授所著的《观世音菩萨普门品讲话》，翻译成了中文。

除了教书、写作之外，在当时的大环境下，事实上也不容许我们有多大的作为。据说在我挂单中坜圆光寺期间，每天上街采购都有人跟踪；后来我到新竹，偶尔外出弘法，也必须事先到派出所报告、备案。基本上，来自政治的压力，让佛教毫无喘息的空间，很多由大陆来台的优秀出家人，不得不被迫还俗，另谋出路，甚至更多人最后投靠香港的丰道山，这是基督教成立的，专门用来吸收佛教僧侣的机构。

当时佛教的社会地位低落，出家人不受尊重，一般商家只要见到出家人，总认为是来化缘的，都是说：“老板不在家！”出家人在社会上难以立足，到处被人瞧不起。我们眼看着佛教的处境堪虑，内心的苦闷无处宣泄，真不知伊于胡底，哪里还能对新佛教有什么想法呢？

所幸这种情况到了一九五二年的冬天，我应邀到宜兰雷音寺弘法时，终于开始有了转机。当时虽然政治氛围依旧浓厚，佛教的发展仍属严冬季节，不过我的新佛教运动总算有了伸展的空间。

初到宜兰时，我除了每期为《觉群》与《菩提树》杂志各写两篇文章以外，其他大部分时间都是应邀到台中、云林、虎尾、嘉义等地的城隍庙、妈祖宫布教。后来慢慢地，我通过成立国语补习班、文艺写作班、青年团、组织佛教歌咏队等方式，接引了一批有理念、有热情的年轻人到雷音寺学佛，如心平、慈庄、慈惠、慈容、慈嘉等，他们跟着我下乡弘法，到电台、监狱布教，以及成立佛教文化服务处等。后来他们甚至出家，帮我创建佛光山，并在佛光山“以教育培养人才、以文化弘扬佛法、以慈善福利社会、以共修净化人心”的四大宗旨下，办理佛教学院、重编《大藏经》、出版各种佛书，以及从事养老、育幼、恤贫、医疗、赈灾等慈善工作，开始推动各种弘法事业，举办各种弘法活动。

当时我的想法是：佛教一定要创办各种事业，有事业才能接引青年进入佛门，才能留住人才；有了人才，佛教才能发展，才能福利社会，才能得到社会的认同。所以我喊出“佛教需要青年，青年需要佛教”的口号，我认为彼此是相需相成的。

果真，这批优秀的青年并没有辜负我的期望，他们加入佛教的弘法行列，成为佛教的中坚干部后，志气昂扬地跟着我展开各种弘法活动，大大地拓展了弘法空间，并且接引愈来愈多的社会人士信仰佛教。慢慢地，有了广大的信众作为后盾，我的新佛教运动终于得以一步一步地实现，终于能够逐步改革旧有佛教的陋习，而让佛教走上年轻化、知识化、现代化、人间化，甚至成为国际化的佛教。

只是这个过程说似简单，实行起来却是阻碍重重，例如，最初我主张佛法要下乡去，要让佛教走入工厂、学校、机关团体里，因此经常带领青年到街头布教、到乡村弘法。当时举凡妈祖宫、城隍庙的广场，以及乡下人家的晒谷场，我们只要把汽油桶往场中一摆，上面放两块木板，就是弘法的舞台。

但是这么单纯的布教活动，却经常遭到警察的阻挠，以及教界的杯葛，可以说每回出外布教都不容易，不但要跟警察捉迷藏，还要排除种种的障碍。因此每次弘法前，团员们开着广播车到街上宣传，我听到他们热情地呼着口号："咱们的佛教来了！”都会从内心里涌现出一股莫名的感动。

在当时的客观环境下，一方面因为政府实施戒严，加上基督教的打压，佛教的弘传空间可以说是微乎其微，但是为了新佛教的实现，也只能一一去突破。例如，最初我想在电视台制播弘法节目，却因当局一句“和尚不能上电视”而夭折。可是我并未因此而气馁，我相信“只要有佛法，就会有办法”，于是几经再接再厉，最后终于在一九七九年首开电视弘法之先河，于“中华电视台”制播了佛教史上第一个电视弘法节目《甘露》。

之后，我又陆续在“中国电视公司”及台湾电视公司，制作《信心门》《星云禅话》《星云法语》《星云说偈》等节目。我不但成为第一位进入电视台弘法的出家人，而且打破当时三台的默契，首开游走三家无线电视台制播节目的纪录。后来佛教界纷纷跟进，利用电视弘法。直到现在，海内外的各电视台都有佛教的节目播出。

其实，不仅电视弘法的路一路走来辛苦，校园弘法也是几经努力才得以突破封锁。记得一九五五年，我应台湾大学之邀准备前往讲演，但是到了当天却临时被通知：讲演取消！理由是：佛教不可以进入大学校园！

但是我也没有因此灰心丧志，我转而邀请日本的水野弘元教授到台湾各校园上课，并且陆续到各大学成立佛学社团等。经过我以各种权巧方便来排除各种阻力后，时至今日，不但台湾的各大学经常邀请我到校讲演，世界各大名校，如美国的康奈尔、耶鲁、哈佛、柏克莱、夏威夷、加州等大学，以及新加坡国立大学、义安理工学院，澳洲黄金海岸邦德大学，香港中文、理工大学等，也都曾邀我前往讲学。一九八九年我到大陆弘法探亲，应邀在北京大学公开讲演，成为在中国大陆讲学的第一个出家比丘。

另外，在当年同样属于佛教禁地的军队，在郝柏村先生担任“参谋总长”任内，便曾邀请我到军中布教，不但掀起一股军人学佛的热潮，尤其一九八八年起，我更陆续应邀到金门、马祖主持佛学讲座及皈依典礼。之后又受“国防部”之邀，在一个月的时间内，连续巡回海、陆、空三军官校和宪兵部队、军事院校、管训中心等单位弘法，足迹踏遍台湾本岛及金门、马祖、东沙群岛、澎湖、绿岛、兰屿、小琉球等地。一路上更承军方礼遇，让我搭乘各种军车、军机、军舰。想我一介和尚，竟能获此殊荣，这都是仗佛光明，也可见佛法的尊贵。

为了弘传佛教，普及佛法，我不但首开电视、学校、军中布教之先例，甚至到监狱举办短期出家修道会。此外，还针对社会各种不同的对象，举办各种活动，开办各种课程，诸如成立儿童班、妇女法座会、青年会等，同时举办大专、儿童、老人、教师等各种夏令营，以及创办“人间卫视”，发行《人间福报》，设立“佛光缘美术馆”及“佛光缘滴水坊”，乃至举办“世界佛学会考”，鼓励读书，打造书香社会。尤其首创“素斋谈禅”，借着餐会谈法论道，数年来也度化了不少社会人士学佛。

我在创办各种佛教事业、举办各种弘法活动的同时，也针对佛教的一些陋习，一一加以改革。首先我感于佛教最大的弊端，就是没有制度，佛教徒像一盘散沙，彼此各自为政，不但服装不统一，出家、剃度、传戒、教育等也都没有严密的制度，因而弊病丛生。

有鉴于此，我在一九六七年开创佛光山的同时，就恪遵佛制，根据“六和敬”的戒律和丛林清规，着手为佛光山订定各项组织章程，建立各种制度，包括人事管理方面，我订定“序列有等级、奖惩有制度、职务有调动”，以及“集体创作、制度领导、非佛不作、唯法所依”的运作准则。

我从早期太虚大师提出的“三革”：教制、教产、教义改革，以及印光大师的“三滥”：滥传戒法、滥收徒弟、滥挂海单，了解到佛教的一些现象，也有了革新佛教的理念，所以建设佛光山之后，我撰写了一系列的《怎样做个佛光人》，并提出“不违期剃染，不夜宿俗家，不共财往来，不染污僧伦，不私收徒众，不私蓄金钱，不私建道场，不私交信者，不私自募化，不私自请托，不私置产业，不私造饮食”等十二条门规，作为佛光山徒众的行事准则，并且随着佛光山的发展，陆续制定“师姑制度”、“教士制度”、“员工制度”、“亲属制度”等。

除了制定规矩、制度之外，我觉得这样还不够，佛教应该从消极的“否定”到积极的“肯定”，从“不可”到主动的“给”，所以又提出“给人信心、给人欢喜、给人希望，给人方便”，作为佛光人的工作信条。

我觉得佛教要从“四摄法”、从“给”来接引信徒，从建设各项事业来发展佛教，因此早期从印度到佛光山参学的桑加仙达法师，在学成回印度弘法后，佛光山特别到印度为他们修筑道路、装设水管、创建女众道场等。另外有一些男众在家居士，他们从佛光山学道后回印度开设旅行社，生意十分兴隆，事业都发展得相当成功。佛光山造就他们，并不希望得到他们任何的回馈，只希望能对印度佛教的再兴有所帮助。

此外，我也曾几次到拉达克弘法，在那高海拔的地方，虽因罹患高山症，连讲话都喘不过气来，但为了弘扬佛法，我还是在那里停留数日，每天行程排得满满的，不但跟他们说法，还为他们皈依三宝等。现在有很多拉达克的青年到佛光山就读佛学院，都是那时播下的种子。

我觉得教育、文化是佛教的根本，重视文教才能提升佛教，所以佛光山在国内外，除了先后创办了西来、南华、佛光，以及在澳洲筹建中的南天大学之外，同时发行《人间福报》、开设“人间卫视”、成立“佛光文化公司”等，乃至养老育幼、恤贫救急等慈善事业也不偏废，通过各种弘法活动及佛教事业的推展，慢慢让佛教走入人群、走进家庭、走向人间、走上国际，这就是所谓的“人间佛教”。

过去的佛教只有在寺院而已，现在佛教能普及到家庭、社会、生活中，这都要归于“人间佛教”的提倡。“人间佛教”就是要与生活结合，要利益大众，要能给人受用；佛教要走向社会，便要从事生产，所以我主张出家人要有三张执照，也就是至少要具备三种专长，包括住持、当家、策划、行政、说法、写作、建筑、驾驶、电脑等。尤其住持不能做一辈子，要交棒，要世代交替，所以我在一九八五年从佛光山住持退位，传法给心平法师，就是想为佛教民主化树立典范。

另外，我看到过去佛教界各寺院之间常有互相争抢信徒的现象，乃至有的庙产被在家信众把持，所以提出“把信徒还给佛教，把寺产归还教会”的主张。我认为信徒皈依不是拜师父，而是皈依佛法僧三宝，成为正信佛弟子，所以举行皈依典礼是为佛教增加信徒，而不是替个人收徒弟。

甚至我看到有些寺院里，师兄弟各自收徒纳众，导致徒弟为了各护其师，因而争端迭起；为了避免教团的分裂，我主张“所有出家人都是师父”，因此在佛光山，所有第二代僧众都是第三代的师父，所以没有师父、师伯、师叔之别，也就不会有分门别派的情形发生。

在佛光山，我尤其提倡“男女平等”，反对“八敬法”。我看到今日一些受过高等教育的优秀女众，常碍于“八敬法”而不敢进入佛门，实在是佛教的一大损失。为了提升比丘尼的地位，我特地让佛光山第一代的女众慈庄、慈惠、慈容、慈怡法师等人主编《佛光大辞典》。这套历经十年完成，被喻为“佛教百科全书”的大辞典，是研究佛学的最佳工具书，一九八九年曾荣获台湾优良图书“金鼎奖”，尤其在两岸开始交流时，中国佛教协会会长赵朴初居士，第一个就跟我要《佛光大辞典》在大陆发行的版权，可见佛教界对这套书的看重。

另外，第二代的如常法师现在正着手编辑《世界佛教美术图典》，这是为了便于读者了解世界佛教美术之全貌而编辑。全书按美术学科分类，计有建筑、石窟、雕塑、绘画、书法篆刻、工艺、人物等二十册，每册约有五十万字。内容有收录自世界五大洲的两万多张图片，以及词条一万条以上，采用中英文解说一文一图或多图的形式编排，必要时并加上辅助图片予以说明，是一部研究世界佛教美术的最佳宝典。

我不但提倡“男女平等”，而且主张“四众共有”，因此在一九九一年创办“国际佛光会中华总会”，翌年“国际佛光会世界总会”在美国成立，从此为广大的在家信众提供了一个为佛教奉献的舞台。

尤其我为佛光会建立“檀讲师”制度，可以说是佛教的一大改革与创新。因为过去佛教都只树立出家人的权威，在家信众永远只能当弟子。但我认为，佛法的弘扬应该僧、信二众大家一起来，佛教并非僧众所专有，尤其中国有大乘佛教的性格，大乘佛教的四大菩萨，除了地藏菩萨现出家相以外，观音、文殊、普贤都是在家相，甚至维摩居士、胜鬘夫人等都能说法，为何现在的信徒不能弘法？为什么他们不能当维摩居士呢？难怪《维摩经》不能普遍通行。因此，我在创建佛光山僧团之后，就极思成立佛光会教团，希望两者能如“车之双轮、鸟之双翼”，并行不悖地弘扬佛教。

除此之外，我改革寺院建筑，不但有大殿供信徒拜佛，还增设客堂、会议室、谈话室、图书馆，甚至研究室、电脑教室等，台湾的第一间讲堂“雷音寺”，就是我所创建的。

我感于佛教徒平时只知道念经，却不懂得要读经、讲经，因此把过去一年三百六十五天，天天只念《楞严咒》的传统早课内容，改成一天诵一部经，之后再花两小时的时间，轮流由一个人主讲，如此一来，一年不就可以研读一千部经典了吗？

我对寺院仪制的改良，还包括延后早课时间，以及把水陆内坛佛事一律改在白天进行，乃至开会唱“三宝颂”、三餐念“四句偈”等。尤其我一生致力于三宝节的推动，也就是定四月八日为“佛诞节”、七月十五日为“僧宝节”、十二月八日为“法宝节”。

甚至为了建请当局明定佛诞节为法定假日，几经联合教界努力奔走，终于在一九九九年，经“立法院”通过。十年后，也就是二〇〇九年的五月十日，国际佛光会更在凯达格兰大道，举办“佛诞节暨母亲节庆祝大会”。当天有十万人参加，马英九先生亲临现场致辞，此举可以说再度为佛教的历史树立了一个新的里程碑。

此外，我发现过去佛教都很重视“五明”，但现在的佛教只能“以佛法解释佛法”，而不能弘通应世。我想，如果能以世间法来融合佛法，不是更好吗？所以我主张改良论文写作方式，并提倡佛教艺文化。虽然我自己并不具备撰写文艺小说的条件，但为了弘法，不得已只有用白话散文体，把伟大佛陀的行谊写成《释迦牟尼佛传》；我以物语的笔法，把自己化身为大钟、木鱼、海青、袈裟等，写出《无声息的歌唱》等。

除了散文，我还以自己的名字“星云”，写了一首新诗：

夜晚，我爱天空点点明星，
白天，我爱天空飘飘白云；
无论什么夜晚，天空总会出现了星；
无论什么白天，天空总会飘浮着云。
星不怕黑暗，云不怕天阴；
点点的星，能扩大了人生。
片片的云，能象征着自由。
花儿虽好，但不能常开；
月儿虽美，但不能常圆。
唯有星呀！则娇姿常艳，万古长新；
蓝天虽青，但不会长现，
太阳虽暖，但不能自由。
唯有云呀！则万山不能阻隔，任意飘游；
夜晚，有美丽的星星，
白天，有飘动的白云。

我首开在“大座讲经”中安排献供、节目表演等内容，希望达到“解行并重”的效果。乃至“偈语教唱”、“说唱弘法”等，都是希望呈现多样化的风貌，以接引不同层面的信徒。

我推动佛诞餐、制作佛诞卡、举办佛诞节花车游行、发行佛教小丛书、组织佛教歌咏队、录制佛教音乐唱片、推动佛教纪念品等。当年一串小小的念珠，曾在台湾流通几千、几万条，乃至一张小佛卡、一尊小佛像，都把佛教带到社会，带到家庭，带到每个人心里去。

为了弘扬人间佛教，为了实现我的新佛教理想，多年来我不但走遍台湾及所有离岛，甚至遍及五大洲，即连非洲的斯威士兰我也曾经去过。承蒙天下文化远见事业群创办人高希均教授谬赞说："星云大师的一生，改革了佛教、改善了人心、改变了世界。"其实我只是希望学习佛陀，替佛陀把佛法弘遍五大洲，所以曾自许“身似法海不系舟，心怀度众慈悲愿，问我生平何所愿，佛光普照五大洲”。

如今走过一甲子的出家岁月，幸能完成“弘化五大洲”的心愿，回首自己在十二岁出家之后，就一直想要革新佛教，至于为什么要革新，甚至怎样革新，坦白说，我并不知道！我也不懂。但总觉得有机会出家，就要好好弘扬佛法，对于佛教的一些陋习、弊端，凡有碍佛教发展的问题，就应该一一改革。所以综合多年来所做，我的确在制度、教育、文化、弘法、观念、仪轨、事业等方面，作了一些革新，包括：

在制度改革方面：以民主选举方式产生住持、制定僧众序级考核、成立“亲属会”与“功德主会”、制定“檀讲师”制度、倡导寺院功能多元化、不由“中国佛教会”发戒牒而径行传授三坛大戒，以及改变“中国佛教会”“不团结、收红包、赶经忏”等陋习。

在教育改革方面：创办了第一所连续四十五年来招生不间断的佛学院，并且五大洲均有分部。另外，创办西来、佛光、南华、南天等多所社会大学，以及成立都市佛学院、胜鬘书院、社区大学等。

在文化改革方面：成立多所美术馆，编撰佛教文学书籍、重编《大藏经》等。

在弘法改革方面：以歌舞传教、通过电视弘法、发行《人间福报》、成立云水书车，乃至首创妇女法座会、采用远程教学等。

在观念改革方面：以“行佛”代替“拜佛”、提倡“身做好事、口说好话、意存好念”等三好运动、提出“你大我小、你对我错、你有我无、你乐我苦”为处世准则，并以“忙就是营养”、“为信徒添油香”、“储财于信徒”、“当义工的义工”、“学佛不是个人清修，而是要为大众服务”等理念，作为僧众的修行准则。尤其提出“五戒就是不侵犯”、“我是佛”、“建立心中的本尊”、“业是生命的密码”、“行善不造恶就是基因改良”、“做自己的贵人”等佛法新诠。

在仪轨改革方面：举办短期出家、佛化婚礼、菩提眷属、青少年成年礼，以及两天一夜传授在家五戒、菩萨戒。

在福利改革方面：为僧众订定休假、医疗、进修等福利办法，以及成立公益信托基金，从事各种社会公益等。

说起对佛教的改革，其实我并不是一味地打倒旧有，我认为改革并非打倒别人来树立自己，而是应该相互融合，因此我虽然主张佛教要革新，但也不排斥传统。例如，过去的信徒只在初一、十五才到庙里拜拜，我则提倡“周六念佛共修”；举凡全台湾的别、分院，甚至全世界的佛光山道场，每周六晚间都会同时举行念佛共修。过去一般信徒的往生佛事，都要拜忏诵经，甚至放焰口，我则以“随堂超荐”来代替。我觉得不一定要由个人独力出钱，如此负担太重，可以改在共修时，让有缘人一起来为父母、祖先随堂超荐。

我一生不赶经忏，我重视文化弘法，但在来台之初就提倡“药师法会”及“光明灯法会”等，因为我觉得佛教的信仰仪式也很重要。何况众生根机不同，各有得度的因缘，因此我自己不做的，也不一定就要排斥他人。

我想到当初释迦牟尼佛的革命，他是向心内而不是向心外，是向自己而不是向他人，是本着慈悲为人而不是嗔心恨人，是用真理服人而不是以暴力讨伐。因此，我愿效法佛陀，永远以佛法为众生祝福，祈愿能把功德留给人间，把佛法留给大众，把一切用以庄严佛教。我个人并不想要任何一个名义，只愿做一名云水僧；我不要拥有任何一样东西，只想孤僧万里游；我也不希望多少师友随侍，只希望独自遨游天下。

我一向奉行“以无为有、以退为进、以众为我、以空为乐”的人生观，我拥有了空无，不带走一片云彩，不管走到哪里，都本着“挂一单”的精神，哪一个人要我，我就“在一家保一家，在一国保一国”。我但愿以禅心悟道来伴随生命，到处随缘放旷、逍遥自在，做到来去自如，生死都不牵挂，也不拖累别人。

至于未来，走不尽的世界，我要勇往向前；走不尽的人生，还要继续前去。对于还没有因缘接触佛教的人，也希望都能跟他们结个善缘；只要能让佛法落实在人间，此生于愿足矣！

附录

星云大师简介

星云大师，江苏扬州人，一九二七年生，十二岁礼宜兴大觉寺志开上人出家。一九四七年焦山佛学院毕业；一九四九年赴台，担任《人生杂志》主编、台湾佛教讲习会教务主任；一九五三年任宜兰念佛会导师；一九五七年于台北创办佛教文化服务处；一九六二年建设寿山寺，创办寿山佛学院；一九六七年开创佛光山，以弘扬“人间佛教”为宗风，树立“以文化弘扬佛法，以教育培养人才，以慈善福利社会，以共修净化人心”之宗旨，致力推动佛教教育、文化、慈善、弘法事业，融古汇今，手拟规章制度，印行《佛光山徒众手册》，将佛教带往现代化的新里程碑。

在出家一甲子以上的岁月里，大师陆续于世界各地创建两百余所道场，如西来、南天、南华等寺分别为北美、澳洲、非洲第一大佛寺。创办十九所美术馆、二十六所图书馆及出版社、十二所书局、五十余所中华学校、十六所佛教丛林学院，暨智光商工、普门高中、均头中小学等。此外，先后在美国、中国台湾、澳洲创办西来、佛光、南华及南天（筹办中）等四所大学。二〇〇六年西来大学正式成为美国大学西区联盟（WASC）会员，为美国首个由华人创办并获得该项荣誉之大学。

一九七〇年起，相继成立育幼院、佛光精舍、慈悲基金会，设立云水医院、佛光诊所，协助高雄县政府开办老人公寓，并与福慧基金会于大陆捐献佛光中小学和佛光医院数十所，育幼养老，扶弱济贫。

一九七六年《佛光学报》创刊，翌年成立“佛光大藏经编修委员会”编纂《佛光大藏经》《佛光大辞典》。一九九七年出版《中国佛教白话经典宝藏》《佛光大辞典》（光碟版），设立佛光卫视（现更名为人间卫视）。2000年创办佛教第一份日报《人间福报》，二〇〇一年将发行二十余年的《普门》杂志转型为《普门学报》双月刊；成立“法藏文库”，收录海峡两岸有关佛学的硕士、博士论文及世界各地汉文论文，辑成《中国佛教学术论典》《中国佛教文化论丛》等。

大师著作等身，撰有《释迦牟尼佛传》《星云大师讲演集》《佛教丛书》《佛光教科书》《往事百语》《佛光祈愿文》《迷悟之间》《当代人心思潮》《人间佛教系列》《人间佛教语录》等，总计近两千万言，并翻译成英、日、西、葡等十余种文字，流通世界各地。

大师教化宏广，计有来自世界各地之出家弟子千余人，全球信众则达数百万之多；大师一生致力弘扬人间佛教，倡导“地球人”思想，对“欢喜与融和、同体与共生、尊重与包容、平等与和平、自然与生命、圆满与自在、公是与公非、发心与发展、自觉与行佛”等理念多所发扬。一九九一年成立国际佛光会，被推为世界总会会长；于五大洲成立一百七十余个国家地区协会，成为全球华人最大的社团，实践“佛光普照三千界，法水长流五大洲”的理想。创会以来，先后在世界各大名都如洛杉矶、多伦多、巴黎、悉尼等地召开世界会员大会，每次与会代表都在五千人以上。二〇〇三年佛光会正式成为联合国非政府组织（NGO）。

大师在全世界德风远播，举其荦荦大者如一九九五年获全印度佛教大会颁发佛宝奖，二〇〇〇年在第二十一届世界佛教徒友谊会上泰国总理川·立派颁赠“佛教最佳贡献奖”，二〇〇六年获香港凤凰卫视颁赠“安定身心奖”，以及世界华文作家协会颁发“终身成就奖”。

一九七八年起，先后荣膺美国东方大学、智利圣托马斯大学、泰国朱拉隆功大学和玛古德大学、韩国东国大学、辅仁大学、澳洲格里利菲斯(Griffith)大学、美国惠提尔(Whittier)大学、高雄中山大学等校颁赠荣誉博士学位。

一九八八年西来寺落成之际，传授“万佛三坛大戒”，为西方国家第一次传授三坛大戒；同时主办世界佛教徒友谊会第十六届大会，书写海峡两岸代表同时参加会议之先例，为两岸佛教首开平等交流之创举。一九九八年二月远至印度菩提伽耶传授国际三坛大戒及多次在家五戒、菩萨戒，恢复南传佛教国家失传千余年的比丘尼戒法。二〇〇四年十一月至澳洲南天寺传授国际三坛大戒，为澳洲佛教史上首度传授三坛大戒。

一九九八年四月八日，大师率团从印度恭迎佛牙舍利莅台安奉；二〇〇一年十月前往美国纽约，为“九一一”罹难者祝祷；二〇〇二年以“星云签头，联合迎请，共同供奉，绝对安全”为原则，组成“台湾佛教界恭迎佛指舍利委员会”，至西安法门寺迎请舍利莅台供奉三十七日；二〇〇三年十一月，应邀参加“鉴真大师东渡成功一千二百五十年纪念大会”，随后率领佛光山梵呗赞颂团应邀首度至北京、上海演出；二〇〇六年三月应邀至湖南长沙岳麓书院，讲说“中国文化与五乘佛法”，创下历史上第一位出家人到此讲学的纪录；同年四月应邀出席于杭州举办的首届世界佛教论坛，发表主题演说《如何建设和谐社会》；二〇〇九年三月中国佛教协会、中华文化交流协会、国际佛光会、香港佛教联合会主办第二届世界佛教论坛，于无锡开幕，于台北闭幕，写下宗教交流的新篇章。

近年来大师回大陆宜兴复兴祖庭大觉寺，捐建扬州鉴真图书馆，成立“扬州讲坛”，接受苏州寒山寺赠钟等，期能促进两岸和谐，带动世界和平。

大师对佛教制度化、现代化、人间化、国际化的发展，可说厥功至伟！

●《包容的智慧Ⅱ修好这颗心》

江苏文艺出版社　2010 年 10 月
定价：35.00 元

修心觉悟，僧俗于人生激流中殊途同归
星云大师与长乐先生智慧互动，用一切“法”治一切“心”

《修好这颗心》是星云大师与刘长乐先继 2007 年合作《包容的智慧》后的又一次智慧互动。平易之处与我们交流人生的阅历、世间的故事、生活的感知，从心治、义利、笃学、慈爱到忍辱、舍得、财富、格局。书中观点和态度更加与时俱进，也更入世、更实用、更贴近读者的生活，而故事也更幽默、更动人，让读者进一步地体会古老东方哲学与现代都市人呈现出的完美交融。

●《宽心：星云大师的人生幸福课》

江苏文艺出版社　2009 年 6 月
定价：28.00 元

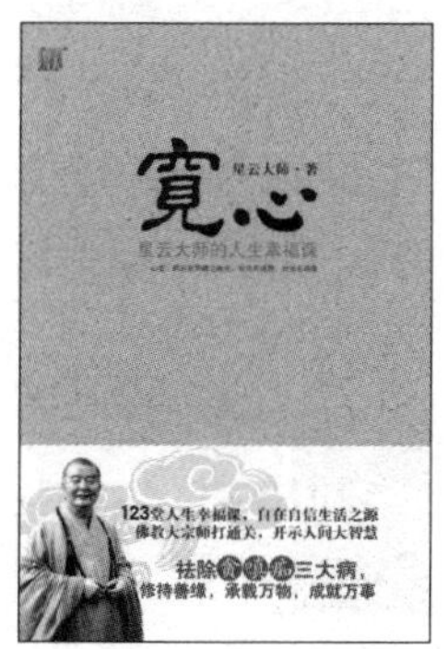

对外境须增一分定力，对人事须舍一分是非
心宽，处处有通路，处处有助缘

我们的心好像太阳、月亮，可以照破黑暗；我们的心好像田地，可以滋长善根，种植功德；我们的心好像明镜，可以洞察万象，映现一切；我们的心又如大海一般，蕴藏着无限的能源宝藏。星云大师以佛教精义为根底，对世俗社会万千的人和事，即人生观、财富观、爱情婚姻、家庭教育、人际交往、成功励志等诸方面进行阐释，勘破纷扰表象，祛除贪嗔痴三大病，修持善缘，承载万物，成就万事。

●《舍得：星云大师的人生经营课》

江苏文艺出版社　2009 年 12 月
定价：28.00 元

奉献是福德，服务是获得，以舍为得，最大的舍是最大的得
人是自己的园丁，一念美意则福田无量

舍，看起来是给人，实际上是给自己。给人一句好话，你才能得到别人回你一句赞美；给人一个笑容，别人才能对你回眸一笑。能够舍的人，一定是拥有富者的心胸；如果他的内心没有感恩、结缘的性格，他怎么肯舍给人，怎么能让人有所得呢？他的内心充满欢喜，他才能把欢喜给你；他的内心蕴藏着无限的慈悲，他才能把慈悲给你。

●《厚道：星云大师的人生成功课》

江苏文艺出版社　2010 年 7 月
定价：29.80 元

养深积厚铸大器，广结善缘通捷径，厚德承载成功之道

人和大自然、社会、他人的关系，总说起来，都不及与自己内心的关系重要。心虽是人体里的一个部位，但它有指挥眼耳鼻舌身的功用，它有策划人生何去何从的功力。一个“厚道”的人，在德业能够养深积厚，在人际能够广结善缘，在事业能得道多助，可谓“厚道”才能成事。

●《吃茶去——与星云大师一起参禅》

现代出版社　2010 年 8 月
定价：39.80 元

禅，是思想风暴，荡涤所有无趣；禅在生活中，人生蕴灵动

禅，离不开生活，穿衣吃饭是禅，搬柴运水也是禅——中国人千百年来流行说禅机。星云大师精选禅宗公案 200 则，从现代人的观点，帮助您汲取禅师灵活幽默的智慧，活出充实自在的人生。

●《满手的好事——星云大师的人生锦囊》

现代出版社　2010 年 10 月
定价：32.80 元

集众多福德因缘，有无边慈悲方便，步向人生丰美

俗语说“人死留名，树死留皮”，到世间走了一趟，你是否曾想过：我能为世间留下一些什么？其实，每个人都有无限的潜能，就像能源藏在海底，藏在深山里，需要开发才能显现出来。星云大师从过尽千帆的阅历中，凝练箴言法语，不怨天尤人、不邪见妄动，给生活忙碌时而迷惘的现代人指引正途。

●《不碍事——星云大师讲佛诗中的智慧》

现代出版社　2010 年 10 月
定价：32.80 元

俗虑恼人，涉水登山空负累，从此回头不算迟

在世间，功名富贵也好，为人服务也好，重要的是要人忙心闲。无心不是不用心，而是不计较得失。禅门的悟道是活水长流，每天都有很多的小悟，集很多小悟为中悟，忽然有个恍然大悟，然后对于“生从何来，死将何去”了然于心，再也无惧了。道，在平常心里面，在日用生活中成就，不必刻意强调，也不求速成，只要有恒心，一片豁然悟境就在你面前。

●“命运靠自己系列”

之Ⅰ《不急不急：星云大师说人生的坚持》
之Ⅱ《说好做好：星云大师说成事的器度》

现代出版社　2010 年 9 月
定价：68.80 元（全二册）

人生的纵深靠坚持，人生的通达靠器度，交织生命中的璀璨

星云大师将在应事接物当中悟出的许多“一句话”，化为一生待人处世的格言，分享给大众：

在“忙”中，有数不尽的乐趣；在“忙”中，有无限的喜悦；在“忙”中，能安身立命；在“忙”中，能多所体悟。有用的人，即使接受一点小因缘，也能点石成金，做得轰轰烈烈。我们的心胸有多宽广，就能包容多少事物。人，也唯有秉持“不比较，不计较”的胸怀，才能涵容万物，罗致十方。

●《佛光菜根谭》

现代出版社　2010 年 7 月
定价：90.00 元（全三册）

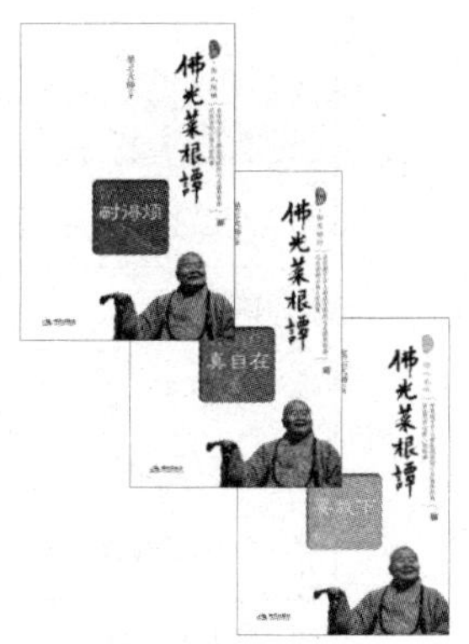

心灵涵养宝典，指引为人处世的准则、生命宁邃的乐途

星云大师从自己几十年的开示记录中，提炼汇编成一部语录体心灵著作，集中记述了立世为人、经营人生的种种智慧，包括职场、治家，以及交际、治学、做人做事等诸方面；讲对世界、社会、生命等的证悟智慧，以及怎样立德做人、修身养性，如何才能在烦恼生命中寻求到平静而开阔的心灵境界；并讲禅道的根本与心灵修持。若能每日一偈，则日日都有新智慧，日日都能有好心情。

书　　名	出版社
迷悟之间〔1套12本〕	中华书局
云水日月	北京出版社
星云禅话1、2	现代出版社
星云法语1	现代出版社
星云说偈1	现代出版社
包容的智慧	湖北人民出版社
释迦牟尼佛传	上海锦绣文章出版社
十大弟子传	上海锦绣文章出版社
玉琳国师传	上海锦绣文章出版社
佛学教科书〔1套5本〕	上海辞书出版社
往事百语〔1套3册〕	现代出版社
星云大师谈智慧	上海人民出版社
星云大师谈幸福	上海人民出版社
星云大师谈处世	上海人民出版社
星云大师谈读书	上海人民出版社
金刚经讲话	新世界出版社
六祖坛经讲话	新世界出版社
星云大师心经五讲	上海人民出版社
佛陀真言—星云大师谈当代问题〔1套3本〕	上海辞书出版社
人间佛教书系〔1套8本〕	上海辞书出版社
禅师的米粒	上海人民出版社
点亮心灯的善缘	上海人民出版社
定不在境	上海人民出版社
爱语的力量	上海人民出版社
留一只眼睛看自己	上海人民出版社
修剪生命的荒芜	上海人民出版社
宽容的价值	上海人民出版社

苹果上的肖象	上海人民出版社
人生的阶梯	上海人民出版社
舍得的艺术	上海人民出版社
如何安住身心	上海人民、书店出版社
另类的财富	上海人民、书店出版社
未来的男女	上海人民、书店出版社
三八二十三	上海人民、书店出版社
学历与学力	上海人民、书店出版社
一是多少	上海人民、书店出版社
不如归去	上海人民、书店出版社
低调才好	上海人民、书店出版社
快不得	上海人民、书店出版社
一点就好	上海人民、书店出版社
举重若轻—星云大师谈人生	浙江人民出版社
风轻云淡—星云大师谈禅净	浙江人民出版社
心领神悟—星云大师谈佛学	浙江人民出版社
在入世与出世之间〔上、下〕	上海人民出版社

图书在版编目（CIP）数据

合掌人生/星云大师著．—南京：江苏文艺出版社，2010.11
ISBN 978-7-5399-4094-6

Ⅰ．①合… Ⅱ．①星… Ⅲ．①佛教—人生哲学—通俗读物
Ⅳ．①B948-49

中国版本图书馆CIP数据核字（2010）第221256号

上架建议：大众读物·人生传记

合掌人生

著　　者：星云大师
责任编辑：刘　霁
出版策划：张　林
特约编辑：王　静
封面设计：刘红刚
版式设计：利　锐
出版发行：凤凰出版传媒集团
　　　　　江苏文艺出版社　http://www.jswenyi.com
集团网址：凤凰出版传媒网　http://www.ppm.cn
印　　刷：北京嘉业印刷厂
经　　销：新华书店
开　　本：787×1092　1/16
字　　数：300千字
印　　张：22
版　　次：2011年1月第1版
印　　次：2011年1月第1次印刷
书　　号：ISBN 978-7-5399-4094-6
定　　价：38.00元